Leone Pereira
Renato Santiago

Praticando para Passar na 2ª Fase da OAB

Direito do Trabalho

(Peças-Questões)

Para treinamento e fixação de conteúdo:

- Esquemas de peças
- Questões dissertativas
- Réguas processuais (gráficos)
- Fichamentos
- Tabelas de prazos processuais trabalhistas e verbas rescisórias

EXPEDIENTE

Fundador	Italo Amadio (*in memoriam*)
Diretora Editorial	Katia Amadio
Editora	Mayara Sobrane
Editora Assistente	Mônica Ibiapino
Projeto Gráfico	Sergio A. Pereira
Diagramação	WK Comunicação

Dados Internacionais de Catalogação na Publicação (CIP)
Angélica Ilacqua CRB-8/7057

Pereira, Leone
Praticando para passar na 2ª Fase da OAB : direito do trabalho / Leone Pereira ; organizado por Renato Santiago. – 3 ed. – São Paulo : Rideel, 2023.

Bibliografia
ISBN 978-85-339-6006-0

1. Direito do trabalho I. Título II. Santiago, Renato

CDD 344
22-2817 CDU 349.2

Índice para catálogo sistemático:
1. Direito do trabalho - Brasil

e-mail: sac@rideel.com.br
www.editorarideel.com.br

1 3 5 7 9 8 6 4 2
0 6 2 3

SOBRE OS AUTORES

Leone Pereira

É Sócio e Advogado no Escritório Leone Pereira & Vanessa Menchen Advogados – LPVM. Pós-doutor em Direitos Humanos pela Universidade de Coimbra/Portugal. Pós-doutor em Direito Público (Processual) pela Universidade de Santiago de Compostela/Espanha. Doutor e Mestre em Direito das Relações Sociais pela Pontifícia Universidade Católica de São Paulo – PUC/SP. Pesquisador da Faculdade de Direito da USP (GETRAB e OBI-JT). Professor de Direito do Trabalho (Individual e Coletivo), de Direito Processual do Trabalho e de Prática Trabalhista. Autor de obras e artigos Jurídicos. Palestrante. Professor no Ibmec/SP. Coordenador Pedagógico e Professor no Damásio Educacional. Coordenador e Professor da Pós-graduação em Direito Trabalhista *on-line* na Fundação Armando Alvares Penteado – FAAP-SP. Diretor na Escola da Associação dos Advogados Trabalhistas de São Paulo – AATSP. Titular da Cadeira nº 19 da Academia Brasileira de Direito da Seguridade Social – ABDSS. Membro do Instituto Brasileiro de Direito Processual – IBDP.

***Instagram*:** @professorleonepereira

***YouTube*:** ProfLeonePereira

***Telegram*:** @treinamentotrabalhista

Renato Monteiro Santiago

É Sócio e Advogado no Escritório Monteiro Santiago Sociedade de Advogados. Mestrando em Direitos Humanos pelo Centro Universitário Fundação Instituto de Ensino para Osasco – UNIFIEO. Professor de Direito do Trabalho, Direito Processual do Trabalho e Prática Trabalhista nos cursos preparatórios para a OAB no Damásio Educacional. Professor convidado nos programas de Pós-graduação de Direito e Processo do Trabalho, Prática Trabalhista Avançada e Direito Laboral no Damásio Educacional. Professor convidado no programa de Pós-graduação em Direito do Trabalho on-line na Fundação Armando Alvares Penteado – FAAP-SP. Autor de obras jurídicas.

***Instagram*:** @renatomsantiago

***Telegram*:** @treinamentotrabalhista

APRESENTAÇÃO DA OBRA

Este livro é fruto de dezenas de anos de atividade na docência do ensino superior e experiência das várias aulas ministradas pelos autores nos cursos preparatórios. Tem como objetivo preparar os candidatos para a segunda etapa do Exame Unificado da Ordem dos Advogados do Brasil. Para tanto, foi cuidadosamente elaborado no formato oficial do exame aplicado pela Fundação Getulio Vargas (OAB/FGV), utilizando uma metodologia que já aprovou diversos candidatos.

Contempla as principais peças prático-profissionais de Direito Processual do Trabalho, bem como questões discursivas, sob a forma de situações-problema, abordando temas de direito material e processual do trabalho constantes no conteúdo programático do edital.

Nesta obra, serão propostos enunciados, quadros a serem preenchidos com o "Estruturando a Peça" (equivalente ao caderno de rascunho que será distribuído no dia da prova), em que o/a leitor(a) deve anotar os Dados Principais do Enunciado (partes, profissão, data de admissão e dispensa, motivo da extinção do contrato de trabalho, existência de ação em curso, por exemplo), a identificação, a previsão legal, a régua processual, a estrutura e demais peculiaridades da peça, assim como um espaço de 150 linhas para formular a peça profissional, no formato do caderno de textos definitivos da prova.

Também propõe questões discursivas, com extensão máxima de 30 (trinta) linhas para a apresentação das respostas de cada questão. A partir da leitura da situação-problema, deve(m) ser identificado(s) o(s) tema(s) central(is), o que permitirá localizar os fundamentos principais na legislação por meio dos índices remissivos e o desenvolvimento das respostas.

E não para por aí. Este livro tem fichamento das peças, apontando os fundamentos legais de cada uma delas, as hipóteses de cabimento, as dicas para identificação das peças, os modelos, as réguas processuais – da fase de conhecimento, da fase recursal, da fase de liquidação de sentença e da fase de execução.

É um livro completo, pensado exclusivamente para a segunda fase da OAB. Recomendamos que o/a candidato(a) reserve: a) 3 horas para o treino da peça prático-profissional (uma hora para a elaboração do rascunho e duas horas para a redação da peça); b) 2 horas para a resolução de quatro questões dissertativas; c) 1 hora para a leitura dos fichamentos, modelos e réguas processuais.

Esperamos, caro(a) leitor(a), que este livro seja útil e possa ajudá-lo(a) a se preparar de forma adequada para a segunda fase do exame de ordem.

Maio de 2023.

Os autores,

Leone Pereira

Renato Santiago

NOTA À 3ª EDIÇÃO

Este livro foi inteiramente revisado e reorganizado, visando facilitar o manuseio e os estudos. Na primeira parte, o/a leitor(a) encontrará 20 (vinte) simulados, cada um com 1 (uma) peça prático-profissional e 4 (quatro) casos práticos, a fim de possibilitar o treino nos moldes da prova de 2ª fase da OAB. Nesse sentido, há também um espaço de 150 linhas para formular a peça profissional, no formato do caderno de textos definitivos da prova, e outro espaço de 30 linhas para responder às questões discursivas. Ademais, além do padrão de resposta, acrescentamos treinos específicos para a apuração das verbas rescisórias.

Mais adiante, o/a leitor(a) localizará o fichamento detalhado das principais peças da área trabalhista, a fim de possibilitar a identificação dos pontos que precisam ser aprimorados. No fichamento, é possível identificar, de maneira rápida, o fundamento legal da peça, as principais hipóteses de cabimento, a estrutura da peça e um modelo para servir de apoio na feitura das atividades.

Na parte final do livro, o/a leitor(a) terá acesso à régua processual completa do procedimento trabalhista e às tabelas de prazos processuais trabalhistas e verbas rescisórias.

Bons estudos!

Maio de 2023.

Os autores,

Leone Pereira

Renato Santiago

LISTA DE ABREVIATURAS

ADCT – Ato das Disposições Constitucionais Transitórias
ADIn – Ação Direta de Inconstitucionalidade
Art. – Artigo
Arts. – Artigos
C/c – Combinado com
CF – Constituição Federal
CLT – Consolidação das Leis do Trabalho
CPC – Código de Processo Civil
Dec.-lei – Decreto-lei
FGTS – Fundo de Garantia por Tempo de Serviço
LC – Lei Complementar
LINDB – Lei de Introdução às normas do Direito Brasileiro (Dec.-lei nº 4.657, de 4-9-1942)
MPT – Ministério Público do Trabalho
PJe – Processo Judicial Eletrônico
Súm. – Súmula
Súm. Vinc. – Súmula Vinculante TST – Tribunal Superior do Trabalho
SDI – Seção de Dissídios Individuais
OAB – Ordem dos Advogados do Brasil
OJ – Orientação Jurisprudencial
RO – Recurso Ordinário
RR – Recurso de Revista

SUMÁRIO

Padrão de resposta 405

CONSIDERAÇÕES GERAIS

O Simulado tem o objetivo de vivenciar a dinâmica da prova prático-profissional da 2ª Fase da OAB, bem como avaliar o conhecimento, a aprendizagem, as dificuldades de cada candidato, de maneira individualizada.

Além disso, tem o escopo de diagnosticar os aspectos que precisam ser aprimorados pelo candidato até a data da prova, entre eles:

a) controle do tempo de prova;

b) necessidade de aprofundamento de determinado assunto teórico;

c) identificação ou memorização da peça e dos respectivos aspectos estruturais;

d) identificação das teses;

e) desenvolvimento da redação das respostas às questões discursivas ou das teses da peça;

f) aprender a manusear o material etc.

Como o leitor deve resolver os simulados?

- **Material de apoio.** Durante o processo de aprendizagem é fundamental que o leitor tenha materiais de apoio **à disposição, a fim de possibilitar a consulta da legislação, desenvolvimento da argumentação jurídica e resolução dos casos práticos.**
- **Equipamentos eletrônicos.** O uso de equipamentos eletrônicos é terminantemente proibido no dia da prova. Mantenha o celular desligado para evitar distrações. Evite, também, consultar sites de buscas durante a realização dos simulados. É importante usar apenas o seu material de apoio para localizar as respostas para os problemas propostos. Use e abuse do índice remissivo do seu material.
- **Cronômetro.** O tempo é um dos fatores que mais derrubam os candidatos na 2ª fase da OAB. Ter o controle do tempo de prova é fundamental para a aprovação. Como desenvolver essa habilidade? Treinando. Tenha um relógio ou um cronômetro ao lado. A prova tem duração total de 5 horas. O tempo médio de resolução da peça prático-profissional deve ser de até 3 horas, divididas da seguinte forma: a)1 hora para identificar e anotar os principais aspectos estruturais da peça, bem como os fundamentos jurídicos e legais das teses no caderno de rascunho; b) 2 horas para redigir a peça prático-profissional. Já as questões devem ser solucionadas em até 2 (duas) horas. Lembre-se que o leitor terá que resolver as *"4 questões"* discursivas, sob forma de situações-problema, cada uma com dois itens: "A" e "B".
- **Regras do edital. O leitor deve estar atento às diretrizes do edital acerca do caderno do caderno de respostas. No dia da prova, o leitor receberá dois cadernos: a) um caderno de rascunhos, para organizar e esboçar as respostas da peça e das questões discursivas; b) um caderno definitivo. Sobre este último, é importante estar atento ao seguinte:**

  i) Insubstituível. O caderno definitivo será o único documento válido para a avaliação da prova prático-profissional. Deve ser obrigatoriamente devolvido ao fiscal de aplicação ao término da prova, sob pena de eliminação sumária.

  ii) Assinatura. O candidato deve assinar o caderno definitivo somente na capa. Não poderá assinar, rubricar ou escrever qualquer palavra ou marca que o identifique em outro local do caderno, especialmente no espaço destinado à transcrição dos textos definitivos, sob pena de anulação da prova prático-profissional e de eliminação do examinando.

  iii) Estrutura do caderno. *As **primeiras 5 (cinco) páginas** (totalizando 150 linhas) são destinadas à peça **prático-profissional**. A **página 6** (totalizando 30 linhas) é destinada para a resposta da **questão 1, itens "a" e "b"**; a **página 7** (totalizando 30 linhas) é destinada para a resposta da **questão 2, itens "a" e "b"**; a **página 8** (totalizando 30 linhas) é destinada para a resposta da **questão 3, itens "a" e "b"**; **página 9** (totalizando 30 linhas) é destinada para a resposta da **questão 4, itens "a" e "b"**.*

iv) Texto da peça ou da resposta às questões. A prova será, como regra, manuscrita. O leitor deve atentar-se para o uso correto das regras gramaticais, evitar abreviar as palavras e ficar atento à estética da prova, de forma que a letra seja legível. Caso o leitor tenha solicitado atendimento especial, em razão de deficiência ou doença que justifiquem tais condições especiais, a banca examinadora poderá conceder uma sala individual, tempo adicional de 1 hora ou autorizar a realização da prova em meio eletrônico.

v) Margens do caderno. *O candidato deve escrever o texto da peça e das respostas às questões* ***observando as margens do caderno definitivo de prova****, sob pena de não ser considerado os escritos fora das margens.*

vi) Caneta. É permitido o uso de caneta esferográfica de tinta azul ou preta.

➤ **Sistema de passos da peça prático-profissional.** O candidato deve usar o caderno rascunho para anotar os principais aspectos da peça e das questões para não esquecer de nenhuma informação no momento da sua redação. Sugerimos a elaboração da peça em quatro etapas:

- *Identificar os dados principais do problema (**1º Passo**).*
- *Identificar a peça, a respectiva previsão legal, elaborar a régua processual, endereçamento, rito e outras peculiaridades (**2º Passo**).*
- *Identificação das Teses ou dos fundamentos jurídicos (**3º Passo**).*
- *Pedidos e Conclusões (**4º Passo**).*

➤ ***Forma de estruturação da redação das teses da peça prático-profissional.*** *Inicie a tese* ***narrando os fatos*** *descritos no enunciado. Em seguida,* ***desenvolva raciocínio jurídico****, adequando os fatos descritos pelo enunciado ao problema apresentado com base na lei, na jurisprudência consolidada e na doutrina, em alguns casos. É importante demonstrar domínio do raciocínio jurídico, expondo a tese de forma técnica, fundamentada e consistente. A mera repetição ou transcrição do texto legal, sem a explicação ou adequação dos fatos ao direito, não ensejará pontuação. Por fim, faça um* ***parágrafo conclusivo****, fechando as ideias, com base naquilo que foi desenvolvido na fundamentação jurídica, requerendo, a depender da peça, a procedência ou improcedência, acolhimento ou rejeição do pedido, a reforma ou manutenção da decisão, a depender da peça elaborada.*

Exemplo de estruturação da tese da peça:

"B) HORAS EXTRAS POR TEMPO À DISPOSIÇÃO (troca de uniforme)

O empregado também tinha que entrar 30 minutos antes do expediente e sair 30 minutos após sua jornada, haja vista a obrigatoriedade de trocar de Fantasia (uniforme) dentro do estabelecimento patronal, sem receber qualquer adicional por esse período excedente à jornada de trabalho.

Conforme inteligência do artigo 4º, § 2º, VII, da CLT, quando a troca de uniforme tiver que ser realizada obrigatoriamente na empresa, será considerado tempo à disposição do empregador, computado como período extraordinário, sendo devido o respectivo adicional de hora extra.

Portanto, requer-se uma hora extra diária e reflexos pelo tempo à disposição do empregador".

➤ **Sistema de passos das respostas às questões discursivas.** No caderno de rascunhos, o candidato irá anotar os possíveis fundamentos jurídicos e legais que proporcionam a solução jurídica adequada ao caso hipotético proposto pela banca examinadora. Sugerimos o seguinte passo a passo para encontrar a resposta:

- ***1º Passo:*** *Identificação dos temas centrais do enunciado.*
- ***2º Passo:*** *Pesquisa no índice remissivo: os temas centrais e palavras-chaves extraídas do enunciado, a exemplo, jornada de trabalho, duração de trabalho, intervalo, intervalo intrajornada, intervalo interjornada, pausa para refeição e descaso, etc.; leia e verifique se algum dispositivo constitucional (CF), infraconstitucional (CLT, CC, CPC, etc.) ou enunciado de jurisprudência mencionado no tópico ou subtópico referenciado no índice se encaixa à situação descrita no enunciado; localizada o fundamento, legal ou jurisprudencial, desenvolva a resposta.*
- ***3º Passo:*** *Desenvolvimento da resposta dissertativa: Introdução/Desenvolvimento e conclusão.*

Simulados

SIMULADO 1

PEÇA PRÁTICO-PROFISSIONAL – SIMULADO 1

Carolina foi admitida em 15-1-2012 pela empresa Hotel Resort Paraíso, localizado em Guarapari/ES, como recepcionista, para trabalhar em escala de 12x36, das 6h às 18h, com intervalo de 1h para refeição e descanso. A empregada tinha ordens expressas para chegar com no mínimo 30 minutos de antecedência, para que pudesse se trocar no local de trabalho, já que a empresa não permitia que seus empregados utilizassem o uniforme fora do local de trabalho, tempo este que Carolina gastava após o expediente para se trocar novamente, uma vez que o vestiário ficava em local distante do seu posto de trabalho.

Em épocas de alta temporada, sendo de novembro a março, durante todo o contrato de trabalho, Carolina trabalhava todos os dias, das 7h às 20h de terça a quinta-feira e, de sexta-feira a domingo, sua jornada de estendia até as 23h30min., recebendo como adicional o "bônus" no valor de R$ 450,00 (quatrocentos reais) por mês pelo trabalho desenvolvido, porém tal valor era pago fora da folha de pagamento.

Alegando dificuldades financeiras, o gerente do hotel dispensou imotivadamente Carolina, em 5-7-2021, sem lhe pagar as verbas rescisórias correspondentes.

QUESTÃO: Considerando as informações de Carolina, promova a medida judicial apta para a defesa dos seus direitos.

ESTRUTURANDO A PEÇA (RASCUNHO)

1º PASSO: DADOS PRINCIPAIS DO ENUNCIADO	
Partes	Empregado/Trabalhador:
	Empregador/Tomador de serviço:
Profissão	
Data de admissão:	
Data de dispensa:	
Motivo da extinção do contrato de trabalho:	
Existe ação em curso?	
	Data do ajuizamento:

2º PASSO: IDENTIFICAÇÃO, PREVISÃO LEGAL E PECULIARIDADES DA PEÇA	
Régua processual (Atos processuais descritos no enunciado) |--->>	
Inicial, defesa ou recurso?	
Há alguma medida urgente a ser adotada?	
Peculiaridades da peça	

3º PASSO: ESTRUTURA E TESES DA PEÇA		
Endereçamento		
Preâmbulo	Peticionário (Requerente)	
	Parte contrária (Requerido)	
	Nome da peça	
	Fundamento legal	
	Procedimento (rito)	
	Verbo:	
Fatos		

1ª Tese (Direito)	Fatos:
	Fundamentos:
	Conclusão:
2ª Tese (Direito)	
3ª Tese (Direito)	
4ª Tese (Direito)	
Tutela de urgência	
Pedidos e Conclusões	
Requerimentos finais	
Encerramento	

REDIGINDO A PEÇA (TEXTO DEFINITIVO)

61	
62	
63	
64	
65	
66	
67	
68	
69	
70	
71	
72	
73	
74	
75	
76	
77	
78	
79	
80	
81	
82	
83	
84	
85	
86	
87	
88	
89	
90	

QUESTÃO 1 – SIMULADO 1

Augusto Otávio foi admitido pela empresa Entrega Rápida Ltda. para desempenhar a função de auxiliar de escritório, em 11-11-2015, com salário de R$ 1.500 (mil e quinhentos reais mensais), e jornada de segunda a sexta-feira, das 9h às 18h, com uma hora de intervalo intrajornada para repouso e alimentação. Em 01-06-2020, Augusto foi dispensado sem justa causa, com aviso prévio indenizado, recebendo as verbas rescisórias em 10-6-2020. Posteriormente, o trabalhador promoveu Reclamação Trabalhista objetivando o recolhimento das contribuições previdenciárias não efetuadas ao longo do período de vigência da relação de emprego, bem como a devolução dos descontos salariais promovidos referentes ao plano de saúde, argumentando que a autorização dada no momento da admissão configura uma coação.

Diante disso, responda de maneira fundamentada:

a) A Justiça do Trabalho é competente para apreciar e julgar o pedido de recolhimento das contribuições previdenciárias?

b) Procede o argumento apresentado pelo Reclamante no tocante aos descontos salariais?

Obs.: o(a) examinando(a) deve fundamentar suas respostas. A mera citação do dispositivo legal não confere pontuação.

ESBOÇO DA RESPOSTA (CADERNO DE RASCUNHO)

1º PASSO: IDENTIFICAÇÃO DO TEMA CENTRAL	
Temas centrais e institutos jurídicos narrados no enunciado	

2º PASSO: ENCONTRANDO O FUNDAMENTO *Pesquisar a palavra-chave, o instituto jurídico ou tema central a partir das informações fornecidas pelo enunciado.*	
Palavra(s)-chave	

3º PASSO: FUNDAMENTO DA RESPOSTA *Anotar o fundamento jurídico, legal, jurisprudencial ou doutrinário.*	
Fundamento do item "A"	
Fundamento do item "B"	

4º PASSO: DESENVOLVENDO A RESPOSTA	
Item "A"	**Introdução:**
	Desenvolvimento (fundamentos jurídicos e legais):
	Conclusão:
Item "B"	**Introdução:**
	Desenvolvimento (fundamentos jurídicos e legais):
	Conclusão:

REDIGINDO A RESPOSTA (TEXTO DEFINITIVO)

QUESTÃO 2 – SIMULADO 1

Jéssica Mendes foi admitida, em 15-2-2017, para trabalhar na residência da senhora Brigite, na condição de trabalhadora doméstica, de segunda, quarta e sexta-feira, das 8h às 17h, com uma hora de intervalo para refeição e descanso, recebendo salário mensal de R$ 1.800,00 (mil e oitocentos reais). Em 8-10-2020, Brigite flagrou seu filho sendo beliscado e ouvindo impróprios da parte de Jéssica, que alegou assim proceder a fim de forçar a criança a se alimentar durante o almoço. Brigite procedeu a imediata dispensa da trabalhadora, por justa causa. Além disso, até o momento, não houve o pagamento de verbas rescisórias. Diante do exposto, responda de maneira fundamentada:

a) A dispensa da empregada, por justa causa, encontra amparo legal?

b) Em caso afirmativo, como ficará a indenização compensatória da perda do emprego, na situação de Jéssica? Justifique.

Obs.: o(a) examinando(a) deve fundamentar suas respostas. A mera citação do dispositivo legal não confere pontuação.

ESBOÇO DA RESPOSTA (CADERNO DE RASCUNHO)

1º PASSO: IDENTIFICAÇÃO DO TEMA CENTRAL	
Temas centrais e institutos jurídicos narrados no enunciado	
2º PASSO: ENCONTRANDO O FUNDAMENTO ***Pesquisar a palavra-chave, o instituto jurídico ou tema central a partir das informações fornecidas pelo enunciado.**	
Palavra(s)-chave	
3º PASSO: FUNDAMENTO DA RESPOSTA ***Anotar o fundamento jurídico, legal, jurisprudencial ou doutrinário.**	
Fundamento do item "A"	
Fundamento do item "B"	
4º PASSO: DESENVOLVENDO A RESPOSTA	
Item "A"	**Introdução:**
	Desenvolvimento (fundamentos jurídicos e legais):
	Conclusão:
Item "B"	**Introdução:**
	Desenvolvimento (fundamentos jurídicos e legais):
	Conclusão:

REDIGINDO A RESPOSTA (TEXTO DEFINITIVO)

QUESTÃO 3 – SIMULADO 1

Regina, advogada que tradicionalmente milita na área do direito civil, participou de audiência trabalhista na qualidade de patrona de Aloísio. Durante a audiência, Regina formulou questão inquirindo diretamente a testemunha que estava sendo ouvida a pedido da empresa, ato que foi prontamente obstado pela magistrada que conduzia a audiência. Encerrada a audiência, Regina interpôs agravo de instrumento objetivando a anulação da audiência, argumentando que restou configurado o cerceamento de defesa.

Diante disso, responda de maneira fundamentada:

a) O ato da magistrada, impedindo que a advogada formulasse pergunta diretamente à testemunha, foi regular?

b) O agravo de instrumento é medida apta para atingir os objetivos almejados por Regina?

Obs.: o(a) examinando(a) deve fundamentar suas respostas. A mera citação do dispositivo legal não confere pontuação.

ESBOÇO DA RESPOSTA (CADERNO DE RASCUNHO)

1º PASSO: IDENTIFICAÇÃO DO TEMA CENTRAL	
Temas centrais e institutos jurídicos narrados no enunciado	
2º PASSO: ENCONTRANDO O FUNDAMENTO **Pesquisar a palavra-chave, o instituto jurídico ou tema central a partir das informações fornecidas pelo enunciado.*	
Palavra(s)-chave	
3º PASSO: FUNDAMENTO DA RESPOSTA **Anotar o fundamento jurídico, legal, jurisprudencial ou doutrinário.*	
Fundamento do item "A"	
Fundamento do item "B"	
4º PASSO: DESENVOLVENDO A RESPOSTA	
Item "A"	**Introdução:**
	Desenvolvimento (fundamentos jurídicos e legais):
	Conclusão:
Item "B"	**Introdução:**
	Desenvolvimento (fundamentos jurídicos e legais):
	Conclusão:

REDIGINDO A RESPOSTA (TEXTO DEFINITIVO)

QUESTÃO 4 – SIMULADO 1

Bruno, operador da linha de produção da empresa Bens Duráveis S.A., promoveu reclamação trabalhista pleiteando o pagamento de adicional de insalubridade em virtude de contato com produtos químicos e de adicional de periculosidade por exposição à radiação ionizante. A instrução processual demonstrou a presença de situação efetivamente perigosa e de agente insalubre diverso daquele indicado pelo autor, pois os níveis de ruído a que estava submetido o trabalhador estavam acima dos limites tolerados. Diante disso, responda de maneira hipotética.

a) O magistrado poderia conceder o adicional de insalubridade, mesmo tendo sido constatado agente diverso do que foi indicado na petição inicial?

b) O trabalhador teria direito a receber, cumulativamente, o adicional de insalubridade e o adicional de periculosidade?

Obs.: o(a) examinando(a) deve fundamentar suas respostas. A mera citação do dispositivo legal não confere pontuação.

ESBOÇO DA RESPOSTA (CADERNO DE RASCUNHO)

1º PASSO: IDENTIFICAÇÃO DO TEMA CENTRAL	
Temas centrais e institutos jurídicos narrados no enunciado	

2º PASSO: ENCONTRANDO O FUNDAMENTO ***Pesquisar a palavra-chave, o instituto jurídico ou tema central a partir das informações fornecidas pelo enunciado.**	
Palavra(s)-chave	

3º PASSO: FUNDAMENTO DA RESPOSTA ***Anotar o fundamento jurídico, legal, jurisprudencial ou doutrinário.**	
Fundamento do item "A"	
Fundamento do item "B"	

4º PASSO: DESENVOLVENDO A RESPOSTA	
Item "A"	**Introdução:**
	Desenvolvimento (fundamentos jurídicos e legais):
	Conclusão:
Item "B"	**Introdução:**
	Desenvolvimento (fundamentos jurídicos e legais):
	Conclusão:

REDIGINDO A RESPOSTA (TEXTO DEFINITIVO)

SIMULADO 2

PEÇA PRÁTICO-PROFISSIONAL – SIMULADO 2

Rebeca foi contratada no dia 05-05-2017 pela empresa Ciranda Cirandinha, com sede na Rua Meia Volta nº 888, Ilhéus/BA, para trabalhar como vendedora, recebendo salário mensal fixo no valor de R$ 5.000,00 (cinco mil reais), mais comissões que eram pagas por fora do salário e que geravam em média R$ 500,00 (quinhentos reais) mensais. A empregada trabalhava de segunda a sexta feira das 8h às 17h, com 1 hora de pausa para refeição e descanso, não tendo gozado férias no período de 2017-2018, o que a ocasionou muito cansaço. Por tal razão, seu supervisor, Eduardo, começou a fazer comentários sobre seu desempenho, dizendo que ela não iria durar mais que 1 semana na empresa e que até uma criança conseguia realizar mais vendas que ela, sendo que tais comentários perduraram por muito tempo. Ademais, o supervisor começou a perseguir a empregada, dando ordens e broncas na frente dos demais empregados. Em razão da piora em seu desempenho, Rebeca foi dispensada em 7-10-2020, ocasião que recebeu de forma correta todas as verbas rescisórias, sendo que iria cumprir o aviso-prévio de forma trabalhada. Em 10-10-2020, durante o cumprimento do aviso-prévio, Rebeca se sentiu mal com muito enjoo e foi encaminhada pela empresa ao hospital mais próximo. Ao realizar exames no hospital, Rebeca descobriu que estava grávida de dois meses. No dia seguinte, a empregada foi contar ao seu supervisor sobre o seu estado gravídico e foi surpreendida com a informação de que a empresa manteria sua dispensa sem justa causa, pois não tinha ciência da gravidez no ato da rescisão.

Questão: Como advogado contratado por Rebeca, de posse de todos os documentos comprobatórios da gravidez que ocorreu durante o contrato de trabalho, bem como de que a ciência dessa se deu durante o aviso-prévio, redija a medida judicial cabível a fim de assegurar os direitos da empregada.

ESTRUTURANDO A PEÇA (RASCUNHO)

1º PASSO: DADOS PRINCIPAIS DO ENUNCIADO	
Partes	Empregado/Trabalhador:
	Empregador/Tomador de serviço:
Profissão	
Data de admissão:	
Data de dispensa:	
Motivo da extinção do contrato de trabalho:	
Existe ação em curso?	
	Data do ajuizamento:

2º PASSO: IDENTIFICAÇÃO, PREVISÃO LEGAL E PECULIARIDADES DA PEÇA	
Régua processual (Atos processuais descritos no enunciado) |-->>	
Inicial, defesa ou recurso?	
Há alguma medida urgente a ser adotada?	
Peculiaridades da peça	

3º PASSO: ESTRUTURA E TESES DA PEÇA		
Endereçamento		
Preâmbulo	Peticionário (Requerente)	
	Parte contrária (Requerido)	
	Nome da peça	
	Fundamento legal	
	Procedimento (rito)	
	Verbo:	
Fatos		

1ª Tese (Direito)	Fatos:
	Fundamentos:
	Conclusão:
2ª Tese (Direito)	
3ª Tese (Direito)	
4ª Tese (Direito)	
Tutela de urgência	
Pedidos e Conclusões	
Requerimentos finais	
Encerramento	

REDIGINDO A PEÇA (TEXTO DEFINITIVO)

61	
62	
63	
64	
65	
66	
67	
68	
69	
70	
71	
72	
73	
74	
75	
76	
77	
78	
79	
80	
81	
82	
83	
84	
85	
86	
87	
88	
89	
90	

QUESTÃO 1 – SIMULADO 2

Marcelo foi contratado, em 9-9-2004, para exercer o cargo de caixa executivo no Banco WYZ S.A., laborando de segunda a sexta-feira das 8h30 às 17h30, possuindo 1 (uma) hora de intervalo para refeição e descanso. Ressalta-se que, nessa época, o trabalhador recebia gratificação de função de 1/3 (um terço) de seu salário efetivo. Ante sua dedicação e bom trabalho desempenhado, em 5-7-2007, Marcelo foi promovido para a função de confiança de Gerente de Recursos Humanos, passando a receber uma nova e superior gratificação de função. Porém, em 1-4-2020, sem qualquer justo motivo apresentado pela empresa, o empregado foi revertido para o seu cargo de caixa executivo, com a supressão da gratificação de Gerente de Recursos Humanos. Em face da situação concreta, responda às indagações a seguir, empregando os argumentos jurídicos apropriados e a fundamentação legal pertinente ao caso.

a) Na função de caixa executivo, Marcelo ocupava cargo de confiança bancário? Ele prestava horas extraordinárias no exercício dessa função?

b) À luz da legislação em vigor, foi válida a reversão de Marcelo para o seu cargo efetivo? A gratificação de função poderia ter sido suprimida?

Obs.: o(a) examinando(a) deve fundamentar suas respostas. A mera citação do dispositivo legal não confere pontuação.

ESBOÇO DA RESPOSTA (CADERNO DE RASCUNHO)

1º PASSO: IDENTIFICAÇÃO DO TEMA CENTRAL	
Temas centrais e institutos jurídicos narrados no enunciado	

2º PASSO: ENCONTRANDO O FUNDAMENTO **Pesquisar a palavra-chave, o instituto jurídico ou tema central a partir das informações fornecidas pelo enunciado.*	
Palavra(s)-chave	

3º PASSO: FUNDAMENTO DA RESPOSTA **Anotar o fundamento jurídico, legal, jurisprudencial ou doutrinário.*	
Fundamento do item "A"	
Fundamento do item "B"	

4º PASSO: DESENVOLVENDO A RESPOSTA	
Item "A"	**Introdução:**
	Desenvolvimento (fundamentos jurídicos e legais):
	Conclusão:
Item "B"	**Introdução:**
	Desenvolvimento (fundamentos jurídicos e legais):
	Conclusão:

REDIGINDO A RESPOSTA (TEXTO DEFINITIVO)

QUESTÃO 2 – SIMULADO 2

Ana Luíza foi contratada, em 10-2-2017, para exercer a função de Assistente Comercial na empresa XPTO LTDA., sendo dispensada sem justa causa em 15-5-2021, mediante aviso-prévio indenizado. Quatro semanas após a ruptura de seu contrato de trabalho, Ana Luíza teve conhecimento de que estava grávida há 15 (quinze) dias, optando por ajuizar Reclamação Trabalhista após o término do período de garantia no emprego. Inconformada, a empresa apresentou Contestação, informando que não poderia ser, de forma alguma, responsabilizada, uma vez que desconhecia tal situação, a qual somente tomou ciência após receber a notificação sobre a demanda; que a Reclamante não tinha direito à estabilidade, tendo em vista que sua gravidez foi confirmada após a dispensa; e, caso seja reconhecido o direito da Autora, declarou que é considerado abuso de direito o fato da ex-empregada ajuizar ação após o término da estabilidade.

Diante da narrativa apresentada, responda de forma fundamentada:

a) A Reclamante tem direito à estabilidade no caso apresentado?

b) É considerado abuso de direito o fato de a trabalhadora ajuizar Reclamação Trabalhista após o término do período de garantia no emprego?

Obs.: o(a) examinando(a) deve fundamentar suas respostas. A mera citação do dispositivo legal não confere pontuação.

ESBOÇO DA RESPOSTA (CADERNO DE RASCUNHO)

1º PASSO: IDENTIFICAÇÃO DO TEMA CENTRAL	
Temas centrais e institutos jurídicos narrados no enunciado	
2º PASSO: ENCONTRANDO O FUNDAMENTO *Pesquisar a palavra-chave, o instituto jurídico ou tema central a partir das informações fornecidas pelo enunciado.*	
Palavra(s)-chave	
3º PASSO: FUNDAMENTO DA RESPOSTA *Anotar o fundamento jurídico, legal, jurisprudencial ou doutrinário.*	
Fundamento do item "A"	
Fundamento do item "B"	
4º PASSO: DESENVOLVENDO A RESPOSTA	
Item "A"	**Introdução:**
	Desenvolvimento (fundamentos jurídicos e legais):
	Conclusão:
Item "B"	**Introdução:**
	Desenvolvimento (fundamentos jurídicos e legais):
	Conclusão:

REDIGINDO A RESPOSTA (TEXTO DEFINITIVO)

QUESTÃO 3 – SIMULADO 2

O empregado Adriano, eleito para o cargo de dirigente sindical, cometeu falta grave, pois agrediu fisicamente seu superior hierárquico. Ante tal situação, o empregador lhe procura como advogado objetivando a dispensa de Adriano, pois possui todas as evidências que comprovam o cometimento de falta grave. Na qualidade de advogado da empresa, responda as questões a seguir:

a) O que deve fazer a empresa para conseguir dispensar o empregado estável, dirigente sindical?

b) Qual a natureza jurídica e o objetivo desse procedimento?

Obs.: o(a) examinando(a) deve fundamentar suas respostas. A mera citação do dispositivo legal não confere pontuação.

ESBOÇO DA RESPOSTA (CADERNO DE RASCUNHO)

1º PASSO: IDENTIFICAÇÃO DO TEMA CENTRAL	
Temas centrais e institutos jurídicos narrados no enunciado	

2º PASSO: ENCONTRANDO O FUNDAMENTO **Pesquisar a palavra-chave, o instituto jurídico ou tema central a partir das informações fornecidas pelo enunciado.*	
Palavra(s)-chave	

3º PASSO: FUNDAMENTO DA RESPOSTA **Anotar o fundamento jurídico, legal, jurisprudencial ou doutrinário.*	
Fundamento do item "A"	
Fundamento do item "B"	

4º PASSO: DESENVOLVENDO A RESPOSTA	
Item "A"	**Introdução:**
	Desenvolvimento (fundamentos jurídicos e legais):
	Conclusão:
Item "B"	**Introdução:**
	Desenvolvimento (fundamentos jurídicos e legais):
	Conclusão:

REDIGINDO A RESPOSTA (TEXTO DEFINITIVO)

QUESTÃO 4 – SIMULADO 2

Bentinho e Capitu firmaram contrato de união estável, que possui como regime geral a comunhão parcial de bens. Capitu, antes da união estável, possuía uma casa na cidade de Limeira, e após a união com Bentinho, ambos foram morar em um apartamento alugado em São Paulo. Bentinho possuía uma empresa que acabou encerrando as atividades em decorrência da crise econômica, e após a desconsideração da personalidade jurídica e redirecionamento da execução em face de Bentinho em determinada reclamação trabalhista, o apartamento de Capitu foi penhorado para satisfação da dívida naquela ação. A penhora foi determinada de ofício pelo magistrado. Diante disso, responda aos itens a seguir.

a) Qual a medida processual cabível/adequada para que Capitu conteste a penhora do imóvel?
b) Bentinho pretende quitar a execução, mas não possui todo o dinheiro necessário para pagamento de uma só vez. Nessa situação, a Justiça do Trabalho aceita o parcelamento do débito, na fase de execução?

Obs.: o(a) examinando(a) deve fundamentar suas respostas. A mera citação do dispositivo legal não confere pontuação.

ESBOÇO DA RESPOSTA (CADERNO DE RASCUNHO)

1º PASSO: IDENTIFICAÇÃO DO TEMA CENTRAL	
Temas centrais e institutos jurídicos narrados no enunciado	
2º PASSO: ENCONTRANDO O FUNDAMENTO ***Pesquisar a palavra-chave, o instituto jurídico ou tema central a partir das informações fornecidas pelo enunciado.***	
Palavra(s)-chave	
3º PASSO: FUNDAMENTO DA RESPOSTA ***Anotar o fundamento jurídico, legal, jurisprudencial ou doutrinário.***	
Fundamento do item "A"	
Fundamento do item "B"	
4º PASSO: DESENVOLVENDO A RESPOSTA	
Item "A"	**Introdução:**
	Desenvolvimento (fundamentos jurídicos e legais):
	Conclusão:
Item "B"	**Introdução:**
	Desenvolvimento (fundamentos jurídicos e legais):
	Conclusão:

REDIGINDO A RESPOSTA (TEXTO DEFINITIVO)

SIMULADO 3

PEÇA PRÁTICO-PROFISSIONAL – SIMULADO 3

João Augusto procura você, como advogado(a), relatando que foi empregado da empresa Colorir Tintas e Vernizes Ltda., de 23-8-2018 a 6-9-2022, para exercer a função de misturador de tintas na sede da empresa localizada na cidade de Belo Horizonte/MG. O trabalhador afirma que cumpria jornada de trabalho das 14h às 23h, de segunda a sábado, com 40 minutos de intervalo para refeição e descanso. João tinha por atribuição o preparo das máquinas e equipamentos de fabricação de tintas e vernizes, além de manusear pastas, bases, concentrados de tintas, moer matérias-primas, tais como, dióxidos, óxidos, carbonos e pigmentos orgânicos. Afirma que não recebeu os equipamentos de proteção individual para o exercício das suas tarefas. Inclusive, quando foi eleito para assumir o cargo de vice-presidente da Comissão Interna de Prevenção de Acidentes e de Assédio (Cipa), em 2-2-2021, a falta de EPI foi objeto de discussão de uma das reuniões ordinárias da comissão. João aderiu ao movimento paredista ocorrido em agosto de 2022, tendo persuadido vários empregados a aderir à greve por ser um dos trabalhadores mais influentes na empresa. Como retaliação, cerca de sete dias após o término da greve, João foi dispensado sem justo motivo, tendo recebido as verbas rescisórias correspondentes.

Questão: Como advogado de João, ciente de que ele ajuizou uma ação anterior contra a empresa (reclamação nº 1234567-89.2022.03.0020, que tramitou perante a 20ª Vara do Trabalho de Belo Horizonte/MG, com as mesmas pretensões, extinta sem resolução do mérito (arquivada) pela ausência da trabalhadora à 1ª audiência, com o respectivo trânsito em julgado e o pagamento das custas correspondentes, elabore a medida judicial em defesa dos interesses dele. **(Valor 5,00)**

Obs.: a peça deve abranger todos os fundamentos de Direito que possam ser utilizados para dar respaldo à pretensão. A simples menção ou transcrição do dispositivo legal não confere pontuação. Nos casos em que a lei exigir liquidação de valores, o examinando deverá representá-los somente pela expressão "R$", admitindo-se que o escritório possui setor próprio ou contratado especificamente para tal fim.

ESTRUTURANDO A PEÇA (RASCUNHO)

1º PASSO: DADOS PRINCIPAIS DO ENUNCIADO	
Partes	Empregado/Trabalhador:
	Empregador/Tomador de serviço:
Profissão	
Data de admissão:	
Data de dispensa:	
Motivo da extinção do contrato de trabalho:	
Existe ação em curso?	
	Data do ajuizamento:

2º PASSO: IDENTIFICAÇÃO, PREVISÃO LEGAL E PECULIARIDADES DA PEÇA	
Régua processual (Atos processuais descritos no enunciado) |--->>	
Inicial, defesa ou recurso?	
Há alguma medida urgente a ser adotada?	
Peculiaridades da peça	

3º PASSO: ESTRUTURA E TESES DA PEÇA		
Endereçamento		
Preâmbulo	Peticionário (Requerente)	
	Parte contrária (Requerido)	
	Nome da peça	
	Fundamento legal	
	Procedimento (rito)	
	Verbo:	
Fatos		

1ª Tese (Direito)	Fatos:
	Fundamentos:
	Conclusão:
2ª Tese (Direito)	
3ª Tese (Direito)	
4ª Tese (Direito)	
Tutela de urgência	
Pedidos e Conclusões	
Requerimentos finais	
Encerramento	

REDIGINDO A PEÇA (TEXTO DEFINITIVO)

61	
62	
63	
64	
65	
66	
67	
68	
69	
70	
71	
72	
73	
74	
75	
76	
77	
78	
79	
80	
81	
82	
83	
84	
85	
86	
87	
88	
89	
90	

121	
122	
123	
124	
125	
126	
127	
128	
129	
130	
131	
132	
133	
134	
135	
136	
137	
138	
139	
140	
141	
142	
143	
144	
145	
146	
147	
148	

QUESTÃO 1 – SIMULADO 3

Jamily trabalha no Hospital Socorro Ltda., como técnica de enfermagem, estando constantemente exposta a agentes infecciosos, o que lhe assegura o recebimento de adicional de insalubridade em grau médio. Com medo de contrair uma doença infecciosa, a empregada procurou o departamento de recursos humanos para verificar se era possível a transferência para um outro setor. A empresa, por sua vez, exigiu a apresentação de atestado de saúde, emitido por médico de confiança da trabalhadora, recomendando o afastamento durante a gestação.

Diante da situação apresentada, responda aos itens a seguir.

a) A empresa agiu com acerto ao exigir a apresentação de atestado de saúde recomendando o afastamento durante a gestação? **(Valor: 0,65)**

b) Caso a empregada seja afastada, passando a exercer as suas atividades em local salubre na empresa, ela terá direito ao recebimento do adicional de insalubridade? Justifique. **(Valor: 0,60)**

Obs.: o(a) examinando(a) deve fundamentar suas respostas. A mera citação do dispositivo legal não confere pontuação.

ESBOÇO DA RESPOSTA (CADERNO DE RASCUNHO)

1º PASSO: IDENTIFICAÇÃO DO TEMA CENTRAL	
Temas centrais e institutos jurídicos narrados no enunciado	
2º PASSO: ENCONTRANDO O FUNDAMENTO **Pesquisar a palavra-chave, o instituto jurídico ou tema central a partir das informações fornecidas pelo enunciado.*	
Palavra(s)-chave	
3º PASSO: FUNDAMENTO DA RESPOSTA **Anotar o fundamento jurídico, legal, jurisprudencial ou doutrinário.*	
Fundamento do item "A"	
Fundamento do item "B"	
4º PASSO: DESENVOLVENDO A RESPOSTA	
Item "A"	**Introdução:**
	Desenvolvimento (fundamentos jurídicos e legais):
	Conclusão:
Item "B"	**Introdução:**
	Desenvolvimento (fundamentos jurídicos e legais):

REDIGINDO A RESPOSTA (TEXTO DEFINITIVO)

QUESTÃO 2 – SIMULADO 3

Mercella faltou ao trabalho por quatro dias consecutivos, pois teve que viajar até a cidade de Belo Horizonte/MG, para acompanhar o velório e o enterro do seu primo, Arlindo, falecido num acidente de trânsito ocorrido na BR 040. A empresa descontou os períodos de ausência do salário da empregada. Irresignada, a trabalhadora ingressou com reclamação trabalhista em face da empresa, postulando a devolução dos descontos. Após regular tramitação, o processo foi julgado improcedente.

À luz da legislação em vigor, responda aos itens a seguir.

a) No caso em apreço, o magistrado agiu com acerto ao indeferir o pedido formulado por Marcella? Fundamente. **(Valor: 0,65)**

b) Qual é o efeito da ausência justificada do empregado ao serviço no contrato de trabalho? Justifique. **(Valor: 0,60)**

Obs.: o(a) examinando(a) deve fundamentar suas respostas. A mera citação do dispositivo legal não confere pontuação.

ESBOÇO DA RESPOSTA (CADERNO DE RASCUNHO)

1º PASSO: IDENTIFICAÇÃO DO TEMA CENTRAL	
Temas centrais e institutos jurídicos narrados no enunciado	
2º PASSO: ENCONTRANDO O FUNDAMENTO ***Pesquisar a palavra-chave, o instituto jurídico ou tema central a partir das informações fornecidas pelo enunciado.**	
Palavra(s)-chave	
3º PASSO: FUNDAMENTO DA RESPOSTA ***Anotar o fundamento jurídico, legal, jurisprudencial ou doutrinário.**	
Fundamento do item "A"	
Fundamento do item "B"	
4º PASSO: DESENVOLVENDO A RESPOSTA	
Item "A"	**Introdução:**
	Desenvolvimento (fundamentos jurídicos e legais):
	Conclusão:
Item "B"	**Introdução:**
	Desenvolvimento (fundamentos jurídicos e legais):
	Conclusão:

REDIGINDO A RESPOSTA (TEXTO DEFINITIVO)

QUESTÃO 3 – SIMULADO 3

Diogo ingressou com reclamação trabalhista em face da empresa Restaurante Delícias do Campo Ltda., postulando o pagamento de horas extras intrajornada, vale-refeição previsto em norma coletiva e adicional de insalubridade. A soma dos pedidos formulados na petição inicial perfaz a importância de R$ 15.000,00 (quinze mil reais). Para tentar provar suas alegações, o reclamante pretende ouvir três testemunhas, bem como requerer a prova pericial.

Com base na hipótese retratada, responda aos itens a seguir.

a) Como advogado do autor, indique qual rito processual deve ser adotado pelo reclamante? Justifique. **(Valor: 0,65)**

b) Considerando o procedimento a ser adotado, o reclamante poderá ouvir as três testemunhas? Justifique. **(Valor: 0,60)**

Obs.: o(a) examinando(a) deve fundamentar suas respostas. A mera citação do dispositivo legal não confere pontuação.

ESBOÇO DA RESPOSTA (CADERNO DE RASCUNHO)

1º PASSO: IDENTIFICAÇÃO DO TEMA CENTRAL	
Temas centrais e institutos jurídicos narrados no enunciado	
2º PASSO: ENCONTRANDO O FUNDAMENTO **Pesquisar a palavra-chave, o instituto jurídico ou tema central a partir das informações fornecidas pelo enunciado.*	
Palavra(s)-chave	
3º PASSO: FUNDAMENTO DA RESPOSTA **Anotar o fundamento jurídico, legal, jurisprudencial ou doutrinário.*	
Fundamento do item "A"	
Fundamento do item "B"	
4º PASSO: DESENVOLVENDO A RESPOSTA	
Item "A"	**Introdução:**
	Desenvolvimento (fundamentos jurídicos e legais):
	Conclusão:
Item "B"	**Introdução:**
	Desenvolvimento (fundamentos jurídicos e legais):

REDIGINDO A RESPOSTA (TEXTO DEFINITIVO)

QUESTÃO 4 – SIMULADO 3

Pietro ingressou com ação trabalhista em face da empresa TPX Instrumentos Cirúrgicos S/A, buscando a declaração da invalidade do pedido de demissão, por vício de consentimento, a conversão em rescisão indireta do contrato de trabalho e o pagamento das verbas rescisórias relativas à essa modalidade de extinção do contrato de trabalho. No dia e horário designado para a realização da audiência, o trabalhador compareceu à audiência juntamente com o seu advogado. De imediato, na sala de espera, identificou que o preposto não era empregado da empresa. Feito o pregão, as partes entraram na sala de audiência, como questão de ordem, logo após a qualificação dos presentes, o advogado de Pietro suscitou a aplicação da pena de revelia e confissão à parte reclamada, já que o preposto não era empregado da empresa.

Diante da situação apresentada, responda aos itens a seguir.

a) O juiz do trabalho deve acatar o pedido de aplicação da pena de revelia e confissão, formulado pelo advogado de Pietro?

b) A quem compete demonstrar a validade ou invalidade do pedido de demissão?

Obs.: o(a) examinando(a) deve fundamentar suas respostas. A mera citação do dispositivo legal não confere pontuação.

ESBOÇO DA RESPOSTA (CADERNO DE RASCUNHO)

1º PASSO: IDENTIFICAÇÃO DO TEMA CENTRAL	
Temas centrais e institutos jurídicos narrados no enunciado	
2º PASSO: ENCONTRANDO O FUNDAMENTO ***Pesquisar a palavra-chave, o instituto jurídico ou tema central a partir das informações fornecidas pelo enunciado.**	
Palavra(s)-chave	
3º PASSO: FUNDAMENTO DA RESPOSTA ***Anotar o fundamento jurídico, legal, jurisprudencial ou doutrinário.**	
Fundamento do item "A"	
Fundamento do item "B"	
4º PASSO: DESENVOLVENDO A RESPOSTA	
Item "A"	**Introdução:**
	Desenvolvimento (fundamentos jurídicos e legais):
	Conclusão:
Item "B"	**Introdução:**
	Desenvolvimento (fundamentos jurídicos e legais):
	Conclusão:

REDIGINDO A RESPOSTA (TEXTO DEFINITIVO)

SIMULADO 4

PEÇA PRÁTICO-PROFISSIONAL – SIMULADO 4

Camila Gonçalves, brasileira, solteira, desempregada, filha de Mariana Gonçalves, portadora do RG nº 12.345.678-X, inscrita no CPF nº 123.456.789-00, residente e domiciliada na Rua Álvares Penteado, nº 1, Jardim Anália, Belém/PA, trabalhou para a sociedade empresária JJ Fashion Ltda., localizada na cidade de Belém/PA, de 14-5-2015 a 24-8-2022, na função de vendedora. Camila cumpria jornada de trabalho das 10h às 19h, de segunda a sexta-feira, com 1 hora para refeição e descanso. O *Dress Code* (código de vestimenta), instituído pela empresa, impunha aos trabalhadores que chegassem 30 minutos antes do início da jornada de trabalho para vestir o uniforme, composto de trajes formais. Camila recebia salário mensal na importância de R$ 1.200,00 (mil e duzentos reais), além do comissionamento de 5% (cinco por cento) sobre os produtos vendidos, mas as comissões recebidas não integravam o salário. Apesar de a cláusula 39ª da convenção coletiva de trabalho do sindicato da categoria profissional prever o pagamento de um vale-farmácia no valor de R$ 100,00 (cem reais), no biênio de 2018-2020, a trabalhadora não recebeu tal benesse. Em maio de 2021, a empresa sofreu um ataque cibernético que resultou na invasão do principal banco de dados da empresa e na divulgação indevida dos dados pessoais dos funcionários e clientes da empresa. A autoridade competente realizou a perícia no sistema de segurança da informação da empresa e constatou que o software utilizado não atendia aos padrões técnicos mínimos aptos a proteger os dados pessoais de acessos não autorizados, de situações acidentais, ilícitas ou de qualquer forma de tratamento inadequado ou ilícito na forma da lei. A empregada foi dispensada sem justa causa, mediante aviso-prévio indenizado, mas, apesar disso, não recebeu as verbas rescisórias.

Questão: Na qualidade de advogado(a) de Camila, apresente a medida judicial cabível, estando ciente de que a trabalhadora não gozou as férias referente ao período aquisitivo de 2020-2021, está desempregada e passa por dificuldades financeiras. **(Valor 5,00)**

Obs.: a peça deve abranger todos os fundamentos de Direito que possam ser utilizados para dar respaldo à pretensão. A simples menção ou transcrição do dispositivo legal não confere pontuação. Nos casos em que a lei exigir liquidação de valores, não será necessário que o examinando a apresente, admitindo-se que o escritório possui setor próprio ou contratado especificamente para tal fim.

ESTRUTURANDO A PEÇA (RASCUNHO)

<table>
<tr><th colspan="3">1º PASSO: DADOS PRINCIPAIS DO ENUNCIADO</th></tr>
<tr><td rowspan="2">Partes</td><td colspan="2">Empregado/Trabalhador:</td></tr>
<tr><td colspan="2">Empregador/Tomador de serviço:</td></tr>
<tr><td>Profissão</td><td colspan="2"></td></tr>
<tr><td>Data de admissão:</td><td colspan="2"></td></tr>
<tr><td>Data de dispensa:</td><td colspan="2"></td></tr>
<tr><td>Motivo da extinção do contrato de trabalho:</td><td colspan="2"></td></tr>
<tr><td rowspan="2">Existe ação em curso?</td><td colspan="2"></td></tr>
<tr><td colspan="2">Data do ajuizamento:</td></tr>
<tr><th colspan="3">2º PASSO: IDENTIFICAÇÃO, PREVISÃO LEGAL E PECULIARIDADES DA PEÇA</th></tr>
<tr><td colspan="3">Régua processual (Atos processuais descritos no enunciado)
|-->></td></tr>
<tr><td>Inicial, defesa ou recurso?</td><td colspan="2"></td></tr>
<tr><td>Há alguma medida urgente a ser adotada?</td><td colspan="2"></td></tr>
<tr><td rowspan="3">Peculiaridades da peça</td><td colspan="2"></td></tr>
<tr><td colspan="2"></td></tr>
<tr><td colspan="2"></td></tr>
<tr><th colspan="3">3º PASSO: ESTRUTURA E TESES DA PEÇA</th></tr>
<tr><td>Endereçamento</td><td colspan="2"></td></tr>
<tr><td rowspan="6">Preâmbulo</td><td>Peticionário (Requerente)</td><td></td></tr>
<tr><td>Parte contrária (Requerido)</td><td></td></tr>
<tr><td>Nome da peça</td><td></td></tr>
<tr><td>Fundamento legal</td><td></td></tr>
<tr><td>Procedimento (rito)</td><td></td></tr>
<tr><td>Verbo:</td><td></td></tr>
<tr><td rowspan="4">Fatos</td><td colspan="2"></td></tr>
<tr><td colspan="2"></td></tr>
<tr><td colspan="2"></td></tr>
<tr><td colspan="2"></td></tr>
</table>

1ª Tese (Direito)	Fatos:
	Fundamentos:
	Conclusão:
2ª Tese (Direito)	
3ª Tese (Direito)	
4ª Tese (Direito)	
Tutela de urgência	
Pedidos e Conclusões	
Requerimentos finais	
Encerramento	

REDIGINDO A PEÇA (TEXTO DEFINITIVO)

61	
62	
63	
64	
65	
66	
67	
68	
69	
70	
71	
72	
73	
74	
75	
76	
77	
78	
79	
80	
81	
82	
83	
84	
85	
86	
87	
88	
89	
90	

121	
122	
123	
124	
125	
126	
127	
128	
129	
130	
131	
132	
133	
134	
135	
136	
137	
138	
139	
140	
141	
142	
143	
144	
145	
146	
147	
148	
149	
150	

QUESTÃO 1 – SIMULADO 4

João foi contratado pela empresa STX Produções Cinematográficas S/A para trabalhar como auxiliar administrativo. Concomitantemente, durante a jornada de trabalho, prestava serviços à empresa STX Marketing Ltda., cujo quadro social é composto pelos mesmos sócios da empresa STX Produções Cinematográficas S/A. Dispensado imotivadamente, João ingressou com reclamação trabalhista em face das empresas, postulando o reconhecimento do grupo empresarial, bem como da coexistência de mais de um contrato de trabalho, em relação a cada uma das empresas do grupo econômico.

Com base na hipótese apresentada, responda aos itens a seguir.

a) A identidade de sócios, por si só, enseja o reconhecimento do grupo econômico? Justifique. **(Valor: 0,65)**

b) Caso as empresas efetivamente integrem grupo econômico, que tese você apresentaria em favor das sociedades empresárias em relação ao pedido de reconhecimento da coexistência de mais de um contrato de trabalho, em relação a cada uma delas? Justifique. **(Valor: 0,60)**

Obs.: o(a) examinando(a) deve fundamentar as respostas. A mera citação do dispositivo legal não confere pontuação.

ESBOÇO DA RESPOSTA (CADERNO DE RASCUNHO)

1º PASSO: IDENTIFICAÇÃO DO TEMA CENTRAL	
Temas centrais e institutos jurídicos narrados no enunciado	

2º PASSO: ENCONTRANDO O FUNDAMENTO **Pesquisar a palavra-chave, o instituto jurídico ou tema central a partir das informações fornecidas pelo enunciado.*	
Palavra(s)-chave	

3º PASSO: FUNDAMENTO DA RESPOSTA **Anotar o fundamento jurídico, legal, jurisprudencial ou doutrinário.*	
Fundamento do item "A"	
Fundamento do item "B"	

4º PASSO: DESENVOLVENDO A RESPOSTA	
Item "A"	**Introdução:**
	Desenvolvimento (fundamentos jurídicos e legais):
	Conclusão:
Item "B"	**Introdução:**
	Desenvolvimento (fundamentos jurídicos e legais):
	Conclusão:

REDIGINDO A RESPOSTA (TEXTO DEFINITIVO)

QUESTÃO 2 – SIMULADO 4

Ana, grávida de cinco meses, é funcionária da Loja Tudo Decorado Ltda. A trabalhadora foi flagrada por seu superior hierárquico, Sr. Júlio, furtando dinheiro do caixa da empresa para a qual trabalha. No mesmo instante, a trabalhadora foi demitida por justa causa. Irresignada, a trabalhadora ingressou com reclamação trabalhista em face da empresa postulando a reintegração ao trabalho, sob a alegação de que o empregador não poderia rescindir o contrato de trabalho, por ser detentora de estabilidade no emprego em decorrência do seu estado gravídico, o qual constitui impedimento para a ruptura do contrato de trabalho até o quinto mês subsequente ao parto. Postula a imediata reintegração do trabalho, com o pagamento do salário do período de afastamento, ou a conversão dessa obrigação em indenização.

Diante dessa situação, responda às indagações a seguir.

a) A conduta praticada pela empregada constitui falta grave? Fundamente. **(Valor: 0,65)**

b) Informe que tese jurídica você defenderia em favor do seu cliente para tentar evitar a condenação. Justifique **(Valor: 0,60)**

Obs.: o(a) examinando(a) deve fundamentar suas respostas. A mera citação do dispositivo legal não confere pontuação.

ESBOÇO DA RESPOSTA (CADERNO DE RASCUNHO)

1º PASSO: IDENTIFICAÇÃO DO TEMA CENTRAL	
Temas centrais e institutos jurídicos narrados no enunciado	
2º PASSO: ENCONTRANDO O FUNDAMENTO ***Pesquisar a palavra-chave, o instituto jurídico ou tema central a partir das informações fornecidas pelo enunciado.**	
Palavra(s)-chave	
3º PASSO: FUNDAMENTO DA RESPOSTA ***Anotar o fundamento jurídico, legal, jurisprudencial ou doutrinário.**	
Fundamento do item "A"	
Fundamento do item "B"	
4º PASSO: DESENVOLVENDO A RESPOSTA	
Item "A"	**Introdução:**
	Desenvolvimento (fundamentos jurídicos e legais):
	Conclusão:
Item "B"	**Introdução:**
	Desenvolvimento (fundamentos jurídicos e legais):
	Conclusão:

REDIGINDO A RESPOSTA (TEXTO DEFINITIVO)

QUESTÃO 3 – SIMULADO 4

Armando trabalhou para a empresa Tudo Limpo Terceirização de Mão de Obra Ltda, contratada por um município de Porto Ferreira/SP. O contrato de trabalho foi rescindido unilateralmente pela empregadora no mês de março de 2021. Considerando-se lesado no recebimento das verbas rescisórias, que considera devidas, mas com receio de propor uma reclamação trabalhista, tendo em vista a possibilidade de ter que arcar com os honorários advocatícios do advogado da empresa em caso de eventual improcedência dos pedidos, Armando procurou o seu ex-empregador para firmar acordo extrajudicial.

Diante disso, responda aos itens a seguir.

a) Caso o trabalhador e empresa cheguem a um consenso, poderão requerer a homologação do acordo extrajudicial perante a Justiça do Trabalho?

b) Na hipótese de ser admissível a homologação do acordo extrajudicial, ao deferir o pedido, poderá executar de ofício as contribuições sociais?

Obs.: o(a) examinando(a) deve fundamentar suas respostas. A mera citação do dispositivo legal não confere pontuação.

ESBOÇO DA RESPOSTA (CADERNO DE RASCUNHO)

1º PASSO: IDENTIFICAÇÃO DO TEMA CENTRAL	
Temas centrais e institutos jurídicos narrados no enunciado	
2º PASSO: ENCONTRANDO O FUNDAMENTO ***Pesquisar a palavra-chave, o instituto jurídico ou tema central a partir das informações fornecidas pelo enunciado.**	
Palavra(s)-chave	
3º PASSO: FUNDAMENTO DA RESPOSTA ***Anotar o fundamento jurídico, legal, jurisprudencial ou doutrinário.**	
Fundamento do item "A"	
Fundamento do item "B"	
4º PASSO: DESENVOLVENDO A RESPOSTA	
Item "A"	**Introdução:**
	Desenvolvimento (fundamentos jurídicos e legais):
	Conclusão:
Item "B"	**Introdução:**
	Desenvolvimento (fundamentos jurídicos e legais):
	Conclusão:

REDIGINDO A RESPOSTA (TEXTO DEFINITIVO)

QUESTÃO 4 – SIMULADO 4

Maria foi contratada na sede da sociedade empresária FLY Diagnósticos Ltda., localizada em Campinas/SP, para prestar serviços em São Paulo/SP. Dois anos depois, foi transferida definitivamente para Natal/RN, onde permaneceu até a data da sua dispensa imotivada. Com dificuldades para se recolocar no mercado de trabalho, Maria se mudou para a cidade de Porto Alegre na esperança de conseguir um novo emprego. Dentro do biênio legal, propôs reclamação trabalhista contra o seu ex-empregador perante a Vara do Trabalho de Porto Alegre/RS.

Diante da situação apresentada e dos termos da CLT, responda aos itens a seguir.

a) Considerando as regras de competência, a reclamação trabalhista foi proposta perante o juízo territorialmente competente? Justifique. **(Valor: 0,65)**

b) Como advogado(a) da sociedade empresária, qual medida judicial deve ser adotada em defesa do seu cliente, considerando que a empresa acabou de receber a notificação postal inicial? Justifique. **(Valor: 0,60)**

Obs.: o(a) examinando(a) deve fundamentar suas respostas. A mera citação do dispositivo legal não confere pontuação.

ESBOÇO DA RESPOSTA (CADERNO DE RASCUNHO)

1º PASSO: IDENTIFICAÇÃO DO TEMA CENTRAL	
Temas centrais e institutos jurídicos narrados no enunciado	
2º PASSO: ENCONTRANDO O FUNDAMENTO ***Pesquisar a palavra-chave, o instituto jurídico ou tema central a partir das informações fornecidas pelo enunciado.**	
Palavra(s)-chave	
3º PASSO: FUNDAMENTO DA RESPOSTA ***Anotar o fundamento jurídico, legal, jurisprudencial ou doutrinário.**	
Fundamento do item "A"	
Fundamento do item "B"	
4º PASSO: DESENVOLVENDO A RESPOSTA	
Item "A"	**Introdução:**
	Desenvolvimento (fundamentos jurídicos e legais):
	Conclusão:
Item "B"	**Introdução:**
	Desenvolvimento (fundamentos jurídicos e legais):
	Conclusão:

REDIGINDO A RESPOSTA (TEXTO DEFINITIVO)

SIMULADO 5

PEÇA PRÁTICO-PROFISSIONAL – SIMULADO 5

A sociedade empresária Doceria Quebra-Queixo Ltda. Procura você, como advogado(a), afirmando que foi notificada para comparecer à audiência UNA no dia 29-11-2022, as 14h10, perante a 26ª Vara do Trabalho de São Paulo/SP, nos autos da reclamação trabalhista nº 1000123-15.2022.5.02.0026, ajuizada pelo ex-funcionário Pedro Paulo de Buarque Almeida no dia 6-9-2022. O trabalhador aduz que foi contratado em 10-1-2010 para exercer a função de repositor de mercadoria, mediante remuneração mensal no valor de R$ 2.700,00 (dois mil e setecentos reais), de segunda a sexta-feira, das 8h às 17h, com pausa para refeição e descanso de 1 hora. Alega que o empregador não respeitava o tempo consecutivo para descanso entre uma jornada de trabalho e outra. Narra que permaneceu em gozo de auxílio previdenciário por incapacidade temporária (auxílio-doença previdenciário) de janeiro a agosto de 2018, após ter quebrado o pé direito, enquanto jogava uma partida de futebol com os seus amigos num final de semana. Alega que, em virtude disso, a empresa não lhe pagou as férias referentes ao período aquisitivo de 2018-2019. Informa que foi promovido a gerente de loja no dia 14-3-2020, passando a desempenhar função de confiança, mediante gratificação de função de 40% (quarenta por cento) sobre o seu salário, oportunidade em que passou a trabalhar das 7h às 21h, com pausa para refeição e descanso de 1 hora, sem, contudo, receber pelo labor extraordinário. Alega que em novembro de 2021, o empregador rebaixou a sua função, determinando o seu retorno ao cargo anteriormente ocupado. Também suprimiu indevidamente a gratificação de função que recebia. Relata que foi dispensado por justa causa em 26-6-2022, após ter faltado durante 40 dias consecutivos, sem qualquer justificativa, tendo recebido as respectivas verbas rescisórias.

Diante desses fatos, deu à causa o valor R$ 70.000,00 (setenta mil reais) e postulou a condenação da empresa ao pagamento de: a) horas extras interjornada, acrescidas de 50% (cinquenta por cento) e reflexos; b) férias em dobro referente ao período aquisitivo de 2018-2019, acrescidas de 1/3 (um terço); c) horas extras sobrejornada, a partir de 14-3-2020, acrescidas de 50% (cinquenta por cento) e reflexos; d) a declaração da nulidade da alteração contratual ilícita, bem como o pagamento da gratificação de função correspondente; e) a nulidade da dispensa por justa causa e o pagamento das verbas rescisórias referentes a essa modalidade de dispensa; f) adicional de periculosidade.

Questão: Diante da situação, elabore a peça processual adequada à defesa dos interesses de seu cliente. **(Valor: 5,00)**

Obs.: a peça deve abranger todos os fundamentos de Direito que possam ser utilizados para dar respaldo à pretensão. A simples menção ou transcrição do dispositivo legal não confere pontuação. Nos casos em que a lei exigir liquidação de valores, não será necessário que o examinando a apresente, admitindo-se que o escritório possui setor próprio ou contratado especificamente para tal fim.

ESTRUTURANDO A PEÇA (RASCUNHO)

1º PASSO: DADOS PRINCIPAIS DO ENUNCIADO	
Partes	Empregado/Trabalhador:
	Empregador/Tomador de serviço:
Profissão	
Data de admissão:	
Data de dispensa:	
Motivo da extinção do contrato de trabalho:	
Existe ação em curso?	
	Data do ajuizamento:

2º PASSO: IDENTIFICAÇÃO, PREVISÃO LEGAL E PECULIARIDADES DA PEÇA	
Régua processual (Atos processuais descritos no enunciado) |-->>	
Inicial, defesa ou recurso?	
Há alguma medida urgente a ser adotada?	
Peculiaridades da peça	

3º PASSO: ESTRUTURA E TESES DA PEÇA		
Endereçamento		
Preâmbulo	Peticionário (Requerente)	
	Parte contrária (Requerido)	
	Nome da peça	
	Fundamento legal	
	Procedimento (rito)	
	Verbo:	
Fatos		

1ª Tese (Direito)	
Caminho até a tese (Palavra-chave)	
2ª Tese (Direito)	
Caminho até a tese (Palavra-chave)	
3ª Tese (Direito)	
Caminho até a tese (Palavra-chave)	
4ª Tese (Direito)	
Caminho até a tese (Palavra-chave)	
5ª Tese (Direito)	
Caminho até a tese (Palavra-chave)	
6ª Tese (Direito)	
Caminho até a tese (Palavra-chave)	
7ª Tese (Direito)	
Caminho até a tese (Palavra-chave)	
Tutela de urgência	
Pedidos, Conclusões e Requerimentos finais	
Encerramento	

REDIGINDO A PEÇA (TEXTO DEFINITIVO)

61	
62	
63	
64	
65	
66	
67	
68	
69	
70	
71	
72	
73	
74	
75	
76	
77	
78	
79	
80	
81	
82	
83	
84	
85	
86	
87	
88	
89	
90	

QUESTÃO 1 – SIMULADO 5

Eduarda ajuizou Reclamação Trabalhista em face da empresa Prestadora de Serviços S/A (Primeira Reclamada), requerendo o pagamento de horas extras e reflexos, intervalo intrajornada para refeição e descanso e diferenças referentes às verbas rescisórias. Além disso, pleiteou a responsabilidade subsidiária do Município de Fortaleza (Segunda Reclamada), tendo em vista sua culpa *in vigilando* e *in elegendo*. Ao prolatar sua sentença, o juiz de primeiro grau julgou os pedidos parcialmente procedentes, reconhecendo a responsabilidade subsidiária da Segunda Reclamada e condenando as Rés ao pagamento das horas extras e reflexos. A decisão foi publicada no dia 15-3-2021, segunda-feira, tendo a Primeira Reclamada apresentado Recurso Ordinário em 28-3-2021, afirmando possuir prazo em dobro, por se tratar de litisconsórcio com procuradores diferentes e a Segunda Reclamada interpôs seu Recurso Ordinário no dia 29-3-2021. Ocorre que o Magistrado negou seguimento aos Recursos, justificando que ambos eram intempestivos, ou seja, desrespeitaram o prazo previsto no art. 895, I, da CLT. Diante da narrativa apresentada, responda de forma fundamentada:

a) O Magistrado agiu corretamente ao negar seguimento ao Recurso Ordinário da Primeira Reclamada?

b) O Magistrado agiu corretamente ao negar seguimento ao Recurso Ordinário da Segunda Reclamada?

Obs.: o(a) examinando(a) deve fundamentar suas respostas. A mera citação do dispositivo legal não confere pontuação.

ESBOÇO DA RESPOSTA (CADERNO DE RASCUNHO)

1º PASSO: IDENTIFICAÇÃO DO TEMA CENTRAL	
Temas centrais e institutos jurídicos narrados no enunciado	

2º PASSO: ENCONTRANDO O FUNDAMENTO *Pesquisar a palavra-chave, o instituto jurídico ou tema central a partir das informações fornecidas pelo enunciado.*	
Palavra(s)-chave	

3º PASSO: FUNDAMENTO DA RESPOSTA *Anotar o fundamento jurídico, legal, jurisprudencial ou doutrinário.*	
Fundamento do item "A"	
Fundamento do item "B"	

4º PASSO: DESENVOLVENDO A RESPOSTA	
Item "A"	**Introdução:**
	Desenvolvimento (fundamentos jurídicos e legais):
	Conclusão:
Item "B"	**Introdução:**
	Desenvolvimento (fundamentos jurídicos e legais):
	Conclusão:

REDIGINDO A RESPOSTA (TEXTO DEFINITIVO)

QUESTÃO 2 – SIMULADO 5

Heitor Fernandes se candidatou e foi eleito, em 08/05/2023, para o cargo de dirigente da agremiação sindical da categoria profissional. Logo após ser investido no cargo, a sociedade empresária San Peter Contabilidade Ltda. demitiu o trabalhador por justa causa, sob o pretexto de que identificou um atraso de 5 minutos no controle de jornada do mês corrente, portanto, um ato desidioso obreiro que torna insustentável a manutenção do contrato individual de trabalho. Em razão disso, suspendeu disciplinarmente o empregado e ingressou com Inquérito Judicial Para apuração de Fata Grave no prazo legal. O trabalhador foi regularmente notificado para comparecer à audiência UNA, de conciliação, instrução e julgamento, no dia 30-06-2023, às 14 horas, na sala de audiência da 20ª Vara do Trabalho de Belo Horizonte/MG, ficando ciente da faculdade de apresentação da defesa e das consequências legais decorrentes da sua ausência.

Diante do acima exposto, com base na legislação trabalhista vigente, responda aos itens a seguir.

a) Na qualidade de advogado(a) de Heitor, que tese você alegaria, no mérito, para afastar a pretensão da sociedade empresária?

b) Quantas testemunhas Heitor poderá convidar para depor em audiência?

Obs.: o(a) examinando(a) deve fundamentar suas respostas. A mera citação do dispositivo legal não confere pontuação.

ESBOÇO DA RESPOSTA (CADERNO DE RASCUNHO)

1º PASSO: IDENTIFICAÇÃO DO TEMA CENTRAL	
Temas centrais e institutos jurídicos narrados no enunciado	
2º PASSO: ENCONTRANDO O FUNDAMENTO ***Pesquisar a palavra-chave, o instituto jurídico ou tema central a partir das informações fornecidas pelo enunciado.**	
Palavra(s)-chave	
3º PASSO: FUNDAMENTO DA RESPOSTA ***Anotar o fundamento jurídico, legal, jurisprudencial ou doutrinário.**	
Fundamento do item "A"	
Fundamento do item "B"	
4º PASSO: DESENVOLVENDO A RESPOSTA	
Item "A"	**Introdução:**
	Desenvolvimento (fundamentos jurídicos e legais):
	Conclusão:
Item "B"	**Introdução:**
	Desenvolvimento (fundamentos jurídicos e legais):
	Conclusão:

REDIGINDO A RESPOSTA (TEXTO DEFINITIVO)

QUESTÃO 3 – SIMULADO 5

Os empregados da empresa Luminárias Indústria e Comércio LTDA. estão reivindicando melhores condições de trabalho, bem como aumento dos salários. Não se conformando com tais pedidos, após um longo período de negociações, a empresa resolve tomar a iniciativa de paralisar suas atividades, contratando seguranças para impedir os trabalhadores de entrar nas dependências da empresa. Para que não houvesse qualquer prejuízo, a empresa suspendeu o pagamento dos salários de todos os funcionários, situação que perdurou pelo período de quatro meses, quando, finalmente, resolveu retomar suas atividades. Diante do caso exposto, responda às seguintes questões, fundamentando-as adequadamente:

a) Qual instituto está relacionado à situação hipotética descrita acima? Esse movimento é autorizado pelo ordenamento jurídico vigente?

b) Durante o período de paralisação das atividades pelo empregador, foi correta a atitude de suspensão do pagamento dos salários?

Obs.: o(a) examinando(a) deve fundamentar suas respostas. A mera citação do dispositivo legal não confere pontuação.

ESBOÇO DA RESPOSTA (CADERNO DE RASCUNHO)

1º PASSO: IDENTIFICAÇÃO DO TEMA CENTRAL	
Temas centrais e institutos jurídicos narrados no enunciado	
2º PASSO: ENCONTRANDO O FUNDAMENTO **Pesquisar a palavra-chave, o instituto jurídico ou tema central a partir das informações fornecidas pelo enunciado.*	
Palavra(s)-chave	
3º PASSO: FUNDAMENTO DA RESPOSTA **Anotar o fundamento jurídico, legal, jurisprudencial ou doutrinário.*	
Fundamento do item "A"	
Fundamento do item "B"	
4º PASSO: DESENVOLVENDO A RESPOSTA	
Item "A"	**Introdução:**
	Desenvolvimento (fundamentos jurídicos e legais):
	Conclusão:
Item "B"	**Introdução:**
	Desenvolvimento (fundamentos jurídicos e legais):
	Conclusão:

REDIGINDO A RESPOSTA (TEXTO DEFINITIVO)

QUESTÃO 4 – SIMULADO 5

Margarida era vendedora da loja Sapatos Caros e, após cinco anos de trabalho, foi eleita dirigente sindical. Durante o curso de seu mandato, a empregada foi flagrada furtando os pares de sapato mais caros da loja, fato devidamente confirmado pelas câmeras de segurança, sendo, portanto, dispensada com justa causa no mesmo dia. Após o ocorrido, Margarida ajuizou Reclamação Trabalhista, requerendo, por meio de tutela antecipada, a sua imediata reintegração ao trabalho, alegando que, como possuía estabilidade provisória, só poderia ser dispensada após regular processamento de Inquérito Judicial para Apuração de Falta Grave. O Juiz de Primeiro Grau acolheu o pedido da Reclamante e deferiu a antecipação de tutela na sentença, determinando que ela fosse reintegrada. Na condição de advogado da Reclamada, responda:

a) Em regra, os recursos trabalhistas são dotados de efeito suspensivo?
b) No caso hipotético apresentado, a interposição de Recurso Ordinário conseguiria suspender a ordem de reintegração até o seu julgamento? Em caso negativo, qual seria o meio próprio para se obter efeito suspensivo ao Recurso?

Obs.: o(a) examinando(a) deve fundamentar suas respostas. A mera citação do dispositivo legal não confere pontuação.

ESBOÇO DA RESPOSTA (CADERNO DE RASCUNHO)

1º PASSO: IDENTIFICAÇÃO DO TEMA CENTRAL	
Temas centrais e institutos jurídicos narrados no enunciado	
2º PASSO: ENCONTRANDO O FUNDAMENTO *Pesquisar a palavra-chave, o instituto jurídico ou tema central a partir das informações fornecidas pelo enunciado.*	
Palavra(s)-chave	
3º PASSO: FUNDAMENTO DA RESPOSTA *Anotar o fundamento jurídico, legal, jurisprudencial ou doutrinário.*	
Fundamento do item "A"	
Fundamento do item "B"	
4º PASSO: DESENVOLVENDO A RESPOSTA	
Item "A"	**Introdução:**
	Desenvolvimento (fundamentos jurídicos e legais):
	Conclusão:
Item "B"	**Introdução:**
	Desenvolvimento (fundamentos jurídicos e legais):
	Conclusão:

REDIGINDO A RESPOSTA (TEXTO DEFINITIVO)

SIMULADO 6

PEÇA PRÁTICO-PROFISSIONAL – SIMULADO 6

Calvin Harris ingressou com reclamação trabalhista, em 10-3-2021, contra o seu ex-empregador, restaurante Beirute Comida Árabe Ltda., situado na Avenida Paulista, nº 1.000, na cidade de Palmas/TO. Alegou, em síntese, que foi admitido no dia 5-12-2011 para trabalhar como auxiliar de cozinha, cumprindo jornada de trabalho de segunda a sexta-feira, das 8h às 16h30, com trinta minutos para repouso e alimentação, no refeitório da empresa. Enfatizou que os empregados da empresa não eram submetidos a labor sobrejornada, mas, apesar disso, a empresa não respeitava o intervalo para refeição e descanso mínimo de uma hora diária. Relatou, também, que uma vez por semana tinha que ir até a área externa do estabelecimento, localizada no fundo do restaurante, e permanecia próximo ao botijão de gás industrial da cozinha, produto altamente inflamável, por cerca de 5 minutos, com risco de explosão, fato que lhe assegura a percepção de adicional de periculosidade. Entretanto, a empresa nunca pagou o adicional correspondente à exposição ao perigo. Mencionou, ainda que, em razão da forte crise econômica que assolava o país, o estabelecimento teve que encerrar completamente suas atividades, dispensado sem justa causa todos os funcionários daquele local no dia 1-12-2020. Indica que as respectivas verbas rescisórias foram quitadas no prazo legal. Todavia, consignou na petição inicial que a sua dispensa imotivada foi arbitrária, considerando que na época dos fatos exercia a função de suplente do vice-presidente da Cipa e, como tal, gozava da garantia de emprego. Pleiteou, com base nisso, a reintegração ao trabalho ou o pagamento de indenização substitutiva relativa ao período estabilitário. Por fim, mencionou que o empregador não recolheu as contribuições previdenciárias, destinadas ao INSS, durante todo o contrato de trabalho, prejudicando, assim, sua futura aposentadoria. Diante disso, em estrita observância ao que dispõe a lei, apresentou os seguintes pedidos (certos, determinados, com indicação do valor correspondente): a) 30 minutos a título de intervalo intrajornada, com caráter salarial, em razão da supressão do período de refeição e descanso; b) adicional de periculosidade, em decorrência do desenvolvimento de atividade perigosa; c) o reconhecimento da garantia provisória de emprego, com a consequente reintegração ou o pagamento de indenização substitutiva; d) o pagamento de todas as contribuições previdenciárias inadimplidas no curso do contrato de trabalho; e) participação nos lucros e resultados. A ação trabalhista foi distribuída por sorteio para a 13ª Vara do Trabalho de Palmas/TO, autuada sob o nº 1234, sendo certo que a sociedade empresária foi regularmente notificada para comparecer à audiência, para, querendo, apresentar defesa com documentos, sob pena de revelia e confissão.

Questão: Procurado pelo sócio-titular da empresa, para atuar na qualidade de advogado(a) do restaurante, apresente a medida judicial cabível, ciente de que a empresa tinha autorização do Ministério do Trabalho para reduzir a pausa para refeição e descanso, e que o empregado, ao ser notificado da dispensa, quebrou propositadamente uma máquina de cortar frios semiautomática, causando um prejuízo no valor de R$ 5.000,00 (cinco mil reais) à empresa.

ESTRUTURANDO A PEÇA (RASCUNHO)

1º PASSO: DADOS PRINCIPAIS DO ENUNCIADO	
Partes	Empregado/Trabalhador:
	Empregador/Tomador de serviço:
Profissão	
Data de admissão:	
Data de dispensa:	
Motivo da extinção do contrato de trabalho:	
Existe ação em curso?	
	Data do ajuizamento:

2º PASSO: IDENTIFICAÇÃO, PREVISÃO LEGAL E PECULIARIDADES DA PEÇA	
Régua processual (Atos processuais descritos no enunciado) |-->>	
Inicial, defesa ou recurso?	
Há alguma medida urgente a ser adotada?	
Peculiaridades da peça	

3º PASSO: ESTRUTURA E TESES DA PEÇA		
Endereçamento		
Preâmbulo	Peticionário (Requerente)	
	Parte contrária (Requerido)	
	Nome da peça	
	Fundamento legal	
	Procedimento (rito)	
	Verbo:	
Fatos		

1ª Tese (Direito)	Fatos:
	Fundamentos:
	Conclusão:
2ª Tese (Direito)	
3ª Tese (Direito)	
4ª Tese (Direito)	
Tutela de urgência	
Pedidos e Conclusões	
Requerimentos finais	
Encerramento	

REDIGINDO A PEÇA (TEXTO DEFINITIVO)

61	
62	
63	
64	
65	
66	
67	
68	
69	
70	
71	
72	
73	
74	
75	
76	
77	
78	
79	
80	
81	
82	
83	
84	
85	
86	
87	
88	
89	
90	

QUESTÃO 1 – SIMULADO 6

A empresa Trabalhos Online Ltda. contratou Marina Cavalcante da Silva e Silva para prestar serviços sob o regime jurídico de teletrabalho, sendo certo que o trabalho é realizado no escritório montado em um cômodo de sua residência pelo empregador, que forneceu mesa, cadeira, telefone e um computador com acesso à internet, para a divulgação de materiais da empresa na rede mundial de computadores, bem como nas redes sociais. Joaquina, por sua vez, que também trabalha na mesma empresa, uma vez por semana fica em sua própria casa aguardando ser chamada pelo empregador.

a) O regime jurídico que rege o contrato de trabalho de Marina poderá ser alterado? Explique de forma fundamentada.

b) Qual o regime jurídico que se aplica à situação de Joaquina? Justifique.

Obs.: o(a) examinando(a) deve fundamentar suas respostas. A mera citação do dispositivo legal não confere pontuação.

ESBOÇO DA RESPOSTA (CADERNO DE RASCUNHO)

1º PASSO: IDENTIFICAÇÃO DO TEMA CENTRAL	
Temas centrais e institutos jurídicos narrados no enunciado	
2º PASSO: ENCONTRANDO O FUNDAMENTO ***Pesquisar a palavra-chave, o instituto jurídico ou tema central a partir das informações fornecidas pelo enunciado.***	
Palavra(s)-chave	
3º PASSO: FUNDAMENTO DA RESPOSTA ***Anotar o fundamento jurídico, legal, jurisprudencial ou doutrinário.***	
Fundamento do item "A"	
Fundamento do item "B"	
4º PASSO: DESENVOLVENDO A RESPOSTA	
Item "A"	**Introdução:**
	Desenvolvimento (fundamentos jurídicos e legais):
	Conclusão:
Item "B"	**Introdução:**
	Desenvolvimento (fundamentos jurídicos e legais):
	Conclusão:

REDIGINDO A RESPOSTA (TEXTO DEFINITIVO)

QUESTÃO 2 – SIMULADO 6

O ex-empregado Otávio ingressou com reclamação trabalhista em face do seu empregador suscitando a violação de diversos direitos, inclusive a falta de cadastramento do empregado no Programa de Integração Social (PIS) por negligência do empregador. Informa, também, que não obteve a concessão de seguro-desemprego porque o empregador não lhe forneceu as guias devidas, razão pela qual pleiteou uma indenização substitutiva do valor que faria jus se tivesse as guias para recebimento do seguro-desemprego. Diante da competência material da Justiça do Trabalho, disciplinada no art. 114 da CF, cuja redação foi alargada substancialmente pela Emenda Constitucional nº 45/2004, bem como súmulas e orientações jurisprudenciais do Tribunal Superior do Trabalho, apresente as respostas aos seguintes itens:

a) No caso em análise, a justiça do trabalho possui competência para apreciar o pedido relativo ao cadastramento no Programa de Integração Social (PIS)?

b) No caso em tela, a justiça do trabalho possui competência para apreciar o pedido de indenização quanto ao seguro-desemprego? Justifique sua resposta.

Obs.: o(a) examinando(a) deve fundamentar suas respostas. A mera citação do dispositivo legal não confere pontuação.

ESBOÇO DA RESPOSTA (CADERNO DE RASCUNHO)

1º PASSO: IDENTIFICAÇÃO DO TEMA CENTRAL	
Temas centrais e institutos jurídicos narrados no enunciado	
2º PASSO: ENCONTRANDO O FUNDAMENTO ***Pesquisar a palavra-chave, o instituto jurídico ou tema central a partir das informações fornecidas pelo enunciado.**	
Palavra(s)-chave	
3º PASSO: FUNDAMENTO DA RESPOSTA ***Anotar o fundamento jurídico, legal, jurisprudencial ou doutrinário.**	
Fundamento do item "A"	
Fundamento do item "B"	
4º PASSO: DESENVOLVENDO A RESPOSTA	
Item "A"	**Introdução:**
	Desenvolvimento (fundamentos jurídicos e legais):
	Conclusão:
Item "B"	**Introdução:**
	Desenvolvimento (fundamentos jurídicos e legais):
	Conclusão:

REDIGINDO A RESPOSTA (TEXTO DEFINITIVO)

QUESTÃO 3 – SIMULADO 6

Afonso foi contratado pela empresa Veículos Pesados Ltda., que integra grupo econômico com a empresa Grupo Move S/A, para exercer a função de vendedor.

Durante a mesma jornada de trabalho, Afonso vendia os produtos das duas empresas com supervisão de um gerente de cada empresa.

As empresas foram compradas pela Grande Motor S/A e, logo após a realização da reestruturação na empresa, Afonso foi dispensado sem justo motivo

Responda de forma fundamentada as seguintes questões:

a) Considerando a prestação de serviços concomitante, Afonso poderá requerer judicialmente o reconhecimento do vínculo de emprego com a empresa Grupo Move S/A?

b) Quem será responsável pela quitação dos créditos trabalhistas de Afonso?

Obs.: o examinando deve fundamentar suas respostas. A mera citação do dispositivo legal não confere pontuação.

ESBOÇO DA RESPOSTA (CADERNO DE RASCUNHO)

1º PASSO: IDENTIFICAÇÃO DO TEMA CENTRAL	
Temas centrais e institutos jurídicos narrados no enunciado	

2º PASSO: ENCONTRANDO O FUNDAMENTO **Pesquisar a palavra-chave, o instituto jurídico ou tema central a partir das informações fornecidas pelo enunciado.*	
Palavra(s)-chave	

3º PASSO: FUNDAMENTO DA RESPOSTA **Anotar o fundamento jurídico, legal, jurisprudencial ou doutrinário.*	
Fundamento do item "A"	
Fundamento do item "B"	

4º PASSO: DESENVOLVENDO A RESPOSTA	
Item "A"	**Introdução:**
	Desenvolvimento (fundamentos jurídicos e legais):
	Conclusão:
Item "B"	**Introdução:**
	Desenvolvimento (fundamentos jurídicos e legais):
	Conclusão:

REDIGINDO A RESPOSTA (TEXTO DEFINITIVO)

QUESTÃO 4 – SIMULADO 6

Carminha ajuizou reclamação trabalhista pelo rito sumaríssimo em face da empresa Ventiladores Tufão S.A., onde laborou por pouco tempo.

Durante a audiência de instrução, o magistrado ouviu três testemunhas de cada parte.

Ato seguinte, o advogado da Reclamada ficou em dúvida sobre os fatos que possui o ônus de provar, causando tumulto na audiência.

a) O magistrado agiu corretamente na inquirição das testemunhas? Justifique.

b) Quais são os fatos que o Reclamante possui o ônus de prova? E a Reclamada? Justifique.

Obs.: o(a) examinando(a) deve fundamentar suas respostas. A mera citação do dispositivo legal não confere pontuação.

ESBOÇO DA RESPOSTA (CADERNO DE RASCUNHO)

1º PASSO: IDENTIFICAÇÃO DO TEMA CENTRAL	
Temas centrais e institutos jurídicos narrados no enunciado	
2º PASSO: ENCONTRANDO O FUNDAMENTO ***Pesquisar a palavra-chave, o instituto jurídico ou tema central a partir das informações fornecidas pelo enunciado.***	
Palavra(s)-chave	
3º PASSO: FUNDAMENTO DA RESPOSTA ***Anotar o fundamento jurídico, legal, jurisprudencial ou doutrinário.***	
Fundamento do item "A"	
Fundamento do item "B"	
4º PASSO: DESENVOLVENDO A RESPOSTA	
Item "A"	**Introdução:**
	Desenvolvimento (fundamentos jurídicos e legais):
	Conclusão:
Item "B"	**Introdução:**
	Desenvolvimento (fundamentos jurídicos e legais):
	Conclusão:

REDIGINDO A RESPOSTA (TEXTO DEFINITIVO)

SIMULADO 7

PEÇA PRÁTICO-PROFISSIONAL – SIMULADO 7

Júlio Duende, ajudante de linha de produção de brinquedos, enquadrado como empregado urbano, ingressou com reclamação trabalhista em desfavor da empresa Fábrica de Presentes Ltda. Informa que foi dispensado sem justa causa, recebendo todas as verbas rescisórias decorrentes da dispensa imotivada, porém, alega que alguns direitos foram violados durante o período contratual. Aduziu que eram fornecidas habitação e alimentação como salário-utilidade no importe correspondente a 25% (vinte e cinco por cento) e 20% (vinte por cento), respectivamente, sobre o salário contratual, o que entende ser incorreto, porquanto ambas deveriam respeitar o limite de 30% (trinta por cento) do salário contratual. Informou também que foi pactuado por escrito com o empregador o estabelecimento do regime denominado "Banco de Horas Semestral" (de duração de seis meses) para fazer frente ao acréscimo da demanda ocorrente nos meses de novembro e dezembro. Salienta que referida avença não contou com a participação do sindicato da categoria, o que denota a irregularidade da pactuação. Esclareceu que no segundo semestre do ano corrente teve que se ausentar por um dia, ocasião que estava realizando curso preparatório para o cargo de "assistente natalino" em estabelecimento de ensino técnico-regular-básico. O empregador descontou esse dia ao fundamento que somente exame vestibular para ensino superior lhe asseguraria tal direito, o que não concorda o reclamante. Por fim, salientou que sua dispensa não observou os mandamentos constitucionais, haja vista que o postulante era delegado sindical, beneficiário, portanto, da estabilidade provisória prevista, por analogia, no art. 8º, VIII, da CF. Nesse cenário, postulou a responsabilidade da ex-empregadora Fábrica de Presentes Ltda., bem como a responsabilidade solidária das empresas Polo Norte Ltda. e Casa do Noel Ltda., por entender ser componentes de grupo econômico, devido à identidade de sócios desses três empreendimentos.

Questão: Considerando que a reclamação trabalhista foi proposta perante a 25ª Vara do Trabalho de Natal, capital do Rio Grande do Norte, redija, na condição de advogado(a) contratado(a) pela empresa, a medida judicial adequada.

ESTRUTURANDO A PEÇA (RASCUNHO)

1º PASSO: DADOS PRINCIPAIS DO ENUNCIADO	
Partes	Empregado/Trabalhador:
	Empregador/Tomador de serviço:
Profissão	
Data de admissão:	
Data de dispensa:	
Motivo da extinção do contrato de trabalho:	
Existe ação em curso?	
	Data do ajuizamento:

2º PASSO: IDENTIFICAÇÃO, PREVISÃO LEGAL E PECULIARIDADES DA PEÇA	
Régua processual (Atos processuais descritos no enunciado) |-->>	
Inicial, defesa ou recurso?	
Há alguma medida urgente a ser adotada?	
Peculiaridades da peça	

3º PASSO: ESTRUTURA E TESES DA PEÇA		
Endereçamento		
Preâmbulo	Peticionário (Requerente)	
	Parte contrária (Requerido)	
	Nome da peça	
	Fundamento legal	
	Procedimento (rito)	
	Verbo:	
Fatos		

1ª Tese (Direito)	Fatos:
	Fundamentos:
	Conclusão:
2ª Tese (Direito)	
3ª Tese (Direito)	
4ª Tese (Direito)	
Tutela de urgência	
Pedidos e Conclusões	
Requerimentos finais	
Encerramento	

REDIGINDO A PEÇA (TEXTO DEFINITIVO)

61	
62	
63	
64	
65	
66	
67	
68	
69	
70	
71	
72	
73	
74	
75	
76	
77	
78	
79	
80	
81	
82	
83	
84	
85	
86	
87	
88	
89	
90	

121	
122	
123	
124	
125	
126	
127	
128	
129	
130	
131	
132	
133	
134	
135	
136	
137	
138	
139	
140	
141	
142	
143	
144	
145	
146	
147	
148	
149	
150	

QUESTÃO 1 – SIMULADO 7

Danilo é promotor de vendas da empresa Pipocas do Zequinha Ltda., sendo obrigado pelo seu empregador a usar uniforme durante o expediente com a logomarca da empresa e dos fornecedores dos produtos. A vestimenta foi fornecida ao empregado sem qualquer ônus. Danilo gasta cerca de R$ 30,00 (trinta reais) por semana para lavar o uniforme, com água e sabão, na lavanderia do seu prédio. Após a sua dispensa, o trabalhador ajuizou ação trabalhista pleiteando a condenação do seu ex-empregador ao pagamento de indenização por dano moral, sustentando que a utilização de uniforme com a logomarca da empresa e dos fornecedores dos produtos, sem a sua autorização prévia ou compensação financeira, caracteriza ato ilícito por ferir a sua imagem. Também pleiteou o ressarcimento das despesas com a lavagem do uniforme.

Diante da situação retratada, como advogado(a) contratado(a) para defender a sociedade empresária, responda às indagações a seguir.

a) Em relação ao pedido de indenização por dano moral, que tese você advogaria? Justifique. **(Valor: 0,65)**

b) Em relação ao pedido de ressarcimento das despesas com a lavagem do uniforme, qual tese pode ser usada em favor da empresa? Justifique. **(Valor: 0,60)**

Obs.: o(a) examinando(a) deve fundamentar as respostas. A mera citação do dispositivo legal não confere pontuação.

ESBOÇO DA RESPOSTA (CADERNO DE RASCUNHO)

1º PASSO: IDENTIFICAÇÃO DO TEMA CENTRAL	
Temas centrais e institutos jurídicos narrados no enunciado	
2º PASSO: ENCONTRANDO O FUNDAMENTO ***Pesquisar a palavra-chave, o instituto jurídico ou tema central a partir das informações fornecidas pelo enunciado.**	
Palavra(s)-chave	
3º PASSO: FUNDAMENTO DA RESPOSTA ***Anotar o fundamento jurídico, legal, jurisprudencial ou doutrinário.**	
Fundamento do item "A"	
Fundamento do item "B"	
4º PASSO: DESENVOLVENDO A RESPOSTA	
Item "A"	**Introdução:**
	Desenvolvimento (fundamentos jurídicos e legais):
	Conclusão:
Item "B"	**Introdução:**
	Desenvolvimento (fundamentos jurídicos e legais):
	Conclusão:

REDIGINDO A RESPOSTA (TEXTO DEFINITIVO)

QUESTÃO 2 – SIMULADO 7

Antônio foi contratado pela empresa Prá-Já Construtora Ltda., para exercer a função de técnico de segurança do trabalho, mediante contrato de trabalho intermitente. O trabalhador foi convocado, com 24 horas de antecedência, para comparecer no canteiro de obras da empresa, situado no município de Osasco/SP. O período de prestação de serviços, de acordo com a convocação, se dará entre os dias 25-4-2021 e 25-6-2021, de segunda a sexta-feira, das 8h às 14h, com 15 minutos de intervalo. Devido a alguns compromissos assumidos previamente, Antônio não poderá prestar serviços nos dias indicados.

Diante da situação apresentada, na condição de advogado(a) do empregado, responda às indagações a seguir.

a) À luz da legislação em vigor, a convocação do empregador foi realizada no prazo adequado? Justifique. **(Valor: 0,65)**

b) Antônio poderá recusar a oferta de trabalho? Justifique. **(Valor: 0,60)**

Obs.: o(a) examinando(a) deve fundamentar as respostas. A mera citação do dispositivo legal não confere pontuação.

ESBOÇO DA RESPOSTA (CADERNO DE RASCUNHO)

1º PASSO: IDENTIFICAÇÃO DO TEMA CENTRAL	
Temas centrais e institutos jurídicos narrados no enunciado	
2º PASSO: ENCONTRANDO O FUNDAMENTO ***Pesquisar a palavra-chave, o instituto jurídico ou tema central a partir das informações fornecidas pelo enunciado.**	
Palavra(s)-chave	
3º PASSO: FUNDAMENTO DA RESPOSTA ***Anotar o fundamento jurídico, legal, jurisprudencial ou doutrinário.**	
Fundamento do item "A"	
Fundamento do item "B"	
4º PASSO: DESENVOLVENDO A RESPOSTA	
Item "A"	**Introdução:**
	Desenvolvimento (fundamentos jurídicos e legais):
	Conclusão:
Item "B"	**Introdução:**
	Desenvolvimento (fundamentos jurídicos e legais):
	Conclusão:

REDIGINDO A RESPOSTA (TEXTO DEFINITIVO)

QUESTÃO 3 – SIMULADO 7

Renan, atualmente com 17 anos de idade, trabalhou de 1-1-2020 a 1-2-2021 como jardineiro na casa de Maria Alice, três dias por semana, de forma contínua, subordinada, mediante salário no valor de R$ 1.000,00 (mil reais). Logo após a sua dispensa, por orientação de um amigo, foi até a Vara do Trabalho da cidade, desacompanhado de seus pais, para ajuizar ação trabalhista contra a sua ex-empregadora, com o objetivo pleitear o reconhecimento do vínculo empregatício doméstico, bem como o pagamento das verbas contratuais e rescisórias inadimplidas pelo empregador.

À luz da legislação em vigor, com base no caso hipotético narrado, responda às indagações a seguir.

a) Renan pode ingressar com a reclamação trabalhista verbal independentemente de assistência ou representação?

b) Caso demonstrado os requisitos do vínculo empregatício, os pedidos formulados na demanda trabalhista devem ser acolhidos pelo juiz do trabalho?

Obs.: o(a) examinando(a) deve fundamentar as respostas. A mera citação do dispositivo legal não confere pontuação.

ESBOÇO DA RESPOSTA (CADERNO DE RASCUNHO)

1º PASSO: IDENTIFICAÇÃO DO TEMA CENTRAL	
Temas centrais e institutos jurídicos narrados no enunciado	

2º PASSO: ENCONTRANDO O FUNDAMENTO *Pesquisar a palavra-chave, o instituto jurídico ou tema central a partir das informações fornecidas pelo enunciado.*	
Palavra(s)-chave	

3º PASSO: FUNDAMENTO DA RESPOSTA *Anotar o fundamento jurídico, legal, jurisprudencial ou doutrinário.*	
Fundamento do item "A"	
Fundamento do item "B"	

4º PASSO: DESENVOLVENDO A RESPOSTA	
Item "A"	**Introdução:**
	Desenvolvimento (fundamentos jurídicos e legais):
	Conclusão:
Item "B"	**Introdução:**
	Desenvolvimento (fundamentos jurídicos e legais):
	Conclusão:

REDIGINDO A RESPOSTA (TEXTO DEFINITIVO)

QUESTÃO 4 – SIMULADO 7

Mário ajuizou reclamação trabalhista contra a sociedade empresária Pastel Recheado Ltda., postulando o pagamento de horas extras, adicional noturno e adicional de insalubridade. Mário não compareceu no dia designado para a realização da audiência, resultando na condenação ao pagamento das custas, bem como no arquivamento da reclamação. O trabalhador ingressou com uma nova demanda trabalhista, porém, o magistrado extinguiu o processo sem resolução de mérito, uma vez que o trabalhador não recolheu as custas processuais.

Diante da situação retratada, responda às indagações a seguir.

a) O magistrado agiu com acerto ao extinguir o processo sem resolução de mérito? Justifique. **(Valor: 0,65)**

b) Caso o trabalhador ingresse com uma nova demanda trabalhista, estará configurado o instituto jurídico da perempção? Justifique. **(Valor: 0,60)**

Obs.: o(a) examinando(a) deve fundamentar suas respostas. A mera citação do dispositivo legal não confere pontuação.

ESBOÇO DA RESPOSTA (CADERNO DE RASCUNHO)

1º PASSO: IDENTIFICAÇÃO DO TEMA CENTRAL	
Temas centrais e institutos jurídicos narrados no enunciado	
2º PASSO: ENCONTRANDO O FUNDAMENTO ***Pesquisar a palavra-chave, o instituto jurídico ou tema central a partir das informações fornecidas pelo enunciado.**	
Palavra(s)-chave	
3º PASSO: FUNDAMENTO DA RESPOSTA ***Anotar o fundamento jurídico, legal, jurisprudencial ou doutrinário.**	
Fundamento do item "A"	
Fundamento do item "B"	
4º PASSO: DESENVOLVENDO A RESPOSTA	
Item "A"	**Introdução:**
	Desenvolvimento (fundamentos jurídicos e legais):
	Conclusão:
Item "B"	**Introdução:**
	Desenvolvimento (fundamentos jurídicos e legais):
	Conclusão:

REDIGINDO A RESPOSTA (TEXTO DEFINITIVO)

SIMULADO 8

PEÇA PRÁTICO-PROFISSIONAL – SIMULADO 8

Anderson Boleiro trabalhou como técnico em serviços de instalação na empresa Internet para Todos S.A., sendo admitido em 22-4-2016 para essa função, desempenhando até 22-5-2019, quando foi demitido sem justa causa. No desempenho de suas funções, Anderson instalava e resolvia problemas de falha de conexão nas casas dos clientes que contratavam pacotes e planos de assinatura oferecidos pela empresa. Durante todo o contrato de trabalho, laborou de segunda a sexta feira, entrando as 8h, quando buscava a papelada dos serviços que seriam realizados no dia, mas não tinha hora para finalizar seu expediente, sendo muito comum terminar após as 16h. Devido a quantidade de trabalho, normalmente não cumpria intervalo para descanso e refeição. Para executar as suas atribuições, subia nos telhados das casas, passava cabeamento de fios de fibra ótica de telefonia e internet. A empresa forneceu um veículo automotor com todos os equipamentos necessários, para viabilizar o desempenho das suas funções, sendo que durante as férias e os finais de semana Anderson ficava com o veículo para seu bel prazer. A empresa também fornecia o uniforme, que era de uso obrigatório por Anderson, cuja higienização era realizada pelo trabalhador que gastava uma certa quantia de sua remuneração, não sendo fornecida qualquer ajuda da empresa no tocante a isso. Logo após a sua dispensa, o trabalhador ajuizou reclamação trabalhista, em 22-2-2020, pleiteando: horas extras; adicional de periculosidade; integração do veículo no salário com reflexos e integração dos valores de higienização do uniforme. Regularmente notificada, a reclamada compareceu à audiência apresentando defesa com documentos. Ao final, o magistrado julgou totalmente procedentes os pedidos formulados na inicial.

Questão: A empresa procurou seu escritório para a defesa de seus interesses. Desse modo, como advogado(a) contratado(a) pela sociedade empresária, redija a peça correta.

ESTRUTURANDO A PEÇA (RASCUNHO)

1º PASSO: DADOS PRINCIPAIS DO ENUNCIADO	
Partes	Empregado/Trabalhador:
	Empregador/Tomador de serviço:
Profissão	
Data de admissão:	
Data de dispensa:	
Motivo da extinção do contrato de trabalho:	
Existe ação em curso?	
	Data do ajuizamento:

2º PASSO: IDENTIFICAÇÃO, PREVISÃO LEGAL E PECULIARIDADES DA PEÇA	
Régua processual (Atos processuais descritos no enunciado) |-->>	
Inicial, defesa ou recurso?	
Há alguma medida urgente a ser adotada?	
Peculiaridades da peça	

3º PASSO: ESTRUTURA E TESES DA PEÇA		
Endereçamento		
Preâmbulo	Peticionário (Requerente)	
	Parte contrária (Requerido)	
	Nome da peça	
	Fundamento legal	
	Procedimento (rito)	
	Verbo:	
Fatos		

1ª Tese (Direito)	Fatos:
	Fundamentos:
	Conclusão:
2ª Tese (Direito)	
3ª Tese (Direito)	
4ª Tese (Direito)	
Tutela de urgência	
Pedidos e Conclusões	
Requerimentos finais	
Encerramento	

REDIGINDO A PEÇA (TEXTO DEFINITIVO)

61	
62	
63	
64	
65	
66	
67	
68	
69	
70	
71	
72	
73	
74	
75	
76	
77	
78	
79	
80	
81	
82	
83	
84	
85	
86	
87	
88	
89	
90	

121	
122	
123	
124	
125	
126	
127	
128	
129	
130	
131	
132	
133	
134	
135	
136	
137	
138	
139	
140	
141	
142	
143	
144	
145	
146	
147	
148	
149	
150	

QUESTÃO 1 – SIMULADO 8

Ana e Elizabeth são irmãs e trabalham para a mesma empresa. Quando Ana engravidou, Elizabeth, que não pode ter filhos naturais, resolve adotar uma criança de seis meses. Assim, logo após o nascimento da filha de Ana, Elizabeth obteve a guarda provisória de um bebê de 6 meses de idade.

Diante do caso narrado, apresente as respostas aos seguintes itens:

a) Elizabeth possui estabilidade mesmo tendo a guarda provisória do bebê de 06 meses? Justifique sua resposta.

b) Ana atua em atividade insalubre e apresenta atestado médico ao RH da empresa, qual o procedimento da empresa diante da situação concreta? Justifique sua resposta.

Obs.: o(a) examinando(a) deve fundamentar suas respostas. A mera citação do dispositivo legal não confere pontuação.

ESBOÇO DA RESPOSTA (CADERNO DE RASCUNHO)

1º PASSO: IDENTIFICAÇÃO DO TEMA CENTRAL	
Temas centrais e institutos jurídicos narrados no enunciado	
2º PASSO: ENCONTRANDO O FUNDAMENTO ***Pesquisar a palavra-chave, o instituto jurídico ou tema central a partir das informações fornecidas pelo enunciado.***	
Palavra(s)-chave	
3º PASSO: FUNDAMENTO DA RESPOSTA ***Anotar o fundamento jurídico, legal, jurisprudencial ou doutrinário.***	
Fundamento do item "A"	
Fundamento do item "B"	
4º PASSO: DESENVOLVENDO A RESPOSTA	
Item "A"	**Introdução:**
	Desenvolvimento (fundamentos jurídicos e legais):
	Conclusão:
Item "B"	**Introdução:**
	Desenvolvimento (fundamentos jurídicos e legais):
	Conclusão:

REDIGINDO A RESPOSTA (TEXTO DEFINITIVO)

QUESTÃO 2 – SIMULADO 8

Maria Fernanda é médica e trabalhou na empresa Hospital Cura Todos Ltda. por 3 anos. Ao ser dispensada, ajuizou ação trabalhista em face da ex-empregadora. Como tinha experiência na gestão de pessoas, decidiu ela própria fazer sua defesa jurídica, não buscando, portanto, a assistência de advogado ou sindicato. Elaborou a petição inicial, compareceu à audiência e formulou perguntas para testemunhas e para a parte ré. Ao término da instrução, o juiz prolatou sentença de improcedência do petitório de Maria Fernanda, a qual, inconformada, interpôs recurso ordinário, que teve provimento negado, sendo mantida a sentença de primeiro grau. Ainda inconformada, adotando o mesmo sistema, entendendo ter havido violação literal de dispositivo constitucional tanto na sentença de primeiro grau como no acórdão, Maria Fernanda, da mesma forma e desacompanhada de advogado, interpõe o competente recurso de revista para o TST.

a) O recurso de revista interposto por Maria Fernanda poderá ser julgado pelo TST?
b) Verificada a irregularidade de representação no Tribunal, Maria Fernanda terá como constituir advogado para representá-la?

Obs.: o(a) examinando(a) deve fundamentar suas respostas. A mera citação do dispositivo legal não confere pontuação.

ESBOÇO DA RESPOSTA (CADERNO DE RASCUNHO)

1º PASSO: IDENTIFICAÇÃO DO TEMA CENTRAL	
Temas centrais e institutos jurídicos narrados no enunciado	
2º PASSO: ENCONTRANDO O FUNDAMENTO ***Pesquisar a palavra-chave, o instituto jurídico ou tema central a partir das informações fornecidas pelo enunciado.**	
Palavra(s)-chave	
3º PASSO: FUNDAMENTO DA RESPOSTA ***Anotar o fundamento jurídico, legal, jurisprudencial ou doutrinário.**	
Fundamento do item "A"	
Fundamento do item "B"	
4º PASSO: DESENVOLVENDO A RESPOSTA	
Item "A"	**Introdução:**
	Desenvolvimento (fundamentos jurídicos e legais):
	Conclusão:
Item "B"	**Introdução:**
	Desenvolvimento (fundamentos jurídicos e legais):
	Conclusão:

REDIGINDO A RESPOSTA (TEXTO DEFINITIVO)

QUESTÃO 3 – SIMULADO 8

Tarcísio, motorista de caminhão, mantém contrato de trabalho com a empresa Velozes Transporte S/A, no qual há estipulação escrita de necessidade de habilitação para o exercício da profissão e que se o motorista envolvido em acidente de trânsito será descontado pelas avarias e prejuízos causados. Em um dia comum, Tarcísio ultrapassou o sinal vermelho e colidiu com veículo que vinha do outro lado do cruzamento. Não houve vítimas, mas os veículos ficaram impedidos de trafegar, em razão das avarias, e o caminhão foi multado por avanço de sinal. A empresa entendeu por bem descontar do salário de Tarcísio o conserto dos caminhões, bem como as despesas com o conserto do veículo de passeio.

a) A empresa pode descontar as avarias do acidente de Tarcísio?

b) Em decorrência da multa de trânsito, a empresa direcionou os pontos da infração ao Sr. Tarcísio, de modo que sua habilitação ficou suspensa. Foi correta a dispensa de justa causa aplicada ao empregado?

Obs.: o(a) examinando(a) deve fundamentar suas respostas. A mera citação do dispositivo legal não confere pontuação.

ESBOÇO DA RESPOSTA (CADERNO DE RASCUNHO)

1º PASSO: IDENTIFICAÇÃO DO TEMA CENTRAL	
Temas centrais e institutos jurídicos narrados no enunciado	
2º PASSO: ENCONTRANDO O FUNDAMENTO **Pesquisar a palavra-chave, o instituto jurídico ou tema central a partir das informações fornecidas pelo enunciado.*	
Palavra(s)-chave	
3º PASSO: FUNDAMENTO DA RESPOSTA **Anotar o fundamento jurídico, legal, jurisprudencial ou doutrinário.*	
Fundamento do item "A"	
Fundamento do item "B"	
4º PASSO: DESENVOLVENDO A RESPOSTA	
Item "A"	**Introdução:**
	Desenvolvimento (fundamentos jurídicos e legais):
	Conclusão:
Item "B"	**Introdução:**
	Desenvolvimento (fundamentos jurídicos e legais):
	Conclusão:

REDIGINDO A RESPOSTA (TEXTO DEFINITIVO)

QUESTÃO 4 – SIMULADO 8

Brandão foi dispensado, por seu empregador, do emprego, no qual trabalhou de 13-11-2020 a 31-5-2021. Na sociedade empresária em que trabalhou, Brandão batia o cartão de ponto apenas no início e no fim da jornada efetiva de trabalho, sem considerar o tempo de café da manhã, de troca de uniforme (que consistia em vestir um jaleco branco e tênis comum, que ficavam na posse do empregado) e o tempo em que jogava pingue-pongue após almoçar, já que o fazia em 15 minutos, e poderia ficar jogando até o término do intervalo integral. No mês, trabalhou dois sábados alternados das 8h às 12h, como hora extraordinária.

a) O período que Brandão jogava pingue-pongue é considerado tempo à disposição do empregador?

b) Nas horas excedentes aos sábados alternados, a empresa pode fazer um acordo tácito para compensação das horas dentro do próprio mês?

Obs.: o(a) examinando(a) deve fundamentar suas respostas. A mera citação do dispositivo legal não confere pontuação.

ESBOÇO DA RESPOSTA (CADERNO DE RASCUNHO)

1º PASSO: IDENTIFICAÇÃO DO TEMA CENTRAL	
Temas centrais e institutos jurídicos narrados no enunciado	
2º PASSO: ENCONTRANDO O FUNDAMENTO **Pesquisar a palavra-chave, o instituto jurídico ou tema central a partir das informações fornecidas pelo enunciado.*	
Palavra(s)-chave	
3º PASSO: FUNDAMENTO DA RESPOSTA **Anotar o fundamento jurídico, legal, jurisprudencial ou doutrinário.*	
Fundamento do item "A"	
Fundamento do item "B"	
4º PASSO: DESENVOLVENDO A RESPOSTA	
Item "A"	**Introdução:**
	Desenvolvimento (fundamentos jurídicos e legais):
	Conclusão:
Item "B"	**Introdução:**
	Desenvolvimento (fundamentos jurídicos e legais):
	Conclusão:

REDIGINDO A RESPOSTA (TEXTO DEFINITIVO)

SIMULADO 9

PEÇA PRÁTICO-PROFISSIONAL – SIMULADO 9

Carla, técnica em informática, ajuizou reclamação trabalhista perante a 67ª Vara do Trabalho de Embu das Artes/SP, em face da Massa Falida de São José Computadores Ltda, pleiteando horas extras, visto que sua jornada de trabalho era de segunda a sexta das 8h às 18h30 e aos sábados das 8h às 14h; pagamento de contribuições previdenciárias nunca realizadas no curso do contrato de trabalho; além de verbas rescisórias, incluindo as multas dos arts. 467 e 477, § 8º, da CLT. Na audiência inicial não houve conciliação. A reclamada apresentou sua defesa com documentos alegando que a reclamante trabalhava em *home office*; negou o assédio moral e solicitou a redesignação de audiência tendo em vista que, apresentando o convite feito para a testemunha, Sr. Juca, não compareceu à audiência por problemas médicos. O magistrado recebeu a defesa e os documento, indeferindo a redesignação da audiência, sob os protestos da reclamada. Após apregoar e qualificar a testemunha Samantha, a rogo da reclamante, essa foi contraditada pela reclamada por ser cunhada da reclamante, informação confirmada pela testemunha, no entanto, a contradita foi rejeitada pelo magistrado, também constando os protestos da reclamada. Ao proferir a sentença, o magistrado julgou totalmente procedente os pedidos de Carla, condenando a empresa ao pagamento de horas extras, contribuições previdenciárias, e pagamento das verbas rescisórias, incluindo as multas dos arts. 467 e 477, § 8º, da CLT.

Questão: Tendo sido intimado(a) da sentença na presente data, apresente a medida apta para a defesa dos interesses da reclamada.

ESTRUTURANDO A PEÇA (RASCUNHO)

1º PASSO: DADOS PRINCIPAIS DO ENUNCIADO	
Partes	Empregado/Trabalhador:
	Empregador/Tomador de serviço:
Profissão	
Data de admissão:	
Data de dispensa:	
Motivo da extinção do contrato de trabalho:	
Existe ação em curso?	
	Data do ajuizamento:

2º PASSO: IDENTIFICAÇÃO, PREVISÃO LEGAL E PECULIARIDADES DA PEÇA	
Régua processual (Atos processuais descritos no enunciado) |-->>	
Inicial, defesa ou recurso?	
Há alguma medida urgente a ser adotada?	
Peculiaridades da peça	

3º PASSO: ESTRUTURA E TESES DA PEÇA		
Endereçamento		
Preâmbulo	Peticionário (Requerente)	
	Parte contrária (Requerido)	
	Nome da peça	
	Fundamento legal	
	Procedimento (rito)	
	Verbo:	
Fatos		

1ª Tese (Direito)	Fatos: Fundamentos: Conclusão:
2ª Tese (Direito)	
3ª Tese (Direito)	
4ª Tese (Direito)	
Tutela de urgência	
Pedidos e Conclusões	
Requerimentos finais	
Encerramento	

REDIGINDO A PEÇA (TEXTO DEFINITIVO)

61	
62	
63	
64	
65	
66	
67	
68	
69	
70	
71	
72	
73	
74	
75	
76	
77	
78	
79	
80	
81	
82	
83	
84	
85	
86	
87	
88	
89	
90	

QUESTÃO 1 – SIMULADO 9

Severino foi contratado pela empresa Shield Ltda., por contrato de prazo determinado de 90 dias, com termo prefixado, para execução de serviço de natureza transitória, com remuneração mensal de R$ 3.500,00 (três mil e quinhentos reais). Diante do caso narrado, apresente as respostas aos seguintes itens:

a) O que ocorre com Severino caso ocorra um acidente do trabalho no período contratual? Justifique.

b) Se a empresa Shield, sem justa causa, antecipar o distrato, qual seria o prazo e verbas que Severino faria jus? Fundamente.

Obs.: o(a) examinando(a) deve fundamentar suas respostas. A mera citação do dispositivo legal não confere pontuação.

ESBOÇO DA RESPOSTA (CADERNO DE RASCUNHO)

1º PASSO: IDENTIFICAÇÃO DO TEMA CENTRAL	
Temas centrais e institutos jurídicos narrados no enunciado	

2º PASSO: ENCONTRANDO O FUNDAMENTO **Pesquisar a palavra-chave, o instituto jurídico ou tema central a partir das informações fornecidas pelo enunciado.*	
Palavra(s)-chave	

3º PASSO: FUNDAMENTO DA RESPOSTA **Anotar o fundamento jurídico, legal, jurisprudencial ou doutrinário.*	
Fundamento do item "A"	
Fundamento do item "B"	

4º PASSO: DESENVOLVENDO A RESPOSTA	
Item "A"	**Introdução:**
	Desenvolvimento (fundamentos jurídicos e legais):
	Conclusão:
Item "B"	**Introdução:**
	Desenvolvimento (fundamentos jurídicos e legais):
	Conclusão:

REDIGINDO A RESPOSTA (TEXTO DEFINITIVO)

QUESTÃO 2 – SIMULADO 9

Marcelino é empregado da sociedade empresária Ótica Visão Além do Alcance S/A, e em determinado dia, no horário de refeição do almoço, ao se dirigir a um restaurante para fazer sua refeição, foi atropelado por um veículo, sofrendo lesões que o afastaram do serviço por 30 dias, inclusive com recebimento de benefício previdenciário.

Diante do caso apresentado, responda de maneira fundamentada:

a) Qual o efeito do acidente de trabalho no contrato de trabalho de Marcelino? Fundamente.

b) O que acontece se no período do afastamento a empregadora resolve dispensar o profissional afastado? Justifique.

Obs.: o(a) examinando(a) deve fundamentar suas respostas. A mera citação do dispositivo legal não confere pontuação.

ESBOÇO DA RESPOSTA (CADERNO DE RASCUNHO)

1º PASSO: IDENTIFICAÇÃO DO TEMA CENTRAL	
Temas centrais e institutos jurídicos narrados no enunciado	
2º PASSO: ENCONTRANDO O FUNDAMENTO ***Pesquisar a palavra-chave, o instituto jurídico ou tema central a partir das informações fornecidas pelo enunciado.**	
Palavra(s)-chave	
3º PASSO: FUNDAMENTO DA RESPOSTA ***Anotar o fundamento jurídico, legal, jurisprudencial ou doutrinário.**	
Fundamento do item "A"	
Fundamento do item "B"	
4º PASSO: DESENVOLVENDO A RESPOSTA	
Item "A"	**Introdução:**
	Desenvolvimento (fundamentos jurídicos e legais):
	Conclusão:
Item "B"	**Introdução:**
	Desenvolvimento (fundamentos jurídicos e legais):
	Conclusão:

REDIGINDO A RESPOSTA (TEXTO DEFINITIVO)

QUESTÃO 3 – SIMULADO 9

Gamaliel ingressou com ação trabalhista em face de sua antiga empregadora Angels Ltda., buscando a diferença salarial decorrente de equiparação salarial, além de adicional de insalubridade e os benefícios da justiça gratuita. Em audiência, o magistrado da 10ª Vara do Trabalho de Manaus/AM, determinou que o reclamante realizasse o depósito prévio dos honorários periciais, sob pena de indeferimento da prova pericial. O empregado procedeu conforme a determinação. O perito concluiu pela ausência de exposição a agente nocivo à saúde. Após regular instrução processual, o magistrado julgou parcialmente procedente a demanda, condenando a empresa reclamada ao pagamento de diferenças salariais decorrente da equiparação salarial, deferindo os benefícios da justiça gratuita.

Diante do caso apresentado, responda de maneira fundamentada:

a) O magistrado agiu corretamente ao exigir os honorários periciais prévios? O empregado poderia ter adotado alguma medida judicial? Justifique.

b) De quem será a responsabilidade dos honorários periciais? Fundamente.

Obs.: o(a) examinando(a) deve fundamentar suas respostas. A mera citação do dispositivo legal não confere pontuação.

ESBOÇO DA RESPOSTA (CADERNO DE RASCUNHO)

1º PASSO: IDENTIFICAÇÃO DO TEMA CENTRAL	
Temas centrais e institutos jurídicos narrados no enunciado	

2º PASSO: ENCONTRANDO O FUNDAMENTO **Pesquisar a palavra-chave, o instituto jurídico ou tema central a partir das informações fornecidas pelo enunciado.*	
Palavra(s)-chave	

3º PASSO: FUNDAMENTO DA RESPOSTA **Anotar o fundamento jurídico, legal, jurisprudencial ou doutrinário.*	
Fundamento do item "A"	
Fundamento do item "B"	

4º PASSO: DESENVOLVENDO A RESPOSTA	
Item "A"	**Introdução:**
	Desenvolvimento (fundamentos jurídicos e legais):
	Conclusão:
Item "B"	**Introdução:**
	Desenvolvimento (fundamentos jurídicos e legais):
	Conclusão:

REDIGINDO A RESPOSTA (TEXTO DEFINITIVO)

QUESTÃO 4 – SIMULADO 9

Nos autos do processo nº 1232.456/2021, foi marcada audiência una (instrução e julgamento) a ser realizada de forma presencial na capital de São Paulo. O empresárito titular da pessoa jurídica reclamada, por ter mais de 90 anos, enviou um preposto não empregado para representá-lo em audiência. Já o reclamante, esqueceu-se da audiência e não compareceu na data marcada. Diante do caso narrado, apresente as respostas aos seguintes itens:

a) Qual as consequências jurídicas da ausência do reclamante? Justifique sua resposta.

b) A representação da reclamada estava correta? Justifique sua resposta.

Obs.: o(a) examinando(a) deve fundamentar suas respostas. A mera citação do dispositivo legal não confere pontuação.

ESBOÇO DA RESPOSTA (CADERNO DE RASCUNHO)

1º PASSO: IDENTIFICAÇÃO DO TEMA CENTRAL	
Temas centrais e institutos jurídicos narrados no enunciado	

2º PASSO: ENCONTRANDO O FUNDAMENTO **Pesquisar a palavra-chave, o instituto jurídico ou tema central a partir das informações fornecidas pelo enunciado.*	
Palavra(s)-chave	

3º PASSO: FUNDAMENTO DA RESPOSTA **Anotar o fundamento jurídico, legal, jurisprudencial ou doutrinário.*	
Fundamento do item "A"	
Fundamento do item "B"	

4º PASSO: DESENVOLVENDO A RESPOSTA	
Item "A"	**Introdução:**
	Desenvolvimento (fundamentos jurídicos e legais):
	Conclusão:
Item "B"	**Introdução:**
	Desenvolvimento (fundamentos jurídicos e legais):
	Conclusão:

REDIGINDO A RESPOSTA (TEXTO DEFINITIVO)

SIMULADO 10

PEÇA PRÁTICO-PROFISSIONAL – SIMULADO 10

Dimitri Vegas ingressou com reclamação trabalhista em face da sociedade empresária Supermercado Estrela Ltda., em 7-7-2022, sob o rito ordinário, autuada sob número nº 1001234-56.2022.5.02.0060, aduzindo que foi admitido em 27-8-2013 e dispensado sem justo motivo no dia 5-5-2022. Na referida demanda, o juiz do trabalho da 20ª Vara do Trabalho de Curitiba/PR proferiu sentença que julgou totalmente procedente os pedidos formulados pelo reclamante: i) reconheceu a garantia provisória de emprego ao reclamante, destacando que o empregado havia sido dispensado sem justo motivo, logo após ter registrado a sua candidatura, no curso do aviso-prévio, ao cargo de membro da comissão representante dos empregados, cuja função principal é representação dos empregados perante a administração da empresa, promovendo entendimento direto dos empregados com o empregador, na forma da lei; ii) deferiu o pagamento de horas extras, considerando que o trabalhador permanecia uma hora nas dependências da empresa, após o término da jornada de trabalho, estudando o material do curso técnico profissionalizante que realizava, pois pretendia fazer uma transição de carreira; iii) deferiu o pagamento de horas extras sobrejornada, acrescidas de 50% (cinquenta por cento), delineando que os cartões de ponto apresentados pela reclamada são inválidos como meio de prova, isso porque apresentam horários de entrada e saída uniformes. Nesse ponto, a reclamada pretendia ouvir a testemunha, Sr. Tiesto, para elidir a jornada descrita pelo reclamante na petição inicial, mas teve o requerimento indeferido, tendo constado os seus protestos na ata de audiência; *iv) condenou a reclamada a integrar ajuda compensatória mensal no valor de R$ 400,00 (quatrocentos reais), atinente ao acordo individual escrito de redução proporcional da jornada de trabalho e do salário, pactuado entre o empregado e o empregador, por meio de acordo individual escrito, ao aderir ao Programa Emergencial de Manutenção do Emprego e da Renda, em decorrência do estado de calamidade suscitado pela pandemia do novo coronavírus; v) determinou a integração dos prêmios no valor de R$ 1.500,00 (mil e quinhentos reais) ao salário, recebido no ano de 2018 e 2019, em virtude do desempenho acima do habitual no cumprimento das suas atribuições; vi) não acolheu a prejudicial de prescrição parcial, suscitada na defesa escrita apresentada pela reclamada; vii) determinou a devolução dos descontos salariais realizados pela reclamada a título de plano de assistência odontológica, mesmo constando nos autos documento que comprova a autorização prévia e por escrito do empregado, devidamente assinado, para ser integrado no plano; viii) condenou a reclamada ao pagamento cumulativo de adicional de insalubridade e periculosidade, tendo em vista que a perícia constatou que o trabalhador estava exposto a agentes insalutíferos e perigosos, durante o exercício da sua atividade de trabalho presencial; ix) condenou a reclamada ao pagamento de indenização por dano existencial, indicando que o simples fato de o reclamante se ativar em labor sobrejornada habitualmente configura a lesão existencial, tendo em vista o desgaste causado à saúde do trabalhador; x) deferiu o pagamento das diferenças de vale-compra, com base na convenção coletiva de 2020-2021 da categoria profissional do empregado, sob o fundamento de que o acordo coletivo de trabalho em vigor no mesmo período constitui norma menos favorável ao trabalhador, afrontando os princípios basilares do Direito do Trabalho. Ao final, o magistrado condenou a empresa reclamada na importância de R$ 100.000,00 (cem mil reais), arbitrando custas no valor de R$ 2.000,00 (dois mil reais), além de juros e correção monetária na forma da lei.*

Questão: Diante disso, como advogado(a) da ré, redija a peça prático-profissional pertinente ao caso para a defesa dos interesses do seu cliente em juízo, ciente de que na sentença, não havia vício ou falha estrutural que comprometesse sua integridade. **(Valor: 5,00)**

Obs.: a peça deve abranger todos os fundamentos de Direito que possam ser utilizados para dar respaldo à pretensão. A simples menção ou transcrição do dispositivo legal não confere pontuação.

ESTRUTURANDO A PEÇA (RASCUNHO)

1º PASSO: DADOS PRINCIPAIS DO ENUNCIADO	
Partes	Empregado/Trabalhador:
	Empregador/Tomador de serviço:
Profissão	
Data de admissão:	
Data de dispensa:	
Motivo da extinção do contrato de trabalho:	
Existe ação em curso?	
	Data do ajuizamento:

2º PASSO: IDENTIFICAÇÃO, PREVISÃO LEGAL E PECULIARIDADES DA PEÇA	
Régua processual (Atos processuais descritos no enunciado) |-->>	
Inicial, defesa ou recurso?	
Há alguma medida urgente a ser adotada?	
Peculiaridades da peça	

3º PASSO: ESTRUTURA E TESES DA PEÇA		
Endereçamento		
Preâmbulo	Peticionário (Requerente)	
	Parte contrária (Requerido)	
	Nome da peça	
	Fundamento legal	
	Procedimento (rito)	
	Verbo:	
Fatos		

1ª Tese (Direito)	Fatos:
	Fundamentos:
	Conclusão:
2ª Tese (Direito)	
3ª Tese (Direito)	
4ª Tese (Direito)	
Tutela de urgência	
Pedidos e Conclusões	
Requerimentos finais	
Encerramento	

REDIGINDO A PEÇA (TEXTO DEFINITIVO)

61	
62	
63	
64	
65	
66	
67	
68	
69	
70	
71	
72	
73	
74	
75	
76	
77	
78	
79	
80	
81	
82	
83	
84	
85	
86	
87	
88	
89	
90	

121	
122	
123	
124	
125	
126	
127	
128	
129	
130	
131	
132	
133	
134	
135	
136	
137	
138	
139	
140	
141	
142	
143	
144	
145	
146	
147	
148	
149	
150	

QUESTÃO 1 – SIMULADO 10

Armin Van Buuren ajuizou reclamação trabalhista em face da empresa Echostage Ferramentaria Ltda., postulando equiparação salarial ao seu colega de trabalho Afrojack. Armin alega que foi contratado no dia 5-4-2018, para exercer a função de soldador, o mesmo cargo exercido pelo empregado modelo, no mesmo estabelecimento empresarial, com a mesma produtividade e perfeição técnica, realizando a união e o corte de ligas metálicas usando processos de soldagem e corte, bem como o preparo de equipamentos, acessórios, peças a serem soldadas. A empresa não tinha quadro de carreira ou plano de cargos e salário, mas, apesar disso, havia disparidade entre o seu salário, que compreendia a importância de R$ 2.000,00 (dois mil reais), e o salário do empregado paradigma, que recebia a quantia de R$ 3.500,00 (três mil e quinhentos reais). Armin juntou cópia da carteira de trabalho digital do paradigma aos autos, cuja anotação indica que Afrojack exerce a função de soldador desde 7-2-2013, data da sua admissão.

Diante da narrativa apresentada e dos termos da CLT, responda às indagações a seguir.

a) Caso você fosse contratado(a) pela sociedade empresária, que tese de mérito apresentaria em sede de contestação em relação ao objeto da demanda? Justifique. **(Valor: 0,65)**

b) Caso você compareça à audiência, na qualidade de advogado(a) contratado(a) pela sociedade empresária, portando a defesa com documentos, mas a parte reclamada se ausente injustificadamente, o juiz poderá recusar o recebimento da defesa? Justifique. **(Valor: 0,60)**

Obs.: o(a) examinando(a) deve fundamentar suas respostas. A mera citação do dispositivo legal não confere pontuação.

ESBOÇO DA RESPOSTA (CADERNO DE RASCUNHO)

1º PASSO: IDENTIFICAÇÃO DO TEMA CENTRAL	
Temas centrais e institutos jurídicos narrados no enunciado	

2º PASSO: ENCONTRANDO O FUNDAMENTO ***Pesquisar a palavra-chave, o instituto jurídico ou tema central a partir das informações fornecidas pelo enunciado.**	
Palavra(s)-chave	

3º PASSO: FUNDAMENTO DA RESPOSTA ***Anotar o fundamento jurídico, legal, jurisprudencial ou doutrinário.**	
Fundamento do item "A"	
Fundamento do item "B"	

4º PASSO: DESENVOLVENDO A RESPOSTA	
Item "A"	**Introdução:**
	Desenvolvimento (fundamentos jurídicos e legais):
	Conclusão:
Item "B"	**Introdução:**
	Desenvolvimento (fundamentos jurídicos e legais):
	Conclusão:

REDIGINDO A RESPOSTA (TEXTO DEFINITIVO)

QUESTÃO 2 – SIMULADO 10

Timmy Trumpet foi contratado pela empresa Green Valley Construtora e Incorporadora Ltda., na função de mestre de obras. No dia 14-9-2021, as câmeras de segurança, instaladas no canteiro de obras localizado no Município de Porto Alegre/RS, captaram imagens do empregado furtando materiais de construção no meio da madrugada. O furto dos materiais causou um prejuízo de cerca de R$ 30.000,00 (trinta mil reais) para a empresa. Feitas as devidas apurações, o trabalhador foi dispensado por justa causa, no dia seguinte aos fatos. Inconformado com as acusações, o trabalhador ingressou com reclamação trabalhista perante a 10ª Vara do Trabalho de Porto Alegre/ RS, postulando a reversão da justa causa e o pagamento das verbas rescisórias relativo à essa modalidade de ruptura contratual.

Diante da narrativa apresentada e dos termos da CLT, responda às indagações a seguir.

a) Procurado(a) pelo representante legal da empresa, esclareça a quem cabe o ônus da prova quanto aos fatos que resultaram na dispensa do trabalhador? Justifique. **(Valor: 0,65)**

b) Caso você fosse contratado(a) como advogado(a) da reclamada, qual medida judicial adotaria para a reparação dos prejuízos causados à empresa? Justifique. **(Valor: 0,60)**

Obs.: o(a) examinando(a) deve fundamentar suas respostas. A mera citação do dispositivo legal não confere pontuação.

ESBOÇO DA RESPOSTA (CADERNO DE RASCUNHO)

1º PASSO: IDENTIFICAÇÃO DO TEMA CENTRAL	
Temas centrais e institutos jurídicos narrados no enunciado	

2º PASSO: ENCONTRANDO O FUNDAMENTO **Pesquisar a palavra-chave, o instituto jurídico ou tema central a partir das informações fornecidas pelo enunciado.*	
Palavra(s)-chave	

3º PASSO: FUNDAMENTO DA RESPOSTA **Anotar o fundamento jurídico, legal, jurisprudencial ou doutrinário.*	
Fundamento do item "A"	
Fundamento do item "B"	

4º PASSO: DESENVOLVENDO A RESPOSTA	
Item "A"	**Introdução:**
	Desenvolvimento (fundamentos jurídicos e legais):
	Conclusão:
Item "B"	**Introdução:**
	Desenvolvimento (fundamentos jurídicos e legais):
	Conclusão:

REDIGINDO A RESPOSTA (TEXTO DEFINITIVO)

QUESTÃO 3 – SIMULADO 10

Alok é empregado da sociedade empresária Ushuaïa Ibiza Restaurante Ltda., lá exercendo a função de cozinheiro, cumprindo jornada de trabalho das 16h às 0h, de segunda a sexta, com pausa para refeição e descanso de 1 hora, mediante salário mensal no valor de R$ 3.500,00 (três mil e quinhentos reais). Alok está participando de um processo seletivo de outra empresa do ramo gastronômico, cujo salário e benefícios são mais vantajosos, e não pretende permanecer no emprego atual. De outro lado, a sociedade empresária está atravessando um delicado momento financeiro, pois a pandemia do novo coronavírus gerou reflexos econômicos no comércio, reduzindo bruscamente o número de frequentadores do restaurante, não sendo mais interessante manter alguns funcionários em seus quadros, incluindo Alok.

Considerando a situação apresentada e os ditames da CLT, responda aos itens a seguir.

a) É lícita a rescisão contratual por comum acordo entre o empregado e o empregador? Justifique. **(Valor: 0,65)**

b) Caso seja possível a rescisão por comum acordo, Alok poderá levantar os depósitos do FGTS e habilitar-se no seguro-desemprego enquanto perdurar o processo seletivo da outra empresa? Fundamente. **(Valor: 0,60)**

Obs.: o(a) examinando(a) deve fundamentar suas respostas. A mera citação do dispositivo legal não confere pontuação.

ESBOÇO DA RESPOSTA (CADERNO DE RASCUNHO)

1º PASSO: IDENTIFICAÇÃO DO TEMA CENTRAL	
Temas centrais e institutos jurídicos narrados no enunciado	

2º PASSO: ENCONTRANDO O FUNDAMENTO **Pesquisar a palavra-chave, o instituto jurídico ou tema central a partir das informações fornecidas pelo enunciado.*	
Palavra(s)-chave	

3º PASSO: FUNDAMENTO DA RESPOSTA **Anotar o fundamento jurídico, legal, jurisprudencial ou doutrinário.*	
Fundamento do item "A"	
Fundamento do item "B"	

4º PASSO: DESENVOLVENDO A RESPOSTA	
Item "A"	**Introdução:**
	Desenvolvimento (fundamentos jurídicos e legais):
	Conclusão:
Item "B"	**Introdução:**
	Desenvolvimento (fundamentos jurídicos e legais):
	Conclusão:

REDIGINDO A RESPOSTA (TEXTO DEFINITIVO)

QUESTÃO 4 – SIMULADO 10

Oliver Heldens ajuizou ação rescisória perante o Tribunal Regional do Trabalho da 3ª Região, pleiteando a nulidade do acordo judicial pactuado perante o juízo da 5ª Vara do Trabalho de Sete Lagoas/MG, sob a alegação de vício de consentimento, mediante depósito da importância de 5% (cinco por cento) sobre o valor da causa. O colegiado do Tribunal Regional, por unanimidade de votos, indeferiu liminarmente a demanda, extinguindo o processo sem resolução de mérito, por considerar o valor do depósito insuficiente, determinando que o valor depositado seja revertido em favor do réu.

Considerando a situação apresentada, os ditames da CLT e o entendimento consolidado dos Tribunais, responda aos itens a seguir.

a) O depósito prévio realizado pelo empregado está correto? Justifique. **(Valor: 0,65)**

b) Que tese você apresentaria em favor de Oliver Heldens, em sede recursal, em relação ao indeferimento liminar da ação proposta? **(Valor: 0,60)**

Obs.: o(a) examinando(a) deve fundamentar suas respostas. A mera citação do dispositivo legal não confere pontuação.

ESBOÇO DA RESPOSTA (CADERNO DE RASCUNHO)

1º PASSO: IDENTIFICAÇÃO DO TEMA CENTRAL	
Temas centrais e institutos jurídicos narrados no enunciado	
2º PASSO: ENCONTRANDO O FUNDAMENTO ***Pesquisar a palavra-chave, o instituto jurídico ou tema central a partir das informações fornecidas pelo enunciado.**	
Palavra(s)-chave	
3º PASSO: FUNDAMENTO DA RESPOSTA ***Anotar o fundamento jurídico, legal, jurisprudencial ou doutrinário.**	
Fundamento do item "A"	
Fundamento do item "B"	
4º PASSO: DESENVOLVENDO A RESPOSTA	
Item "A"	**Introdução:**
	Desenvolvimento (fundamentos jurídicos e legais):
	Conclusão:
Item "B"	**Introdução:**
	Desenvolvimento (fundamentos jurídicos e legais):
	Conclusão:

REDIGINDO A RESPOSTA (TEXTO DEFINITIVO)

SIMULADO 11

PEÇA PRÁTICO-PROFISSIONAL – SIMULADO 11

Alook ajuizou reclamação trabalhista, em trâmite perante a 10ª Vara do Trabalho do Vitória/ES, contra o seu ex-empregador Casa Nova Construtora e Incorporadora Ltda. Afirma que foi contratado para trabalhar como mestre de obras no dia 1-10-2019, recebendo salário mensal no valor de R$ 3.500,00 (três mil e quinhentos reais). Narra que foi dispensado sem justa motivo no dia 1-7-2020, recebeu as verbas rescisórias, bem como as guias para levantamento do FGTS do seguro-desemprego. Reivindicou, na petição inicial, o pagamento da proporcionalidade de aviso-prévio, argumentando que o período contratual lhe assegurava o acréscimo de 12 dias ao aviso-prévio. Argumenta que cumpria jornada de trabalho das 8h às 17h, de segunda a sexta, com uma hora de intervalo, aos sábados das 8h às 12h, e que demorava cerca de 2h30 no trajeto da sua residência até o posto de trabalho e para o seu retorno, o que prejudicou no seu convívio social e familiar, motivo pelo qual pugnou pelo pagamento de dano existencial. Postulou o pagamento de descanso semanal remunerado, afirmando que trabalhava aos feriados sem receber a remuneração dobrada. A reclamada foi regularmente notificada da demanda trabalhista. As partes compareceram à audiência, sendo certo que a reclamada apresentou defesa com documentos. Durante o depoimento pessoal, o reclamante admitiu que recebia folga aos sábados quando trabalhava nos feriados. A única testemunha ouvida em juízo, a pedido da reclamada, confirmou os argumentos defensivos. Encerrada a instrução processual, sem outras provas a serem produzidas, as partes apresentaram razões finais remissivas e rejeitaram uma segunda tentativa de conciliação. O processo foi submetido a julgamento e os pedidos formulados na ação foram julgados totalmente improcedentes, com fixação de custas no valor de R$ 1.000,00 (mil reais). Discordando da decisão prolatada, o empregado apresentou a medida judicial para reformar a decisão, sem juntar qualquer documento.

Questão: Diante da narrativa acima, apresente a medida judicial cabível para defesa dos interesses da empresa, sem criar dados ou fatos não comunicados.

ESTRUTURANDO A PEÇA (RASCUNHO)

1º PASSO: DADOS PRINCIPAIS DO ENUNCIADO	
Partes	Empregado/Trabalhador:
	Empregador/Tomador de serviço:
Profissão	
Data de admissão:	
Data de dispensa:	
Motivo da extinção do contrato de trabalho:	
Existe ação em curso?	
	Data do ajuizamento:

2º PASSO: IDENTIFICAÇÃO, PREVISÃO LEGAL E PECULIARIDADES DA PEÇA	
Régua processual (Atos processuais descritos no enunciado) |-->>	
Inicial, defesa ou recurso?	
Há alguma medida urgente a ser adotada?	
Peculiaridades da peça	

3º PASSO: ESTRUTURA E TESES DA PEÇA		
Endereçamento		
Preâmbulo	Peticionário (Requerente)	
	Parte contrária (Requerido)	
	Nome da peça	
	Fundamento legal	
	Procedimento (rito)	
	Verbo:	
Fatos		

1ª Tese (Direito)	Fatos:
	Fundamentos:
	Conclusão:
2ª Tese (Direito)	
3ª Tese (Direito)	
4ª Tese (Direito)	
Tutela de urgência	
Pedidos e Conclusões	
Requerimentos finais	
Encerramento	

REDIGINDO A PEÇA (TEXTO DEFINITIVO)

61	
62	
63	
64	
65	
66	
67	
68	
69	
70	
71	
72	
73	
74	
75	
76	
77	
78	
79	
80	
81	
82	
83	
84	
85	
86	
87	
88	
89	
90	

121	
122	
123	
124	
125	
126	
127	
128	
129	
130	
131	
132	
133	
134	
135	
136	
137	
138	
139	
140	
141	
142	
143	
144	
145	
146	
147	
148	
149	
150	

QUESTÃO 1 – SIMULADO 11

Os empregados da Empresa LB Ltda. ameaçam fazer greve com o objetivo de pressionar a empresa para conceder reajuste salarial, sob ameaças de invadir sua sede e impedir o empregador e outros empregados que não aderirem à greve de ingressassem em suas dependências.

Diante do caso em tela, responda de maneira fundamentada.

a) A Justiça do Trabalho tem competência para julgar e processar direito de greve?

b) Qual seria a medida judicial cabível para proteger os interesses da empresa e assegurar o acesso dos empregados e do empregador? Justifique sua resposta.

Obs.: o(a) examinando(a) deve fundamentar suas respostas. A mera citação do dispositivo legal não confere pontuação.

ESBOÇO DA RESPOSTA (CADERNO DE RASCUNHO)

1º PASSO: IDENTIFICAÇÃO DO TEMA CENTRAL	
Temas centrais e institutos jurídicos narrados no enunciado	

2º PASSO: ENCONTRANDO O FUNDAMENTO **Pesquisar a palavra-chave, o instituto jurídico ou tema central a partir das informações fornecidas pelo enunciado.*	
Palavra(s)-chave	

3º PASSO: FUNDAMENTO DA RESPOSTA **Anotar o fundamento jurídico, legal, jurisprudencial ou doutrinário.*	
Fundamento do item "A"	
Fundamento do item "B"	

4º PASSO: DESENVOLVENDO A RESPOSTA	
Item "A"	**Introdução:**
	Desenvolvimento (fundamentos jurídicos e legais):
	Conclusão:
Item "B"	**Introdução:**
	Desenvolvimento (fundamentos jurídicos e legais):
	Conclusão:

REDIGINDO A RESPOSTA (TEXTO DEFINITIVO)

QUESTÃO 2 – SIMULADO 11

Plinio ajuizou reclamação trabalhista em face da sua empregadora, a empresa XYZ Ltda. Em audiência una, as partes celebraram acordo devidamente homologada pelo Juiz. Após 20 dias, Plinio descobriu que havia sido enganado pelo advogado da parte contrária. Diante disso, Plinio pretende impugnar o termo do acordo celebrado na audiência e, para isso, propõe ação rescisória.

Diante do narrado, responda de maneira fundamentada:

a) Plinio poderia, de fato, propor ação rescisória sendo certo que acordo homologado judicialmente é irrecorrível?

b) Qual é o prazo para propor ação rescisória?

Obs.: o(a) examinando(a) deve fundamentar suas respostas. A mera citação do dispositivo legal não confere pontuação.

ESBOÇO DA RESPOSTA (CADERNO DE RASCUNHO)

1º PASSO: IDENTIFICAÇÃO DO TEMA CENTRAL	
Temas centrais e institutos jurídicos narrados no enunciado	
2º PASSO: ENCONTRANDO O FUNDAMENTO ***Pesquisar a palavra-chave, o instituto jurídico ou tema central a partir das informações fornecidas pelo enunciado.**	
Palavra(s)-chave	
3º PASSO: FUNDAMENTO DA RESPOSTA ***Anotar o fundamento jurídico, legal, jurisprudencial ou doutrinário.**	
Fundamento do item "A"	
Fundamento do item "B"	
4º PASSO: DESENVOLVENDO A RESPOSTA	
Item "A"	**Introdução:**
	Desenvolvimento (fundamentos jurídicos e legais):
	Conclusão:
Item "B"	**Introdução:**
	Desenvolvimento (fundamentos jurídicos e legais):
	Conclusão:

REDIGINDO A RESPOSTA (TEXTO DEFINITIVO)

QUESTÃO 3 - SIMULADO 11

Milena, empregada da empresa Blocos Ltda, ocupa cargo de dirigente sindical no sindicato de sua categoria. Há dez dias, ela cometeu falta grave. No dia seguinte à prática da falta, Milena foi suspensa. A empresa Blocos Ltda pretende ajuizar Inquérito para apuração de falta grave.

Diante do caso apresentado, responda de forma fundamentada.

a) Milena poderá ser dispensada antes da decisão final do inquérito? Justifique sua resposta.

b) Qual é o prazo que a empresa Blocos Ltda. terá para propor o Inquérito para apuração de falta grave? E qual é o prazo que Milena poderá permanecer suspensa, contado a partir de qual momento? Justifique sua resposta.

Obs.: o(a) examinando(a) deve fundamentar suas respostas. A mera citação do dispositivo legal não confere pontuação.

ESBOÇO DA RESPOSTA (CADERNO DE RASCUNHO)

1º PASSO: IDENTIFICAÇÃO DO TEMA CENTRAL	
Temas centrais e institutos jurídicos narrados no enunciado	
2º PASSO: ENCONTRANDO O FUNDAMENTO ***Pesquisar a palavra-chave, o instituto jurídico ou tema central a partir das informações fornecidas pelo enunciado.**	
Palavra(s)-chave	
3º PASSO: FUNDAMENTO DA RESPOSTA ***Anotar o fundamento jurídico, legal, jurisprudencial ou doutrinário.**	
Fundamento do item "A"	
Fundamento do item "B"	
4º PASSO: DESENVOLVENDO A RESPOSTA	
Item "A"	**Introdução:**
	Desenvolvimento (fundamentos jurídicos e legais):
	Conclusão:
Item "B"	**Introdução:**
	Desenvolvimento (fundamentos jurídicos e legais):
	Conclusão:

REDIGINDO A RESPOSTA (TEXTO DEFINITIVO)

QUESTÃO 4 – SIMULADO 11

O empregado João acaba de ser contratado para trabalhar como balconista, recebendo o salário de R$ 1.000,00 (mil reais). Por sua vez, a empregada Ana, que exerce a mesma função de balconista há apenas 6 meses, recebe o salário de R$ 1.500,00 (mil e quinhentos reais). Antes de ser balconista, Ana exerceu outras funções e já trabalha há 5 anos para esse mesmo empregador.

Diante disso, responda de maneira fundamentada.

a) João tem direito a equiparação salarial tendo como a paradigma Ana?

b) Caso a empresa tivesse quadro de plano de cargos e salários, adotado em norma interna da empresa ou mediante negociação coletiva não havendo homologação do Ministério do Trabalho e Emprego, este documento seria válido?

Obs.: o(a) examinando(a) deve fundamentar suas respostas. A mera citação do dispositivo legal não confere pontuação.

ESBOÇO DA RESPOSTA (CADERNO DE RASCUNHO)

1º PASSO: IDENTIFICAÇÃO DO TEMA CENTRAL	
Temas centrais e institutos jurídicos narrados no enunciado	
2º PASSO: ENCONTRANDO O FUNDAMENTO ***Pesquisar a palavra-chave, o instituto jurídico ou tema central a partir das informações fornecidas pelo enunciado.***	
Palavra(s)-chave	
3º PASSO: FUNDAMENTO DA RESPOSTA ***Anotar o fundamento jurídico, legal, jurisprudencial ou doutrinário.***	
Fundamento do item "A"	
Fundamento do item "B"	
4º PASSO: DESENVOLVENDO A RESPOSTA	
Item "A"	**Introdução:**
	Desenvolvimento (fundamentos jurídicos e legais):
	Conclusão:
Item "B"	**Introdução:**
	Desenvolvimento (fundamentos jurídicos e legais):
	Conclusão:

REDIGINDO A RESPOSTA (TEXTO DEFINITIVO)

SIMULADO 12

PEÇA PRÁTICO-PROFISSIONAL – SIMULADO 12

Francisco da Silva trabalhou para a sociedade empresária Voe Alto S/A, entre 16-9-2019 e 15-4-2021, na função de agente de tráfego. Francisco tinha como principal atribuição a realização de serviços de pista, incumbindo-lhe direcionar e acompanhar o abastecimento das aeronaves, o reboque e o carregamento das aeronaves. O trabalhador recebia adicional de insalubridade em grau máximo, considerando que estava exposto a ruído excessivo, acima dos limites de tolerância previstos nas Normas Regulamentadoras do Ministério do Trabalho e Previdência. A atividade desempenhada por Francisco também era considerada perigosa, uma vez que acompanhava o abastecimento das aeronaves, implicando, portanto, em risco acentuado em virtude da exposição a inflamáveis. A convenção coletiva de trabalho, entabulada entre os sindicatos da categoria profissional e econômica, cuja vigência se deu entre março de 2019 e março de 2020, instituiu o pagamento de um vale alimentação aos profissionais da categoria, com natureza indenizatória, até o dia 20 de cada mês, no valor de R$ 450,00 (quatrocentos e cinquenta reais). Após o término da vigência da norma coletiva, a empresa não pagou mais aos trabalhadores o vale alimentação. Imediatamente após a sua dispensa, Francisco ingressou com reclamação trabalhista em face do seu ex-empregador, Voe Alto S/A, postulando o pagamento do adicional de periculosidade, bem como o pagamento do vale alimentação, sob o fundamento de que as normas coletivas integram os contratos individuais de trabalho e somente poderão ser modificadas ou suprimidas mediante negociação coletiva de trabalho. Após regular tramitação do feito perante o juízo de primeiro grau, com a constatação em prova pericial de que o reclamante estava exposto a agente insalubre acima dos limites de tolerância e exercia atividade perigosa, o magistrado da 4ª Vara do Trabalho de Porto Alegre/RS acolheu integralmente os pedidos formulados na reclamação trabalhista, condenando a empresa ao pagamento de adicional de periculosidade e do vale alimentação previsto em norma coletiva, considerando a ultratividade do instrumento normativo. Inconformada, a reclamada interpôs recurso para o Tribunal Regional do Trabalho da 4ª Região, que, no mérito, negou provimento por unanimidade de votos.

Questão: Na condição de advogado(a) da sociedade empresária Voe Alto S/A apresente a medida judicial cabível para a defesa do seu cliente.

ESTRUTURANDO A PEÇA (RASCUNHO)

1º PASSO: DADOS PRINCIPAIS DO ENUNCIADO	
Partes	Empregado/Trabalhador:
	Empregador/Tomador de serviço:
Profissão	
Data de admissão:	
Data de dispensa:	
Motivo da extinção do contrato de trabalho:	
Existe ação em curso?	
	Data do ajuizamento:

2º PASSO: IDENTIFICAÇÃO, PREVISÃO LEGAL E PECULIARIDADES DA PEÇA	
Régua processual (Atos processuais descritos no enunciado) |-->>	
Inicial, defesa ou recurso?	
Há alguma medida urgente a ser adotada?	
Peculiaridades da peça	

3º PASSO: ESTRUTURA E TESES DA PEÇA		
Endereçamento		
Preâmbulo	Peticionário (Requerente)	
	Parte contrária (Requerido)	
	Nome da peça	
	Fundamento legal	
	Procedimento (rito)	
	Verbo:	
Fatos		

1ª Tese (Direito)	Fatos:
	Fundamentos:
	Conclusão:
2ª Tese (Direito)	
3ª Tese (Direito)	
4ª Tese (Direito)	
Tutela de urgência	
Pedidos e Conclusões	
Requerimentos finais	
Encerramento	

REDIGINDO A PEÇA (TEXTO DEFINITIVO)

61	
62	
63	
64	
65	
66	
67	
68	
69	
70	
71	
72	
73	
74	
75	
76	
77	
78	
79	
80	
81	
82	
83	
84	
85	
86	
87	
88	
89	
90	

QUESTÃO 1 – SIMULADO 12

Luiza e Mariana trabalharam para a empresa WX Ltda. Luiza foi admitida em 23-7-2016 e Mariana no dia 26-8-2016. No dia 28-8-2020 a empresa celebrou acordo extrajudicial com ambas as empregadas, postulando a homologação do acordo. O advogado de Luiza assinou a petição de forma conjunta com o advogado da empresa WX. Mariana, por sua vez, optou em não ser representada por advogado particular. Diante disso, o advogado da empresa assinou a petição representando também Mariana, postulando, em seguida, a homologação judicial do acordo entabulado. Responda de maneira fundamentada.

a) Os acordos celebrados estão em conformidade com as normas em vigor? Justifique sua resposta.

b) Na hipótese de os pedidos de homologação dos acordos extrajudiciais serem negados pelo magistrado, haverá interrupção ou suspensão do prazo prescricional?

Obs.: o(a) examinando(a) deve fundamentar suas respostas. A mera citação do dispositivo legal não confere pontuação.

ESBOÇO DA RESPOSTA (CADERNO DE RASCUNHO)

1º PASSO: IDENTIFICAÇÃO DO TEMA CENTRAL	
Temas centrais e institutos jurídicos narrados no enunciado	

2º PASSO: ENCONTRANDO O FUNDAMENTO ***Pesquisar a palavra-chave, o instituto jurídico ou tema central a partir das informações fornecidas pelo enunciado.**	
Palavra(s)-chave	

3º PASSO: FUNDAMENTO DA RESPOSTA ***Anotar o fundamento jurídico, legal, jurisprudencial ou doutrinário.**	
Fundamento do item "A"	
Fundamento do item "B"	

4º PASSO: DESENVOLVENDO A RESPOSTA	
Item "A"	**Introdução:**
	Desenvolvimento (fundamentos jurídicos e legais):
	Conclusão:
Item "B"	**Introdução:**
	Desenvolvimento (fundamentos jurídicos e legais):
	Conclusão:

REDIGINDO A RESPOSTA (TEXTO DEFINITIVO)

QUESTÃO 2 – SIMULADO 12

A empresa House White S.A decidiu dispensar o empregado Ronald Trampo, razão pela qual comunicou a sua dispensa com antecedência mínima de 30 dias, a fim de que buscasse novo trabalho. No momento da comunicação, Ronald Trampo solicitou ao empregador a dispensa de cumprimento do aviso-prévio ou a renúncia dele, porquanto aproveitaria aquele período para fazer uma viagem turística para a Europa e somente após esse passeio procuraria novo emprego. A partir da situação hipotética descrita, bem como à luz da jurisprudência consolidada do TST, responda de maneira fundamentada:

a) O empregado pode renunciar o direito ao aviso-prévio?

b) O pedido de dispensa feito por Ronald Trampo exime o empregador de pagar o respectivo valor?

Obs.: o(a) examinando(a) deve fundamentar suas respostas. A mera citação do dispositivo legal não confere pontuação.

ESBOÇO DA RESPOSTA (CADERNO DE RASCUNHO)

1º PASSO: IDENTIFICAÇÃO DO TEMA CENTRAL	
Temas centrais e institutos jurídicos narrados no enunciado	

2º PASSO: ENCONTRANDO O FUNDAMENTO **Pesquisar a palavra-chave, o instituto jurídico ou tema central a partir das informações fornecidas pelo enunciado.*	
Palavra(s)-chave	

3º PASSO: FUNDAMENTO DA RESPOSTA **Anotar o fundamento jurídico, legal, jurisprudencial ou doutrinário.*	
Fundamento do item "A"	
Fundamento do item "B"	

4º PASSO: DESENVOLVENDO A RESPOSTA	
Item "A"	**Introdução:**
	Desenvolvimento (fundamentos jurídicos e legais):
	Conclusão:
Item "B"	**Introdução:**
	Desenvolvimento (fundamentos jurídicos e legais):
	Conclusão:

REDIGINDO A RESPOSTA (TEXTO DEFINITIVO)

QUESTÃO 3 - SIMULADO 12

Determinada categoria econômica e profissional está em fase de negociação coletiva, e, nessa hipótese, estão sendo debatidas as cláusulas da convenção coletiva. Entre os debates, estão a redução da remuneração do trabalho noturno superior à do diurno. Diante disso, responda de maneira fundamentada.

a) Considerando o que dispõe a Lei nº 13.467/2017, a supressão ou a redução desse direito é lícita?

b) A convenção ou acordo coletivo de trabalho poderá ter prazo indeterminado?

Obs.: o(a) examinando(a) deve fundamentar suas respostas. A mera citação do dispositivo legal não confere pontuação.

ESBOÇO DA RESPOSTA (CADERNO DE RASCUNHO)

1º PASSO: IDENTIFICAÇÃO DO TEMA CENTRAL	
Temas centrais e institutos jurídicos narrados no enunciado	
2º PASSO: ENCONTRANDO O FUNDAMENTO ***Pesquisar a palavra-chave, o instituto jurídico ou tema central a partir das informações fornecidas pelo enunciado.**	
Palavra(s)-chave	
3º PASSO: FUNDAMENTO DA RESPOSTA ***Anotar o fundamento jurídico, legal, jurisprudencial ou doutrinário.**	
Fundamento do item "A"	
Fundamento do item "B"	
4º PASSO: DESENVOLVENDO A RESPOSTA	
Item "A"	**Introdução:**
	Desenvolvimento (fundamentos jurídicos e legais):
	Conclusão:
Item "B"	**Introdução:**
	Desenvolvimento (fundamentos jurídicos e legais):
	Conclusão:

REDIGINDO A RESPOSTA (TEXTO DEFINITIVO)

QUESTÃO 4 – SIMULADO 12

A empresa Delta Ltda. empregadora de Rogerio, analfabeto, efetuou o pagamento de verbas salariais mediante cheque. Ocorre que o cheque emitido pelo seu empregador Delta Ltda estava sem provisão de fundos. Indignado, Rogério propôs ação de execução de título extrajudicial em face da empresa perante a Justiça do Trabalho. Diante disso, responda de maneira fundamentada.

a) A empresa agiu corretamente ao pagar as verbas rescisórias mediante cheque? Rogério poderá executar o cheque perante a Justiça do trabalho?

b) A Justiça do Trabalho é competente para executar o cheque entregue pela empresa a Rogério?

Obs.: o(a) examinando(a) deve fundamentar suas respostas. A mera citação do dispositivo legal não confere pontuação.

ESBOÇO DA RESPOSTA (CADERNO DE RASCUNHO)

1º PASSO: IDENTIFICAÇÃO DO TEMA CENTRAL	
Temas centrais e institutos jurídicos narrados no enunciado	
2º PASSO: ENCONTRANDO O FUNDAMENTO ***Pesquisar a palavra-chave, o instituto jurídico ou tema central a partir das informações fornecidas pelo enunciado.**	
Palavra(s)-chave	
3º PASSO: FUNDAMENTO DA RESPOSTA ***Anotar o fundamento jurídico, legal, jurisprudencial ou doutrinário.**	
Fundamento do item "A"	
Fundamento do item "B"	
4º PASSO: DESENVOLVENDO A RESPOSTA	
Item "A"	**Introdução:**
	Desenvolvimento (fundamentos jurídicos e legais):
	Conclusão:
Item "B"	**Introdução:**
	Desenvolvimento (fundamentos jurídicos e legais):
	Conclusão:

REDIGINDO A RESPOSTA (TEXTO DEFINITIVO)

SIMULADO 13

PEÇA PRÁTICO-PROFISSIONAL – SIMULADO 13

João Salvador ingressou com reclamação trabalhista em face da empresa Cristalino de Ilhéus Ltda., cujo trâmite se deu perante a 2ª Vara do Trabalho de Teixeira de Freitas/BA, aduzindo que prestou serviços como faxineiro, entre 9-3-2018 e 15-12-2022, oportunidade em que foi dispensado sem justo motivo. Na reclamatória, pleiteou: a) o pagamento de férias em dobro, sob a alegação de que o empregador fracionou indevidamente o gozo das férias, em três períodos: 20 dias de descanso, no primeiro período; 5 dias de descanso, nos demais; b) a reintegração ao trabalho ou indenização substitutiva, sob alegação de que a convenção coletiva de trabalho da categoria lhe assegura garantia provisória de 60 (sessenta) dias, a contar do retorno das férias, o que não foi respeitado pelo empregador; c) a integração do vale transporte ao salário, indicando que esse direito não foi respeitado. A sociedade empresária foi regularmente notificada, compareceu à audiência, apresentou defesa com documentos, juntando aos autos a declaração de concordância do empregado com o fracionamento das férias, bem como acordo coletivo de trabalho excluindo expressamente a estabilidade pós-férias, em razão do ajuste de outros direitos mais vantajosos aos trabalhadores entre a empresa e o sindicato da categoria profissional. Após regular instrução processual, o magistrado julgou totalmente procedente os pedidos formulados na reclamação trabalhista. Inconformada com a sentença, a reclamada interpôs recurso para o Tribunal Regional do Trabalho da 5ª Região que, por unanimidade, negou provimento ao recurso.

Questão: Diante da situação apresentada, na condição de advogado(a) da empresa Cristalino de Ilhéus Ltda., apresente medida judicial cabível para a defesa do seu cliente, ciente de que a decisão não contém falhas ou vícios estruturais, e todas as matérias foram enfrentadas pelo Tribunal.

ESTRUTURANDO A PEÇA (RASCUNHO)

1º PASSO: DADOS PRINCIPAIS DO ENUNCIADO	
Partes	Empregado/Trabalhador:
	Empregador/Tomador de serviço:
Profissão	
Data de admissão:	
Data de dispensa:	
Motivo da extinção do contrato de trabalho:	
Existe ação em curso?	
	Data do ajuizamento:

2º PASSO: IDENTIFICAÇÃO, PREVISÃO LEGAL E PECULIARIDADES DA PEÇA	
Régua processual (Atos processuais descritos no enunciado) |--->>	
Inicial, defesa ou recurso?	
Há alguma medida urgente a ser adotada?	
Peculiaridades da peça	

3º PASSO: ESTRUTURA E TESES DA PEÇA		
Endereçamento		
Preâmbulo	Peticionário (Requerente)	
	Parte contrária (Requerido)	
	Nome da peça	
	Fundamento legal	
	Procedimento (rito)	
	Verbo:	
Fatos		

1ª Tese (Direito)	Fatos:
	Fundamentos:
	Conclusão:
2ª Tese (Direito)	
3ª Tese (Direito)	
4ª Tese (Direito)	
Tutela de urgência	
Pedidos e Conclusões	
Requerimentos finais	
Encerramento	

REDIGINDO A PEÇA (TEXTO DEFINITIVO)

61	
62	
63	
64	
65	
66	
67	
68	
69	
70	
71	
72	
73	
74	
75	
76	
77	
78	
79	
80	
81	
82	
83	
84	
85	
86	
87	
88	
89	
90	

121	
122	
123	
124	
125	
126	
127	
128	
129	
130	
131	
132	
133	
134	
135	
136	
137	
138	
139	
140	
141	
142	
143	
144	
145	
146	
147	
148	
149	
150	

QUESTÃO 1 – SIMULADO 13

Samuel Rosa é empregado da sociedade empresária ZTX Tecnologias Ltda., uma grande empresa do setor de tecnologia da informação, lá exercendo a função de programador. A pandemia do novo coronavírus ocasionou uma queda brusca nas receitas da empresa, aprofundando a crise econômica. Esgotados os instrumentos legais de preservação de emprego e renda dos trabalhadores colocados à disposição do empregador durante o estado de calamidade pública, a empresa elabora um plano de demissão voluntária, sem que houvesse previsão em instrumento coletivo de trabalho, a fim de promover dispensas imotivadas individuais e reduzir o quadro de empregados. Samuel aderiu a plano de demissão voluntária, sem fazer qualquer ressalva. Após a ruptura do contrato de trabalho, Samuel ajuizou reclamação trabalhista em face do seu ex-empregador e da empresa, postulando a nulidade do ajuste, o pagamento de horas extras sobrejornada. Após regular tramitação, o juiz da 10ª Vara do Trabalho de Fortaleza/CE julgou procedentes os pedidos formulados na demanda. Irresignada, a reclamada interpôs recurso para o Tribunal Regional do Trabalho competente, mas, o juiz do trabalho negou seguimento.

Considerando a situação posta, os termos da CLT e o entendimento consolidado do TST, responda às indagações a seguir.

a) O plano de demissão voluntária, utilizado para rescindir o contrato de trabalho de Samuel, é válido? Fundamente. **(Valor: 0,60)**

b) Caso fosse contratado pela empresa ZTX Tecnologias Ltda., qual medida judicial você utilizaria para questionar a decisão que negou seguimento ao recurso apresentado pela empresa? Justifique. **(Valor: 0,65)**

Obs.: o(a) examinando(a) deve fundamentar suas respostas. A mera citação do dispositivo legal não confere pontuação.

ESBOÇO DA RESPOSTA (CADERNO DE RASCUNHO)

1º PASSO: IDENTIFICAÇÃO DO TEMA CENTRAL	
Temas centrais e institutos jurídicos narrados no enunciado	

2º PASSO: ENCONTRANDO O FUNDAMENTO ***Pesquisar a palavra-chave, o instituto jurídico ou tema central a partir das informações fornecidas pelo enunciado.***	
Palavra(s)-chave	

3º PASSO: FUNDAMENTO DA RESPOSTA ***Anotar o fundamento jurídico, legal, jurisprudencial ou doutrinário.***	
Fundamento do item "A"	
Fundamento do item "B"	

4º PASSO: DESENVOLVENDO A RESPOSTA	
Item "A"	**Introdução:**
	Desenvolvimento (fundamentos jurídicos e legais):
	Conclusão:
Item "B"	**Introdução:**
	Desenvolvimento (fundamentos jurídicos e legais):
	Conclusão:

REDIGINDO A RESPOSTA (TEXTO DEFINITIVO)

QUESTÃO 2 – SIMULADO 13

Hardwell foi contratado pela empresa Flash Transportes Ltda, para exercer a função de motorista, realizando o transporte de mercadorias perecíveis. O trabalhador se envolveu em um acidente durante o desempenho das suas atividades, após transitar em alta velocidade na rodovia, causando pequenas avarias no veículo da empresa e leves escoriações nos motoristas envolvidos no acidente. No contrato de trabalho de Hardwell, havia previsão de que eventuais prejuízos causados em razão de acidente de trânsito seriam descontados dos seus salários.

De acordo com a situação apresentada e com os termos da CLT, responda aos itens a seguir.

a) A empresa pode descontar as avarias do acidente do Hardwell? Justifique.

b) Na hipótese de o empregado ser multado, perdendo a habilitação para dirigir, inviabilizando o exercício da profissão, o empregador poderá dispensar o trabalhador por justa causa? Fundamente.

Obs.: o(a) examinando(a) deve fundamentar suas respostas. A mera citação do dispositivo legal não confere pontuação.

ESBOÇO DA RESPOSTA (CADERNO DE RASCUNHO)

1º PASSO: IDENTIFICAÇÃO DO TEMA CENTRAL	
Temas centrais e institutos jurídicos narrados no enunciado	
2º PASSO: ENCONTRANDO O FUNDAMENTO ***Pesquisar a palavra-chave, o instituto jurídico ou tema central a partir das informações fornecidas pelo enunciado.**	
Palavra(s)-chave	
3º PASSO: FUNDAMENTO DA RESPOSTA ***Anotar o fundamento jurídico, legal, jurisprudencial ou doutrinário.**	
Fundamento do item "A"	
Fundamento do item "B"	
4º PASSO: DESENVOLVENDO A RESPOSTA	
Item "A"	**Introdução:**
	Desenvolvimento (fundamentos jurídicos e legais):
	Conclusão:
Item "B"	**Introdução:**
	Desenvolvimento (fundamentos jurídicos e legais):
	Conclusão:

REDIGINDO A RESPOSTA (TEXTO DEFINITIVO)

QUESTÃO 3 – SIMULADO 13

Tiesto prestou serviços para a sociedade empresária Lolapalooza Empreendimentos Ltda., entre 5-7-2020 e 10-2-2022. Tiesto batia o cartão de ponto apenas no início e no fim da jornada efetiva de trabalho, sem considerar o tempo de café da manhã e o tempo dispendido para a troca de uniforme, que consistia em vestir um jaleco branco e tênis comum. O trabalhador prestava serviços dois sábados por mês, de forma alternada, das 8h às 12h, como hora extraordinária.

a) O período que Tiesto dispendia para realizar a troca de uniforme deve ser computado na jornada de trabalho? Fundamente.

b) Nas horas excedentes aos sábados alternados, a empresa pode fazer um acordo tácito para compensação das horas dentro do próprio mês? Justifique.

Obs.: o(a) examinando(a) deve fundamentar suas respostas. A mera citação do dispositivo legal não confere pontuação.

ESBOÇO DA RESPOSTA (CADERNO DE RASCUNHO)

1º PASSO: IDENTIFICAÇÃO DO TEMA CENTRAL	
Temas centrais e institutos jurídicos narrados no enunciado	

2º PASSO: ENCONTRANDO O FUNDAMENTO **Pesquisar a palavra-chave, o instituto jurídico ou tema central a partir das informações fornecidas pelo enunciado.*	
Palavra(s)-chave	

3º PASSO: FUNDAMENTO DA RESPOSTA **Anotar o fundamento jurídico, legal, jurisprudencial ou doutrinário.*	
Fundamento do item "A"	
Fundamento do item "B"	

4º PASSO: DESENVOLVENDO A RESPOSTA	
Item "A"	**Introdução:**
	Desenvolvimento (fundamentos jurídicos e legais):
	Conclusão:
Item "B"	**Introdução:**
	Desenvolvimento (fundamentos jurídicos e legais):
	Conclusão:

REDIGINDO A RESPOSTA (TEXTO DEFINITIVO)

QUESTÃO 4 – SIMULADO 13

Alesso é empregado da sociedade empresária Bela Visão Ótica Ltda., lá exercendo a função de vendedor. Num determinado dia, ao se dirigir a um restaurante para fazer sua refeição, durante o horário de refeição e descanso, foi atropelado por um veículo, resultando em lesões que o afastaram do serviço por 30 dias. Alesso permaneceu em gozo de benefício previdenciário durante o seu afastamento.

Diante do caso apresentado, responda de maneira fundamentada:

a) Qual o efeito do acidente de trabalho no contrato de trabalho de Alesso? Fundamente.

b) O que acontece se no período do afastamento a empregadora resolve dispensar o profissional afastado? Justifique.

Obs.: o(a) examinando(a) deve fundamentar suas respostas. A mera citação do dispositivo legal não confere pontuação.

ESBOÇO DA RESPOSTA (CADERNO DE RASCUNHO)

1º PASSO: IDENTIFICAÇÃO DO TEMA CENTRAL	
Temas centrais e institutos jurídicos narrados no enunciado	
2º PASSO: ENCONTRANDO O FUNDAMENTO ***Pesquisar a palavra-chave, o instituto jurídico ou tema central a partir das informações fornecidas pelo enunciado.**	
Palavra(s)-chave	
3º PASSO: FUNDAMENTO DA RESPOSTA ***Anotar o fundamento jurídico, legal, jurisprudencial ou doutrinário.**	
Fundamento do item "A"	
Fundamento do item "B"	
4º PASSO: DESENVOLVENDO A RESPOSTA	
Item "A"	**Introdução:**
	Desenvolvimento (fundamentos jurídicos e legais):
	Conclusão:
Item "B"	**Introdução:**
	Desenvolvimento (fundamentos jurídicos e legais):
	Conclusão:

REDIGINDO A RESPOSTA (TEXTO DEFINITIVO)

SIMULADO 14

PEÇA PRÁTICO-PROFISSIONAL – SIMULADO 14

Tonico Branco trabalhou para a empresa Bananais Ltda., entre 25-11-2017 e 25-11-2021, como ajudante geral, mediante o recebimento de um salário-mínimo mensal. Após sua dispensa imotivada, procurou um escritório de advocacia e ajuizou reclamação trabalhista em face do seu ex-empregador, postulando o pagamento de dano extrapatrimonial em razão de constrangimentos, humilhações e infortúnios sofridos no curso do contrato de trabalho. Maliciosamente o empregado forneceu como endereço da prestação de serviço o antigo logradouro do empreendimento, localizado no interior de SP, o qual estava desativado e não havia qualquer representante do empregador. Consequentemente o processo correu à revelia da reclamada, culminando em decisão de total procedência. A sentença condenou o reclamando ao pagamento de R$ 10.000,00 (dez mil reais) e determinou que atualização monetária e juros incidissem desde o ajuizamento da ação, vindo a transitar em julgado após o fim do prazo recursal. Oportunamente, o reclamante requereu o início da execução da sentença perante o juízo da 1ª Vara do Trabalho de Campinas/SP com a citação da reclamada para pagamento ou garantia do juízo. Nesse espaço de tempo, após longa negociação, a empresa Bananais Ltda. resolveu abrir uma nova unidade na cidade de Sumaré/SP, cidade circunvizinha, iniciando as obras de reforma e ampliação para a produção e comercialização dos seus produtos na cidade. Tomando ciência disso, o exequente informou ao juízo que o executado estava reformando um galpão para abertura de uma nova unidade na cidade vizinha, indicando o endereço nos autos, bem como os materiais e ferramentas usados na obra para penhora e posteriormente arrematação em leiloados. Diante disso, o magistrado despachou, determinando a penhora dos materiais necessários para obras em andamento, o que fora devidamente cumprido.

Questão: Como advogado(a) da executada, adote a medida judicial cabível e defenda os interesses de seu cliente.

ESTRUTURANDO A PEÇA (RASCUNHO)

1º PASSO: DADOS PRINCIPAIS DO ENUNCIADO	
Partes	Empregado/Trabalhador:
	Empregador/Tomador de serviço:
Profissão	
Data de admissão:	
Data de dispensa:	
Motivo da extinção do contrato de trabalho:	
Existe ação em curso?	
	Data do ajuizamento:

2º PASSO: IDENTIFICAÇÃO, PREVISÃO LEGAL E PECULIARIDADES DA PEÇA	
Régua processual (Atos processuais descritos no enunciado) |-->>	
Inicial, defesa ou recurso?	
Há alguma medida urgente a ser adotada?	
Peculiaridades da peça	

3º PASSO: ESTRUTURA E TESES DA PEÇA		
Endereçamento		
Preâmbulo	Peticionário (Requerente)	
	Parte contrária (Requerido)	
	Nome da peça	
	Fundamento legal	
	Procedimento (rito)	
	Verbo:	
Fatos		

1ª Tese (Direito)	Fatos:
	Fundamentos:
	Conclusão:
2ª Tese (Direito)	
3ª Tese (Direito)	
4ª Tese (Direito)	
Tutela de urgência	
Pedidos e Conclusões	
Requerimentos finais	
Encerramento	

REDIGINDO A PEÇA (TEXTO DEFINITIVO)

61	
62	
63	
64	
65	
66	
67	
68	
69	
70	
71	
72	
73	
74	
75	
76	
77	
78	
79	
80	
81	
82	
83	
84	
85	
86	
87	
88	
89	
90	

QUESTÃO 1 – SIMULADO 14

Antônio ingressou com reclamação trabalhista em face da Empresa WXL Ltda., sendo a ação julgada procedente. Em liquidação de sentença, o juiz determinou que o reclamante Antônio apresentasse cálculos de liquidação. Após a apresentação do reclamante, o juiz intimou a reclamada concedendo prazo de 8 dias para apresentação dos seus cálculos. Diante da divergência entre os cálculos apresentados entre as partes, o Juiz nomeou perito contábil para elaboração da conta de liquidação. Diante disso, o Juiz homologou os cálculos apresentados pelo perito, entendendo estar correto os valores de liquidação, determinando a citação do executado para pagamento no prazo de 48 horas, sob pena de execução.

Diante disso, responda de maneira fundamentada.

a) O juiz agiu corretamente ao homologar os cálculos apresentados pelo perito?

b) Caso a reclamada não efetue o pagamento no prazo de 48 horas, a execução poderá ser promovida ou impulsionada de ofício pelo juiz do trabalho?

Obs.: o(a) examinando(a) deve fundamentar suas respostas. A mera citação do dispositivo legal não confere pontuação.

ESBOÇO DA RESPOSTA (CADERNO DE RASCUNHO)

1º PASSO: IDENTIFICAÇÃO DO TEMA CENTRAL	
Temas centrais e institutos jurídicos narrados no enunciado	
2º PASSO: ENCONTRANDO O FUNDAMENTO ***Pesquisar a palavra-chave, o instituto jurídico ou tema central a partir das informações fornecidas pelo enunciado.**	
Palavra(s)-chave	
3º PASSO: FUNDAMENTO DA RESPOSTA ***Anotar o fundamento jurídico, legal, jurisprudencial ou doutrinário.**	
Fundamento do item "A"	
Fundamento do item "B"	
4º PASSO: DESENVOLVENDO A RESPOSTA	
Item "A"	**Introdução:**
	Desenvolvimento (fundamentos jurídicos e legais):
	Conclusão:
Item "B"	**Introdução:**
	Desenvolvimento (fundamentos jurídicos e legais):
	Conclusão:

REDIGINDO A RESPOSTA (TEXTO DEFINITIVO)

QUESTÃO 2 – SIMULADO 14

Luiz, auxiliar técnico, foi transferido pela empresa VXT Consultoria Técnica Ltda., sua empregadora da Capital para trabalhar na filial do Interior, onde passou a ter domicílio e a desenvolver sua atividade laboral. Inconformado com a transferência, Luiz ingressou com ação trabalhista, sob argumento de não exercer atividade de confiança nem ter sido consultado a respeito de sua transferência tendo, segundo ele, ocorrido como forma de pressioná-lo a pedir demissão. Em contestação a empresa não rebateu os argumentos do empregado, mas justificou o ato de transferência sob a alegação de que, mesmo conservando sua sede na capital do Estado, no contrato de trabalho do empregado havia expressa previsão quanto à possibilidade de sua transferência. Diante disso, responda de maneira fundamentada.

a) A empresa VXT Consultoria Técnica Ltda. agiu de forma lícita?
b) Luiz tem direito de voltar a exercer suas atividades na capital ou a transferência está no âmbito diretivo e discricionário do seu empregador?

Obs.: o(a) examinando(a) deve fundamentar suas respostas. A mera citação do dispositivo legal não confere pontuação.

ESBOÇO DA RESPOSTA (CADERNO DE RASCUNHO)

1º PASSO: IDENTIFICAÇÃO DO TEMA CENTRAL	
Temas centrais e institutos jurídicos narrados no enunciado	
2º PASSO: ENCONTRANDO O FUNDAMENTO ***Pesquisar a palavra-chave, o instituto jurídico ou tema central a partir das informações fornecidas pelo enunciado.**	
Palavra(s)-chave	
3º PASSO: FUNDAMENTO DA RESPOSTA ***Anotar o fundamento jurídico, legal, jurisprudencial ou doutrinário.**	
Fundamento do item "A"	
Fundamento do item "B"	
4º PASSO: DESENVOLVENDO A RESPOSTA	
Item "A"	**Introdução:**
	Desenvolvimento (fundamentos jurídicos e legais):
	Conclusão:
Item "B"	**Introdução:**
	Desenvolvimento (fundamentos jurídicos e legais):
	Conclusão:

REDIGINDO A RESPOSTA (TEXTO DEFINITIVO)

QUESTÃO 3 – SIMULADO 14

Sergio Marambaia laborou na empresa YML Ltda. desde o dia 2-3-2016, exercendo a função de Assistente Administrativo, percebendo como último salário R$ 2.000,00 (dois mil reais), vindo a óbito no dia 17-6-2021, em consequência de um infarto fulminante na sede da empresa. A morte do empregado, tendo sido por morte natural, gera extinção do contrato de trabalho e provoca o fim do vínculo empregatício em virtude da pessoalidade inerente ao trabalho.

Ocorre que a empresa desconhece quem deva legitimamente receber o pagamento das verbas trabalhistas.

Diante disso, com o objetivo de afastar a mora da empresa e evitar a aplicação da multa prevista no art. 477, § 8º, da CLT, responda de forma fundamentada.

a) De que forma a empresa YML Ltda. deverá proceder para efetuar o pagamento das verbas trabalhistas?

b) A Justiça do Trabalho tem competência para solucionar o caso em tela?

Obs.: o(a) examinando(a) deve fundamentar suas respostas. A mera citação do dispositivo legal não confere pontuação.

ESBOÇO DA RESPOSTA (CADERNO DE RASCUNHO)

1º PASSO: IDENTIFICAÇÃO DO TEMA CENTRAL	
Temas centrais e institutos jurídicos narrados no enunciado	

2º PASSO: ENCONTRANDO O FUNDAMENTO **Pesquisar a palavra-chave, o instituto jurídico ou tema central a partir das informações fornecidas pelo enunciado.*	
Palavra(s)-chave	

3º PASSO: FUNDAMENTO DA RESPOSTA **Anotar o fundamento jurídico, legal, jurisprudencial ou doutrinário.*	
Fundamento do item "A"	
Fundamento do item "B"	

4º PASSO: DESENVOLVENDO A RESPOSTA	
Item "A"	**Introdução:**
	Desenvolvimento (fundamentos jurídicos e legais):
	Conclusão:
Item "B"	**Introdução:**
	Desenvolvimento (fundamentos jurídicos e legais):
	Conclusão:

REDIGINDO A RESPOSTA (TEXTO DEFINITIVO)

QUESTÃO 4 – SIMULADO 14

Bianca trabalhava como babá, cuidando dos filhos de Mariana todas as quintas e sextas-feiras, das 12h às 20h com uma hora para refeição e descanso. Após remanejamento na empresa em que Mariana trabalhava, ela passou a exercer suas atividades em *home office* em período integral, dispensando então os serviços de Bianca, pagando-lhe apenas os dias trabalhados naquele mês. Em virtude disso, Bianca propôs Reclamação Trabalhista em face de Mariana, requerendo anotação na CTPS, recolhimento de FGTS de todo o período trabalhado e verbas rescisórias devidas. No dia designado para a audiência inicial, Bianca se atrasou, ocasionando o arquivamento da demanda. Proposta novamente a ação trabalhista, a reclamada não foi localizada no endereço fornecido pela reclamante, resultando em novo arquivamento do processo. Com o novo endereço de Mariana, Bianca propôs ação novamente, desta vez sendo a reclamada devidamente notificada, que, em tese de defesa, alegou perempção e pediu o afastamento do vínculo empregatício. Diante disso, responda de maneira fundamentada.

a) O juiz deverá acatar a tese de defesa quanto ao afastamento do vínculo de emprego? Justifique sua resposta.

b) O juiz deverá acatar a tese de defesa quanto a perempção? Justifique sua resposta.

Obs.: o(a) examinando(a) deve fundamentar suas respostas. A mera citação do dispositivo legal não confere pontuação.

ESBOÇO DA RESPOSTA (CADERNO DE RASCUNHO)

1º PASSO: IDENTIFICAÇÃO DO TEMA CENTRAL	
Temas centrais e institutos jurídicos narrados no enunciado	
2º PASSO: ENCONTRANDO O FUNDAMENTO ***Pesquisar a palavra-chave, o instituto jurídico ou tema central a partir das informações fornecidas pelo enunciado.**	
Palavra(s)-chave	
3º PASSO: FUNDAMENTO DA RESPOSTA ***Anotar o fundamento jurídico, legal, jurisprudencial ou doutrinário.**	
Fundamento do item "A"	
Fundamento do item "B"	
4º PASSO: DESENVOLVENDO A RESPOSTA	
Item "A"	**Introdução:**
	Desenvolvimento (fundamentos jurídicos e legais):
	Conclusão:
Item "B"	**Introdução:**
	Desenvolvimento (fundamentos jurídicos e legais):
	Conclusão:

REDIGINDO A RESPOSTA (TEXTO DEFINITIVO)

SIMULADO 15

PEÇA PRÁTICO-PROFISSIONAL – SIMULADO 15

A empresa Viva Bem Comércio de Frutas Ltda. foi condenada nos autos da reclamação trabalhista proposta por Vivian Dell Nero, de saldo de salário, aviso-prévio proporcional de 32 dias, 3/12 a título de décimo terceiro proporcional, férias simples com 1/3, 5/12 avos a título de férias proporcionais com 1/3, depósitos do FGTS sobre as verbas rescisórias, multa de 40% (quarenta por cento) sobre os depósitos do FGTS, expedição das guias para saque do FGTS e do seguro-desemprego, além do pagamento de 20 minutos extraordinários por dia de trabalho referente ao período suprimido do intervalo intrajornada. Transitado em julgado o acórdão proferido pela 8ª Turma do Tribunal Superior do Trabalho, os autos foram baixados para o juízo de origem. Com o trânsito em julgado, ocorrido em 20-9-2021, a reclamante apresentou a conta de liquidação no valor de R$ 75.000,00 (setenta e cinco mil reais), atualizado de acordo com o IPCA-E, tanto na fase pré-judicial quanto na fase judicial, bem como apontou ser devido o pagamento de uma hora extra por dia de trabalho em decorrência da supressão do intervalo intrajornada, em dissonância com a sentença exequenda. O juiz do trabalho da 5ª Vara do Trabalho de Aracaju/SE, sem ouvir a reclamada, homologou por sentença os cálculos apresentados pela reclamante, determinando, em seguida, a citação da empresa para o pagamento do débito no prazo de 48 horas, sob pena de penhora. O oficial de justiça cumpriu o mandado de citação. Sem dispor de recursos financeiros, em razão do estado de calamidade pública gerado pela pandemia do novo coronavírus, a executada deixou transcorrer o prazo legal, permanecendo inerte. Diante disso, o magistrado realizou a penhora integral do faturamento da empresa referente ao mês de janeiro de 2023, de modo a inviabilizar a continuidade da atividade empresarial, mesmo existindo pesquisas nos autos apontando a existência de outros bens penhoráveis da empresa, de fácil alienação, aptos a saldar o crédito executado.

Questão: Garantida a execução, através da penhora realizada nos autos, promova a medida judicial cabível em defesa da sociedade empresária Viva Bem Comércio de Frutas Ltda.

Obs.: o(a) examinando(a) deve fundamentar suas respostas. A mera citação do dispositivo legal não confere pontuação.

ESTRUTURANDO A PEÇA (RASCUNHO)

1º PASSO: DADOS PRINCIPAIS DO ENUNCIADO	
Partes	Empregado/Trabalhador:
	Empregador/Tomador de serviço:
Profissão	
Data de admissão:	
Data de dispensa:	
Motivo da extinção do contrato de trabalho:	
Existe ação em curso?	
	Data do ajuizamento:

2º PASSO: IDENTIFICAÇÃO, PREVISÃO LEGAL E PECULIARIDADES DA PEÇA	
Régua processual (Atos processuais descritos no enunciado) |-->>	
Inicial, defesa ou recurso?	
Há alguma medida urgente a ser adotada?	
Peculiaridades da peça	

3º PASSO: ESTRUTURA E TESES DA PEÇA		
Endereçamento		
Preâmbulo	Peticionário (Requerente)	
	Parte contrária (Requerido)	
	Nome da peça	
	Fundamento legal	
	Procedimento (rito)	
	Verbo:	
Fatos		

1ª Tese (Direito)	Fatos:
	Fundamentos:
	Conclusão:
2ª Tese (Direito)	
3ª Tese (Direito)	
4ª Tese (Direito)	
Tutela de urgência	
Pedidos e Conclusões	
Requerimentos finais	
Encerramento	

REDIGINDO A PEÇA (TEXTO DEFINITIVO)

61	
62	
63	
64	
65	
66	
67	
68	
69	
70	
71	
72	
73	
74	
75	
76	
77	
78	
79	
80	
81	
82	
83	
84	
85	
86	
87	
88	
89	
90	

121	
122	
123	
124	
125	
126	
127	
128	
129	
130	
131	
132	
133	
134	
135	
136	
137	
138	
139	
140	
141	
142	
143	
144	
145	
146	
147	
148	
149	
150	

QUESTÃO 1 – SIMULADO 15

Agostinho foi contratado para trabalhar como vigilante no Banco BitMoney S.A., tendo como atribuição zelar pela segurança dos funcionários, pelo patrimônio da empresa, controlando a movimentação de acesso livre e restrito, fiscalizar pessoas, cargas e patrimônio, visando, assim, evitar possíveis furtos e roubos no local. O trabalhador cumpria jornada de trabalho das 9h às 18h, de segunda a sexta-feira. Dispensado sem justo motivo, ajuizou ação trabalhista pleiteando o pagamento de adicional de periculosidade, bem como o enquadramento como bancário, a fim de fazer jus a jornada de trabalho especial.

Diante disso, responda aos itens a seguir.

a) Observadas as regras contidas na CLT, Agostinho terá direito ao adicional de periculosidade? **(Valor: 0,65)**

b) Como advogado(a) do Banco BitMoney S/A, qual tese você alegaria para afastar o pedido de enquadramento como bancário? **(Valor: 0,60)**

Obs.: o(a) examinando(a) deve fundamentar suas respostas. A mera citação do dispositivo legal não confere pontuação.

ESBOÇO DA RESPOSTA (CADERNO DE RASCUNHO)

1º PASSO: IDENTIFICAÇÃO DO TEMA CENTRAL	
Temas centrais e institutos jurídicos narrados no enunciado	
2º PASSO: ENCONTRANDO O FUNDAMENTO ***Pesquisar a palavra-chave, o instituto jurídico ou tema central a partir das informações fornecidas pelo enunciado.**	
Palavra(s)-chave	
3º PASSO: FUNDAMENTO DA RESPOSTA ***Anotar o fundamento jurídico, legal, jurisprudencial ou doutrinário.**	
Fundamento do item "A"	
Fundamento do item "B"	
4º PASSO: DESENVOLVENDO A RESPOSTA	
Item "A"	**Introdução:**
	Desenvolvimento (fundamentos jurídicos e legais):
	Conclusão:
Item "B"	**Introdução:**
	Desenvolvimento (fundamentos jurídicos e legais):
	Conclusão:

REDIGINDO A RESPOSTA (TEXTO DEFINITIVO)

QUESTÃO 2 – SIMULADO 15

Manuela trabalha para a empresa LK Ar Condicionado Ltda., como técnica de manutenção, realizando a instalação e manutenção preventiva nos equipamentos de ar condicionado. Manuela se candidatou, em 5-4-2021, ao cargo de membro do conselho fiscal de entidade sindical da sua categoria. Em 26-8-2021, a trabalhadora foi dispensada sem justa causa, propondo, em seguida, reclamação trabalhista em face do seu ex-empregador, postulando a reintegração ao trabalho, sob o fundamento de que não poderia ter sido dispensada a partir do momento do registro de sua candidatura, até um ano após o final do seu mandato, salvo se tivesse cometido alguma falta grave, hipótese que não se verificou. O juiz do trabalho da 55ª Vara do Trabalho de São Paulo indeferiu o pedido de tutela antecipada pleiteado pela trabalhadora, determinando a intimação da reclamada para comparecer à audiência UNA no dia 18-10-2021.

Na hipótese retratada, de acordo com a CLT e a jurisprudência consolidada do TST, responda aos itens a seguir.

a) A reclamante poderá adotar alguma medida judicial para questionar a decisão proferida pelo juiz do trabalho? Justifique. **(Valor: 0,65)**

b) Como advogado(a) da reclamada, informe o que você sustentaria em contestação sobre o mérito da demanda apresentada pela empregada. Justifique. **(Valor: 0,60)**

Obs.: o(a) examinando(a) deve fundamentar suas respostas. A mera citação do dispositivo legal não confere pontuação.

ESBOÇO DA RESPOSTA (CADERNO DE RASCUNHO)

1º PASSO: IDENTIFICAÇÃO DO TEMA CENTRAL	
Temas centrais e institutos jurídicos narrados no enunciado	
2º PASSO: ENCONTRANDO O FUNDAMENTO ***Pesquisar a palavra-chave, o instituto jurídico ou tema central a partir das informações fornecidas pelo enunciado.**	
Palavra(s)-chave	
3º PASSO: FUNDAMENTO DA RESPOSTA ***Anotar o fundamento jurídico, legal, jurisprudencial ou doutrinário.**	
Fundamento do item "A"	
Fundamento do item "B"	
4º PASSO: DESENVOLVENDO A RESPOSTA	
Item "A"	**Introdução:**
	Desenvolvimento (fundamentos jurídicos e legais):
	Conclusão:
Item "B"	**Introdução:**
	Desenvolvimento (fundamentos jurídicos e legais):
	Conclusão:

REDIGINDO A RESPOSTA (TEXTO DEFINITIVO)

QUESTÃO 3 – SIMULADO 15

Armando propôs reclamação trabalhista contra a empresa KPMJ Equipamentos Esportivos Ltda., postulando a equiparação salarial com o paradigma Jorge, verbas rescisórias, horas extras e vale-transporte. A ação foi julgada totalmente procedente, tendo ocorrido o trânsito em julgado após a regular tramitação. Na fase de execução de sentença, Vinicius, irmão de um dos sócios da empresa executada, teve a conta do FGTS penhorada. Inconformado, já que nunca foi sócio da empresa reclamada e estava aguardando o momento oportuno para utilizar o saldo do FGTS na compra de um apartamento, pretende apresentar a medida cabível.

Diante da situação apresentada e dos termos da legislação trabalhista em vigor, responda aos itens a seguir.

a) Qual medida judicial poderá ser adotada por Vinícius para o desfazimento do ato constritivo? **(Valor: 0,65)**

b) No mérito, o que poderá ser alegado para afastar a penhora sobre a conta do FGTS? Justifique. **(Valor: 0,60)**

Obs.: o(a) examinando(a) deve fundamentar suas respostas. A mera citação do dispositivo legal não confere pontuação.

ESBOÇO DA RESPOSTA (CADERNO DE RASCUNHO)

1º PASSO: IDENTIFICAÇÃO DO TEMA CENTRAL	
Temas centrais e institutos jurídicos narrados no enunciado	
2º PASSO: ENCONTRANDO O FUNDAMENTO ***Pesquisar a palavra-chave, o instituto jurídico ou tema central a partir das informações fornecidas pelo enunciado.**	
Palavra(s)-chave	
3º PASSO: FUNDAMENTO DA RESPOSTA ***Anotar o fundamento jurídico, legal, jurisprudencial ou doutrinário.**	
Fundamento do item "A"	
Fundamento do item "B"	
4º PASSO: DESENVOLVENDO A RESPOSTA	
Item "A"	**Introdução:**
	Desenvolvimento (fundamentos jurídicos e legais):
	Conclusão:
Item "B"	**Introdução:**
	Desenvolvimento (fundamentos jurídicos e legais):
	Conclusão:

REDIGINDO A RESPOSTA (TEXTO DEFINITIVO)

QUESTÃO 4 – SIMULADO 15

A sociedade empresária Puro Aço Indústria S/A procura você, na qualidade de advogado(a), informando que o funcionário Marcos, eleito ao cargo de dirigente sindical do sindicato da categoria profissional há cerca de três meses, foi encontrado embriagado no ambiente de trabalho. Como medida imediata, a empresa suspendeu o trabalhador, mas pretende dispensá-lo por justa causa.

Considerando a situação retratada, responda aos itens a seguir com base na legislação e na jurisprudência consolidada dos tribunais.

a) Considerado que a empresa já suspendeu o trabalhador, a posterior aplicação de justa causa caracteriza *bis in idem*? Justifique. **(Valor: 0,65)**

b) É necessária a adoção de alguma medida judicial para dispensar o trabalhador? Justifique. **(Valor: 0,60)**

Obs.: o(a) examinando(a) deve fundamentar suas respostas. A mera citação do dispositivo legal não confere pontuação.

ESBOÇO DA RESPOSTA (CADERNO DE RASCUNHO)

1º PASSO: IDENTIFICAÇÃO DO TEMA CENTRAL	
Temas centrais e institutos jurídicos narrados no enunciado	
2º PASSO: ENCONTRANDO O FUNDAMENTO ***Pesquisar a palavra-chave, o instituto jurídico ou tema central a partir das informações fornecidas pelo enunciado.**	
Palavra(s)-chave	
3º PASSO: FUNDAMENTO DA RESPOSTA ***Anotar o fundamento jurídico, legal, jurisprudencial ou doutrinário.**	
Fundamento do item "A"	
Fundamento do item "B"	
4º PASSO: DESENVOLVENDO A RESPOSTA	
Item "A"	**Introdução:**
	Desenvolvimento (fundamentos jurídicos e legais):
	Conclusão:
Item "B"	**Introdução:**
	Desenvolvimento (fundamentos jurídicos e legais):
	Conclusão:

REDIGINDO A RESPOSTA (TEXTO DEFINITIVO)

SIMULADO 16

PEÇA PRÁTICO-PROFISSIONAL – SIMULADO 16

Gertrudes foi contratada para trabalhar como empregada doméstica na residência da Família Pedrosa, onde residiam Jenifer Pedrosa, seu marido, Irineu Pedrosa, casados no regime de comunhão universal de bens e seu filho de 18 anos, Tibúrcio Pedrosa. A CTPS de Gertrudes foi assinada por Jenifer Pedrosa. Ao ser dispensada imotivadamente, ajuizou por conta própria reclamação trabalhista, a qual foi julgada totalmente procedente, condenando a reclamada ao pagamento de horas extras e férias não gozadas. Tendo em vista a não interposição de recursos pelas partes, a sentença transitou em julgado. Iniciada a execução, a requerimento da parte, não foi encontrado qualquer bem que pudesse satisfazer o débito total ou parcialmente. Diante disso, o magistrado proferiu despacho determinando que a exequente apresentasse bens passíveis de penhora. Tendo em vista o não cumprimento da determinação judicial, os autos foram remetidos ao arquivo, aguardando nova provocação da parte interessada. Após dois anos e quatro meses, diante da informação que os executados residiam em imóvel próprio na cidade de Goiânia, informação que desconhecia até então, a exequente pediu o desarquivamento dos autos, indicando à penhora o único imóvel da residência da Família Pedrosa, pedido que foi deferido pelo Juiz do Trabalho da 5ª Vara do Trabalho de Goiânia/GO e penhorado pelo oficial de justiça. Uma vez garantida à execução, a executada foi citada na pessoa do Sr. Irineu Pedrosa, que opôs embargos à execução, sustentando a prescrição, em razão do lapso temporal ocorrido. Sustentou a impenhorabilidade do bem penhorado, no qual residiam, por se tratar de único imóvel da família. Diante disso, oportunizado o contraditório, a exequente apresentou manifestação sobre os embargos à execução arguindo a ilegitimidade do Sr. Irineu Pedrosa, na medida em que sua CTPS foi assinada pela Sra. Jenifer Pedrosa, bem como a inaplicabilidade da prescrição na fase executória e, por fim, defendeu a possibilidade da penhora do único bem imóvel da família Pedrosa com base em permissivo legal, por se tratar de crédito de empregado que laborou na própria residência. O juiz julgou improcedente os pedidos feitos nos embargos à execução, acatando na íntegra a impugnação apresentada pela exequente, determinando o prosseguimento da execução.

Questão: Na qualidade de advogado(a) da Família Pedrosa, sabendo que não houve nenhum feriado, tome a medida processual cabível na defesa de seus interesses.

ESTRUTURANDO A PEÇA (RASCUNHO)

1º PASSO: DADOS PRINCIPAIS DO ENUNCIADO	
Partes	Empregado/Trabalhador:
	Empregador/Tomador de serviço:
Profissão	
Data de admissão:	
Data de dispensa:	
Motivo da extinção do contrato de trabalho:	
Existe ação em curso?	
	Data do ajuizamento:

2º PASSO: IDENTIFICAÇÃO, PREVISÃO LEGAL E PECULIARIDADES DA PEÇA	
Régua processual (Atos processuais descritos no enunciado) |-->>	
Inicial, defesa ou recurso?	
Há alguma medida urgente a ser adotada?	
Peculiaridades da peça	

3º PASSO: ESTRUTURA E TESES DA PEÇA		
Endereçamento		
Preâmbulo	Peticionário (Requerente)	
	Parte contrária (Requerido)	
	Nome da peça	
	Fundamento legal	
	Procedimento (rito)	
	Verbo:	
Fatos		

1ª Tese (Direito)	Fatos:
	Fundamentos:
	Conclusão:
2ª Tese (Direito)	
3ª Tese (Direito)	
4ª Tese (Direito)	
Tutela de urgência	
Pedidos e Conclusões	
Requerimentos finais	
Encerramento	

REDIGINDO A PEÇA (TEXTO DEFINITIVO)

61	
62	
63	
64	
65	
66	
67	
68	
69	
70	
71	
72	
73	
74	
75	
76	
77	
78	
79	
80	
81	
82	
83	
84	
85	
86	
87	
88	
89	
90	

121	
122	
123	
124	
125	
126	
127	
128	
129	
130	
131	
132	
133	
134	
135	
136	
137	
138	
139	
140	
141	
142	
143	
144	
145	
146	
147	
148	
149	
150	

QUESTÃO 1 – SIMULADO 16

A empresa Dois Irmãos Ltda. foi notificada de que Antônio havia ingressado com Reclamação Trabalhista pleiteando diversas verbas trabalhistas, inclusive verbas rescisórias. Ao contratar seu escritório, Rodrigo, dono da empresa, informou que Antônio era terceirizado e a sua empresa era apenas tomadora dos serviços. Na data da audiência, Rodrigo informa o surgimento de imprevisto e a impossibilidade de comparecimento. O escritório optou por enviar como preposto o seu estagiário, Arthur, juntando a defesa, os atos constitutivos e a carta de preposição. O magistrado, na audiência, aplicou a revelia e a confissão ficta quanto à matéria de fato, retirando dos autos a defesa e os documentos juntados, sob o argumento de que o preposto deve ser empregado da empresa. Sabendo que a empresa Dois Irmãos é a segunda reclamada e que a primeira reclamada, a empresa Vigilância Segura – Serviços de Terceirização, apresentou defesa e a instrução seguiu regularmente, responda:

a) O magistrado agiu com acerto ao recusar Arthur como preposto e aplicar os efeitos da revelia?
b) Poderia o magistrado ter retirado a defesa e os documentos do processo?

Obs.: o(a) examinando(a) deve fundamentar suas respostas. A mera citação do dispositivo legal não confere pontuação.

ESBOÇO DA RESPOSTA (CADERNO DE RASCUNHO)

1º PASSO: IDENTIFICAÇÃO DO TEMA CENTRAL	
Temas centrais e institutos jurídicos narrados no enunciado	

2º PASSO: ENCONTRANDO O FUNDAMENTO **Pesquisar a palavra-chave, o instituto jurídico ou tema central a partir das informações fornecidas pelo enunciado.*	
Palavra(s)-chave	

3º PASSO: FUNDAMENTO DA RESPOSTA **Anotar o fundamento jurídico, legal, jurisprudencial ou doutrinário.*	
Fundamento do item "A"	
Fundamento do item "B"	

4º PASSO: DESENVOLVENDO A RESPOSTA	
Item "A"	**Introdução:**
	Desenvolvimento (fundamentos jurídicos e legais):
	Conclusão:
Item "B"	**Introdução:**
	Desenvolvimento (fundamentos jurídicos e legais):
	Conclusão:

REDIGINDO A RESPOSTA (TEXTO DEFINITIVO)

QUESTÃO 2 – SIMULADO 16

Laura ingressou com Reclamação Trabalhista em face de Bela Praia Resort, pleiteando a estabilidade e a reintegração, alegando ter sofrido acidente de trabalho. Em defesa apresentada pela reclamada, esta alegou que o acidente ocorrera há, aproximadamente, 18 meses e que não houve afastamento pelo INSS, informação confirmada pela reclamante. Terminada a audiência, o juiz marcou data para julgamento, mas deferiu o pedido de reintegração, sob pena de astreintes pelo descumprimento. Como advogado (a) da reclamada, responda de forma fundamentada:

a) Qual a medida para atacar a decisão do juiz?

b) Qual o prazo?

Obs.: o(a) examinando(a) deve fundamentar suas respostas. A mera citação do dispositivo legal não confere pontuação.

ESBOÇO DA RESPOSTA (CADERNO DE RASCUNHO)

1º PASSO: IDENTIFICAÇÃO DO TEMA CENTRAL	
Temas centrais e institutos jurídicos narrados no enunciado	
2º PASSO: ENCONTRANDO O FUNDAMENTO ***Pesquisar a palavra-chave, o instituto jurídico ou tema central a partir das informações fornecidas pelo enunciado.**	
Palavra(s)-chave	
3º PASSO: FUNDAMENTO DA RESPOSTA ***Anotar o fundamento jurídico, legal, jurisprudencial ou doutrinário.**	
Fundamento do item "A"	
Fundamento do item "B"	
4º PASSO: DESENVOLVENDO A RESPOSTA	
Item "A"	**Introdução:**
	Desenvolvimento (fundamentos jurídicos e legais):
	Conclusão:
Item "B"	**Introdução:**
	Desenvolvimento (fundamentos jurídicos e legais):
	Conclusão:

REDIGINDO A RESPOSTA (TEXTO DEFINITIVO)

QUESTÃO 3 – SIMULADO 16

Manoela, acompanhada de sua amiga Thais, lhe procura em seu escritório informando que após três anos na fila de adoção finalmente conseguiu ser convocada para adotar Ana Clara. Thais, no entanto, informa que foi vítima de violência doméstica e está atualmente morando com seus pais, em outro município, cerca de 100km de distância, pois, mesmo com a medida restritiva, ainda sofre ameaças e perseguições do agressor. Considerando os dois casos, as amigas lhe questionam:

a) Manoela possui direito a licença maternidade?

b) Thais poderá se ausentar do trabalho sem qualquer sanção?

Obs.: o(a) examinando(a) deve fundamentar suas respostas. A mera citação do dispositivo legal não confere pontuação.

ESBOÇO DA RESPOSTA (CADERNO DE RASCUNHO)

1º PASSO: IDENTIFICAÇÃO DO TEMA CENTRAL	
Temas centrais e institutos jurídicos narrados no enunciado	

2º PASSO: ENCONTRANDO O FUNDAMENTO *Pesquisar a palavra-chave, o instituto jurídico ou tema central a partir das informações fornecidas pelo enunciado.	
Palavra(s)-chave	

3º PASSO: FUNDAMENTO DA RESPOSTA *Anotar o fundamento jurídico, legal, jurisprudencial ou doutrinário.	
Fundamento do item "A"	
Fundamento do item "B"	

4º PASSO: DESENVOLVENDO A RESPOSTA	
Item "A"	**Introdução:**
	Desenvolvimento (fundamentos jurídicos e legais):
	Conclusão:
Item "B"	**Introdução:**
	Desenvolvimento (fundamentos jurídicos e legais):
	Conclusão:

REDIGINDO A RESPOSTA (TEXTO DEFINITIVO)

QUESTÃO 4 – SIMULADO 16

Após reunião entre os empregados da empresa Jokempo, os trabalhadores decidiram se organizar para formar uma comissão de representantes para aproximar as reivindicações dos empregados com seu empregador. Por essa razão, Pedro lhe procura em seu escritório para uma consulta questionando a viabilidade da criação dessa comissão e seus requisitos, informando que a empresa conta com cerca de 360 empregados.

Diante do cenário, responda de forma fundamentada:

a) Como deverão proceder as eleições?

b) Quantos membros poderão compor essa comissão e como ficará o contrato de trabalho desses empregados?

Obs.: o(a) examinando(a) deve fundamentar suas respostas. A mera citação do dispositivo legal não confere pontuação.

ESBOÇO DA RESPOSTA (CADERNO DE RASCUNHO)

1º PASSO: IDENTIFICAÇÃO DO TEMA CENTRAL	
Temas centrais e institutos jurídicos narrados no enunciado	
2º PASSO: ENCONTRANDO O FUNDAMENTO ***Pesquisar a palavra-chave, o instituto jurídico ou tema central a partir das informações fornecidas pelo enunciado.**	
Palavra(s)-chave	
3º PASSO: FUNDAMENTO DA RESPOSTA ***Anotar o fundamento jurídico, legal, jurisprudencial ou doutrinário.**	
Fundamento do item "A"	
Fundamento do item "B"	
4º PASSO: DESENVOLVENDO A RESPOSTA	
Item "A"	**Introdução:**
	Desenvolvimento (fundamentos jurídicos e legais):
	Conclusão:
Item "B"	**Introdução:**
	Desenvolvimento (fundamentos jurídicos e legais):
	Conclusão:

REDIGINDO A RESPOSTA (TEXTO DEFINITIVO)

SIMULADO 17

PEÇA PRÁTICO-PROFISSIONAL – SIMULADO 17

Transitada em julgada a sentença condenatória proferida nos autos da reclamação trabalhista promovida por Gustavo Buarque de Holanda contra a empresa Royal Saúde Ltda., o reclamante apresentou o cálculo de liquidação de sentença no valor de R$ 20.000,00 (vinte mil reais), aplicando a correção monetária pertinente, juros de mora a partir da data do inadimplemento das verbas condenatórias, além de indicar a contribuição previdenciária incidente. Elaborada a conta, o magistrado intimou as partes para contestar os cálculos apresentados, de forma fundamentada com a indicação dos itens e valores objeto da discordância, no prazo comum de oito dias, sob pena de preclusão. Ao cabo, os cálculos apresentados pelo reclamante foram homologados por sentença de liquidação, expedindo-se o mandado de citação, penhora e avaliação para a executada pagar espontaneamente o débito. Regularmente citada, o prazo legal transcorreu *in albis*, a executada quedou-se inerte. Diante da ausência de pagamento voluntário, o magistrado da 15ª Vara do Trabalho de Belém/PA determinou a aplicação da multa do art. 523, § 1º, do CPC, determinando a intimação do exequente para dar prosseguimento ao feito. Apesar de intimado, o exequente não impulsionou o processo durante três anos. Retomando os atos executórios, o exequente postulou a instauração do incidente de desconsideração da personalidade jurídica, ante a falta de bens da executada passíveis de penhora. Depois da regular tramitação, o juiz acolheu o incidente de desconsideração da personalidade jurídica, determinando a inclusão dos sócios Fernando Silva e Adolfo Pinheiro no polo passivo da execução, sob o argumento de que restou configurado o desvio de finalidade em decorrência da alteração da finalidade original da atividade econômica específica da empresa.

Questão: Na qualidade de advogado(a) dos sócios Fernando Silva, apresente a medida judicial cabível para a defesa do seu cliente.

ESTRUTURANDO A PEÇA (RASCUNHO)

1º PASSO: DADOS PRINCIPAIS DO ENUNCIADO	
Partes	Empregado/Trabalhador:
	Empregador/Tomador de serviço:
Profissão	
Data de admissão:	
Data de dispensa:	
Motivo da extinção do contrato de trabalho:	
Existe ação em curso?	
	Data do ajuizamento:

2º PASSO: IDENTIFICAÇÃO, PREVISÃO LEGAL E PECULIARIDADES DA PEÇA	
Régua processual (Atos processuais descritos no enunciado) |-->>	
Inicial, defesa ou recurso?	
Há alguma medida urgente a ser adotada?	
Peculiaridades da peça	

3º PASSO: ESTRUTURA E TESES DA PEÇA		
Endereçamento		
Preâmbulo	Peticionário (Requerente)	
	Parte contrária (Requerido)	
	Nome da peça	
	Fundamento legal	
	Procedimento (rito)	
	Verbo:	
Fatos		

1ª Tese (Direito)	Fatos:
	Fundamentos:
	Conclusão:
2ª Tese (Direito)	
3ª Tese (Direito)	
4ª Tese (Direito)	
Tutela de urgência	
Pedidos e Conclusões	
Requerimentos finais	
Encerramento	

REDIGINDO A PEÇA (TEXTO DEFINITIVO)

61	
62	
63	
64	
65	
66	
67	
68	
69	
70	
71	
72	
73	
74	
75	
76	
77	
78	
79	
80	
81	
82	
83	
84	
85	
86	
87	
88	
89	
90	

121	
122	
123	
124	
125	
126	
127	
128	
129	
130	
131	
132	
133	
134	
135	
136	
137	
138	
139	
140	
141	
142	
143	
144	
145	
146	
147	
148	
149	
150	

QUESTÃO 1 – SIMULADO 17

Durante o estado de calamidade pública e da emergência de saúde pública internacional decorrente da pandemia do novo coronavírus (SARS-CoV-2), a sociedade empresária HTTP Informática Ltda. pactuou um acordo de suspensão temporária do contrato de trabalho com Josias, por meio de acordo individual escrito, pelo prazo de 60 (sessenta) dias. No curso do período de suspensão, Josias foi convocado pela empresa para prestar serviços de forma remota por duas semanas consecutivas. Logo após o término da vigência do acordo, a empresa dispensou o trabalhador sem justo motivo, pagando-lhe as verbas rescisórias correspondentes.

Com base na situação retratada, responda aos itens a seguir.

a) É possível a prestação de serviços durante a vigência da suspensão temporária do contrato de trabalho?

b) A empresa agiu com acerto ao dispensar o trabalhador?

Obs.: o(a) examinando(a) deve fundamentar suas respostas. A mera citação do dispositivo legal não confere pontuação.

ESBOÇO DA RESPOSTA (CADERNO DE RASCUNHO)

1º PASSO: IDENTIFICAÇÃO DO TEMA CENTRAL	
Temas centrais e institutos jurídicos narrados no enunciado	
2º PASSO: ENCONTRANDO O FUNDAMENTO ***Pesquisar a palavra-chave, o instituto jurídico ou tema central a partir das informações fornecidas pelo enunciado.**	
Palavra(s)-chave	
3º PASSO: FUNDAMENTO DA RESPOSTA ***Anotar o fundamento jurídico, legal, jurisprudencial ou doutrinário.**	
Fundamento do item "A"	
Fundamento do item "B"	
4º PASSO: DESENVOLVENDO A RESPOSTA	
Item "A"	**Introdução:**
	Desenvolvimento (fundamentos jurídicos e legais):
	Conclusão:
Item "B"	**Introdução:**
	Desenvolvimento (fundamentos jurídicos e legais):
	Conclusão:

REDIGINDO A RESPOSTA (TEXTO DEFINITIVO)

QUESTÃO 2 – SIMULADO 17

Fernanda foi contratada como supervisora de vendas pela empresa Leite Tipo "A" Ltda., tendo como atribuição principal o acompanhamento dos serviços executados pelos vendedores junto aos clientes da empresa. A trabalhadora desempenha as suas tarefas preponderantemente de forma externa, sem controle de horário, sendo certo que essas peculiaridades do trabalho foram regularmente anotadas nos registros funcionais pertinentes. Além do salário fixo, Fernanda recebia uma ajuda de custo para fazer frente aos gastos com combustível do veículo próprio utilizado em serviço. Após a rescisão contratual, sem justo motivo, a empregada ajuizou ação trabalhista, postulando o pagamento de horas extras e a integração da ajuda de custos ao salário. A empresa foi regularmente notificada para comparecer à audiência e apresentar a sua defesa, sob pena de revelia e confissão.

Diante da situação retratada e dos ditames da CLT, responda aos itens a seguir.

a) Caso você fosse contratado(a) pela empresa, que tese advogaria em juízo, em favor dela, contra o pedido de horas extras? Justifique. **(Valor: 0,65)**

b) Em relação ao pedido de integração da ajuda de custos ao salário, qual o argumento pode ser utilizado em favor da empresa? Justifique. **(Valor: 0,60)**

Obs.: o(a) examinando(a) deve fundamentar as respostas. A mera citação do dispositivo legal não confere pontuação.

ESBOÇO DA RESPOSTA (CADERNO DE RASCUNHO)

1º PASSO: IDENTIFICAÇÃO DO TEMA CENTRAL	
Temas centrais e institutos jurídicos narrados no enunciado	
2º PASSO: ENCONTRANDO O FUNDAMENTO ***Pesquisar a palavra-chave, o instituto jurídico ou tema central a partir das informações fornecidas pelo enunciado.**	
Palavra(s)-chave	
3º PASSO: FUNDAMENTO DA RESPOSTA ***Anotar o fundamento jurídico, legal, jurisprudencial ou doutrinário.**	
Fundamento do item "A"	
Fundamento do item "B"	
4º PASSO: DESENVOLVENDO A RESPOSTA	
Item "A"	**Introdução:**
	Desenvolvimento (fundamentos jurídicos e legais):
	Conclusão:
Item "B"	**Introdução:**
	Desenvolvimento (fundamentos jurídicos e legais):
	Conclusão:

REDIGINDO A RESPOSTA (TEXTO DEFINITIVO)

QUESTÃO 3 – SIMULADO 17

Na audiência de instrução realizada nos autos da reclamação trabalhista proposta por Romero dos Santos em face da empresa VR Equipamentos Ltda., o magistrado colheu o depoimento das partes e decidiu dispensar as testemunhas trazidas pelos litigantes, colocando fim a instrução, por entender que já existiam elementos suficientes para a formação do seu convencimento. As partes, então, apresentaram razões finais remissivas, recusando a segunda proposta de conciliação. Ao final, o juiz do trabalho julgou totalmente procedentes os pedidos formulados na demanda pelo reclamante, fundamentando que houve confissão ficta do preposto, uma vez que demonstrou desconhecimento dos fatos ao ser ouvido. Irresignada, a reclamada interpôs recurso em face da decisão, alegando, em sede preliminar, a configuração da nulidade de cerceamento de defesa, já que o magistrado dispensou a oitiva das testemunhas arroladas pela empresa.

Diante da situação apresentada e dos dispositivos da CLT, responda às indagações a seguir.

a) A preliminar suscitada pela reclamada deve ser acatada pelo Tribunal Regional do Trabalho? Justifique. **(Valor: 0,65)**

b) Caso o acórdão seja omisso no que diz respeito à tese preliminar ventilada no recurso, que medida processual pode ser apresentada pela reclamada? Justifique. **(Valor: 0,60)**

Obs.: o(a) examinando(a) deve fundamentar suas respostas. A mera citação do dispositivo legal não confere pontuação.

ESBOÇO DA RESPOSTA (CADERNO DE RASCUNHO)

1º PASSO: IDENTIFICAÇÃO DO TEMA CENTRAL	
Temas centrais e institutos jurídicos narrados no enunciado	
2º PASSO: ENCONTRANDO O FUNDAMENTO **Pesquisar a palavra-chave, o instituto jurídico ou tema central a partir das informações fornecidas pelo enunciado.*	
Palavra(s)-chave	
3º PASSO: FUNDAMENTO DA RESPOSTA **Anotar o fundamento jurídico, legal, jurisprudencial ou doutrinário.*	
Fundamento do item "A"	
Fundamento do item "B"	
4º PASSO: DESENVOLVENDO A RESPOSTA	
Item "A"	**Introdução:**
	Desenvolvimento (fundamentos jurídicos e legais):
	Conclusão:
Item "B"	**Introdução:**
	Desenvolvimento (fundamentos jurídicos e legais):
	Conclusão:

REDIGINDO A RESPOSTA (TEXTO DEFINITIVO)

QUESTÃO 4 – SIMULADO 17

Daniel propôs reclamação trabalhista em face do seu ex-empregador, a empresa Tudo Limpo Ltda., postulando o pagamento das verbas rescisórias, horas extras e dano moral. Na audiência una, a empresa apresentou defesa com documentos, pleiteando a improcedência da demanda, aduzindo que as verbas rescisórias foram quitadas; o empregado não se ativou em labor extraordinário, apresentado cartões de ponto com horários de entrada e saída uniformes; que o dano moral não é devido, ante a ausência da prática de ato ilícito. Daniel arrolou Manuel como testemunha, mas o juiz do trabalho acolheu a contradita suscitada pela reclamada, sob o fundamento de que Manoel já tinha litigado contra a mesma empregadora em relação trabalhista transitada em julgado, o que o torna suspeito.

Diante do caso apresentado, responda aos itens a seguir.

a) O juiz agiu com acerto ao acolher a contradita suscitada pela reclamada? Justifique. **(Valor: 0,65)**

b) No caso apresentado, a quem cabe o ônus da prova em relação às horas extras. Justifique. **(Valor: 0,60)**

Obs.: o(a) examinando(a) deve fundamentar suas respostas. A mera citação do dispositivo legal não confere pontuação.

ESBOÇO DA RESPOSTA (CADERNO DE RASCUNHO)

1º PASSO: IDENTIFICAÇÃO DO TEMA CENTRAL	
Temas centrais e institutos jurídicos narrados no enunciado	
2º PASSO: ENCONTRANDO O FUNDAMENTO ***Pesquisar a palavra-chave, o instituto jurídico ou tema central a partir das informações fornecidas pelo enunciado.**	
Palavra(s)-chave	
3º PASSO: FUNDAMENTO DA RESPOSTA ***Anotar o fundamento jurídico, legal, jurisprudencial ou doutrinário.**	
Fundamento do item "A"	
Fundamento do item "B"	
4º PASSO: DESENVOLVENDO A RESPOSTA	
Item "A"	**Introdução:**
	Desenvolvimento (fundamentos jurídicos e legais):
	Conclusão:
Item "B"	**Introdução:**
	Desenvolvimento (fundamentos jurídicos e legais):
	Conclusão:

REDIGINDO A RESPOSTA (TEXTO DEFINITIVO)

SIMULADO 18

PEÇA PRÁTICO-PROFISSIONAL – SIMULADO 18

Peter Floyd, aos 17 anos, foi contratado como menor aprendiz no dia 20-3-2019, na empresa Dakota de Mineapolis do Brasil Ltda., empresa de direito privado, inscrita no CNPJ/MF 00.100.001/0005-01, localizada na Avenida Papa João II, 1071, Bairro Nova Franca, Franca/SP, CEP: 14800-200. No período da contração, o aprendiz já tinha concluído o ensino fundamental e recebia treinamento teórico na sede da empresa, de modo que na gaveta da mesa de trabalho deixou um Tablet, fone de ouvido e sua *necessaire* de higiene pessoal. Peter permaneceu afastado do emprego, recebendo benefício previdenciário no código 31, no período de 20-5-2020 a 30-5-2020, e, após cessado seu afastamento, não retornou ao local de trabalho, mesmo depois da convocação feita pela empresa, através de telegrama enviado, com a devida assinatura dele, em 1-6-2020.

Questão: A empresa contratou seus serviços advocatícios no dia 01-07-2020, de modo que descreveu os fatos supramencionados e mencionou que, o menor não gozou as férias relativas ao período aquisitivo de 2019-2020 e deixou um Tablet, fone de ouvido e a *necessaire* na sede da reclamada, promova a medida judicial adequada na qualidade de advogado contratado dessa.

ESTRUTURANDO A PEÇA (RASCUNHO)

1º PASSO: DADOS PRINCIPAIS DO ENUNCIADO	
Partes	Empregado/Trabalhador:
	Empregador/Tomador de serviço:
Profissão	
Data de admissão:	
Data de dispensa:	
Motivo da extinção do contrato de trabalho:	
Existe ação em curso?	
	Data do ajuizamento:

2º PASSO: IDENTIFICAÇÃO, PREVISÃO LEGAL E PECULIARIDADES DA PEÇA	
Régua processual (Atos processuais descritos no enunciado) |--->>	
Inicial, defesa ou recurso?	
Há alguma medida urgente a ser adotada?	
Peculiaridades da peça	

3º PASSO: ESTRUTURA E TESES DA PEÇA		
Endereçamento		
Preâmbulo	Peticionário (Requerente)	
	Parte contrária (Requerido)	
	Nome da peça	
	Fundamento legal	
	Procedimento (rito)	
	Verbo:	
Fatos		

1ª Tese (Direito)	Fatos:
	Fundamentos:
	Conclusão:
2ª Tese (Direito)	
3ª Tese (Direito)	
4ª Tese (Direito)	
Tutela de urgência	
Pedidos e Conclusões	
Requerimentos finais	
Encerramento	

REDIGINDO A PEÇA (TEXTO DEFINITIVO)

61	
62	
63	
64	
65	
66	
67	
68	
69	
70	
71	
72	
73	
74	
75	
76	
77	
78	
79	
80	
81	
82	
83	
84	
85	
86	
87	
88	
89	
90	

QUESTÃO 1 – SIMULADO 18

Scarlett O'Hara foi contratada para trabalhar na residência de Margaret três dias por semana (terça, quinta e sábado), das 8h às 19h, com 30 minutos de pausa para refeição e descanso. Scarlett exerce a função de cozinheira, mas é frequentemente convocada às sextas-feiras para organizar os armários, lavar e passar roupas, limpar os móveis, banheiros e demais cômodos da casa. A trabalhadora recebe R$ 120,00 (cento e vinte reais) por dia de trabalho. Em caso de ausência ao trabalho, Scarlet não pode delegar os seus serviços a outra pessoa. Margaret não anotou a carteira de trabalho de Scarlett, por entender desnecessária, diante da dinâmica da prestação de serviços.

De acordo com as normas em vigor, responda fundamentadamente os itens a seguir.

a) Margareth agiu com acerto ao deixar de registrar a CTPS da trabalhadora?

b) Na hipótese de propositura de reclamação trabalhista com pedido de horas extras a quem incumbirá o ônus da prova?

Obs.: o(a) examinando(a) deve fundamentar suas respostas. A mera citação do dispositivo legal não confere pontuação.

ESBOÇO DA RESPOSTA (CADERNO DE RASCUNHO)

1º PASSO: IDENTIFICAÇÃO DO TEMA CENTRAL	
Temas centrais e institutos jurídicos narrados no enunciado	

2º PASSO: ENCONTRANDO O FUNDAMENTO *Pesquisar a palavra-chave, o instituto jurídico ou tema central a partir das informações fornecidas pelo enunciado.*	
Palavra(s)-chave	

3º PASSO: FUNDAMENTO DA RESPOSTA *Anotar o fundamento jurídico, legal, jurisprudencial ou doutrinário.*	
Fundamento do item "A"	
Fundamento do item "B"	

4º PASSO: DESENVOLVENDO A RESPOSTA	
Item "A"	**Introdução:**
	Desenvolvimento (fundamentos jurídicos e legais):
	Conclusão:
Item "B"	**Introdução:**
	Desenvolvimento (fundamentos jurídicos e legais):
	Conclusão:

REDIGINDO A RESPOSTA (TEXTO DEFINITIVO)

QUESTÃO 2 – SIMULADO 18

Ed Fortunato trabalha para a empresa chinesa Xi Zu Comércio Internacional Ltda., com filial situada no Brasil. Dois dias após a sua contratação Ed foi transferido para a sede localizada na China. O trabalhador permaneceu na China durante dois anos, até a data da sua dispensa, sendo que nesse período não houve o depósito do FGTS. Embora o empregador saiba que a legislação chinesa não prevê essa garantia ao trabalhador, pretende propor uma demanda trabalhista em face da empresa para postular os depósitos do FGTS.

Diante do caso hipotético acima narrado, responda aos itens a seguir.

a) A Justiça do Trabalho é competente para apreciar o litígio?

b) Qual legislação será aplicável ao caso concreto caso a Justiça do Trabalho seja competente para apreciar o litígio?

Obs.: o(a) examinando(a) deve fundamentar suas respostas. A mera citação do dispositivo legal não confere pontuação.

ESBOÇO DA RESPOSTA (CADERNO DE RASCUNHO)

1º PASSO: IDENTIFICAÇÃO DO TEMA CENTRAL	
Temas centrais e institutos jurídicos narrados no enunciado	
2º PASSO: ENCONTRANDO O FUNDAMENTO ***Pesquisar a palavra-chave, o instituto jurídico ou tema central a partir das informações fornecidas pelo enunciado.**	
Palavra(s)-chave	
3º PASSO: FUNDAMENTO DA RESPOSTA ***Anotar o fundamento jurídico, legal, jurisprudencial ou doutrinário.**	
Fundamento do item "A"	
Fundamento do item "B"	
4º PASSO: DESENVOLVENDO A RESPOSTA	
Item "A"	**Introdução:**
	Desenvolvimento (fundamentos jurídicos e legais):
	Conclusão:
Item "B"	**Introdução:**
	Desenvolvimento (fundamentos jurídicos e legais):
	Conclusão:

REDIGINDO A RESPOSTA (TEXTO DEFINITIVO)

QUESTÃO 3 – SIMULADO 18

Ferdinando trabalhou como empregado terceirizado da empresa Tudo Limpinho Ltda., nas dependências da sociedade empresária tomadora de serviços Riquinhos Investimentos S/A. Logo após a sua dispensa, Ferdinando ingressou com reclamação trabalhista contra as duas empresas, postulando a responsabilidade subsidiária da tomadora de serviços por eventuais débitos trabalhistas. As empresas compareceram à audiência apresentando as suas respectivas defesas, sendo certo que sociedade empresária Riquinhos alegou e comprovou estar em recuperação judicial. Realizada a perícia, foi constatado que o trabalhador realizava atividade insalubre ao realizar a limpeza e coleta do lixo do escritório da tomadora de serviços. O pedido postulado na demanda foi julgado totalmente procedente com a condenação da empresa Tudo Limpinho Ltda. e o reconhecimento da responsabilidade subsidiária da empresa Riquinhos.

Como advogado(a) contratado(a) pela empresa Riquinhos Investimentos S/A., de acordo com a legislação e jurisprudência atual, responda aos itens a seguir.

a) Em caso de interposição de recurso objetivando a reforma da decisão haverá necessidade do preparo? Justifique.

b) Qual tese, no mérito, alegaria em eventual recurso em benefício do seu cliente? Fundamente.

Obs.: o(a) examinando(a) deve fundamentar suas respostas. A mera citação do dispositivo legal não confere pontuação.

ESBOÇO DA RESPOSTA (CADERNO DE RASCUNHO)

1º PASSO: IDENTIFICAÇÃO DO TEMA CENTRAL	
Temas centrais e institutos jurídicos narrados no enunciado	

2º PASSO: ENCONTRANDO O FUNDAMENTO **Pesquisar a palavra-chave, o instituto jurídico ou tema central a partir das informações fornecidas pelo enunciado.*	
Palavra(s)-chave	

3º PASSO: FUNDAMENTO DA RESPOSTA **Anotar o fundamento jurídico, legal, jurisprudencial ou doutrinário.*	
Fundamento do item "A"	
Fundamento do item "B"	

4º PASSO: DESENVOLVENDO A RESPOSTA	
Item "A"	**Introdução:**
	Desenvolvimento (fundamentos jurídicos e legais):
	Conclusão:
Item "B"	**Introdução:**
	Desenvolvimento (fundamentos jurídicos e legais):
	Conclusão:

REDIGINDO A RESPOSTA (TEXTO DEFINITIVO)

QUESTÃO 4 – SIMULADO 18

Agostinho Carrara trabalha no sacolão Grande Família Ltda., como verdureiro. Há cerca de sete meses o ex-proprietário, Lineu, vendeu o empreendimento para Abelardo e Marilda, procedendo a averbação da modificação do contrato nos órgãos competentes. Os novos proprietários fizeram corte de custos e modificações no estabelecimento, demitindo parte do quadro de funcionários. Agostinho consultou a conta vinculada ao FGTS e notou que a empresa não realizou os depósitos relativos aos últimos cinco meses. O trabalhador acredita que o estabelecimento não vai permanecer por muito tempo em funcionamento, porque, na sua visão, os novos sócios não têm a mesma capacidade de gestão e condição financeira que o antigo proprietário.

Diante da situação hipotética narrada responda, fundamentadamente, aos itens a seguir.

a) Lineu terá alguma responsabilidade por ter figurado como proprietário do estabelecimento em parte do período do contrato de trabalho de Agostinho?

b) Dada a insatisfação de Agostinho com a falta de depósito do FGTS, é possível a adoção de alguma medida judicial para pôr fim ao contrato de trabalho?

Obs.: o(a) examinando(a) deve fundamentar suas respostas. A mera citação do dispositivo legal não confere pontuação.

ESBOÇO DA RESPOSTA (CADERNO DE RASCUNHO)

1º PASSO: IDENTIFICAÇÃO DO TEMA CENTRAL	
Temas centrais e institutos jurídicos narrados no enunciado	
2º PASSO: ENCONTRANDO O FUNDAMENTO ***Pesquisar a palavra-chave, o instituto jurídico ou tema central a partir das informações fornecidas pelo enunciado.**	
Palavra(s)-chave	
3º PASSO: FUNDAMENTO DA RESPOSTA ***Anotar o fundamento jurídico, legal, jurisprudencial ou doutrinário.**	
Fundamento do item "A"	
Fundamento do item "B"	
4º PASSO: DESENVOLVENDO A RESPOSTA	
Item "A"	**Introdução:**
	Desenvolvimento (fundamentos jurídicos e legais):
	Conclusão:
Item "B"	**Introdução:**
	Desenvolvimento (fundamentos jurídicos e legais):
	Conclusão:

REDIGINDO A RESPOSTA (TEXTO DEFINITIVO)

SIMULADO 19

PEÇA PRÁTICO-PROFISSIONAL – SIMULADO 19

Sergio Silvestre é empregado da empresa Comix Ltda., eleito para cargo de direção do sindicato da categoria profissional em 2/5/2017. No dia 15/3/2021, durante greve deflagrada na empregadora, Sergio agrediu fisicamente seu superior hierárquico, Sr. Henrique Passos, e ainda devastou e quebrou parte das dependências físicas da empresa. Imediatamente, após a ocorrência desses atos faltosos, Sergio foi suspenso do trabalho de forma disciplinar.

Questão: Como advogado(a) da empresa, promova judicialmente o quê de necessário em prol dos seus interesses.

ESTRUTURANDO A PEÇA (RASCUNHO)

1º PASSO: DADOS PRINCIPAIS DO ENUNCIADO	
Partes	Empregado/Trabalhador:
	Empregador/Tomador de serviço:
Profissão	
Data de admissão:	
Data de dispensa:	
Motivo da extinção do contrato de trabalho:	
Existe ação em curso?	
	Data do ajuizamento:

2º PASSO: IDENTIFICAÇÃO, PREVISÃO LEGAL E PECULIARIDADES DA PEÇA	
Régua processual (Atos processuais descritos no enunciado) |-->>	
Inicial, defesa ou recurso?	
Há alguma medida urgente a ser adotada?	
Peculiaridades da peça	

3º PASSO: ESTRUTURA E TESES DA PEÇA		
Endereçamento		
Preâmbulo	Peticionário (Requerente)	
	Parte contrária (Requerido)	
	Nome da peça	
	Fundamento legal	
	Procedimento (rito)	
	Verbo:	
Fatos		

1ª Tese (Direito)	Fatos:
	Fundamentos:
	Conclusão:
2ª Tese (Direito)	
3ª Tese (Direito)	
4ª Tese (Direito)	
Tutela de urgência	
Pedidos e Conclusões	
Requerimentos finais	
Encerramento	

REDIGINDO A PEÇA (TEXTO DEFINITIVO)

61	
62	
63	
64	
65	
66	
67	
68	
69	
70	
71	
72	
73	
74	
75	
76	
77	
78	
79	
80	
81	
82	
83	
84	
85	
86	
87	
88	
89	
90	

121	
122	
123	
124	
125	
126	
127	
128	
129	
130	
131	
132	
133	
134	
135	
136	
137	
138	
139	
140	
141	
142	
143	
144	
145	
146	
147	
148	
149	
150	

QUESTÃO 1 – SIMULADO 19

John Corvo mora na cidade de São Paulo/SP e foi contratado pela empresa HF Alimentos Ltda., com sede na cidade de Indaiatuba, para trabalhar como vendedor viajante nas cidades de Guarulhos/SP, Arujá/SP, Suzano/SP e Mairiporã/SP. John estava subordinado à filial da empresa localizada na cidade de Atibaia/SP, enviando relatórios diários das vendas ao gerente de vendas daquela unidade. Em maio de 2020, o empregado foi dispensado por justa causa, acusado de desviar parte dos produtos da empresa, razão pela qual pretende ajuizar ação trabalhista para reverter a justa causa aplicada e postular o pagamento de dano moral em virtude da acusação.

Diante disso, responda aos itens a seguir.

a) Considerando que em todas as cidades citadas existem Vara do Trabalho, qual delas será competente para processar e julgar o litígio? Justifique.

b) Se John efetivamente ajuizar a reclamação trabalhista, a quem caberá o ônus de provar a existência ou não da falta grave? Fundamente.

Obs.: o(a) examinando(a) deve fundamentar suas respostas. A mera citação do dispositivo legal não confere pontuação.

ESBOÇO DA RESPOSTA (CADERNO DE RASCUNHO)

1º PASSO: IDENTIFICAÇÃO DO TEMA CENTRAL	
Temas centrais e institutos jurídicos narrados no enunciado	
2º PASSO: ENCONTRANDO O FUNDAMENTO ***Pesquisar a palavra-chave, o instituto jurídico ou tema central a partir das informações fornecidas pelo enunciado.**	
Palavra(s)-chave	
3º PASSO: FUNDAMENTO DA RESPOSTA ***Anotar o fundamento jurídico, legal, jurisprudencial ou doutrinário.**	
Fundamento do item "A"	
Fundamento do item "B"	
4º PASSO: DESENVOLVENDO A RESPOSTA	
Item "A"	**Introdução:**
	Desenvolvimento (fundamentos jurídicos e legais):
	Conclusão:
Item "B"	**Introdução:**
	Desenvolvimento (fundamentos jurídicos e legais):
	Conclusão:

REDIGINDO A RESPOSTA (TEXTO DEFINITIVO)

QUESTÃO 2 – SIMULADO 19

Aline, responsável pelo setor de financeiro da empresa Ingá Indústria de Cosméticos Ltda., foi testemunha da empresa em uma demanda trabalhista movida pelo ex-empregado Marcelo. Antes de ser inquirida, a testemunha prestou o compromisso de dizer a verdade, mas, durante a instrução processual, modificou intencionalmente a realidade dos fatos, alegando que o empregado nunca havia prestado labor extraordinário. Na sentença o magistrado julgou o pedido do reclamante totalmente procedente e condenou a empresa ao pagamento das horas extras com adicional de 50% (cinquenta por cento), com base nas testemunhas ouvidas a rogo do reclamante e condenou Aline a pagar uma multa por litigância de má-fé em percentual de 15% (quinze por cento) sobre o valor corrigido da causa, em favor do reclamante. A reclamada interpôs recurso para reformar a decisão prolatada, contudo, o relator do caso no Tribunal Regional do Trabalho da 2ª Região negou seguimento ao recurso.

Diante da situação hipotética narrada responda aos itens a seguir.

a) O magistrado agiu com acerto ao condenar Aline por litigância de má-fé? Fundamente.

b) É cabível alguma medida judicial em face da decisão proferida pelo relator no Tribunal Regional do Trabalho da 2ª Região? Justifique.

Obs.: o(a) examinando(a) deve fundamentar suas respostas. A mera citação do dispositivo legal não confere pontuação.

ESBOÇO DA RESPOSTA (CADERNO DE RASCUNHO)

1º PASSO: IDENTIFICAÇÃO DO TEMA CENTRAL	
Temas centrais e institutos jurídicos narrados no enunciado	
2º PASSO: ENCONTRANDO O FUNDAMENTO ***Pesquisar a palavra-chave, o instituto jurídico ou tema central a partir das informações fornecidas pelo enunciado.**	
Palavra(s)-chave	
3º PASSO: FUNDAMENTO DA RESPOSTA ***Anotar o fundamento jurídico, legal, jurisprudencial ou doutrinário.**	
Fundamento do item "A"	
Fundamento do item "B"	
4º PASSO: DESENVOLVENDO A RESPOSTA	
Item "A"	**Introdução:**
	Desenvolvimento (fundamentos jurídicos e legais):
	Conclusão:
Item "B"	**Introdução:**
	Desenvolvimento (fundamentos jurídicos e legais):
	Conclusão:

REDIGINDO A RESPOSTA (TEXTO DEFINITIVO)

QUESTÃO 3 – SIMULADO 19

Camila trabalha na filial da empresa Mosca-Frita Restaurante Ltda., na cidade de Curitiba/PR. A trabalhadora foi eleita membro da Cipa no dia 20-3-2021. Contudo, no dia 7-11-2021, o estabelecimento em que trabalhava foi extinto pelo empregador e foi dispensado sem justo motivo. O empregado, então, ajuizou reclamação trabalhista postulando a imediata reintegração, indeferida pelo magistrado de primeiro grau de jurisdição. Diante disso, o empregado impetrou mandado de segurança perante o Tribunal Regional do Trabalho visando a reintegração, o qual foi julgado improcedente e denegada a segurança.

Com base na situação narrada, responda os itens a seguir.

a) É cabível alguma medida judicial em face da decisão proferida pelo Tribunal Regional do Trabalho? Fundamente.

b) O magistrado de primeiro grau de jurisdição deverá acolher o pedido postulado pelo empregado na reclamação trabalhista? Justifique.

Obs.: o(a) examinando(a) deve fundamentar suas respostas. A mera citação do dispositivo legal não confere pontuação.

ESBOÇO DA RESPOSTA (CADERNO DE RASCUNHO)

1º PASSO: IDENTIFICAÇÃO DO TEMA CENTRAL	
Temas centrais e institutos jurídicos narrados no enunciado	
2º PASSO: ENCONTRANDO O FUNDAMENTO ***Pesquisar a palavra-chave, o instituto jurídico ou tema central a partir das informações fornecidas pelo enunciado.***	
Palavra(s)-chave	
3º PASSO: FUNDAMENTO DA RESPOSTA ***Anotar o fundamento jurídico, legal, jurisprudencial ou doutrinário.***	
Fundamento do item "A"	
Fundamento do item "B"	
4º PASSO: DESENVOLVENDO A RESPOSTA	
Item "A"	**Introdução:**
	Desenvolvimento (fundamentos jurídicos e legais):
	Conclusão:
Item "B"	**Introdução:**
	Desenvolvimento (fundamentos jurídicos e legais):
	Conclusão:

REDIGINDO A RESPOSTA (TEXTO DEFINITIVO)

QUESTÃO 4 – SIMULADO 19

Evair trabalha como vendedor da loja de roupas Ternos Finos Ltda. Após uma reestruturação empresarial o empregador forneceu, sem qualquer custo, uniforme a todos os empregados, sendo que os homens receberam as seguintes vestimentas: terno, camisa branca, gravata e sapato. Evair não gosta de usar terno, gravata nem sapato. Por isso, resolveu ir trabalhar apenas de camisa, calça e tênis, por considerar mais confortável. O trabalhador foi advertido verbalmente pelo gerente, que reiterou a obrigatoriedade do uso do novo uniforme, mas o empregado, recalcitrante, se recusou a usá-lo sob a justificativa de que se sentia totalmente desconfortável. Além disso, argumentou que se houver a real necessidade de uso do uniforme, o empregador deve arcar com as despesas para a lavagem da vestimenta.

Tendo em vista a legislação vigente, responda aos itens a seguir.

a) Evair agiu com acerto ao recusar o uso da vestimenta fornecida pela empresa? Justifique.

b) A empresa Ternos Finos Ltda. terá que custear eventuais despesas com a lavagem do uniforme? Fundamente.

Obs.: o(a) examinando(a) deve fundamentar suas respostas. A mera citação do dispositivo legal não confere pontuação.

ESBOÇO DA RESPOSTA (CADERNO DE RASCUNHO)

1º PASSO: IDENTIFICAÇÃO DO TEMA CENTRAL	
Temas centrais e institutos jurídicos narrados no enunciado	
2º PASSO: ENCONTRANDO O FUNDAMENTO ***Pesquisar a palavra-chave, o instituto jurídico ou tema central a partir das informações fornecidas pelo enunciado.**	
Palavra(s)-chave	
3º PASSO: FUNDAMENTO DA RESPOSTA ***Anotar o fundamento jurídico, legal, jurisprudencial ou doutrinário.**	
Fundamento do item "A"	
Fundamento do item "B"	
4º PASSO: DESENVOLVENDO A RESPOSTA	
Item "A"	**Introdução:**
	Desenvolvimento (fundamentos jurídicos e legais):
	Conclusão:
Item "B"	**Introdução:**
	Desenvolvimento (fundamentos jurídicos e legais):
	Conclusão:

REDIGINDO A RESPOSTA (TEXTO DEFINITIVO)

SIMULADO 20

PEÇA PRÁTICO-PROFISSIONAL – SIMULADO 20

Evelise propôs reclamação trabalhista em face da empresa Superseguros S/A, aduzindo que foi contratada em 3-5-2010 para trabalhar como analista de seguros residenciais, com jornada de trabalho de 8 horas diárias e 44 horas semanais, na filial localizada na Rua Salvador Dalí, 2.530, Juazeiro do Norte/CE. A empregada foi eleita dirigente sindical em 14-6-2019, com atuação combativa na busca por melhores condições de trabalho para os trabalhadores da sua categoria. Relata que devido a sua firme atuação o seu empregador, em represália, determinou a sua transferência unilateral para a matriz situada em Rio Branco/AC, sem que houvesse necessidade de serviço. A trabalhadora postulou liminar para impedir a transferência, mas teve o seu pedido indeferido pelo Juiz da 39ª Vara do Trabalho de Juazeiro do Norte/CE, que determinou a realização de audiência UNA para o dia 28-11-2020 as 15h15.

Questão: Na qualidade de advogado(a) de Evelise, com base no entendimento firmado no âmbito do TST e na legislação em vigor, elabore a medida judicial adequada para tentar reverter a decisão judicial, considerando os potenciais danos, e riscos ao resultado útil do processo, decorrentes da transferência da trabalhadora.

ESTRUTURANDO A PEÇA (RASCUNHO)

1º PASSO: DADOS PRINCIPAIS DO ENUNCIADO	
Partes	Empregado/Trabalhador:
	Empregador/Tomador de serviço:
Profissão	
Data de admissão:	
Data de dispensa:	
Motivo da extinção do contrato de trabalho:	
Existe ação em curso?	
	Data do ajuizamento:

2º PASSO: IDENTIFICAÇÃO, PREVISÃO LEGAL E PECULIARIDADES DA PEÇA	
Régua processual (Atos processuais descritos no enunciado) |-->>	
Inicial, defesa ou recurso?	
Há alguma medida urgente a ser adotada?	
Peculiaridades da peça	

3º PASSO: ESTRUTURA E TESES DA PEÇA		
Endereçamento		
Preâmbulo	Peticionário (Requerente)	
	Parte contrária (Requerido)	
	Nome da peça	
	Fundamento legal	
	Procedimento (rito)	
	Verbo:	
Fatos		

1ª Tese (Direito)	Fatos:
	Fundamentos:
	Conclusão:
2ª Tese (Direito)	
3ª Tese (Direito)	
4ª Tese (Direito)	
Tutela de urgência	
Pedidos e Conclusões	
Requerimentos finais	
Encerramento	

REDIGINDO A PEÇA (TEXTO DEFINITIVO)

61	
62	
63	
64	
65	
66	
67	
68	
69	
70	
71	
72	
73	
74	
75	
76	
77	
78	
79	
80	
81	
82	
83	
84	
85	
86	
87	
88	
89	
90	

QUESTÃO 1 – SIMULADO 20

Marcio e Alex são sócios das empresas DVC Intercâmbio Ltda. e Minimercado Bom Preço Ltda., constando ambos no quadro societário das duas empresas perante os órgãos competentes. A empresa DVC Intercâmbio Ltda. está sediada em Porto Alegre/RS e o Minimercado Bom Preço Ltda., na cidade de Porto Ferreira/SP, desenvolvendo suas atividades exclusivamente nessas cidades. Anualmente, a empresa Minimercado premia os melhores funcionários, pelo ótimo desempenho das atividades, com um intercâmbio no exterior para estudo de uma língua estrangeira, com o pagamento da matrícula, livros e material didático, sendo esse o meio encontrado pelos sócios para incentivar uma maior produtividade, além de propiciar a qualificação dos seus funcionários. Carlos foi contemplado no ano de 2020 para fazer um intercâmbio no Canadá, após ter sido considerado o melhor funcionário naquele ano, custeando do próprio bolso apenas as passagens aéreas e estadia. Extinto o vínculo empregatício, Carlos ajuizou reclamação trabalhista em face das duas empresas postulando o reconhecimento do grupo empresarial, além da integração do prêmio recebido ao salário.

Diante deste cenário, responda as indagações abaixo.

a) Qual tese você utilizaria, como advogado(a), para defender as empresas DVC Intercâmbio Ltda. e Minimercado quanto ao pedido de reconhecimento de grupo empresarial? Justifique.

b) O juiz deve acolher o pedido de integração do prêmio ao salário? Fundamente.

Obs.: o(a) examinando(a) deve fundamentar suas respostas. A mera citação do dispositivo legal não confere pontuação.

ESBOÇO DA RESPOSTA (CADERNO DE RASCUNHO)

1º PASSO: IDENTIFICAÇÃO DO TEMA CENTRAL	
Temas centrais e institutos jurídicos narrados no enunciado	

2º PASSO: ENCONTRANDO O FUNDAMENTO ***Pesquisar a palavra-chave, o instituto jurídico ou tema central a partir das informações fornecidas pelo enunciado.**	
Palavra(s)-chave	

3º PASSO: FUNDAMENTO DA RESPOSTA ***Anotar o fundamento jurídico, legal, jurisprudencial ou doutrinário.**	
Fundamento do item "A"	
Fundamento do item "B"	

4º PASSO: DESENVOLVENDO A RESPOSTA	
Item "A"	**Introdução:**
	Desenvolvimento (fundamentos jurídicos e legais):
	Conclusão:
Item "B"	**Introdução:**
	Desenvolvimento (fundamentos jurídicos e legais):
	Conclusão:

REDIGINDO A RESPOSTA (TEXTO DEFINITIVO)

QUESTÃO 2 – SIMULADO 20

Laura propôs reclamação trabalhista em face da empresa Azeite Comércio e Alimentos Ltda., postulando o pagamento de horas extras, equiparação salarial e dano moral. Na audiência una, o preposto chegou 10 minutos atrasado, alegando que estava muito trânsito no entorno do Fórum e que levou mais de 20 minutos só para conseguir chegar ao estacionamento. A audiência não tinha se encerrado, sendo que o advogado da empresa havia comparecido no horário designado, munido de procuração, e apresentou defesa com documentos, que foi aceita pelo magistrado, sob os protestos do reclamante. Neste momento, o advogado da reclamada requereu que não fossem aplicados os efeitos da revelia e confissão, tendo em vista que o preposto esteve presente à audiência antes de seu término.

Com base na situação hipotética narrada, responda aos itens a seguir.

a) O juiz deverá afastar eventual revelia e confissão diante do comparecimento do preposto à audiência antes de seu término? Fundamente.

b) O juiz agiu corretamente ao receber a defesa apresentada pelo advogado da empresa Azeite Comércio e Alimentos Ltda.? Justifique.

Obs.: o(a) examinando(a) deve fundamentar suas respostas. A mera citação do dispositivo legal não confere pontuação.

ESBOÇO DA RESPOSTA (CADERNO DE RASCUNHO)

1º PASSO: IDENTIFICAÇÃO DO TEMA CENTRAL	
Temas centrais e institutos jurídicos narrados no enunciado	
2º PASSO: ENCONTRANDO O FUNDAMENTO ***Pesquisar a palavra-chave, o instituto jurídico ou tema central a partir das informações fornecidas pelo enunciado.**	
Palavra(s)-chave	
3º PASSO: FUNDAMENTO DA RESPOSTA ***Anotar o fundamento jurídico, legal, jurisprudencial ou doutrinário.**	
Fundamento do item "A"	
Fundamento do item "B"	
4º PASSO: DESENVOLVENDO A RESPOSTA	
Item "A"	**Introdução:**
	Desenvolvimento (fundamentos jurídicos e legais):
	Conclusão:
Item "B"	**Introdução:**
	Desenvolvimento (fundamentos jurídicos e legais):
	Conclusão:

REDIGINDO A RESPOSTA (TEXTO DEFINITIVO)

QUESTÃO 3 – SIMULADO 20

Os empregados da empresa Metal Precioso S/A, atuante no setor metalúrgico, cumprem jornada de trabalho de oito horas diárias e 44 horas semanais, conforme previsto na Constituição Federal, observado o regular intervalo. O sindicato dos empregados, provocado pela sociedade empresária, convocou assembleia no ano de 2020, e, após debate e votação, aprovou acordo coletivo para que a jornada passasse a ser de seis horas diárias, com redução salarial, observado o regular intervalo, mas sem que houvesse qualquer vantagem adicional para os trabalhadores. Diante disso, o Ministério Público do Trabalho ajuizou ação anulatória da norma convencional.

Diante da situação apresentada, responda as indagações a seguir.

a) O acordo coletivo pactuado é válido? Justifique.

b) O Ministério Público do Trabalho tem legitimidade para propor a medida judicial apresentada? Fundamente.

Obs.: o(a) examinando(a) deve fundamentar suas respostas. A mera citação do dispositivo legal não confere pontuação.

ESBOÇO DA RESPOSTA (CADERNO DE RASCUNHO)

1º PASSO: IDENTIFICAÇÃO DO TEMA CENTRAL	
Temas centrais e institutos jurídicos narrados no enunciado	

2º PASSO: ENCONTRANDO O FUNDAMENTO **Pesquisar a palavra-chave, o instituto jurídico ou tema central a partir das informações fornecidas pelo enunciado.*	
Palavra(s)-chave	

3º PASSO: FUNDAMENTO DA RESPOSTA **Anotar o fundamento jurídico, legal, jurisprudencial ou doutrinário.*	
Fundamento do item "A"	
Fundamento do item "B"	

4º PASSO: DESENVOLVENDO A RESPOSTA	
Item "A"	**Introdução:**
	Desenvolvimento (fundamentos jurídicos e legais):
	Conclusão:
Item "B"	**Introdução:**
	Desenvolvimento (fundamentos jurídicos e legais):
	Conclusão:

REDIGINDO A RESPOSTA (TEXTO DEFINITIVO)

QUESTÃO 4 – SIMULADO 20

Jacinto trabalha para a empresa Wi-Fi Ltda-ME, em regime de teletrabalho, como analista de vendas. Jacinto trabalha cerca de dez horas por dia, sem qualquer acréscimo salarial, apesar de o empregador fiscalizar o horário de trabalho com o auxílio de programa informatizado, que registra o horário de início e fim do uso do sistema computacional, além de permitir a emissão de relatório diário do tempo total de uso do programa usado pelo empregado. O trabalhador procurou a empresa, em janeiro de 2023, relatando que não está conseguindo produzir com eficiência em seu local habitual de trabalho, pois o seu vizinho está em obras, o que causa falta de concentração em razão do barulho excessivo. Indagou, diante disso, se a empresa pode ceder um espaço no escritório, no período da manhã, até o término das obras, para executar as suas tarefas.

Com base nisso, à luz da legislação trabalhista em vigor, responda aos itens a seguir:

a) Caso o empregado passe a executar as suas tarefas nas dependências da empresa ainda será considerado teletrabalhador? Explique de forma fundamentada.

b) Jacinto terá direito ao pagamento de horas extras? Justifique.

Obs.: o(a) examinando(a) deve fundamentar suas respostas. A mera citação do dispositivo legal não confere pontuação.

ESBOÇO DA RESPOSTA (CADERNO DE RASCUNHO)

1º PASSO: IDENTIFICAÇÃO DO TEMA CENTRAL	
Temas centrais e institutos jurídicos narrados no enunciado	
2º PASSO: ENCONTRANDO O FUNDAMENTO ***Pesquisar a palavra-chave, o instituto jurídico ou tema central a partir das informações fornecidas pelo enunciado.**	
Palavra(s)-chave	
3º PASSO: FUNDAMENTO DA RESPOSTA ***Anotar o fundamento jurídico, legal, jurisprudencial ou doutrinário.**	
Fundamento do item "A"	
Fundamento do item "B"	
4º PASSO: DESENVOLVENDO A RESPOSTA	
Item "A"	**Introdução:**
	Desenvolvimento (fundamentos jurídicos e legais):
	Conclusão:
Item "B"	**Introdução:**
	Desenvolvimento (fundamentos jurídicos e legais):
	Conclusão:

REDIGINDO A RESPOSTA (TEXTO DEFINITIVO)

Padrão de resposta

SIMULADO 1

PEÇA PRÁTICO-PROFISSIONAL – SIMULADO 1 (PADRÃO DE RESPOSTA)

1º PASSO: DADOS PRINCIPAIS DO ENUNCIADO	
Partes	Empregado/Trabalhador: CAROLINA
	Empregador/Tomador de serviço: HOTEL RESORT PARAÍSO
Profissão	RECEPCIONISTA
Data de admissão:	15-1-2012
Data de dispensa:	05-7-2021
Motivo da extinção do contrato de trabalho:	DISPENSA IMOTIVADA
Existe ação em curso?	NÃO.
	DATA DO AJUIZAMENTO: NÃO TEM A INFORMAÇÃO.

2º PASSO: IDENTIFICAÇÃO, PREVISÃO LEGAL E PECULIARIDADES DA PEÇA	
Régua processual (Atos processuais descritos no enunciado) |-->> NENHUM ATO PROCESSUAL FOI PRATICADO	
Inicial, defesa ou recurso?	RECLAMAÇÃO TRABALHISTA, ART. 840, § 1º, DA CLT, C/C ART. 319 DO CPC, APLICADO SUBSIDIARIAMENTE AO PROCESSO DO TRABALHO POR FORÇA DO ART. 769 DA CLT E DO ART. 15 DO CPC. RITO COMUM ORDINÁRIO.
Há alguma medida urgente a ser adotada?	NÃO.
Peculiaridades da peça	

3º PASSO: ESTRUTURA E TESES DA PEÇA		
Endereçamento	EXCELENTÍSSIMO SENHOR DOUTOR JUIZ DO TRABALHO DA... VARA DO TRABALHO DE GUARAPARI/ES.	
Preâmbulo	Peticionário (Requerente)	CAROLINA
	Parte contrária (Requerido)	HOTEL RESORT PARAÍSO
	Nome da peça	RECLAMAÇÃO TRABALHISTA
	Fundamento legal	ART. 840, § 1º, DA CLT, COMBINADO COM O ART. 319 DO CPC, APLICADO SUBSIDIÁRIA E SUPLETIVAMENTE AO PROCESSO DO TRABALHO POR FORÇA DO ART. 769 DA CLT E DO ART. 15 DO CPC
	Procedimento (rito)	ORDINÁRIO
	Verbo:	PROPOR

Fatos	A RECLAMANTE FOI ADMITIDA EM 15-1-2012 EXERCENDO A FUNÇÃO DE RECEPCIONISTA NA EMPRESA HOTEL RESORT PARAISO, CUMPRINDO ESCALA DE 12X36 COM 1H DE REFEIÇÃO E DESCANSO. OCORRE QUE EM 5-7-2021 FORA DISPENSADA IMOTIVADAMENTE SEM RECEBER NENHUMA VERBA RESCISÓRIA.
1ª Tese (Direito)	FATOS: A EMPEGADA CAROLINA POR ORDEM DA EMPREGADORA QUE DETERMINAVA A TROCA DO UNIFORME NO LOCAL DE TRABALHO. FUNDAMENTOS: ART. 4º, § 2º, VIII, DA CLT E SÚMULA Nº 366 DO TST. CONCLUSÃO: REQUER O PAGAMENTO DAS HORAS EXTRAS COM ADICIONAL DE DE 50%.
Caminho até a tese (Palavra-chave)	JORNADA DE TRABALHO; ROUPA OU UNIFORME; TROCA DE.
2ª Tese (Direito)	A EMPEGADA CAROLINA RECEBIA UM BÔNUS NO VALOR DE R$ 450,00 (QUATROCENTOS E CINQUENTA REAIS) FORA DA FOLHA DE PAGAMENTO. INDICAÇÃO DOS ARTS. 457, *CAPUT*, E 464, *CAPUT*, DA CLT. O VALOR PAGO POR FORA AO EMPREGADO TEM CARÁTER SALARIAL E DEVERÁ INTEGRAR AS DEMAIS VERBAS TRABALHISTAS.
Caminho até a tese (Palavra-chave)	REMUNERAÇÃO.
3ª Tese (Direito)	A RECLAMANTE EM ALTA TEMPORADA TRABALHAVA DAS 7H ÀS 20H DE TERÇA A QUINTA, E DE SEXTA A DOMINGO ATÉ AS 23H30. INDICAÇÃO DOS ARTS. 58, *CAPUT* E 59, § 1º, DA CLT; E ART. 7º, XIII E XVI, DA CF. REQUER O PAGAMENTO DAS HORAS EXTRAS PELA JORNADA EXCEDENTE A 8ª HORA DIÁRIA COM ADICIONAL DE 50% E REFLEXOS.
Caminho até a tese (Palavra-chave)	DURAÇÃO DE TRABALHO; HORAS EXTRAS.
4ª Tese (Direito)	A RECLAMANTE TRABALHAVA APÓS AS 22H. INDICAÇÃO DO ART. 73, *CAPUT* E § 2º, DA CLT; ART. 7º, IX, DA CF. A RECLAMANTE LABORAVA APÓS AS 22H, DIANTE DISSO, REQUER O PAGAMENTO DO ADICIONAL NOTURNO DE 20%.
Caminho até a tese (Palavra-chave)	DURAÇÃO DE TRABALHO. HORAS EXTRAS. ADICIONAL NOTURNO.
5ª Tese (Direito)	VERBAS RESCISÓRIAS: A) SALDO DE SALÁRIO – 5 DIAS REFERENTE AO MÊS DE JULHO DE 2021; B) AVISO-PRÉVIO PROPORCIONAL – 57 DIAS (ÚLTIMO DIA DO CONTRATO DE TRABALHO PARA TODOS OS FINS – 31-8-2021); C) 13º SALÁRIO PROPORCIONAL (2022) – 8/12 (OITO DOZE AVOS); D) FÉRIAS PROPORCIONAIS COM 1/3 – 8/12 (OITO DOZE AVOS); E) DEPÓSITO DO FGTS SOBRE AS VERBAS RESCISÓRIAS; F) INDENIZAÇÃO DE 40% SOBRE OS DEPÓSITOS DO FGTS; G) GUIAS PARA LEVANTAMENTO DO FGTS; H) GUIAS PARA HABILITAÇÃO NO SEGURO-DESEMPREGO; I) MULTA DO ART. 467 E 477 DA CLT.

Notas sobre a apuração do décimo terceiro e das férias proporcionais	*ADMISSÃO:* 15-1-2012 *DISPENSA:* 5-7-2021 *AP INDENIZADO:* 57 DIAS – ÚLTIMO DIA DO CONTRATO DE TRABALHO 31-8-2021. *13º SALÁRIO PROPORCIONAL (2021) – 8/12* (NOVE DOZE AVOS)	
	QUANTIDADES DE MESES	FRAÇÃO DE 13º SALÁRIO – (ART. 76, §§ 1º E 2º, DO DECRETO Nº 10.854/2021)
	JANEIRO 2021	MÊS DE SERVIÇO COMPLETO – 1/12 (UM DOZE AVOS)
	FEVEREIRO 2021	MÊS DE SERVIÇO COMPLETO – 1/12 (UM DOZE AVOS)
	MARÇO 2021	MÊS DE SERVIÇO COMPLETO – 1/12 (UM DOZE AVOS)
	ABRIL 2021	MÊS DE SERVIÇO COMPLETO – 1/12 (UM DOZE AVOS)
	MAIO 2021	MÊS DE SERVIÇO COMPLETO – 1/12 (UM DOZE AVOS)
	JUNHO 2021	MÊS DE SERVIÇO COMPLETO – 1/12 (UM DOZE AVOS)
	AGOSTO 2021	MÊS DE SERVIÇO COMPLETO – 1/12 (UM DOZE AVOS)
	TOTAL DE 13º SALÁRIO PROPORCIONAL	8/12 (OITO DOZE AVOS)
	FÉRIAS PROPORCIONAIS COM 1/3	
	PERÍODOS AQUISITIVOS DE FÉRIAS	
	2012-2013 (15-1-2012 A 15-1-2013)	PERÍODO COMPLETO DE FÉRIAS
	2013-2014 (15-1-2013 A 15-1-2014)	PERÍODO COMPLETO DE FÉRIAS
	2014-2015 (15-1-2014 A 15-1-2015)	PERÍODO COMPLETO DE FÉRIAS
	2015-2016 (15-1-2015 A 15-1-2016)	PERÍODO COMPLETO DE FÉRIAS
	2016-2017 (15-1-2016 A 15-1-2017)	PERÍODO COMPLETO DE FÉRIAS
	2017-2018 (15-1-2017 A 15-1-2018)	PERÍODO COMPLETO DE FÉRIAS
	2018-2019 (15-1-2018 A 15-1-2019)	PERÍODO COMPLETO DE FÉRIAS
	2019-2020 (15-1-2019 A 15-1-2020)	PERÍODO COMPLETO DE FÉRIAS
	2020-2021 (15-1-2020 A 15-1-2021)	PERÍODO COMPLETO DE FÉRIAS
	2021-2022 (15-1-2021 A 31-8-2021 – ÚLTIMO DIA DO AVISO-PRÉVIO)	PERÍODO COMPLETO DE FÉRIAS
	FÉRIAS PROPORCIONAIS COM 1/3	
	15-1-2021 A 14-2-2021	MÊS DE SERVIÇO COMPLETO – 1/12 (UM DOZE AVOS)
	15-2-2021 A 14-3-2021	MÊS DE SERVIÇO COMPLETO – 1/12 (UM DOZE AVOS)
	15-3-2021 A 14-4-2021	MÊS DE SERVIÇO COMPLETO – 1/12 (UM DOZE AVOS)
	15-4-2021 A 14-5-2021	MÊS DE SERVIÇO COMPLETO – 1/12 (UM DOZE AVOS)
	15-5-2021 A 14-6-2021	MÊS DE SERVIÇO COMPLETO – 1/12 (UM DOZE AVOS)
	15-6-2021 A 14-7-2021	MÊS DE SERVIÇO COMPLETO – 1/12 (UM DOZE AVOS)
	15-7-2021 A 14-8-2021	MÊS DE SERVIÇO COMPLETO – 1/12 (UM DOZE AVOS)
	15-8-2021 A 31-8-2021 (ÚLTIMO DIA DO AVISO-PRÉVIO)	16 DIAS – FRAÇÃO IGUAL OU SUPERIOR A 14 (QUATORZE) DIAS – *CONTA PARA FINS FÉRIAS PROPORCIONAIS (ART. 146, PARÁGRAFO ÚNICO, C/C ART. 147, AMBOS DA CLT) + 1/12 (UM DOZE AVOS)*
	TOTAL DE FÉRIAS PROPORCIONAIS COM 1/3	8/12 (OITO DOZE AVOS)
Tutela de urgência	NÃO.	
Pedidos e Conclusões	REQUERER A PROCEDÊNCIA DOS PEDIDOS; REITERAR OS PEDIDOS COM INDICAÇÃO DA LIQUIDAÇÃO DOS VALORES;	
Requerimentos finais	REQUERER A NOTIFICAÇÃO DA RECLAMADA; PROTESTO POR PROVAS. HONORÁRIOS ADVOCATÍCIOS SUCUMBENCIAIS – ART. 791-A, CLT. BENEFÍCIO DA JUSTIÇA GRATUITA – ART. 790, §§ 3º E 4º, DA CLT. DÁ-SE À CAUSA O VALOR DE R$... (VALOR POR EXTENSO).	
Encerramento	LOCAL. DATA. ADVOGADO. OAB/... Nº	

QUESTÃO 1 – SIMULADO 1 (PADRÃO DE RESPOSTA)

1º PASSO: IDENTIFICAÇÃO DO TEMA CENTRAL	
Temas centrais e institutos jurídicos narrados no enunciado	– COMPETÊNCIA DA JUSTIÇA DO TRABALHO PARA DETERMINAR O RECOLHIMENTO DA CONTRIBUIÇÃO PREVIDENCIÁRIA.
	– DESCONTO SALARIAL REFERENTE AO PLANO DE SAÚDE.
2º PASSO: ENCONTRANDO O FUNDAMENTO ***Pesquisar a palavra-chave, o instituto jurídico ou tema central a partir das informações fornecidas pelo enunciado.**	
Palavra(s)-chave	– EXECUÇÃO; COMPETÊNCIA.
	– EMPREGADORES; VEDAÇÃO AO DESCONTO.
3º PASSO: FUNDAMENTO DA RESPOSTA ***Anotar o fundamento jurídico, legal, jurisprudencial ou doutrinário.**	
Fundamento do item "A"	– ART. 109, I,DA CF; ART. 114, VIII, DA CF; SÚMULA 368, I, DO TST; ART. 876, PARÁGRAFO ÚNICO, DA CLT; SÚMULA 53 DO STF.
Fundamento do item "B"	– ART. 462 DA CLT; SÚMULA 342 DO TST E OJ 160 DA SDI-I, TST
4º PASSO: DESENVOLVENDO A RESPOSTA	
Item "A"	**Modelo de resposta:**
	NÃO. A JUSTIÇA DO TRABALHO NÃO TEM COMPETÊNCIA PARA DETERMINAR O RECOLHIMENTO DOS VALORES PREVIDENCIÁRIOS DEVIDOS AO LONGO DO CONTRATO DE TRABALHO. A COMPETÊNCIA DA JUSTIÇA DO TRABALHO LIMITA-SE A DETERMINAR O RECOLHIMENTO DAS VERBAS PREVIDENCIÁRIAS DECORRENTES DE SUAS DECISÕES E DOS ACORDOS POR ELA HOMOLOGADOS. INDICAR O ART. 109, I, DA CF, OU ART. 114, VIII, DA CF, OU SÚMULA 368, I, DO TST, OU ART. 876, PARÁGRAFO ÚNICO, DA CLT, OU SÚMULA 53 DO STF.
Item "B"	**Modelo de resposta:**
	NÃO. É INADMISSÍVEL PRESUMIR A COAÇÃO PARA AUTORIZAR DESCONTO SALARIAL NO ATO DE ADMISSÃO. A EVENTUAL COAÇÃO DEVE SER EFETIVAMENTE DEMONSTRADA. INDICAR O ART. 462 DA CLT, OU SÚMULA 342 DO TST, OU OJ 160 DA SDI-I, TST.

QUESTÃO 2 – SIMULADO 1 (PADRÃO DE RESPOSTA)

1º PASSO: IDENTIFICAÇÃO DO TEMA CENTRAL	
Temas centrais e institutos jurídicos narrados no enunciado	– TRABALHO DOMÉSTICO; JUSTA CAUSA; MAUS-TRATOS.
	– EMPREGADOS E EMPREGADORES DOMÉSTICOS; INDENIZAÇÃO COMPENSATÓRIA.
2º PASSO: ENCONTRANDO O FUNDAMENTO ***Pesquisar a palavra-chave, o instituto jurídico ou tema central a partir das informações fornecidas pelo enunciado.**	
Palavra(s)-chave	– DOMÉSTICOS; JUSTA CAUSA; INDENIZAÇÃO COMPENSATÓRIA;

3º PASSO: FUNDAMENTO DA RESPOSTA *Anotar o fundamento jurídico, legal, jurisprudencial ou doutrinário.*	
Fundamento do item "A"	– ART. 27, I, DA LEI COMPLEMENTAR Nº 150/2015
Fundamento do item "B"	– ART. 22, § 1º, DA LEI COMPLEMENTAR Nº 150/2015
4º PASSO: DESENVOLVENDO A RESPOSTA	
Item "A"	**Modelo de resposta:** SIM. A JUSTA CAUSA DO TRABALHADOR DOMÉSTICO ESTÁ PREVISTO NA LEI COMPLEMENTAR Nº 150/2015, A QUAL PREVÊ, ENTRE OUTRAS HIPÓTESES, A SUBMISSÃO A MAUS-TRATOS DE CRIANÇA SOB CUIDADO DIRETO OU, CONFORME VERIFICADO NO CASO EM TELA. INDICAR O ART. 27, I, DA LEI COMPLEMENTAR Nº 150/2015.
Item "B"	**Modelo de resposta:** NESSA SITUAÇÃO, AINDA, A EMPREGADA PERDERÁ O DIREITO A INDENIZAÇÃO COMPENSATÓRIA PELA PERDA DO EMPREGO, DEPOSITADA MENSALMENTE NO IMPORTE DE 3,2% SOBRE A REMUNERAÇÃO, O QUE ORA SERÁ RESGATADO PELO EMPREGADOR. INDICAR O ART. 22, § 1º, DA LEI COMPLEMENTAR Nº 150/2015.

QUESTÃO 3 – SIMULADO 1 (PADRÃO DE RESPOSTA)

1º PASSO: IDENTIFICAÇÃO DO TEMA CENTRAL	
Temas centrais e institutos jurídicos narrados no enunciado	– AUDIÊNCIA; INQUIRIÇÃO DE TESTEMUNHA
2º PASSO: ENCONTRANDO O FUNDAMENTO ***Pesquisar a palavra-chave, o instituto jurídico ou tema central a partir das informações fornecidas pelo enunciado.***	
Palavra(s)-chave	– TESTEMUNHAS; PROVAS; INQUIRIÇÃO; – RECURSOS, AGRAVO DE INSTRUMENTO
3º PASSO: FUNDAMENTO DA RESPOSTA ***Anotar o fundamento jurídico, legal, jurisprudencial ou doutrinário.***	
Fundamento do item "A"	– ART. 820, DA CLT E ART. 11 DA IN Nº 39/2016
Fundamento do item "B"	– ART. 897, *B*, DA CLT
4º PASSO: DESENVOLVENDO A RESPOSTA	
Item "A"	**Modelo de resposta:** SIM, FOI REGULAR. NO DIREITO DO TRABALHO, AS TESTEMUNHAS SÃO INQUIRIDAS PELO JUIZ, E NÃO PELO ADVOGADO. INDICAR O ART. 820, DA CLT E ART. 11 DA IN Nº 39/2016.

Item "B"	**Modelo de resposta:**
	NÃO. O AGRAVO DE INSTRUMENTO, NA SEARA TRABALHISTA, TEM O OBJETIVO DE DESTRANCAR RECURSO NO JUÍZO *A QUO*, AO QUAL NÃO FOI DADO SEGUIMENTO. INDICAR O ART. 897, *B*, DA CLT.

QUESTÃO 4 – SIMULADO 1 (PADRÃO DE RESPOSTA)

1º PASSO: IDENTIFICAÇÃO DO TEMA CENTRAL	
Temas centrais e institutos jurídicos narrados no enunciado	– ADICIONAL DE PERICULOSIDADE; ADICIONAL DE INSALUBRIDADE;
	– CUMULAÇÃO DE PEDIDOS.
2º PASSO: ENCONTRANDO O FUNDAMENTO *Pesquisar a palavra-chave, o instituto jurídico ou tema central a partir das informações fornecidas pelo enunciado.*	
Palavra(s)-chave	– ADICIONAL DE INSALUBRIDADE; PEDIDO DIVERSO DA INICIAL;
	– CUMULAÇÃO DE PEDIDOS; NECESSIDADE DE ESCOLHA;
	– PERICULOSIDADE; ADICIONAL DE PERICULOSIDADE.
3º PASSO: FUNDAMENTO DA RESPOSTA *Anotar o fundamento jurídico, legal, jurisprudencial ou doutrinário.*	
Fundamento do item "A"	– SÚMULA 293 DO TST.
Fundamento do item "B"	– ART. 193, § 2º, DA CLT.
4º PASSO: DESENVOLVENDO A RESPOSTA	
Item "A"	**Modelo de resposta:**
	SIM. CONSTATADA A PRESENÇA DE AGENTE INSALUBRE PROVOCANDO PREJUÍZO À SAÚDE DO TRABALHADOR, MESMO SENDO AGENTE DIVERSO DO INDICADO PELO RECLAMANTE, É DEVIDO O PAGAMENTO DO ADICIONAL DE INSALUBRIDADE. INDICAR A SÚMULA 293 DO TST.
Item "B"	**Modelo de resposta:**
	NÃO. O TRABALHADOR DEVERÁ OPTAR POR UM DOS ADICIONAIS. INDICAR O ART. 193, § 2º, DA CLT.

SIMULADO 2

PEÇA PRÁTICO-PROFISSIONAL – SIMULADO 2 (PADRÃO DE RESPOSTA)

<table>
<tr><th colspan="3">1º PASSO: DADOS PRINCIPAIS DO ENUNCIADO</th></tr>
<tr><td rowspan="2">Partes</td><td colspan="2">Empregado/Trabalhador: REBECA</td></tr>
<tr><td colspan="2">Empregador/Tomador de serviço: CIRANDA CIRANDINHA</td></tr>
<tr><td>Profissão</td><td colspan="2">VENDEDORA</td></tr>
<tr><td>Data de admissão:</td><td colspan="2">5-5-2017</td></tr>
<tr><td>Data de dispensa:</td><td colspan="2">7-10-2020</td></tr>
<tr><td>Motivo da extinção do contrato de trabalho:</td><td colspan="2">DISPENSA IMOTIVADA</td></tr>
<tr><td rowspan="2">Existe ação em curso?</td><td colspan="2">NÃO.</td></tr>
<tr><td colspan="2">DATA DO AJUIZAMENTO: NÃO TEM.</td></tr>
<tr><th colspan="3">2º PASSO: IDENTIFICAÇÃO, PREVISÃO LEGAL E PECULIARIDADES DA PEÇA</th></tr>
<tr><td colspan="3">Régua processual (Atos processuais descritos no enunciado)
|-->>
NENHUM ATO PROCESSUAL FOI PRATICADO</td></tr>
<tr><td>Inicial, defesa ou recurso?</td><td colspan="2">PETIÇÃO INICIAL – RECLAMAÇÃO TRABALHISTA, COM FUNDAMENTO NO ART. 840, § 1º, DA CLT</td></tr>
<tr><td>Há alguma medida urgente a ser adotada?</td><td colspan="2">SIM. TUTELA ANTECIPADA. A TRABALHADORA POSSUI ESTABILIDADE PROVISÓRIA EM DECORRÊNCIA DA GRAVIDEZ.</td></tr>
<tr><td>Peculiaridades da peça</td><td colspan="2">– TUTELA ANTECIPADA DE URGÊNCIA;
– REINTEGRAÇÃO EM DECORRÊNCIA DA ESTABILIDADE PROVISÓRIA UMA VEZ QUE A EMPREGADA ESTAVA GRÁVIDA NO CURSO DO CONTRATO DE TRABALHO.</td></tr>
<tr><th colspan="3">3º PASSO: ESTRUTURA E TESES DA PEÇA</th></tr>
<tr><td>Endereçamento</td><td colspan="2">EXCELENTÍSSIMO SENHOR DOUTOR JUIZ DO TRABALHO DA... VARA DO TRABALHO DE ILHÉUS/BA.</td></tr>
<tr><td rowspan="6">Preâmbulo</td><td>Peticionário (Requerente)</td><td>REBECA</td></tr>
<tr><td>Parte contrária (Requerido)</td><td>CIRANDA CIRANDINHA</td></tr>
<tr><td>Nome da peça</td><td>RECLAMAÇÃO TRABALHISTA</td></tr>
<tr><td>Fundamento legal</td><td>ART. 840, § 1º, DA CLT, COMBINADO COM O ART. 319 DO CPC, APLICADO SUBSIDIÁRIA E SUPLETIVAMENTE AO PROCESSO DO TRABALHO POR FORÇA DO ART. 769 DA CLT E DO ART. 15 DO CPC.</td></tr>
<tr><td>Procedimento (rito)</td><td>ORDINÁRIO</td></tr>
<tr><td>Verbo:</td><td>PROPOR</td></tr>
</table>

Fatos	REBECA FOI CONTRATADA EM 5-5-2017 PELA EMPRESA CIRANDA CIRANDINHA PARA EXERCER A FUNÇÃO DE VENDEDORA. OCORRE QUE, EM 7-10-2020, FORA DISPENSADA SEM JUSTA CAUSA QUANDO NO CURSO DO AVISO-PRÉVIO DESCOBRIU QUE ESTAVA GRÁVIDA DE DOIS MESES, LEVANDO AO CONHECIMENTO DA EMPRESA.
1ª Tese (Direito)	FATOS: A RECLAMANTE FORA DISPENSADA SEM JUSTA CAUSA. OCORRE QUE, NO CURSO DO AVISO-PRÉVIO A EMPREGADA DESCOBRIU QUE ESTAVA GRÁVIDA DE 2 MESES, LEVANDO AO CONHECIMENTO DO SEU SUPERVISOR INFORMANDO-O QUE MANTERIA A DEMISSÃO. FUNDAMENTOS: A CONFIRMAÇÃO DO ESTADO DE GRAVIDEZ ADVINDO NO CURSO DO CONTRATO DE TRABALHO AINDA QUE DURANTE O PRAZO DO AVISO-PRÉVIO TRABALHADO OU INDENIZADO, GARANTE À GESTANTE A ESTABILIDADE PROVISÓRIA. ADEMAIS, O DESCONHECIMENTO DO ESTADO GRAVÍDICO PELO EMPREGADOR NÃO AFASTA O DIREITO AO PAGAMENTO DA INDENIZAÇÃO DECORRENTE DA ESTABILIDADE. – ART. 10, II, *B*, DO ADCT; ART. 391-A DA CLT E SÚMULA 244, ITEM I E II DO TST. CONCLUSÃO: REQUER O RECONHECIMENTO DA ESTABILIDADE PROVISÓRIA EM DECORRÊNCIA DA GARANTIA DE EMPREGO.
Caminho até a tese (Palavra-chave)	AVISO-PRÉVIO; ESTABILIDADE PROVISÓRIA.
2ª Tese (Direito)	A RECLAMANTE FOI DISPENSADA SEM JUSTA CAUSA NO PERÍODO EM QUE ESTAVA GRÁVIDA. A DISPENSA DA EMPREGADA É ARBITRÁRIA, POIS SE DEU DURANTE O PERÍODO DE GESTAÇÃO, TENDO DIREITO À REINTEGRAÇÃO, AO PAGAMENTO DOS SALÁRIOS, DESDE A DATA DA SUA DISPENSA ATÉ A EFETIVA REINTEGRAÇÃO. – ART. 300 DO CPC E ART. 496 DA CLT. REQUER A REINTEGRAÇÃO IMEDIATA DA RECLAMANTE AO TRABALHO OU CASO SEJA DESACONSELHÁVEL A CONVERSÃO EM INDENIZAÇÃO.
Caminho até a tese (Palavra-chave)	ESTABILIDADE; GESTANTE; REINTEGRAÇÃO; LIMINAR; TUTELA ANTECIPADA DE URGÊNCIA.
3ª Tese (Direito)	A RECLAMANTE RECEBIA COMISSÕES QUE ERAM PAGAS POR FORA DO SALÁRIO QUE GERAVA MÉDIA DE R$ 500,00 (QUINHENTOS REAIS) MENSAIS. A EMPREGADA TEM DIREITO A INTEGRAÇÃO DAS COMISSÕES PAGAS PELO EMPREGADOR NO SEU SALÁRIO. – ART. 457, § 1º, DA CLT. REQUER A INTEGRAÇÃO AO SALÁRIO DE TODAS AS COMISSÕES PAGAS À RECLAMANTE NO CURSO DO CONTRATO DE TRABALHO.
Caminho até a tese (Palavra-chave)	ABONO PECUNIÁRIO; INTEGRAÇÃO AO SALÁRIO; COMISSÕES.
4ª Tese (Direito)	A RECLAMANTE SOFRIA PERSEGUIÇÕES DO SEU SUPERIOR, BEM RECEBIA BRONCAS NA FRENTE DE OUTROS EMPREGADOS. A TRABALHADORA SOFRIA INFORTÚNIO PSÍQUICO GERADO PELA PERSEGUIÇÃO E PELOS COMENTÁRIOS DE SEU SUPERVISOR SOBRE O SEU DESEMPENHO. – ART. 5º, V OU X, DA CF; ART. 223-A, ART.223-C, ART.223-F OU ART. 223-G DA CLT OU ART. 186 E 927 DO CC OU ART. 114, IV, DA CF OU SÚMULA 392 DO TST. DIANTE DISSO, A RECLAMANTE FAZ JUS AO PAGAMENTO DE INDENIZAÇÃO DECORRENTE DO ASSÉDIO MORAL, HAJA VISTA A REITERAÇÃO DOS ATOS ILÍCITOS PERPETRADOS PELO SUPERIOR HIERÁRQUICO EDUARDO.

5ª Tese (Direito)	A RECLAMANTE NÃO GOZOU AS FÉRIAS DO PERÍODO DE 2017 A 2018. A RECLAMANTE FAZ JUS AO PAGAMENTO EM DOBRO DAS FÉRIAS + 1/3 – ART. 137 DA CLT. DIANTE DA AUSÊNCIA DO GOZO DE FÉRIAS, REQUER O PAGAMENTO EM DOBRO REFERENTE AOS PERÍODOS NÃO GOZADOS.
Caminho até a tese (Palavra-chave)	FÉRIAS; CONCESSÃO POSTERIOR AO PRAZO LEGAL; PAGAMENTO EM DOBRO.
Tutela de urgência	REQUER A CONCESSÃO DA LIMINAR DA TUTELA ANTECIPADA DE URGÊNCIA, DETERMINANDO SUA REINTEGRAÇÃO IMEDIATA AO EMPREGO.
Pedidos e Conclusões	REQUERER A PROCEDÊNCIA DOS PEDIDOS; REITERAR OS PEDIDOS COM INDICAÇÃO DA LIQUIDAÇÃO DOS VALORES; INDICAÇÃO DA LIQUIDAÇÃO DOS VALORES; REQUER A CONFIRMAÇÃO DEFINITIVA DA REINTEGRAÇÃO NA SENTENÇA;
Requerimentos finais	REQUERER A NOTIFICAÇÃO DA RECLAMADA; PROTESTO POR PROVAS; HONORÁRIOS ADVOCATÍCIOS SUCUMBENCIAIS – ART. 791-A DA CLT; BENEFÍCIO DA JUSTIÇA GRATUITA – ART. 790, §§ 3º E 4º, DA CLT. DÁ-SE À CAUSA O VALOR DE R$... (VALOR POR EXTENSO).
Encerramento	LOCAL. DATA. ADVOGADO. OAB/... Nº

QUESTÃO 1 – SIMULADO 2 (PADRÃO DE RESPOSTA)

1º PASSO: IDENTIFICAÇÃO DO TEMA CENTRAL	
Temas centrais e institutos jurídicos narrados no enunciado	– BANCÁRIOS; CARGO DE CONFIANÇA; – REVERSÃO DO CARGO; GRATIFICAÇÃO DA FUNÇÃO.

2º PASSO: ENCONTRANDO O FUNDAMENTO *Pesquisar a palavra-chave, o instituto jurídico ou tema central a partir das informações fornecidas pelo enunciado.	
Palavra(s)-chave	– BANCÁRIOS – REVERSÃO DO CARGO.

3º PASSO: FUNDAMENTO DA RESPOSTA *Anotar o fundamento jurídico, legal, jurisprudencial ou doutrinário.	
Fundamento do item "A"	– ART. 224, *CAPUT* E § 2º, DA CLT E DA SÚMULA 102, ITEM VI, DO TST.
Fundamento do item "B"	– ART. 468, §§ 1º E 2º, DA CLT.

4º PASSO: DESENVOLVENDO A RESPOSTA	
Item "A"	**Modelo de resposta:** NÃO, POIS O CAIXA BANCÁRIO, AINDA QUE CAIXA EXECUTIVO, NÃO EXERCE CARGO DE CONFIANÇA. A GRATIFICAÇÃO DE UM TERÇO DO SALÁRIO DO POSTO EFETIVO PERCEBIDA REMUNERA APENAS A MAIOR RESPONSABILIDADE DO CARGO, E NÃO AS DUAS HORAS EXTRAORDINÁRIAS ALÉM DA SEXTA. ASSIM, MARCELO PRESTAVA 2 (DUAS) HORAS EXTRAS DIÁRIAS, PORQUE LHE ERA APLICÁVEL A JORNADA REDUZIDA DE 6 (SEIS) HORAS. INDICAR O ART. 224, *CAPUT* E § 2º, DA CLT OU SÚMULA 102, ITEM VI, DO TST.
Item "B"	**Modelo de resposta:** SIM, POIS NÃO SE CONSIDERA ALTERAÇÃO UNILATERAL A DETERMINAÇÃO DO EMPREGADOR PARA QUE O EMPREGADO REVERTA AO CARGO EFETIVO, ANTERIORMENTE OCUPADO, DEIXANDO O EXERCÍCIO DE FUNÇÃO DE CONFIANÇA. ALÉM DISSO, ESSA ALTERAÇÃO NÃO ASSEGURA AO EMPREGADO O DIREITO À MANUTENÇÃO DO PAGAMENTO DA GRATIFICAÇÃO CORRESPONDENTE, QUE NÃO SERÁ INCORPORADA, INDEPENDENTEMENTE DO TEMPO DE EXERCÍCIO DA RESPECTIVA FUNÇÃO. INDICAR O ART. 468, §§ 1º E 2º, DA CLT.

QUESTÃO 2 – SIMULADO 2 (PADRÃO DE RESPOSTA)

1º PASSO: IDENTIFICAÇÃO DO TEMA CENTRAL	
Temas centrais e institutos jurídicos narrados no enunciado	– ESTABILIDADE GESTANTE; GARANTIA DE EMPREGO

2º PASSO: ENCONTRANDO O FUNDAMENTO *Pesquisar a palavra-chave, o instituto jurídico ou tema central a partir das informações fornecidas pelo enunciado.	
Palavra(s)-chave	– ESTABILIDADE; GESTANTE; ESTABILIDADE PROVISÓRIA; TRABALHO DA MULHER. – PERÍODO DE ESTABILIDADE JÁ EXAURIDO.
3º PASSO: FUNDAMENTO DA RESPOSTA *Anotar o fundamento jurídico, legal, jurisprudencial ou doutrinário.*	
Fundamento do item "A"	– ART. 10, II, *B*, DO ADCT ; ART. 391-A DA CLT E SÚMULA 244, I, TST.
Fundamento do item "B"	– ART. 7º, XXIX, DA CF; OJ 399 DA SDI-1 DO TST.
4º PASSO: DESENVOLVENDO A RESPOSTA	
Item "A"	**Modelo de resposta:** SIM, UMA VEZ QUE A CONFIRMAÇÃO DO ESTADO DE GRAVIDEZ ADVINDO NO CURSO DO CONTRATO DE TRABALHO, AINDA QUE DURANTE O PRAZO DO AVISO-PRÉVIO INDENIZADO, COMO NO PRESENTE CASO, GARANTE À EMPREGADA GESTANTE A ESTABILIDADE PROVISÓRIA. ADEMAIS, O DESCONHECIMENTO DO ESTADO GRAVÍDICO PELO EMPREGADOR NÃO AFASTA A ESTABILIDADE. INDICAR O ART. ART. 10, II, *B*, DO ADCT, OU ART. 391-A DA CLT, OU SÚMULA 244, I, TST.
Item "B"	**Modelo de resposta:** NÃO, O AJUIZAMENTO DE AÇÃO TRABALHISTA APÓS DECORRIDO O PERÍODO DE GARANTIA DE EMPREGO NÃO CONFIGURA ABUSO DO EXERCÍCIO DO DIREITO DE AÇÃO, POIS ESSE ESTÁ SUBMETIDO APENAS AO PRAZO PRESCRICIONAL, SENDO DEVIDA A INDENIZAÇÃO DESDE A DISPENSA ATÉ A DATA DO TÉRMINO DO PERÍODO ESTABILITÁRIO. INDICAR O ART. 7º, XXIX, DA CF OU OJ 399 DA SDI-1 DO TST.

QUESTÃO 3 – SIMULADO 2 (PADRÃO DE RESPOSTA)

1º PASSO: IDENTIFICAÇÃO DO TEMA CENTRAL	
Temas centrais e institutos jurídicos narrados no enunciado	– DIRIGENTE SINDICAL
2º PASSO: ENCONTRANDO O FUNDAMENTO *Pesquisar a palavra-chave, o instituto jurídico ou tema central a partir das informações fornecidas pelo enunciado.*	
Palavra(s)-chave	– DIRIGENTE SINDICAL; INQUÉRITO JUDICIAL PARA APURAÇÃO DE FALTA GRAVE; – FALTA GRAVE; SUSPENSÃO DO CONTRATO DE TRABALHO.
3º PASSO: FUNDAMENTO DA RESPOSTA *Anotar o fundamento jurídico, legal, jurisprudencial ou doutrinário.*	
Fundamento do item "A"	– ART. 494 DA CLT OU ART. 853 DA CLT OU SÚMULA 379 DO TST OU SÚMULA 197 DO STF E ART. 543, § 3º, DA CLT

Fundamento do item "B"	– ART. 494 DA CLT.
4º PASSO: DESENVOLVENDO A RESPOSTA	
Item "A"	**Modelo de resposta:** O EMPREGADOR DEVERÁ PROMOVER A CHAMADA AÇÃO DE INQUÉRITO JUDICIAL PARA APURAÇÃO DE FALTA GRAVE. INDICAR O ART. 494, ART. 543, § 3º, OU 853 DA CLT, OU SÚMULA 379 DO TST, OU SÚMULA 197 DO STF.
Item "B"	**Modelo de resposta:** AÇÃO DE CONHECIMENTO DE NATUREZA DESCONSTITUTIVA OU CONSTITUTIVA NEGATIVA, QUE VISA À RESOLUÇÃO DO CONTRATO INDIVIDUAL DE TRABALHO DE UM EMPREGADO ESTÁVEL, MEDIANTE COMPROVAÇÃO DE FALTA GRAVE POR ELE COMETIDA. INDICAR O ART. 494 DA CLT.

QUESTÃO 4 – SIMULADO 2 (PADRÃO DE RESPOSTA)

1º PASSO: IDENTIFICAÇÃO DO TEMA CENTRAL	
Temas centrais e institutos jurídicos narrados no enunciado	– EXECUÇÃO; EMBARGOS DE TERCEIRO E PENHORA; PAGAMENTO DA EXECUÇÃO.
2º PASSO: ENCONTRANDO O FUNDAMENTO ***Pesquisar a palavra-chave, o instituto jurídico ou tema central a partir das informações fornecidas pelo enunciado.**	
Palavra(s)-chave	– EXECUÇÃO; EMBARGOS DE TERCEIRO; PENHORA; – PARCELAMENTO DO CRÉDITO.
3º PASSO: FUNDAMENTO DA RESPOSTA ***Anotar o fundamento jurídico, legal, jurisprudencial ou doutrinário.**	
Fundamento do item "A"	– ART. 674, *CAPUT*, OU § 1º OU § 2º, I, DO CPC.
Fundamento do item "B"	– ART. 916 DO CPC E ART. 3º, XXI, DA IN 39 DO TST.
4º PASSO: DESENVOLVENDO A RESPOSTA	
Item "A"	**Modelo de resposta:** CAPITU PODERÁ OPOR EMBARGOS DE TERCEIROS, NA MEDIDA EM QUE NÃO É PARTE DA AÇÃO, BEM COMO O IMÓVEL PENHORADO É SEU E NÃO ENTRA NOS BENS MATRIMONIAS. INDICAR O ART. 674, *CAPUT*, OU § 1º OU § 2º, I, DO CPC.
Item "B"	**Modelo de resposta:** SIM, A JUSTIÇA DO TRABALHO ACEITA O PARCELAMENTO DO CRÉDITO EXEQUENDO EM ATÉ 6 PARCELAS, MEDIANTE PAGAMENTO DE SINAL DE 30%. INDICAR O ART. ART. 916 DO CPC E ART. 3º, XXI, DA IN 39 DO TST.

SIMULADO 3

PEÇA PRÁTICO-PROFISSIONAL – SIMULADO 3 (PADRÃO DE RESPOSTA)

1º PASSO: DADOS PRINCIPAIS DO ENUNCIADO	
Partes	Empregado/Trabalhador: JOÃO AUGUSTO Empregador/Tomador de serviço: COLORIR TINTAS E VERNIZES LTDA.
Profissão	MISTURADOR DE TINTAS
Data de admissão:	23-8-2018
Data de dispensa:	6-9-2022
Motivo da extinção do contrato de trabalho:	DISPENSA SEM JUSTO MOTIVO
Existe ação em curso?	NÃO

2º PASSO: IDENTIFICAÇÃO, PREVISÃO LEGAL E PECULIARIDADES DA PEÇA	
Régua processual (Atos processuais descritos no enunciado) |-->> NENHUM ATO PROCESSUAL FOI PRATICADO	
Inicial, defesa ou recurso?	PETIÇÃO INICIAL
Há alguma medida urgente a ser adotada?	NÃO
Peculiaridades da peça	DISTRIBUIÇÃO POR DEPENDÊNCIA: 20ª VARA DO TRABALHO DE BELO HORIZONTE/MG.

3º PASSO: ESTRUTURA E TESES DA PEÇA		
Endereçamento	20ª VARA DO TRABALHO DE BELO HORIZONTE/MG	
Preâmbulo	Cliente	JOÃO AUGUSTO
	Parte contrária	COLORIR TINTAS E VERNIZES LTDA
	Nome da peça, fundamento legal e rito (procedimento):	RECLAMAÇÃO TRABALHISTA, ART. 840, § 1º, DA CLT, C/C ART. 319 DO CPC, APLICADO SUBSIDIARIAMENTE AO PROCESSO DO TRABALHO POR FORÇA DO ART. 769 DA CLT E DO ART. 15 DO CPC. RITO COMUM ORDINÁRIO.
	Verbo:	PROPOR OU AJUIZAR
Fatos		
1ª Tese (Direito)	DISTRIBUIÇÃO POR DEPENDÊNCIA – DEVERÁ REQUERER A DISTRIBUIÇÃO À 20ª VARA DO TRABALHO DE BELO HORIZONTE/MG EM RAZÃO DA DEPENDÊNCIA/PREVENÇÃO, COM BASE NO ART. 286, II, DO CPC.	
Caminho até a tese (Palavra-chave)	DISTRIBUIÇÃO; PREVENÇÃO; DISTRIBUIÇÃO POR DEPENDÊNCIA.	

2ª Tese (Direito)	HORAS EXTRAS SOBREJORNADA – O EMPREGADO TEM DIREITO AO PAGAMENTO DAS HORAS EXTRAS, ACRESCIDAS DE 50%, EM VIRTUDE DO LABOR ALÉM DA 8ª H DIÁRIA E DA 44ª SEMANAL. INDICAÇÃO DO ART. 7º, XIII E XVI, DA CF OU ART. 58 OU ART. 59, *CAPUT* E § 1º, DA CLT. REQUERER A PROCEDÊNCIA DO PEDIDO.
Caminho até a tese (Palavra-chave)	JORNADA DE TRABALHO, DURAÇÃO DO TRABALHO, HORAS EXTRAS, TRABALHO EXTRAORDINÁRIO.
3ª Tese (Direito)	ADICIONAL NOTURNO – O EMPREGADO TEM DIREITO AO PAGAMENTO DE ADICIONAL NOTURNO DE 20%, POIS SE ATIVAVA APÓS AS 22 H. INDICAÇÃO DO ART. 7, IX, CF OU ART. 73, *CAPUT* E § 2º, DA CLT
Caminho até a tese (Palavra-chave)	*TRABALHO NOTURNO, ADICIONAL NOTURNO, HORAS EXTRAS NOTURNAS, DURAÇÃO DO TRABALHO*
4ª Tese (Direito)	INTERVALO INTRAJORNADA – O EMPREGADO TEM DIREITO AO PAGAMENTO DE 20 MINUTOS EXTRAORDINÁRIOS, ACRESCIDOS DE 50%, COM NATUREZA INDENIZATÓRIA, EM VIRTUDE DA SUPRESSÃO DO PERÍODO DE INTERVALO PARA REFEIÇÃO E DESCANSO. INDICAÇÃO DO ART. 71, *CAPUT* E § 4º, DA CLT.
Caminho até a tese (Palavra-chave)	*INTERVALO; PAUSA PARA REFEIÇÃO E DESCANSO.*
5ª Tese (Direito)	ESTABILIDADE/REINTEGRAÇÃO: REPRESENTANTE DOS EMPREGADOS NA CIPA – O REPRESENTANTE DOS EMPREGADOS NA COMISSÃO INTERNA DE PREVENÇÃO DE ACIDENTES GOZA DE ESTABILIDADE DESDE O REGISTRO DE SUA CANDIDATURA ATÉ UM ANO APÓS O FINAL DE SEU MANDATO. INDICAÇÃO DO ART. 10, II, *A*, DO ADCT OU ART. 164, § 3º, OU § 5º, DA CLT OU ART. 165 DA CLT.
Caminho até a tese (Palavra-chave)	*ESTABILIDADE; GARANTIA PROVISÓRIA DE EMPREGO; REPRESENTANTES DOS EMPREGADOS NA CIPA; COMISSÃO INTERNA DE PREVENÇÃO DE ACIDENTE E ASSÉDIO.*
4ª Tese (Direito)	DANO MORAL: DISPENSA RETALIATIVA: A RUPTURA DO CONTRATO DE TRABALHO COMO FORMA DE REPRESÁLIA À PARTICIPAÇÃO DO EMPREGADO EM MOVIMENTO PAREDISTA OU A PERSUASÃO DE OUTROS EMPREGADOS A ADERIR AO MOVIMENTO GREVISTA CONSTITUI ABUSO DO PODER DIRETIVO, CONSUBSTANCIANDO ATO ILÍCITO PASSÍVEL DE INDENIZAÇÃO. INDICAÇÃO DO ART. 5º, V E X, DA CF OU ART. 186 E 927 DO CC OU ART. 223-B OU ART. 223-C DA CLT.
Caminho até a tese (Palavra-chave)	*DANO EXTRAPATRIMONIAL; DANO MORAL.*
Tutela de urgência	
Pedidos, Conclusões e Requerimentos finais	PROCEDÊNCIA DOS PEDIDOS; REITERAÇÃO DE TODOS OS PEDIDOS FORMULADOS NO CORPO DA PEÇA; NOTIFICAÇÃO DA RECLAMADA; PROTESTO POR PROVAS; E VALOR DA CAUSA E INDICAÇÃO DA EXPRESSÃO ECONÔMICA DOS PEDIDOS; HONORÁRIOS ADVOCATÍCIOS SUCUMBENCIAIS, NA FORMA DO ART. 791-A DA CLT.
Encerramento	LOCAL. DATA. ADVOGADO. OAB/... Nº

QUESTÃO 1 – SIMULADO 3 (PADRÃO DE RESPOSTA)

1º PASSO: IDENTIFICAÇÃO DO TEMA CENTRAL	
Temas centrais e institutos jurídicos narrados no enunciado	INSALUBRIDADE; GESTANTE; ATESTADO MÉDICO.
2º PASSO: ENCONTRANDO O FUNDAMENTO ***Pesquisar a palavra-chave, o instituto jurídico ou tema central a partir das informações fornecidas pelo enunciado.**	
Palavra(s)-chave	INSALUBRIDADE; GESTANTE; REMUNERAÇÃO; AFASTAMENTO.
3º PASSO: FUNDAMENTO DA RESPOSTA ***Anotar o fundamento jurídico, legal, jurisprudencial ou doutrinário.**	
Fundamento do item "A"	INDICAÇÃO DO ART. 394-A, II, DA CLT OU ADI Nº 5938 (JULGADA PELO PLENÁRIO DO STF EM 29-5-2019) (0,10)
Fundamento do item "B"	INDICAÇÃO DO ART. 394-A, *CAPUT* OU § 2º, DA CLT (0,10)
4º PASSO: DESENVOLVENDO A RESPOSTA	
Item "A"	**Modelo de resposta:** NÃO. O EMPREGADOR NÃO PODE EXIGIR ATESTADO MÉDICO DE SAÚDE RECOMENDANDO AFASTAMENTO DA GESTANTE DO EXERCÍCIO DA ATIVIDADE INSALUBRE, POUCO IMPORTANDO O GRAU DE EXPOSIÇÃO OU SE O MÉDICO EMISSOR DO ATESTADO É UM PROFISSIONAL DE CONFIANÇA DA TRABALHADORA (0,35). O SUPREMO TRIBUNAL FEDERAL, NO JULGAMENTO DA ADI Nº 5938, DECIDIU QUE É INCONSTITUCIONAL A EXPRESSÃO "QUANDO APRESENTAR ATESTADO DE SAÚDE, EMITIDO POR MÉDICO DE CONFIANÇA DA MULHER, QUE RECOMENDE O AFASTAMENTO", CONTIDA NOS INCISOS II E III DO ART. 394-A DA CLT, CONSIDERANDO QUE A PROTEÇÃO CONTRA A EXPOSIÇÃO DA GESTANTE E LACTANTE A ATIVIDADES INSALUBRES CARACTERIZA UM IMPORTANTE DIREITO SOCIAL PROTETIVO TANTO DA MULHER QUANTO DA CRIANÇA, PONDO-OS A SALVO DOS RISCOS DECORRENTE DA EXPOSIÇÃO A AMBIENTE INSALUBRE, DO DESCONHECIMENTO, IMPOSSIBILIDADE OU A PRÓPRIA NEGLIGÊNCIA DA GESTANTE OU LACTANTE EM APRESENTAR UM ATESTADO MÉDICO (0,20). INDICAÇÃO DO ART. 394-A, II, DA CLT OU ADI Nº 5938 (JULGADA PELO PLENÁRIO DO STF EM 29-5-2019) (0,10)
Item "B"	**Modelo de resposta:** SIM. A EMPREGADA SERÁ AFASTADA DAS ATIVIDADES EM AMBIENTE INSALUBRE, SEM PREJUÍZO DA SUA REMUNERAÇÃO, NESSA INCLUÍDO O VALOR DO ADICIONAL DE INSALUBRIDADE, CUJO VALOR PODERÁ SER COMPENSADO PELA EMPRESA POR OCASIÃO DO RECOLHIMENTO DAS CONTRIBUIÇÕES INCIDENTES SOBRE A FOLHA DE SALÁRIOS E DEMAIS RECOLHIMENTOS PAGOS OU CREDITADOS, A QUALQUER TÍTULO, À PESSOA FÍSICA QUE LHE PRESTE SERVIÇO (0,50). INDICAÇÃO DO ART. 394-A, *CAPUT* OU § 2º, DA CLT (0,10)

QUESTÃO 2 – SIMULADO 3 (PADRÃO DE RESPOSTA)

1º PASSO: IDENTIFICAÇÃO DO TEMA CENTRAL	
Temas centrais e institutos jurídicos narrados no enunciado	FALTA; AUSÊNCIA AO TRABALHO; FALTA JUSTIFICADA
2º PASSO: ENCONTRANDO O FUNDAMENTO **Pesquisar a palavra-chave, o instituto jurídico ou tema central a partir das informações fornecidas pelo enunciado.*	
Palavra(s)-chave	FALTA; AUSÊNCIA AO TRABALHO; FALTA JUSTIFICADA
3º PASSO: FUNDAMENTO DA RESPOSTA **Anotar o fundamento jurídico, legal, jurisprudencial ou doutrinário.*	
Fundamento do item "A"	INDICAÇÃO DO ART. 473, I, DA CLT (0,10)
Fundamento do item "B"	INDICAÇÃO DO ART. 473, *CAPUT*, DA CLT (0,10)
4º PASSO: DESENVOLVENDO A RESPOSTA	
Item "A"	**Modelo de resposta:**
	SIM. O MAGISTRADO AGIU COM ACERTO, HAJA VISTA QUE A LEGISLAÇÃO TRABALHISTA NÃO INCLUIU O FALECIMENTO DO PRIMO NO ROL DE HIPÓTESES EM QUE O EMPREGADO PODERÁ DEIXAR DE COMPARECER AO SERVIÇO SEM PREJUÍZO DOS SALÁRIOS. OU A AUSÊNCIA JUSTIFICADA EM CASO DE FALECIMENTO É ADMITIDA, POR ATÉ 2 (DOIS) DIAS CONSECUTIVOS, APENAS QUANDO SE TRATAR DO CÔNJUGE, ASCENDENTE, DESCENDENTE, IRMÃO OU PESSOA QUE, DECLARADA EM SUA CARTEIRA DE TRABALHO E PREVIDÊNCIA SOCIAL, VIVA SOB A DEPENDÊNCIA ECONÔMICA DO TRABALHADOR (0,55). INDICAÇÃO DO ART. 473, I, DA CLT (0,10).
Item "B"	**Modelo de resposta:**
	A AUSÊNCIA JUSTIFICADA DO EMPREGADO AO SERVIÇO GERA A INTERRUPÇÃO DO CONTRATO DE TRABALHO, CONSIDERANDO QUE NÃO HÁ PRESTAÇÃO DE SERVIÇOS, MAS O PERÍODO DE AUSÊNCIA É COMPUTADO NO CONTRATO DE TRABALHO E O EMPREGADOR ESTÁ OBRIGADO A PAGAR OS SALÁRIOS DO EMPREGADO (0,50). INDICAÇÃO DO ART. 473, *CAPUT*, DA CLT (0,10)

QUESTÃO 3 – SIMULADO 3 (PADRÃO DE RESPOSTA)

1º PASSO: IDENTIFICAÇÃO DO TEMA CENTRAL	
Temas centrais e institutos jurídicos narrados no enunciado	PROCEDIMENTO SUMARÍSSIMO; VALOR DA CAUSA;

2º PASSO: ENCONTRANDO O FUNDAMENTO *Pesquisar a palavra-chave, o instituto jurídico ou tema central a partir das informações fornecidas pelo enunciado.*	
Palavra(s)-chave	PROCEDIMENTO SUMARÍSSIMO; TESTEMUNHAS.
3º PASSO: FUNDAMENTO DA RESPOSTA *Anotar o fundamento jurídico, legal, jurisprudencial ou doutrinário.*	
Fundamento do item "A"	INDICAÇÃO DO ART. 852-A DA CLT (0,10)
Fundamento do item "B"	INDICAÇÃO DO ART. 852-H, § 2º, DA CLT (0,10)
4º PASSO: DESENVOLVENDO A RESPOSTA	
Item "A"	**Modelo de resposta:** O RECLAMANTE DEVE ADOTAR O RITO SUMARÍSSIMO, UMA VEZ QUE O VALOR DA CAUSA É SUPERIOR A 2 (DOIS) SALÁRIOS-MÍNIMOS E NÃO EXCEDE 40 (QUARENTA) VEZES O SALÁRIO-MÍNIMO, NEM ENVOLVE ENTE DA ADMINISTRAÇÃO PÚBLICA DIRETA, AUTÁRQUICA E FUNDACIONAL (0,55). INDICAÇÃO DO ART. 852-A DA CLT (0,10).
Item "B"	**Modelo de resposta:** NÃO. O PROCEDIMENTO SUMARÍSSIMO PERMITE A INDICAÇÃO DE NO MÁXIMO 2 (DUAS) TESTEMUNHAS PARA CADA PARTE, QUE DEVEM COMPARECER À AUDIÊNCIA DE INSTRUÇÃO E JULGAMENTO INDEPENDENTEMENTE DE INTIMAÇÃO (0,50). INDICAÇÃO DO ART. 852-H, § 2º, DA CLT (0,10).

QUESTÃO 4 – SIMULADO 3 (PADRÃO DE RESPOSTA)

1º PASSO: IDENTIFICAÇÃO DO TEMA CENTRAL	
Temas centrais e institutos jurídicos narrados no enunciado	PREPOSTO; AUDIÊNCIA; SUBSTITUIÇÃO DAS PARTES.
2º PASSO: ENCONTRANDO O FUNDAMENTO *Pesquisar a palavra-chave, o instituto jurídico ou tema central a partir das informações fornecidas pelo enunciado.*	
Palavra(s)-chave	ÔNUS DA PROVA
3º PASSO: FUNDAMENTO DA RESPOSTA *Anotar o fundamento jurídico, legal, jurisprudencial ou doutrinário.*	
Fundamento do item "A"	INDICAÇÃO DO ART. 843, § 1º OU § 3º, DA CLT (0,10)
Fundamento do item "B"	INDICAÇÃO DO ART. 818, I, DA CLT OU ART. 373, I, DO CPC (0,10)

4º PASSO: DESENVOLVENDO A RESPOSTA	
Item "A"	**Modelo de resposta:**
	NÃO. O EMPREGADOR TEM A FACULDADE DE FAZER-SE SUBSTITUIR PELO GERENTE OU QUALQUER OUTRO PREPOSTO QUE TENHA CONHECIMENTO DOS FATOS, SENDO CERTO QUE O PREPOSTO NÃO PRECISA SER EMPREGADO DA PARTE RECLAMADA (0,55). INDICAÇÃO DO ART. 843, § 1º OU § 3º, DA CLT (0,10).
Item "B"	**Modelo de resposta:**
	CABE AO EMPREGADO, PARTE RECLAMANTE NA DEMANDA TRABALHISTA, O ÔNUS DE PROVAR EXISTÊNCIA DE VÍCIO DE CONSENTIMENTO CAPAZ DE ENSEJAR A INVALIDADE DO PEDIDO DE DEMISSÃO, NA MEDIDA EM QUE SE TRATA DE FATO CONSTITUTIVO DO SEU DIREITO (0,50). INDICAÇÃO DO ART. 818, I, DA CLT OU ART. 373, I, DO CPC (0,10).

SIMULADO 4

PEÇA PRÁTICO-PROFISSIONAL – SIMULADO 4 (PADRÃO DE RESPOSTA)

1º PASSO: DADOS PRINCIPAIS DO ENUNCIADO	
Partes	Empregado/Trabalhador: CAMILA GONÇALVES
	Empregador/Tomador de serviço: JJ FASHION LTDA.
Profissão	VENDEDORA
Data de admissão:	14-5-2015
Data de dispensa:	24-8-2022
Motivo da extinção do contrato de trabalho:	DISPENSADA SEM JUSTA CAUSA, MEDIANTE AVISO-PRÉVIO INDENIZADO
Existe ação em curso?	NÃO
	DATA DO AJUIZAMENTO: –

2º PASSO: IDENTIFICAÇÃO, PREVISÃO LEGAL E PECULIARIDADES DA PEÇA	
Régua processual (Atos processuais descritos no enunciado) |--->> NENHUM ATO PROCESSUAL FOI PRATICADO	
Inicial, defesa ou recurso?	PETIÇÃO INICIAL
Há alguma medida urgente a ser adotada?	NÃO
Peculiaridades da peça	LOCAL DE PRESTAÇÃO DE SERVIÇOS: BELÉM/PA

3º PASSO: ESTRUTURA E TESES DA PEÇA		
Endereçamento	VARA DO TRABALHO DE BELÉM/PA	
Preâmbulo	Cliente	CAMILA GONÇALVES
	Parte contrária	JJ FASHION LTDA.
	Nome da peça, fundamento legal e rito (procedimento):	**RECLAMAÇÃO TRABALHISTA**, ART. 840, § 1º, DA CLT, C/C ART. 319 DO CPC, APLICADO SUBSIDIARIAMENTE AO PROCESSO DO TRABALHO POR FORÇA DO ART. 769 DA CLT E DO ART. 15 DO CPC. RITO COMUM ORDINÁRIO.
	Verbo:	PROPOR OU AJUIZAR
Fatos		
1ª Tese (Direito)	**HORAS EXTRAS: TEMPO À DISPOSIÇÃO / TROCA DE UNIFORME** – A EMPREGADA FAZ JUS AO RECEBIMENTO DE HORAS EXTRAS, COM RESPECTIVO ADICIONAL DE 50%, COM OS DEVIDOS REFLEXOS, PELA TROCA DE ROUPA NO LOCAL DE TRABALHO POR EXIGÊNCIA DO EMPREGADOR. INDICAÇÃO DA SÚMULA 366 DO TST OU ART. 4º, § 2º, VIII, DA CLT.	
Caminho até a tese (Palavra-chave)	JORNADA DE TRABALHO; DURAÇÃO DO TRABALHO; TEMPO À DISPOSIÇÃO.	

2ª Tese (Direito)	INTEGRAÇÃO DAS COMISSÕES – ALÉM DA IMPORTÂNCIA FIXA ESTIPULADA, INTEGRAM O SALÁRIO AS GRATIFICAÇÕES LEGAIS E AS COMISSÕES PAGAS PELO EMPREGADOR, DE MODO QUE A TRABALHADORA FAZ JUS À INTEGRAÇÃO DAS COMISSÕES PAGAS AO SALÁRIO (0,40). INDICAÇÃO DO ART. 457, § 1º, DA CLT (0,20).
Caminho até a tese (Palavra-chave)	SALÁRIO; REMUNERAÇÃO; COMISSÕES;
3ª Tese (Direito)	VALE-FARMÁCIA PREVISTO EM NORMA COLETIVA – A EMPREGADA TEM DIREITO AO PAGAMENTO DO VALE FARMÁCIA PREVISTO EM CONVENÇÃO COLETIVA DE TRABALHO, REFERENTE AO PERÍODO DE VIGÊNCIA DA NORMA COLETIVA (BIÊNIO DE 2018-2020) (0,40). INDICAÇÃO DO ART. 7º, *CAPUT* E XXVI, DA CF OU ART. 611, *CAPUT*, DA CLT (0,20).
Caminho até a tese (Palavra-chave)	*CONVENÇÃO COLETIVA DE TRABALHO; ACORDO COLETIVO DE TRABALHO.*
4ª Tese (Direito)	DANO MORAL: VAZAMENTO DE DADOS PESSOAIS DO EMPREGADO: A EMPRESA PRATICOU ATO ILÍCITO AO DEIXAR DE PROTEGER ADEQUADAMENTE OS DADOS PESSOAIS DO EMPREGADO DE ACESSOS NÃO AUTORIZADOS, DE SITUAÇÕES ACIDENTAIS, ILÍCITAS OU DE QUALQUER FORMA DE TRATAMENTO INADEQUADO OU ILÍCITO NA FORMA DA LEI. INDICAÇÃO DO ART. 44, *CAPUT* E PARÁGRAFO ÚNICO, OU ART. 46 OU ART. 47 DA LEI Nº 13.709/2018, ART. 5º, V E X, DA CF OU ART. 186 E 927 DO CC OU ART. 223-B OU ART. 223-C DA CLT.
Caminho até a tese (Palavra-chave)	*DANO EXTRAPATRIMONIAL; PROTEÇÃO DE DADOS PESSOAIS; LEI GERAL DE PROTEÇÃO DE DADOS.*
5ª Tese (Direito)	VERBAS RESCISÓRIAS: A) SALDO DE SALÁRIO – 24 DIAS REFERENTES AO MÊS DE AGOSTO DE 2022; B) AVISO-PRÉVIO PROPORCIONAL – 51 DIAS (ÚLTIMO DIA DO CONTRATO DE TRABALHO PARA TODOS OS FINS – 14-10-2022); C) 13º SALÁRIO PROPORCIONAL (2022) – 9/12 (NOVE DOZE AVOS); D) FÉRIAS PROPORCIONAIS COM 1/3; E) DEPÓSITO DO FGTS SOBRE AS VERBAS RESCISÓRIAS; F) INDENIZAÇÃO DE 40% SOBRE OS DEPÓSITOS DO FGTS; G) GUIAS PARA LEVANTAMENTO DO FGTS; H) GUIAS PARA HABILITAÇÃO NO SEGURO-DESEMPREGO; I) MULTA DO ART. 467 E 477 DA CLT.

Notas sobre a apuração do décimo terceiro e das férias proporcionais	*ADMISSÃO: 14-5-2015* *DISPENSA: 24-8-2022* *AP INDENIZADO: 51 DIAS – ÚLTIMO DIA DO CONTRATO DE TRABALHO14-10-2022.* ***13º SALÁRIO PROPORCIONAL (2022) – 9/12*** (NOVE DOZE AVOS)	
	QUANTIDADES DE MESES	FRAÇÃO DE 13º SALÁRIO – *(ART. 76, §§ 1º E 2º, DO DECRETO Nº 10.854/2021)*
	JANEIRO 2022	MÊS DE SERVIÇO COMPLETO – 1/12 (UM DOZE AVOS)
	FEVEREIRO 2022	MÊS DE SERVIÇO COMPLETO – 1/12 (UM DOZE AVOS)
	MARÇO 2022	MÊS DE SERVIÇO COMPLETO – 1/12 (UM DOZE AVOS)
	ABRIL 2022	MÊS DE SERVIÇO COMPLETO – 1/12 (UM DOZE AVOS)
	MAIO 2022	MÊS DE SERVIÇO COMPLETO – 1/12 (UM DOZE AVOS)
	JUNHO 2022	MÊS DE SERVIÇO COMPLETO – 1/12 (UM DOZE AVOS)
	JULHO 2022	MÊS DE SERVIÇO COMPLETO – 1/12 (UM DOZE AVOS)

	AGOSTO 2022	MÊS DE SERVIÇO COMPLETO – 1/12 (UM DOZE AVOS)
	SETEMBRO 2022	MÊS DE SERVIÇO COMPLETO – 1/12 (UM DOZE AVOS)
	14 DIAS REFERENTES AO MÊS DE OUTUBRO 2022	*MÊS DE SERVIÇO INCOMPLETO – FRAÇÃO INFERIOR A 15 DIAS – NÃO CONTA PARA FINS DO 13º SALÁRIO PROPORCIONAL (ART. 76, § 2º, DO DECRETO Nº 10.854/2021)*
	TOTAL DE 13º SALÁRIO PROPORCIONAL	9/12 (NOVE DOZE AVOS)
	FÉRIAS PROPORCIONAIS COM 1/3	
	PERÍODOS AQUISITIVOS DE FÉRIAS	
	2015-2016 (14-5-2015 A 14-5-2016)	PERÍODO COMPLETO DE FÉRIAS
	2016-2017 (14-5-2016 A 14-5-2017)	PERÍODO COMPLETO DE FÉRIAS
	2017-2018 (14-5-2017 A 14-5-2018)	PERÍODO COMPLETO DE FÉRIAS
	2018-2019 (14-5-2018 A 14-5-2019)	PERÍODO COMPLETO DE FÉRIAS
	2019-2020 (14-5-2019 A 14-5-2020)	PERÍODO COMPLETO DE FÉRIAS
	2020-2021 (14-5-2020 A 14-5-2021)	PERÍODO COMPLETO DE FÉRIAS
	2021-2022 (14-5-2021 A 14-5-2022)	PERÍODO COMPLETO DE FÉRIAS
	2022-2023 (14-5-2022 A *14-10-2022 – ÚLTIMO DIA DO AVISO-PRÉVIO)*	PERÍODO COMPLETO DE FÉRIAS
	FÉRIAS PROPORCIONAIS COM 1/3	
	14-5-2022 A 13-6-2022	MÊS DE SERVIÇO COMPLETO – 1/12 (UM DOZE AVOS)
	14-6-2022 A 13-7-2022	MÊS DE SERVIÇO COMPLETO – 1/12 (UM DOZE AVOS)
	14-7-2022 A 13-8-2022	MÊS DE SERVIÇO COMPLETO – 1/12 (UM DOZE AVOS)
	14-8-2022 A 13-9-2022	MÊS DE SERVIÇO COMPLETO – 1/12 (UM DOZE AVOS)
	14-9-2022 A 13-10-2022	MÊS DE SERVIÇO COMPLETO – 1/12 (UM DOZE AVOS)
	14-10-2022 (ÚLTIMO DIA DO AVISO-PRÉVIO)	1 DIA – FRAÇÃO IGUAL OU INFERIOR A 14 (QUATORZE) DIAS – *NÃO CONTA PARA FINS FÉRIAS PROPORCIONAIS (ART. 146, PARÁGRAFO ÚNICO, C/C ART. 147, AMBOS DA CLT)*
	TOTAL DE FÉRIAS PROPORCIONAIS COM 1/3	5/12 (CINCO DOZE AVOS)
Caminho até a tese (Palavra-chave)	*VERBAS RESCISÓRIAS;*	
Tutela de urgência	NÃO.	
Pedidos, Conclusões e Requerimentos finais	PROCEDÊNCIA DOS PEDIDOS; REITERAÇÃO DE TODOS OS PEDIDOS FORMULADOS NO CORPO DA PEÇA; NOTIFICAÇÃO DA RECLAMADA; HONORÁRIOS ADVOCATÍCIOS SUCUMBENCIAIS, NA FORMA DO ART. 791-A DA CLT; JUSTIÇA GRATUITA EM RAZÃO DO DESEMPREGO, NA FORMA DO ART. 790, § 3º, DA CLT; PROTESTO POR PROVAS; E VALOR DA CAUSA E INDICAÇÃO DA EXPRESSÃO ECONÔMICA DOS PEDIDOS;	
Encerramento	LOCAL. DATA. ADVOGADO. OAB/... Nº	

QUESTÃO 1 – SIMULADO 4 (PADRÃO DE RESPOSTA)

1º PASSO: IDENTIFICAÇÃO DO TEMA CENTRAL	
Temas centrais e institutos jurídicos narrados no enunciado	GRUPO EMPRESARIAL; IDENTIDADE DE SÓCIOS.
2º PASSO: ENCONTRANDO O FUNDAMENTO *Pesquisar a palavra-chave, o instituto jurídico ou tema central a partir das informações fornecidas pelo enunciado.*	
Palavra(s)-chave	CONTRATO ÚNICO; GRUPO EMPRESARIAL
3º PASSO: FUNDAMENTO DA RESPOSTA *Anotar o fundamento jurídico, legal, jurisprudencial ou doutrinário.*	
Fundamento do item "A"	INDICAÇÃO DO ART. 2º, § 3º, DA CLT
Fundamento do item "B"	INDICAÇÃO DA SÚMULA 129 DO TST
4º PASSO: DESENVOLVENDO A RESPOSTA	
Item "A"	**Modelo de resposta:** NÃO. A MESMA IDENTIDADE DE SÓCIO NÃO CARACTERIZA GRUPO ECONÔMICO, SENDO NECESSÁRIA, PARA A CONFIGURAÇÃO DO GRUPO, A DEMONSTRAÇÃO DO INTERESSE INTEGRADO, A EFETIVA COMUNHÃO DE INTERESSES E A ATUAÇÃO CONJUNTA DAS EMPRESAS DELE INTEGRANTES. INDICAÇÃO DO ART. 2º, § 3º, DA CLT.
Item "B"	**Modelo de resposta:** ADVOGARIA A TESE DE QUE A PRESTAÇÃO DE SERVIÇOS A MAIS DE UMA EMPRESA DO MESMO GRUPO ECONÔMICO, DURANTE A MESMA JORNADA DE TRABALHO, NÃO CARACTERIZA A COEXISTÊNCIA DE MAIS DE UM CONTRATO DE TRABALHO, EXCETO SE HOUVER AJUSTE EM CONTRÁRIO. INDICAÇÃO DA SÚMULA 129 DO TST.

QUESTÃO 2 – SIMULADO 4 (PADRÃO DE RESPOSTA)

1º PASSO: IDENTIFICAÇÃO DO TEMA CENTRAL	
Temas centrais e institutos jurídicos narrados no enunciado	FATA GRAVE; JUSTA CAUSA; RESCISÃO DO CONTRATO DE TRABALHO.
2º PASSO: ENCONTRANDO O FUNDAMENTO *Pesquisar a palavra-chave, o instituto jurídico ou tema central a partir das informações fornecidas pelo enunciado.*	
Palavra(s)-chave	GRAVIDEZ; GESTANTE; TRABALHO DA MULHER.

3º PASSO: FUNDAMENTO DA RESPOSTA *Anotar o fundamento jurídico, legal, jurisprudencial ou doutrinário.*	
Fundamento do item "A"	INDICAÇÃO DO ART. 482, *A*, DA CLT
Fundamento do item "B"	INDICAÇÃO DO ART. 10, II, *B*, DO ADCT
4º PASSO: DESENVOLVENDO A RESPOSTA	
Item "A"	**Modelo de resposta:** SIM. A CONDUTA PRATICADA PELA EMPREGADA CONFIGURA ATO DE IMPROBIDADE, AUTORIZANDO A RUPTURA DO CONTRATO DE TRABALHO POR JUSTA CAUSA PELO EMPREGADOR. INDICAÇÃO DO ART. 482, *A*, DA CLT.
Item "B"	**Modelo de resposta:** DEFENDERIA A TESE DE QUE A FALTA GRAVE POSSIBILITA A RUPTURA DO CONTRATO DE TRABALHO PELO EMPREGADOR, DE MODO QUE A GARANTIA PROVISÓRIA DE EMPREGO NÃO CONSTITUI UMA RESTRIÇÃO ABSOLUTA À EXTINÇÃO DO CONTRATO DE TRABALHO. OU QUE A GARANTIA PROVISÓRIA DE EMPREGO IMPEDE SOMENTE A DISPENSA ARBITRÁRIA (AQUELA DESPROVIDA DE SUPORTE EM UMA FUNDAMENTAÇÃO MINIMAMENTE RELEVANTE) OU SEM JUSTO MOTIVO (DECORRENTE DO MERO EXERCÍCIO DO DIREITO POTESTATIVO DO EMPREGADOR). INDICAÇÃO DO ART. 10, II, *B*, DO ADCT.

QUESTÃO 3 – SIMULADO 4 (PADRÃO DE RESPOSTA)

1º PASSO: IDENTIFICAÇÃO DO TEMA CENTRAL	
Temas centrais e institutos jurídicos narrados no enunciado	COMPETÊNCIA; PROCESSO DE JURISDIÇÃO VOLUNTÁRIA; HOMOLOGAÇÃO DE ACORDO EXTRAJUDICIAL.
2º PASSO: ENCONTRANDO O FUNDAMENTO ***Pesquisar a palavra-chave, o instituto jurídico ou tema central a partir das informações fornecidas pelo enunciado.***	
Palavra(s)-chave	CONTRIBUIÇÕES SOCIAIS; COMPETÊNCIA.
3º PASSO: FUNDAMENTO DA RESPOSTA ***Anotar o fundamento jurídico, legal, jurisprudencial ou doutrinário.***	
Fundamento do item "A"	INDICAÇÃO DO ART. 114, I OU IX, DA CF, OU ART. 652, F, DA CLT, OU ART. 855-B, *CAPUT*, DA CLT.
Fundamento do item "B"	INDICAÇÃO DO ART. 876, PARÁGRAFO ÚNICO, DA CLT OU ART. 114, VIII, DA CF OU SÚMULA VINCULANTE 53 DO STF.

4º PASSO: DESENVOLVENDO A RESPOSTA	
Item "A"	**Modelo de resposta:**
	SIM. A JUSTIÇA DO TRABALHO ADMITE A PROPOSITURA DE PROCESSO DE JURISDIÇÃO VOLUNTÁRIA PARA A HOMOLOGAÇÃO DE ACORDO EXTRAJUDICIAL, MEDIANTE PETIÇÃO CONJUNTA, SENDO OBRIGATÓRIA A REPRESENTAÇÃO DAS PARTES POR ADVOGADOS DISTINTOS. INDICAÇÃO DO ART. 114, I OU IX, DA CF, OU ART. 652, F DA CLT, OU ART. 855-B, *CAPUT*, DA CLT.
Item "B"	**Modelo de resposta:**
	SIM. A JUSTIÇA DO TRABALHO PODE EXECUTAR, DE OFÍCIO, AS CONTRIBUIÇÕES SOCIAIS RELATIVAS AO OBJETO DA CONDENAÇÃO CONSTANTE DAS SENTENÇAS QUE PROFERIR E DOS ACORDOS QUE HOMOLOGAR. INDICAÇÃO DO ART. 876, PARÁGRAFO ÚNICO, DA CLT OU ART. 114, VIII, DA CF OU SÚMULA VINCULANTE 53 DO STF.

QUESTÃO 4 – SIMULADO 4 (PADRÃO DE RESPOSTA)

1º PASSO: IDENTIFICAÇÃO DO TEMA CENTRAL	
Temas centrais e institutos jurídicos narrados no enunciado	COMPETÊNCIA TERRITORIAL;
2º PASSO: ENCONTRANDO O FUNDAMENTO **Pesquisar a palavra-chave, o instituto jurídico ou tema central a partir das informações fornecidas pelo enunciado.*	
Palavra(s)-chave	DEFESAS; EXCEÇÃO DE INCOMPETÊNCIA TERRITORIAL; IRRECORRIBILIDADE IMEDIATA DAS DECISÕES INTERLOCUTÓRIAS.
3º PASSO: FUNDAMENTO DA RESPOSTA **Anotar o fundamento jurídico, legal, jurisprudencial ou doutrinário.*	
Fundamento do item "A"	INDICAÇÃO DO ART. 651, *CAPUT*, DA CLT (0,10)
Fundamento do item "B"	INDICAÇÃO DO ART. 800, *CAPUT*, DA CLT
4º PASSO: DESENVOLVENDO A RESPOSTA	
Item "A"	**Modelo de resposta:**
	NÃO. EM REGRA, A COMPETÊNCIA TERRITORIAL É DETERMINADA PELA LOCALIDADE ONDE O EMPREGADO, RECLAMANTE OU RECLAMADO, PRESTAR SERVIÇOS AO EMPREGADOR, AINDA QUE TENHA SIDO CONTRATADO NOUTRO LOCAL OU NO ESTRANGEIRO. PORTANTO, A DEMANDA DEVERIA SER PROPOSTA PERANTE A VARA DO TRABALHO DE SÃO PAULO/SP OU DA CIDADE DE NATAL/RN, LOCAIS EM QUE PRESTOU SERVIÇOS EM FAVOR DA EMPRESA (0,55). INDICAÇÃO DO ART. 651, *CAPUT*, DA CLT
Item "B"	**Modelo de resposta:**
	A MEDIDA JUDICIAL A SER ADOTADA É A APRESENTAÇÃO DE EXCEÇÃO DE INCOMPETÊNCIA TERRITORIAL, NO PRAZO DE CINCO DIAS, A CONTAR DA NOTIFICAÇÃO, ANTES DA AUDIÊNCIA E EM PEÇA QUE SINALIZE A EXISTÊNCIA DESSA EXCEÇÃO (0,50). INDICAÇÃO DO ART. 800, *CAPUT*, DA CLT

SIMULADO 5

PEÇA PRÁTICO-PROFISSIONAL – SIMULADO 5 (PADRÃO DE RESPOSTA)

1º PASSO: DADOS PRINCIPAIS DO ENUNCIADO	
Partes	Empregado/Trabalhador: PEDRO PAULO DE BUARQUE ALMEIDA
	Empregador/Tomador de serviço: DOCERIA QUEBRA-QUEIXO LTDA.
Profissão	REPOSITOR DE MERCADORIA
Data de admissão:	10-1-2010
Data de dispensa:	26-6-2022
Motivo da extinção do contrato de trabalho:	DISPENSADO POR JUSTA CAUSA
Existe ação em curso?	SIM
	Data do ajuizamento: 06-9-2022

2º PASSO: IDENTIFICAÇÃO, PREVISÃO LEGAL E PECULIARIDADES DA PEÇA	
Régua processual (Atos processuais descritos no enunciado) RECLAMAÇÃO TRABALHISTA → NOTIFICAÇÃO → CONTESTAÇÃO	
Inicial, defesa ou recurso?	DEFESA
Há alguma medida urgente a ser adotada?	NÃO
Peculiaridades da peça	PROCESSO Nº 1000123-15.2022.5.02.0026

3º PASSO: ESTRUTURA E TESES DA PEÇA		
Endereçamento	26ª VARA DO TRABALHO DE SÃO PAULO/SP	
Preâmbulo	Cliente	DOCERIA QUEBRA-QUEIXO LTDA.
	Parte contrária	PEDRO PAULO DE BUARQUE ALMEIDA
	Nome da peça, fundamento legal e rito (procedimento):	**CONTESTAÇÃO**, COM FUNDAMENTO NO ART. 847 DA CLT C/C ART. 336 E SEGUINTES DO CPC, APLICADO SUPLETIVA E SUBSIDIARIAMENTE POR FORÇA DO ARTIGO 769 DA CLT E ART. 15 DO CPC
	Verbo:	APRESENTAR
Fatos		
1ª Tese (Direito)	**PRELIMINAR DE INÉPCIA DA PETIÇÃO INICIAL:** O EMPREGADO POSTULA O PAGAMENTO DE ADICIONAL DE PERICULOSIDADE SEM MENCIONAR A CAUSA DE PEDIR CORRESPONDENTE, MOTIVO PELO QUAL O FEITO DEVE SER *EXTINTO SEM RESOLUÇÃO DE MÉRITO*. INDICAÇÃO DO ARTIGO 330, I OU § 1º, DO CPC OU ART. 337, IV, DO CPC E ART. 485, I, CPC.	

Caminho até a tese (Palavra-chave)	
2ª Tese (Direito)	PRESCRIÇÃO QUINQUENAL/PARCIAL: ARGUIÇÃO DA PRESCRIÇÃO PARCIAL OU QUINQUENAL, LIMITANDO EVENTUAL CONDENAÇÃO AOS CINCO ANOS ANTERIORES AO AJUIZAMENTO DA AÇÃO, RAZÃO PELA QUAL OS CRÉDITOS ANTERIORES DEVERÃO SER EXTINTOS *COM RESOLUÇÃO DE MÉRITO* OU A *PRONÚNCIA DE MÉRITO*. INDICAÇÃO DO ARTIGO 7º, XXIX, CF OU ARTIGO 11 DA CLT OU SÚMULA 308, I, DO TST E ARTIGO 487, II, DO CPC.
Caminho até a tese (Palavra-chave)	
3ª Tese (Direito)	DO NÃO CABIMENTO DO INTERVALO INTERJORNADA: O EMPREGADO NÃO TEM DIREITO AO PAGAMENTO DO INTERVALO INTERJORNADA, CONSIDERANDO QUE DE ACORDO COM A JORNADA DE TRABALHO DESCRITA ENTRE AS JORNADAS DE TRABALHO HOUVE O RESPEITO AO INTERVALO MÍNIMO DE 11 HORAS CONSECUTIVAS DE DESCANSO. INDICAÇÃO DO ART. 66 DA CLT.
Caminho até a tese (Palavra-chave)	
4ª Tese (Direito)	DO NÃO CABIMENTO DAS FÉRIAS EM DOBRO (2018-2019): O EMPREGADO QUE, NO CURSO DO PERÍODO AQUISITIVO, TIVER PERMANECIDO EM GOZO DE AUXÍLIO-DOENÇA POR PERÍODO SUPERIOR A 6 (SEIS) MESES, AINDA QUE DESCONTÍNUOS, NÃO TERÁ DIREITO A FÉRIAS. INDICAÇÃO DO ART. 133, IV, DA CLT.
Caminho até a tese (Palavra-chave)	
5ª Tese (Direito)	DO NÃO CABIMENTO DAS HORAS EXTRAS: CARGO DE CONFIANÇA – OS EMPREGADOS QUE EXERCEM CARGO DE CONFIANÇA, COM PERCEPÇÃO DE GRATIFICAÇÃO DE FUNÇÃO NÃO A 40%, ESTÃO EXCLUÍDOS DO CONTROLE DE JORNADA E DA LIMITAÇÃO DE HORÁRIO PREVISTA NA CLT. INDICAÇÃO DO ART. 62, II, PARÁGRAFO ÚNICO, DA CLT.
Caminho até a tese (Palavra-chave)	
6ª Tese (Direito)	DA ALTERAÇÃO CONTRATUAL LÍCITA/ DA GRATIFICAÇÃO DE FUNÇÃO – A SITUAÇÃO DESCRITA NÃO CARACTERIZA REBAIXAMENTO DE FUNÇÃO, MAS, SIM, REVERSÃO, DE MODO QUE NÃO CARACTERIZA ALTERAÇÃO UNILATERAL ILÍCITA, A REVERSÃO DO EMPREGADO QUE DEIXA DE EXERCER FUNÇÃO DE CONFIANÇA AO CARGO ANTERIORMENTE OCUPADO. ALÉM DISSO, EM CASO DE REVERSÃO, NÃO É DEVIDA A MANUTENÇÃO DO PAGAMENTO DA GRATIFICAÇÃO DE FUNÇÃO CORRESPONDENTES, POIS NÃO SE INCORPORA AO SALÁRIO DO TRABALHADOR, INDEPENDENTEMENTE DO TEMPO DE EXERCÍCIO DA RESPECTIVA FUNÇÃO (0,30). INDICAÇÃO DO ART. 468, § 1º (0,10) E § 2º, DA CLT.
Caminho até a tese (Palavra-chave)	
7ª Tese (Direito)	DA VALIDADE DA DISPENSA POR JUSTA CAUSA: O EMPREGADO QUE FALTAR AOS SERVIÇOS POR MAIS DE 30 DIAS, DE FORMA IMOTIVADA, COMETE FALTA GRAVE ENQUADRADA COMO ABANDONO DE EMPREGO, SENDO, PORTANTO, LÍCITA A DISPENSA POR JUSTA CAUSA. INDICAÇÃO DO ART. 482, *I*, DA CLT E SÚMULA 32 DO TST.
Caminho até a tese (Palavra-chave)	

Tutela de urgência	NÃO.
Pedidos, Conclusões e Requerimentos finais	ACOLHIMENTO DA PRELIMINAR; PRONÚNCIA DA PRESCRIÇÃO QUINQUENAL; IMPROCEDÊNCIA DOS PEDIDOS; PROTESTO POR PROVAS; CONDENAÇÃO DA PARTE CONTRÁRIA AO PAGAMENTO DE HONORÁRIOS ADVOCATÍCIOS SUCUMBENCIAIS, COM BASE NO ART. 791-A DA CLT.
Encerramento	LOCAL. DATA. ADVOGADO. OAB/... Nº

QUESTÃO 1 – SIMULADO 5 (PADRÃO DE RESPOSTA)

1º PASSO: IDENTIFICAÇÃO DO TEMA CENTRAL	
Temas centrais e institutos jurídicos narrados no enunciado	– LITISCONSÓRCIO; PRAZO E PROCURADORES
2º PASSO: ENCONTRANDO O FUNDAMENTO ***Pesquisar a palavra-chave, o instituto jurídico ou tema central a partir das informações fornecidas pelo enunciado.**	
Palavra(s)-chave	– LITISCONSÓRCIO; PRAZO; LITISCONSORTE; PROCURADORES DIFERENTES; PRAZO EM DOBRO.
3º PASSO: FUNDAMENTO DA RESPOSTA ***Anotar o fundamento jurídico, legal, jurisprudencial ou doutrinário.**	
Fundamento do item "A"	– ART. 229, *CAPUT*, DO CPC; OJ 310 DA SDI-1 DO TST
Fundamento do item "B"	– INCISO III DO ARTIGO 1º DO DECRETO LEI Nº 779/1969 OU DO ART. 183 DO CPC
4º PASSO: DESENVOLVENDO A RESPOSTA	
Item "A"	**Modelo de resposta:**
	SIM, UMA VEZ QUE NÃO SE APLICA O ARTIGO 229, *CAPUT*, DO CPC, QUE PREVÊ O PRAZO EM DOBRO NAS LIDES EM QUE HOUVER LITISCONSORTES COM PROCURADORES DIFERENTES, EM FACE DA SUA INCOMPATIBILIDADE COM A CELERIDADE INERENTE AO PROCESSO DO TRABALHO. INDICAR O ART. 229, *CAPUT*, DO CPC, OU OJ 310 DA SDI-1 DO TST.
Item "B"	**Modelo de resposta:**
	NÃO, JÁ QUE CONSTITUI PRERROGATIVA DO MUNICÍPIO O PRAZO EM DOBRO PARA RECORRER. INDICAR O INCISO III DO ARTIGO 1º DO DECRETO LEI Nº 779/1969 OU ART. 183 DO CPC.

QUESTÃO 2 – SIMULADO 5 (PADRÃO DE RESPOSTA)

1º PASSO: IDENTIFICAÇÃO DO TEMA CENTRAL	
Temas centrais e institutos jurídicos narrados no enunciado	– DIRIGENTE SINDICAL; ESTABILIDADE; FALTA GRAVE
	– INQUÉRITO JUDICIAL PARA APURAÇÃO DE FALTA GRAVE; TESTEMUNHAS;
2º PASSO: ENCONTRANDO O FUNDAMENTO ***Pesquisar a palavra-chave, o instituto jurídico ou tema central a partir das informações fornecidas pelo enunciado.**	
Palavra(s)-chave	– SINDICATOS; ESTABILIDADE; FALTA GRAVE; EXTINÇÃO DO CONTRATO DE TRABALHO, DESÍDIA,
	– INQUÉRITO JUDICIAL PARA APURAÇÃO DE FALTA GRAVE; TESTEMUNHAS.

3º PASSO: FUNDAMENTO DA RESPOSTA *Anotar o fundamento jurídico, legal, jurisprudencial ou doutrinário.*	
Fundamento do item "A"	– ART. 482, E, DA CLT
Fundamento do item "B"	– ART. 821 DA CLT
4º PASSO: DESENVOLVENDO A RESPOSTA	
Item "A"	**Modelo de resposta:** SUSTENTARIA QUE NÃO HOUVE O COMETIMENTO DE FALTA GRAVE, POIS O EMPREGADO NÃO AGIU COM DESLEIXO, DISPLICÊNCIA, FALTA DE ATENÇÃO OU DE ZELO NO EXERCÍCIO DAS SUAS FUNÇÕES, NEM MESMO HOUVE ATRASO REITERADO EM RALAÇÃO AO INÍCIO DA JORNADA DE TRABALHO. AINDA QUE ASSIM NÃO FOSSE, UM SIMPLES ATRASO, DE FORMA ISOLADA, NÃO É GRAVE O SUFICIENTEMENTE PARA ENSEJAR A EXTINÇÃO DO CONTRATO DE TRABALHO POR JUSTO MOTIVO, ALÉM DE INEXISTIR PROPORCIONALIDADE ENTRE A PUNIÇÃO E A FALTA COMETIDA, OU GRADAÇÃO DA PENALIDADE DISCIPLINAR APLICADA. INDICAR O ART. 482, E, DA CLT.
Item "B"	**Modelo de resposta:** NO INQUÉRITO JUDICIAL PARA APURAÇÃO DE FALTA GRAVE CADA UMA DAS PARTES PODERÁ INDICAR ATÉ 6 (SEIS) TESTEMUNHAS. INDICAR O ART. 821 DA CLT.

QUESTÃO 3 – SIMULADO 5 (PADRÃO DE RESPOSTA)

1º PASSO: IDENTIFICAÇÃO DO TEMA CENTRAL	
Temas centrais e institutos jurídicos narrados no enunciado	– GREVE; *LOCKOUT*; – SUSPENSÃO DOS SALÁRIOS; PARALISAÇÃO DO EMPREGADOR.
2º PASSO: ENCONTRANDO O FUNDAMENTO **Pesquisar a palavra-chave, o instituto jurídico ou tema central a partir das informações fornecidas pelo enunciado.*	
Palavra(s)-chave	– GREVE; *LOCKOUT*; – PARALISAÇÃO; VEDAÇÃO.
3º PASSO: FUNDAMENTO DA RESPOSTA **Anotar o fundamento jurídico, legal, jurisprudencial ou doutrinário.*	
Fundamento do item "A"	– ART. 17, *CAPUT*, DA LEI Nº 7.783/1989
Fundamento do item "B"	– ART. 17, PARÁGRAFO ÚNICO, DA LEI Nº 7.783/1989 OU ART. 722, § 3º, DA CLT

4º PASSO: DESENVOLVENDO A RESPOSTA	
Item "A"	**Modelo de resposta:**
	O INSTITUTO RELACIONADO À SITUAÇÃO HIPOTÉTICA TRAZIDA É O *LOCKOUT*. REFERIDO MOVIMENTO NÃO É AUTORIZADO PELO ORDENAMENTO JURÍDICO, QUE VEDA A PARALISAÇÃO DAS ATIVIDADES REALIZADA POR INICIATIVA DO EMPREGADOR, COM O INTUITO DE FRUSTRAR NEGOCIAÇÃO OU DIFICULTAR O ATENDIMENTO DE REIVINDICAÇÕES DE SEUS TRABALHADORES. INDICAR O ART. 17, *CAPUT*, DA LEI Nº 7.783/1989.
Item "B"	**Modelo de resposta:**
	O EMPREGADOR NÃO AGIU CORRETAMENTE AO SUSPENDER O PAGAMENTO DOS SALÁRIOS DURANTE O PERÍODO NO QUAL AS ATIVIDADES DA EMPRESA FICARAM PARALISADAS, UMA VEZ QUE A PRÁTICA DO *LOCKOUT* NÃO PODE ACARRETAR QUALQUER PREJUÍZO SALARIAL AOS EMPREGADOS, QUE TERÃO O DIREITO À PERCEPÇÃO DE SEUS PROVENTOS. INDICAR O ART. 17, PARÁGRAFO ÚNICO, DA LEI Nº 7.783/1989 OU ART. 722, § 3º, DA CLT.

QUESTÃO 4 – SIMULADO 5 (PADRÃO DE RESPOSTA)

1º PASSO: IDENTIFICAÇÃO DO TEMA CENTRAL	
Temas centrais e institutos jurídicos narrados no enunciado	– RECURSOS;
	– EFEITOS DEVOLUTIVOS OU SUSPENSIVOS
2º PASSO: ENCONTRANDO O FUNDAMENTO ***Pesquisar a palavra-chave, o instituto jurídico ou tema central a partir das informações fornecidas pelo enunciado.**	
Palavra(s)-chave	– RECURSO; EFEITO MERAMENTE DEVOLUTIVO;
	– EFEITO SUSPENSIVO; RECURSO; MEDIDA APROPRIADA.
3º PASSO: FUNDAMENTO DA RESPOSTA ***Anotar o fundamento jurídico, legal, jurisprudencial ou doutrinário.**	
Fundamento do item "A"	– ART. 899, *CAPUT*, DA CLT
Fundamento do item "B"	– SÚMULA 414, I, DO TST OU DO ART. 1.029, § 5º, DO CPC
4º PASSO: DESENVOLVENDO A RESPOSTA	
Item "A"	**Modelo de resposta:**
	NÃO. OS RECURSOS TRABALHISTAS, EM REGRA, SÃO DOTADOS APENAS NO EFEITO DEVOLUTIVO. INDICAR O ART. 899, *CAPUT*, DA CLT.
Item "B"	**Modelo de resposta:**
	NA JUSTIÇA DO TRABALHO, A SIMPLES INTERPOSIÇÃO DE RECURSO ORDINÁRIO NÃO TEM O CONDÃO DE SUSPENDER A ORDEM DE REINTEGRAÇÃO ATÉ SEU JULGAMENTO, SENDO NECESSÁRIO REQUERIMENTO ESPECÍFICO PLEITEANDO A SUSPENSÃO. INDICAR A SÚMULA 414, I, DO TST OU ART. 1.029, § 5º, DO CPC.

SIMULADO 6

PEÇA PRÁTICO-PROFISSIONAL – SIMULADO 6 (PADRÃO DE RESPOSTA)

1º PASSO: DADOS PRINCIPAIS DO ENUNCIADO	
Partes	Empregado/Trabalhador: CALVIN HARRIS
	Empregador/Tomador de serviço: BEIRUTE COMIDA ÁRABE LTDA
Profissão	AUXILIAR DE COZINHA
Data de admissão:	5-12-2011
Data de dispensa:	1-12-2020
Motivo da extinção do contrato de trabalho:	DISPENSA IMOTIVADA
Existe ação em curso?	SIM
	Data do ajuizamento: 10-3-2021

2º PASSO: IDENTIFICAÇÃO, PREVISÃO LEGAL E PECULIARIDADES DA PEÇA	
Régua processual (Atos processuais descritos no enunciado) |-->> RT CONTESTAÇÃO	
Inicial, defesa ou recurso?	DEFESA – CONTESTAÇÃO, COM FUNDAMENTO NOS ART. 847 DA CLT C/C ART. 336 E SEGUINTES DO CPC, APLICADO SUPLETIVA E SUBSIDIARIAMENTE POR FORÇA DO ARTIGO 769 DA CLT E ART. 15 DO CPC.
Há alguma medida urgente a ser adotada?	NÃO
Peculiaridades da peça	– O ENUNCIADO INFORMOU O NÚMERO DO PROCESSO, DEVENDO SER INDICADO NA PEÇA PROCESSUAL. – HÁ PRELIMINAR – INÉPCIA DA INICIAL; – HÁ PREJUDICIAL DE MÉRITO-PRESCRIÇÃO BIENAL E QUINQUENAL – DANOS CAUSADOS PELO EMPREGADO EM FACE DO EMPREGADOR

3º PASSO: ESTRUTURA E TESES DA PEÇA		
Endereçamento	EXCELENTÍSSIMO SENHOR DOUTOR JUIZ DO TRABALHO DA 13ª VARA DO TRABALHO DE PALMAS/TO.	
Preâmbulo	Peticionário (Requerente)	BEIRUTE COMIDA ÁRABE LTDA
	Parte contrária (Requerido)	CALVIN HARRIS
	Nome da peça	CONTESTAÇÃO
	Fundamento legal	ART. 847 DA CLT C/C ART. 336 E SEGUINTES DO CPC, APLICADO SUPLETIVA E SUBSIDIARIAMENTE POR FORÇA DO ARTIGO 769 DA CLT E ART. 15 DO CPC.
	Procedimento (rito)	
	Verbo:	APRESENTAR

Fatos	O RECLAMANTE FOI CONTRATADO PARA EXERCER A FUNÇÃO DE AUXILIAR DE COZINHA. ALEGA A ILEGALIDADE DA DEMISSÃO, POIS NA OCASIÃO ERA SUPLENTE DO VICE--PRESIDENTE DA CIPA, O QUE LHE ASSEGURAVA A ESTABILIDADE.
1ª Tese (Direito)	FATOS: O RECLAMANTE PLEITEIA O PAGAMENTO DE PARTICIPAÇÃO NOS LUCROS E RESULTADOS. ENTRETANTO, NÃO MENCIONOU A CAUSA DE PEDIR CORRESPONDENTE. FUNDAMENTOS: A SITUAÇÃO EM TELA CARACTERIZA TÍPICA HIPÓTESE DE INÉPCIA DA PETIÇÃO INICIAL. INDICAÇÃO DO ART. 330, I OU § 1º, CPC OU ART. 337, IV, DO CPC E ART. 485, I, CPC. CONCLUSÃO: POR ESSA RAZÃO, O FEITO DEVE SER EXTINTO SEM RESOLUÇÃO DE MÉRITO.
Caminho até a tese (Palavra-chave)	PRELIMINAR; INÉPCIA
2ª Tese (Direito)	A JUSTIÇA DO TRABALHO É RESTRITA À EXECUÇÃO DAS CONTRIBUIÇÕES PREVIDENCIÁRIAS DECORRENTES DAS SENTENÇAS CONDENATÓRIAS PECUNIÁRIAS QUE PROFERIR, OU DOS ACORDOS QUE HOMOLOGAR, SENDO CERTO QUE EM TAIS HIPÓTESES AS CONTRIBUIÇÕES PREVIDENCIÁRIAS INCIDIRÃO SOBRE AS PARCELAS DE NATUREZA SALARIA, O QUE NÃO É O CASO. O RECLAMANTE PRETENDE O RECOLHIMENTO DAS CONTRIBUIÇÕES PREVIDENCIÁRIAS DEVIDAS E NÃO RECOLHIDAS PELO EMPREGADOR DURANTE O CURSO DO CONTRATO DE TRABALHO, SENDO CERTO QUE A JUSTIÇA DO TRABALHO É ABSOLUTAMENTE INCOMPETENTE NESSE CASO. INDICAÇÃO DO ART. ART. 337, II, DO CPC, ART. 876, PARÁGRAFO ÚNICO, DA CLT OU ART. 114, VIII, DA CF OU SÚMULA 368, I, DO TST OU SÚMULA VINCULANTE 53 DO STF. POR ESSA RAZÃO, O FEITO DEVE SER EXTINTO SEM RESOLUÇÃO DE MÉRITO.
Caminho até a tese (Palavra-chave)	PRELIMINAR; INCOMPETÊNCIA ABSOLUTA; CONTRIBUIÇÃO PREVIDENCIÁRIA
3ª Tese (Direito)	O RECLAMANTE AJUIZOU RECLAMAÇÃO TRABALHISTA EM 10-3-2021. ARGUIÇÃO DA PRESCRIÇÃO PARCIAL OU QUINQUENAL, LIMITANDO EVENTUAL CONDENAÇÃO AOS CINCO ANOS ANTERIORES AO AJUIZAMENTO DA AÇÃO. INDICAÇÃO DO ART. 7º, XXIX, CF OU ART. 11 DA CLT OU SÚMULA 308, I, DO TST E ART. 487, II, CPC. RAZÃO PELA QUAL OS CRÉDITOS ANTERIORES DEVERÃO SER EXTINTOS COM JULGAMENTO DO MÉRITO OU A PRONÚNCIA DE MÉRITO.
Caminho até a tese (Palavra-chave)	PRESCRIÇÃO
4ª Tese (Direito)	O RECLAMANTE REQUEREU OS 30 MINUTOS REFERENTES AO INTERVALO DE REFEIÇÃO E DESCANSO SUPRIMIDO, INTERVALO INTRAJORNADA. É REGULAR A REDUÇÃO DO INTERVALO INTRAJORNADA, PORQUANTO HOUVE A AUTORIZAÇÃO DO MINISTÉRIO DO TRABALHO PARA REDUÇÃO, A EMPRESA TINHA REFEITÓRIO ORGANIZADO E OS TRABALHADORES NÃO ESTAVAM SUBMETIDOS A LABOR EXTRAORDINÁRIO. OUTROSSIM, AINDA QUE ASSIM NÃO FOSSE, EM CASO DE NÃO CONCESSÃO OU SUPRESSÃO DO INTERVALO INTRAJORNADA, ESSE SERÁ DEVIDO COM CARÁTER INDENIZATÓRIO. INDICAÇÃO DO ART. 71, § 3º E 4º, DA CLT. DESSE MODO, REQUER A RECLAMADA A IMPROCEDÊNCIA DO PEDIDO.
Caminho até a tese (Palavra-chave)	INTERVALO INTRAJORNADA; REDUÇÃO POR ATO DO MINISTÉRIO DO TRABALHO.

5ª Tese (Direito)	O RECLAMANTE REQUEREU O PAGAMENTO DO ADICIONAL DE PERICULOSIDADE. TAL PEDIDO É INDEVIDO PORQUE A EXPOSIÇÃO AO RISCO OCORRE EM TEMPO EXTREMAMENTE REDUZIDO. SÚMULA 364, I, DO TST. DESSE MODO, REQUER A RECLAMADA A IMPROCEDÊNCIA DO PEDIDO.
Caminho até a tese (Palavra-chave)	ADICIONAL DE PERICULOSIDADE; EXPOSIÇÃO PERMANENTE OU IMINENTE
6ª Tese (Direito)	O RECLAMANTE ALEGA A ILEGALIDADE DA DEMISSÃO POIS NA OCASIÃO ERA SUPLENTE DO VICE-PRESIDENTE DA CIPA SENDO-LHE ASSEGURADO A ESTABILIDADE PROVISÓRIA. NÃO CABÍVEL PORQUANTO EXTINTO O ESTABELECIMENTO, INCABÍVEL A REINTEGRAÇÃO E INDEVIDA A INDENIZAÇÃO DO PERÍODO ESTABILITÁRIO. SÚMULA 339, II, DO TST. DESSE MODO, REQUER A RECLAMADA A IMPROCEDÊNCIA DESSE PEDIDO.
Caminho até a tese (Palavra-chave)	RESCISÃO DO CONTRATO; CIPEIRO.
7ª Tese (Direito)	O RECONVINDO, AO TOMAR CONHECIMENTO DA RESCISÃO CONTRATUAL, DESTRUIU UMA MÁQUINA DE CORTAR FRIOS SEMIAUTOMÁTICA, CAUSANDO UM PREJUÍZO NO VALOR DE R$ 5.000,00 (CINCO MIL REAIS) À EMPRESA. TENDO EM VISTA OS DANOS MATERIAIS CAUSADOS AO EMPREGADOR, ORA RECONVINTE, REQUER A CONDENAÇÃO DO RECONVINDO NO VALOR R$ 5.000,00 (CINCO MIL REAIS). INDICAÇÃO DO ART. 343 DO CPC E ART. 186 DO CC OU ART. 927, *CAPUT*, DO CC OU ART. 462, § 1º, DA CLT. ASSIM, A RECONVINDA DEVERÁ SER CONDENADA A TÍTULO DE DANOS.
Caminho até a tese (Palavra-chave)	CONTESTAÇÃO; RECONVENÇÃO; DANOS MATERIAIS.
Tutela de urgência	–
Pedidos e Conclusões	REQUER O ACOLHIMENTO DA PRELIMINAR; PRONÚNCIA DA PRESCRIÇÃO QUINQUENAL; IMPROCEDÊNCIA DOS PEDIDOS; PROCEDÊNCIA DOS PEDIDOS DA RECONVENÇÃO.
Requerimentos finais	NOTIFICAÇÃO DA RECLAMANTE/RECONVINDA; PROTESTO POR PROVAS; REQUER A CONDENAÇÃO DO RECLAMANTE EM HONORÁRIOS ADVOCATÍCIOS SUCUMBENCIAIS, REFERENTE À AÇÃO PRINCIPAL E À RECONVENÇÃO, NOS TERMOS DO ART. 791-A DA CLT; DÁ-SE À CAUSA O VALOR DE R$... (VALOR POR EXTENSO).
Encerramento	DATA. LOCAL. ADVOGADO. OAB/... Nº

QUESTÃO 1 – SIMULADO 6 (PADRÃO DE RESPOSTA)

1º PASSO: IDENTIFICAÇÃO DO TEMA CENTRAL	
Temas centrais e institutos jurídicos narrados no enunciado	– TELETRABALHO
	– DURAÇÃO DE TRABALHO
2º PASSO: ENCONTRANDO O FUNDAMENTO ***Pesquisar a palavra-chave, o instituto jurídico ou tema central a partir das informações fornecidas pelo enunciado.***	
Palavra(s)-chave	– TELETRABALHO; ALTERAÇÃO ENTRE REGIMES
	– SOBREAVISO; PRONTIDÃO
3º PASSO: FUNDAMENTO DA RESPOSTA ***Anotar o fundamento jurídico, legal, jurisprudencial ou doutrinário.***	
Fundamento do item "A"	– ART. 75-C, § 2º, DA CLT
Fundamento do item "B"	– ART. 244, § 2º, DA CLT
4º PASSO: DESENVOLVENDO A RESPOSTA	
Item "A"	**Modelo de resposta:**
	SIM. PODERÁ SER REALIZADA A ALTERAÇÃO DO REGIME DE TELETRABALHO PARA O REGIME PRESENCIAL POR DETERMINAÇÃO DO EMPREGADOR, GARANTINDO O PRAZO MÍNIMO DE 15 DIAS PARA TRANSIÇÃO, COM CORRESPONDENTE REGISTRO NO ADITIVO CONTRATUAL. INDICAR O ART. 75-C, § 2º, DA CLT.
Item "B"	**Modelo de resposta:**
	JOAQUINA ESTÁ SUBMETIDA AO REGIME DE SOBREAVISO, EM QUE O EMPREGADO PERMANECE EM SUA PRÓPRIA CASA, AGUARDANDO A QUALQUER MOMENTO O CHAMADO PARA O SERVIÇO. A ESCALA MÁXIMA SERÁ DE 24 HORAS, SENDO QUE CADA HORA NORMAL SERÁ REMUNERADA A RAZÃO DE 1/3 DO SALÁRIO HORA NORMAL. INDICAR O ART. 244, § 2º, DA CLT.

QUESTÃO 2 – SIMULADO 6 (PADRÃO DE RESPOSTA)

1º PASSO: IDENTIFICAÇÃO DO TEMA CENTRAL	
Temas centrais e institutos jurídicos narrados no enunciado	COMPETÊNCIA; COMPETÊNCIA MATERIAL DA JUSTIÇA DO TRABALHO
2º PASSO: ENCONTRANDO O FUNDAMENTO ***Pesquisar a palavra-chave, o instituto jurídico ou tema central a partir das informações fornecidas pelo enunciado.***	
Palavra(s)-chave	COMPETÊNCIA; COMPETÊNCIA MATERIAL DA JUSTIÇA DO TRABALHO

3º PASSO: FUNDAMENTO DA RESPOSTA *Anotar o fundamento jurídico, legal, jurisprudencial ou doutrinário.*	
Fundamento do item "A"	INDICAÇÃO DA SÚMULA 300 DO TST.
Fundamento do item "B"	INDICAÇÃO DA SÚMULA 389 DO TST.
4º PASSO: DESENVOLVENDO A RESPOSTA	
Item "A"	**Modelo de resposta:** SIM, A JUSTIÇA DO TRABALHO É COMPETENTE PARA PROCESSAR E JULGAR AÇÕES AJUIZADAS POR EMPREGADOS EM FACE DE EMPREGADORES RELATIVAS AO CADASTRAMENTO NO PROGRAMA DE INTEGRAÇÃO SOCIAL (PIS). INDICAÇÃO DA SÚMULA 300 DO TST.
Item "B"	**Modelo de resposta:** SIM, INSCREVE-SE NA COMPETÊNCIA MATERIAL DA JUSTIÇA DO TRABALHO A LIDE ENTRE EMPREGADO E EMPREGADOR, TENDO POR OBJETO INDENIZAÇÃO PELO NÃO-FORNECIMENTO DAS GUIAS DO SEGURO-DESEMPREGO. INDICAÇÃO DA SÚMULA 389 DO TST.

QUESTÃO 3 – SIMULADO 6 (PADRÃO DE RESPOSTA)

1º PASSO: IDENTIFICAÇÃO DO TEMA CENTRAL	
Temas centrais e institutos jurídicos narrados no enunciado	– GRUPO ECONÔMICO; CONTRATO DE TRABALHO UNITÁRIO – SUCESSÃO EMPRESARIAL; RESPONSABILIDADE SOLIDÁRIA – MUDANÇAS NA PROPRIEDADE OU ESTRUTURA JURÍDICA DA EMPRESA
2º PASSO: ENCONTRANDO O FUNDAMENTO **Pesquisar a palavra-chave, o instituto jurídico ou tema central a partir das informações fornecidas pelo enunciado.*	
Palavra(s)-chave	– GRUPO ECONÔMICO – RESPONSABILIDADE; SUCESSÃO DE EMPREGADORES – CONTRATO INDIVIDUAL DE TRABALHO
3º PASSO: FUNDAMENTO DA RESPOSTA **Anotar o fundamento jurídico, legal, jurisprudencial ou doutrinário.*	
Fundamento do item "A"	– SÚMULA 129 DO TST
Fundamento do item "B"	– ART. 448-A DA CLT E ART. 10 DA CLT

4º PASSO: DESENVOLVENDO A RESPOSTA	
Item "A"	**Modelo de resposta:**
	NÃO. AS EMPRESAS INTEGRANTES DE UM MESMO GRUPO ECONÔMICO CONSISTEM EM EMPREGADOR ÚNICO. DESSE MODO, A PRESTAÇÃO DE SERVIÇOS A MAIS DE UMA EMPRESA DO GRUPO ECONÔMICO, DURANTE A MESMA JORNADA DE TRABALHO, NÃO CARACTERIZA A COEXISTÊNCIA DE MAIS DE UM CONTRATO DE TRABALHO. INDICAÇÃO DA SÚMULA 129 DO TST.
Item "B"	**Modelo de resposta:**
	CARACTERIZADA A SUCESSÃO DE EMPRESAS OU DE EMPREGADORES, AS OBRIGAÇÕES TRABALHISTAS, INCLUSIVE AS CONTRAÍDAS À ÉPOCA EM QUE O EMPREGADO TRABALHAVA PARA EMPRESA SUCEDIDA, SERÃO DE RESPONSABILIDADE DO SUCESSOR. LOGO, OS CRÉDITOS DE AFONSO DEVERÃO SER QUITADOS PELA GRANDE MOTOR S/A. ADEMAIS, QUALQUER ALTERAÇÃO NA ESTRUTURA JURÍDICA DA EMPRESA NÃO AFETARÁ OS DIREITOS ADQUIRIDOS POR SEUS EMPREGADOS (PRINCÍPIO DA CONTINUIDADE DA RELAÇÃO DE EMPREGO). INDICAÇÃO DO ART. 448-A DA CLT E ART. 10 DA CLT.

QUESTÃO 4 – SIMULADO 6 (PADRÃO DE RESPOSTA)

1º PASSO: IDENTIFICAÇÃO DO TEMA CENTRAL	
Temas centrais e institutos jurídicos narrados no enunciado	– AUDIÊNCIA; PROCEDIMENTO SUMARÍSSIMO; TESTEMUNHAS
	– PROVAS
2º PASSO: ENCONTRANDO O FUNDAMENTO **Pesquisar a palavra-chave, o instituto jurídico ou tema central a partir das informações fornecidas pelo enunciado.*	
Palavra(s)-chave	– PROCEDIMENTO SUMARÍSSIMO; TESTEMUNHAS; NÚMERO MÁXIMO:
	– PROVAS; ÔNUS DE PROVA RECLAMANTE
3º PASSO: FUNDAMENTO DA RESPOSTA **Anotar o fundamento jurídico, legal, jurisprudencial ou doutrinário.*	
Fundamento do item "A"	– ART. 852-H, § 2º, DA CLT
Fundamento do item "B"	– ART. 818, I E II, DA CLT
4º PASSO: DESENVOLVENDO A RESPOSTA	
Item "A"	**Modelo de resposta:**
	O MAGISTRADO NÃO AGIU CORRETAMENTE. NO PROCEDIMENTO SUMARÍSSIMO SÓ SE ADMITE A OITIVA DE ATÉ DUAS TESTEMUNHAS PARA CADA PARTE. INDICAR O ART. 852-H, § 2º, DA CLT.
Item "B"	**Modelo de resposta:**
	O RECLAMANTE POSSUI O ÔNUS DE PROVAR OS FATOS CONSTITUTIVOS DE SEU DIREITO. JÁ O RECLAMADO POSSUI O ÔNUS DE PROVAR A EXISTÊNCIA DE FATOS IMPEDITIVOS, MODIFICATIVOS OU EXTINTIVOS DO DIREITO DO RECLAMANTE. INDICAR O ART. 818, I E II, DA CLT.

SIMULADO 7

PEÇA PRÁTICO-PROFISSIONAL – SIMULADO 7 (PADRÃO DE RESPOSTA)

1º PASSO: DADOS PRINCIPAIS DO ENUNCIADO	
Partes	Empregado/Trabalhador: JÚLIO DUENDE
	Empregador/Tomador de serviço: FÁBRICA DE PRESENTES LTDA.
Profissão	AJUDANTE DE LINHA DE PRODUÇÃO DE BRINQUEDOS
Data de admissão:	
Data de dispensa:	
Motivo da extinção do contrato de trabalho:	DISPENSADO SEM JUSTA CAUSA
Existe ação em curso?	SIM
	Data do ajuizamento: –

2º PASSO: IDENTIFICAÇÃO, PREVISÃO LEGAL E PECULIARIDADES DA PEÇA	
Régua processual (Atos processuais descritos no enunciado) |--|---------->> RECLAMAÇÃO TRABALHISTA ... CONTESTAÇÃO	
Inicial, defesa ou recurso?	DEFESA
Há alguma medida urgente a ser adotada?	NÃO
Peculiaridades da peça	ORDEM DE APRESENTAÇÃO DAS TESES: – PRELIMINARES – PREJUDICIAIS DE MÉRITO – TESES DE MÉRITO

3º PASSO: ESTRUTURA E TESES DA PEÇA		
Endereçamento	25ª VARA DO TRABALHO DE NATAL/RN	
Preâmbulo	Cliente	FÁBRICA DE PRESENTES LTDA.
	Parte contrária	JÚLIO DUENDE
	Nome da peça, fundamento legal e rito (procedimento):	CONTESTAÇÃO, COM FUNDAMENTO NO ART. 847 DA CLT C/C ART. 336 E SEGUINTES DO CPC, APLICADO SUPLETIVA E SUBSIDIARIAMENTE POR FORÇA DO ARTIGO 769 DA CLT E ART. 15 DO CPC
	Verbo:	APRESENTAR
Fatos		

1ª Tese (Direito)	**SALÁRIO UTILIDADE/IN NATURA (HABITAÇÃO):** A HABITAÇÃO E A ALIMENTAÇÃO FORNECIDAS COMO SALÁRIO-UTILIDADE ESTÃO CORRETAS PORQUANTO RESPEITARAM OS PERCENTUAIS LEGAIS, QUAIS SEJAM, 25% E 20% DO SALÁRIO-CONTRATUAL, RESPECTIVAMENTE. INDICAÇÃO DO ARTIGO 458, § 3º, DA CLT.
Caminho até a tese (Palavra-chave)	SALÁRIO; REMUNERAÇÃO; UTILIDADES; SALÁRIO *IN NATURA*.
2ª Tese (Direito)	**DA CORREÇÃO DO BANCO DE HORAS SEMESTRAL:** O BANCO DE HORAS SEMESTRAL PODERÁ SER PACTUADO POR ACORDO INDIVIDUAL ESCRITO, NÃO SENDO OBRIGATÓRIA A PARTICIPAÇÃO DO SINDICATO. INDICAÇÃO DO ART. 59, § 5º, DA CLT.
Caminho até a tese (Palavra-chave)	COMPENSAÇÃO DE JORNADA; JORNADA DE TRABALHO; BANCO DE HORAS.
3ª Tese (Direito)	**DA FALTA INJUSTIFICADA:** A AUSÊNCIA AO SERVIÇO PARA A REALIZAÇÃO DE PROVAS DE CURSO PREPARATÓRIO PARA INGRESSO EM ESTABELECIMENTO DE ENSINO TÉCNICO-REGULAR-BÁSICO NÃO CARACTERIZA FALTA JUSTIFICADA. PELA LITERALIDADE DO TEXTO LEGAL, SOMENTE EXAMES VESTIBULARES PARA INGRESSO EM ESTABELECIMENTO DE ENSINO SUPERIOR CONFERE TAL DIREITO. INDICAÇÃO DO ART. 473, VII, DA CLT.
Caminho até a tese (Palavra-chave)	AUSÊNCIA; FALTA; FALTA JUSTIFICADA;
4ª Tese (Direito)	**DA INEXISTENCIA DE ESTABILIDADE:** O DELEGADO SINDICAL NÃO É BENEFICIÁRIO DA ESTABILIDADE PROVISÓRIA PREVISTA NO ART. 8º, VIII, DA CF, A QUAL É DIRIGIDA, EXCLUSIVAMENTE, ÀQUELES QUE EXERÇAM OU OCUPEM CARGOS DE DIREÇÃO NOS SINDICATOS, SUBMETIDOS A PROCESSO ELETIVO. INDICAÇÃO DA OJ 369 DA SDI-1 DO TST.
Caminho até a tese (Palavra-chave)	ESTABILIDADE; GARANTIA PROVISÓRIA DE EMPREGO; DELEGADO SINDICAL.
5ª Tese (Direito)	**DA NÃO CARACTERIZAÇÃO DE GRUPO ECONÔMICO:** NÃO CARACTERIZA GRUPO ECONÔMICO A MERA IDENTIDADE DE SÓCIOS, SENDO NECESSÁRIAS, PARA A CONFIGURAÇÃO DO GRUPO, A DEMONSTRAÇÃO DO INTERESSE INTEGRADO, A EFETIVA COMUNHÃO DE INTERESSES E A ATUAÇÃO CONJUNTA DAS EMPRESAS DELE INTEGRANTES. INDICAÇÃO DO ART. 2º, § 3º, DA CLT.
Caminho até a tese (Palavra-chave)	GRUPO ECONÔMICO;
Tutela de urgência	NÃO.
Pedidos, Conclusões e Requerimentos finais	IMPROCEDÊNCIA DOS PEDIDOS; HONORÁRIOS ADVOCATÍCIOS SUCUMBENCIAIS, NA FORMA DO ART. 791-A DA CLT (0,10); PROTESTO POR PROVAS.
Encerramento	LOCAL. DATA. ADVOGADO. OAB/... Nº

QUESTÃO 1 – SIMULADO 7 (PADRÃO DE RESPOSTA)

1º PASSO: IDENTIFICAÇÃO DO TEMA CENTRAL	
Temas centrais e institutos jurídicos narrados no enunciado	UNIFORME; VESTIMENTAS; DANO EXTRAPATRIMONIAL;
2º PASSO: ENCONTRANDO O FUNDAMENTO ***Pesquisar a palavra-chave, o instituto jurídico ou tema central a partir das informações fornecidas pelo enunciado.**	
Palavra(s)-chave	UNIFORME; HIGIENIZAÇÃO.
3º PASSO: FUNDAMENTO DA RESPOSTA ***Anotar o fundamento jurídico, legal, jurisprudencial ou doutrinário.**	
Fundamento do item "A"	INDICAÇÃO DO ART. 456-A, *CAPUT*, DA CLT
Fundamento do item "B"	INDICAÇÃO DO ART. 456-A, PARÁGRAFO ÚNICO, DA CLT
4º PASSO: DESENVOLVENDO A RESPOSTA	
Item "A"	**Modelo de resposta:** SUSTENTARIA A TESE DE QUE O EMPREGADOR NÃO PRATICOU ATO ILÍCITO, NA MEDIDA EM QUE A LEGISLAÇÃO TRABALHISTA PERMITE A INCLUSÃO DE LOGOMARCAS DA PRÓPRIA EMPRESA OU DE EMPRESAS PARCEIRAS E DE OUTROS ITENS DE IDENTIFICAÇÃO RELACIONADOS À ATIVIDADE DESEMPENHADA NO UNIFORME DOS EMPREGADOS, BEM COMO CONFERE AO EMPREGADOR O DIREITO DE DEFINIR O PADRÃO DE VESTIMENTA NO AMBIENTE DE TRABALHO. INDICAÇÃO DO ART. 456-A, *CAPUT*, DA CLT.
Item "B"	**Modelo de resposta:** A EMPRESA PODE ALEGAR QUE A HIGIENIZAÇÃO DO UNIFORME É DE RESPONSABILIDADE DO EMPREGADOR, JÁ QUE NÃO DEPENDIA DA REALIZAÇÃO DE PROCEDIMENTOS OU PRODUTOS DIFERENTES DOS UTILIZADOS PARA O ASSEIO DAS VESTIMENTAS DE USO COMUM. INDICAÇÃO DO ART. 456-A, PARÁGRAFO ÚNICO, DA CLT.

QUESTÃO 2 – SIMULADO 7 (PADRÃO DE RESPOSTA)

1º PASSO: IDENTIFICAÇÃO DO TEMA CENTRAL	
Temas centrais e institutos jurídicos narrados no enunciado	CONTRATO DE TRABALHO INTERMITENTE
2º PASSO: ENCONTRANDO O FUNDAMENTO ***Pesquisar a palavra-chave, o instituto jurídico ou tema central a partir das informações fornecidas pelo enunciado.**	
Palavra(s)-chave	CONTRATO DE TRABALHO INTERMITENTE

3º PASSO: FUNDAMENTO DA RESPOSTA *Anotar o fundamento jurídico, legal, jurisprudencial ou doutrinário.*	
Fundamento do item "A"	INDICAÇÃO DO ART. 452-A, § 1º, DA CLT
Fundamento do item "B"	INDICAÇÃO DO ART. 452-A, § 2º OU § 4º, DA CLT

4º PASSO: DESENVOLVENDO A RESPOSTA	
Item "A"	**Modelo de resposta:** NÃO. A CONVOCAÇÃO PARA A PRESTAÇÃO DE SERVIÇOS DEVE SER EFETUADA COM, PELO MENOS, 3 (TRÊS) DIAS CORRIDOS DE ANTECEDÊNCIA. INDICAÇÃO DO ART. 452-A, § 1º, DA CLT.
Item "B"	**Modelo de resposta:** SIM. O CONTRATO DE TRABALHO INTERMITENTE TEM COMO CARACTERÍSTICA A POSSIBILIDADE DE ACEITE OU RECUSA DA OFERTA DE TRABALHO PELO EMPREGADO. RECEBIDA A CONVOCAÇÃO, O EMPREGADO TERÁ O PRAZO DE 1 (UM) DIA ÚTIL PARA RESPONDER AO CHAMADO DO EMPREGADOR, DE MODO QUE PODERÁ ACEITÁ-LO OU NÃO, PRESUMINDO-SE, NO SILÊNCIO, A RECUSA. INDICAÇÃO DO ART. 452-A, § 2º OU § 4º, DA CLT.

QUESTÃO 3 – SIMULADO 7 (PADRÃO DE RESPOSTA)

1º PASSO: IDENTIFICAÇÃO DO TEMA CENTRAL	
Temas centrais e institutos jurídicos narrados no enunciado	*JUS POSTULANDI*; MENOR

2º PASSO: ENCONTRANDO O FUNDAMENTO *Pesquisar a palavra-chave, o instituto jurídico ou tema central a partir das informações fornecidas pelo enunciado.*	
Palavra(s)-chave	DOMÉSTICO

3º PASSO: FUNDAMENTO DA RESPOSTA *Anotar o fundamento jurídico, legal, jurisprudencial ou doutrinário.*	
Fundamento do item "A"	INDICAÇÃO DO ART. 793 DA CLT OU ART. 791 DA CLT OU SÚMULA 425 DO TST
Fundamento do item "B"	INDICAÇÃO DO ART. 1º DA LEI COMPLEMENTAR Nº 150/2015

4º PASSO: DESENVOLVENDO A RESPOSTA	
	Modelo de resposta:
Item "A"	NÃO. A RECLAMAÇÃO TRABALHISTA DO MENOR DE 18 (DEZOITO) ANOS DE IDADE DEVERÁ SER FEITA POR SEUS REPRESENTANTES LEGAIS E, NA AUSÊNCIA DESSES, PELO MINISTÉRIO PÚBLICO DO TRABALHO, PELO SINDICATO, PELO MINISTÉRIO PÚBLICO ESTADUAL OU POR UM CURADOR NOMEADO PELO JUIZ DO TRABALHO. EVIDENTEMENTE, DESDE QUE DEVIDAMENTE ASSISTIDO, A RECLAMAÇÃO TRABALHISTA PODERÁ SER VERBAL, CONSIDERANDO QUE O PROCESSO DO TRABALHO ADMITE O *JUS POSTULANDI*, LIMITANDO-SE ÀS VARAS DO TRABALHO E AOS TRIBUNAIS REGIONAIS DO TRABALHO, NÃO ALCANÇANDO A AÇÃO RESCISÓRIA, A AÇÃO CAUTELAR, O MANDADO DE SEGURANÇA E OS RECURSOS DE COMPETÊNCIA DO TRIBUNAL SUPERIOR DO TRABALHO. INDICAÇÃO DO ART. 793 DA CLT OU ART. 791 DA CLT OU SÚMULA 425 DO TST.
	Modelo de resposta:
Item "B"	SIM. EMBORA A SITUAÇÃO RETRATADA CARACTERIZE TRABALHO PROIBIDO, TENDO EM VISTA QUE A LEGISLAÇÃO TRABALHISTA VEDA O TRABALHO DO MENOR DE 18 ANOS NO ÂMBITO DOMÉSTICO POR CONSIDERAR UMA DAS PIORES FORMAS DE TRABALHO INFANTIL, OS PEDIDOS FORMULADOS PELO TRABALHADOR DEVEM SER ACOLHIDOS PELO MAGISTRADO, SOB PENA DE DUPLA PENALIZAÇÃO DO MENOR TRABALHADOR, SEM PREJUÍZO DE ADOÇÃO DE OUTRAS PROVIDÊNCIAS CABÍVEIS A FIM DE PUNIR OS RESPONSÁVEIS. INDICAÇÃO DO ART. 1º DA LEI COMPLEMENTAR Nº 150/2015 (0,10).

QUESTÃO 4 – SIMULADO 7 (PADRÃO DE RESPOSTA)

1º PASSO: IDENTIFICAÇÃO DO TEMA CENTRAL	
Temas centrais e institutos jurídicos narrados no enunciado	AUDIÊNCIA
2º PASSO: ENCONTRANDO O FUNDAMENTO **Pesquisar a palavra-chave, o instituto jurídico ou tema central a partir das informações fornecidas pelo enunciado.*	
Palavra(s)-chave	PEREMPÇÃO.
3º PASSO: FUNDAMENTO DA RESPOSTA **Anotar o fundamento jurídico, legal, jurisprudencial ou doutrinário.*	
Fundamento do item "A"	INDICAÇÃO DO ART. 844, *CAPUT* OU § 2º OU § 3º, DA CLT.
Fundamento do item "B"	INDICAÇÃO DO ART. 731 OU ART. 732 DA CLT
4º PASSO: DESENVOLVENDO A RESPOSTA	
	Modelo de resposta:
Item "A"	SIM. O RECOLHIMENTO DAS CUSTAS É CONDIÇÃO PARA A PROPOSITURA DE UMA NOVA DEMANDA TRABALHISTA, EM CASO DE ARQUIVAMENTO DA DEMANDA POR AUSÊNCIA DO RECLAMANTE, COM A CONDENAÇÃO AO PAGAMENTO DAS CUSTAS. INDICAÇÃO DO ART. 844, *CAPUT* OU § 2º OU § 3º, DA CLT.

Item "B"	Modelo de resposta:
	NÃO. A PEREMPÇÃO, NO PROCESSO DO TRABALHO, É A PENA DE PERDA TEMPORÁRIA DO DIREITO DE DEMANDAR EM FACE DO MESMO EMPREGADOR PERANTE A JUSTIÇA DO TRABALHO, PELO PRAZO DE 6 (SEIS) MESES, ÀQUELE QUE TENDO APRESENTADO RECLAMAÇÃO VERBAL PERANTE O DISTRIBUIDOR E NÃO SE APRESENTA NO PRAZO LEGAL PARA A REDUÇÃO A TERMO, OU QUE DER CAUSA, POR DUAS VEZES SEGUIDAS, AO ARQUIVAMENTO DA DEMANDA POR AUSÊNCIA DE COMPARECIMENTO À AUDIÊNCIA, HIPÓTESES QUE NÃO OCORRERAM NO CASO EM TELA. INDICAÇÃO DO ART. 731 OU ART. 732 DA CLT

SIMULADO 8

PEÇA PRÁTICO-PROFISSIONAL – SIMULADO 8 (PADRÃO DE RESPOSTA)

1º PASSO: DADOS PRINCIPAIS DO ENUNCIADO	
Partes	Empregado/Trabalhador: ANDERSON BOLEIRO
	Empregador/Tomador de serviço: INTERNET PARA TODOS S.A.
Profissão	TÉCNICO EM SERVIÇOS DE INSTALAÇÃO
Data de admissão:	22-4-2016
Data de dispensa:	22-5-2019
Motivo da extinção do contrato de trabalho:	DISPENSA IMOTIVADA
Existe ação em curso?	NÃO.
	Data do ajuizamento: 22-2-2020

2º PASSO: IDENTIFICAÇÃO, PREVISÃO LEGAL E PECULIARIDADES DA PEÇA	
Régua processual (Atos processuais descritos no enunciado) |-----|-----|-----|----->> RT CONTESTAÇÃO SENTENÇA RO	
Inicial, defesa ou recurso?	RECURSO – RECURSO ORDINÁRIO, COM FUNDAMENTO NO ARTIGO 895, I, DA CLT.
Há alguma medida urgente a ser adotada?	NÃO
Peculiaridades da peça	– NO RECURSO ORDINÁRIO SERÃO DUAS PEÇAS, SENDO A 1ª PEÇA DE INTERPOSIÇÃO OU PEÇA DE ENCAMINHAMENTO E A 2ª PEÇA DE RAZÕES RECURSAIS; – MENÇÃO AO RECEBIMENTO E REMESSA DOS AUTOS; – NOTIFICAÇÃO DO RECLAMANTE PARA CONTRARRAZÕES; – PREPARO (CUSTAS E DEPÓSITO RECURSAL) – SE HOUVER.

3º PASSO: ESTRUTURA E TESES DA PEÇA		
Endereçamento	EXCELENTÍSSIMO SENHOR DOUTOR JUIZ DO TRABALHO DA ...A VARA DO TRABALHO DE ...	
Preâmbulo	Peticionário (Requerente)	INTERNET PARA TODOS S.A.
	Parte contrária (Requerido)	ANDERSON BOLEIRO
	Nome da peça	RECURSO ORDINÁRIO
	Fundamento legal	ART. 895, I, DA CLT
	Procedimento (rito)	-
	Verbo:	INTERPOR

Fatos	O RECORRENTE AJUIZOU RECLAMAÇÃO TRABALHISTA EM FACE DA RECORRIDA, PLEITEANDO: HORAS EXTRAS; ADICIONAL DE PERICULOSIDADE, INTEGRAÇÃO DO VEÍCULO E INTEGRAÇÃO DOS VALORES DE HIGIENIZAÇÃO DO UNIFORME. ENTRETANTO, O DOUTO JULGADOR DE PRIMEIRA INSTÂNCIA JULGOU TOTALMENTE PROCEDENTE OS PEDIDOS.
1ª Tese (Direito)	FATOS: O RECORRIDO PLEITEOU O PAGAMENTO DAS HORAS EXTRAS, SENDO JULGADO PROCEDENTE TAL PEDIDO. FUNDAMENTOS: O RECORRIDO CUMPRIA JORNADA EXTERNA E POR ESTA RAZÃO NÃO ESTAVA SUJEITO A CONTROLE DE JORNADA, SENDO INDEVIDA O PAGAMENTO DAS HORAS EXTRAS. ART. 62, I, DA CLT. CONCLUSÃO: DIANTE DO EXPOSTO, REQUER A REFORMA DA DECISÃO.
Caminho até a tese (Palavra-chave)	DURAÇÃO DE TRABALHO; ATIVIDADES EXTERNAS
2ª Tese (Direito)	O RECORRIDO PLEITEOU O PAGAMENTO DO ADICIONAL DE PERICULOSIDADE, SENDO TAL PEDIDO JULGADO PROCEDENTE. O ADICIONAL DE PERICULOSIDADE NÃO É DEVIDO UMA VEZ QUE O EMPREGADO NÃO TINHA CONTATO DIRETO COM FIOS DE ELETRICIDADE, NEM TRABALHAVA COM FIOS DE ALTA TENSÃO OU TRANSMISSORES DE ENERGIA, FATO ESSE QUE FAZ CAIR POR TERRA A TESE DE PERICULOSIDADE. OJ 324 SDI-I TST OU ART. 193, I, DA CLT. DIANTE DO EXPOSTO, REQUER A REFORMA DA DECISÃO.
Caminho até a tese (Palavra-chave)	ATIVIDADES OU OPERAÇÕES PERIGOSAS; ENERGIA ELÉTRICA.
3ª Tese (Direito)	O RECORRENTE REALIZAVA SEU TRABALHO, SENDO FORNECIDO O VEÍCULO AUTOMOTOR PARA TAL DESEMPENHO. O FATO DE A RECORRIDA FORNECER O VEÍCULO AUTOMOTOR PARA REALIZAÇÃO DO SEU TRABALHO NÃO TEM NATUREZA SALARIAL. SÚMULA 367, I, DO TST. DIANTE DO EXPOSTO, REQUER A REFORMA DA DECISÃO.
Caminho até a tese (Palavra-chave)	PRESTAÇÕES IN NATURA; VEÍCULOS INDISPENSÁVEIS AO TRABALHO.
4ª Tese (Direito)	O RECORRIDO ALEGOU QUE UTILIZAVA QUANTIA DO SEU SALÁRIO PARA HIGIENIZAÇÃO DO SEU UNIFORME, PEDIDO ESSE JULGADO PROCEDENTE. A HIGIENIZAÇÃO DO UNIFORME É OBRIGAÇÃO DO EMPREGADO, SALVO QUANDO HÁ NECESSIDADE DE UTILIZAR UM MATERIAL ESPECÍFICO, O QUE NÃO ERA O CASO. ART. 456-A, PARÁGRAFO ÚNICO, DA CLT. DIANTE DO EXPOSTO, REQUER A REFORMA DA DECISÃO.
Caminho até a tese (Palavra-chave)	UNIFORME; HIGIENIZAÇÃO
Tutela de urgência	–
Pedidos e Conclusões	REQUERER O CONHECIMENTO E PROVIMENTO DO RECURSO COM A CONSEQUENTE REFORMA DA DECISÃO DE PRIMEIRA INSTÂNCIA.
Requerimentos finais	
Encerramento	LOCAL. DATA. ADVOGADO. OAB/... Nº

QUESTÃO 1 – SIMULADO 8 (PADRÃO DE RESPOSTA)

1º PASSO: IDENTIFICAÇÃO DO TEMA CENTRAL	
Temas centrais e institutos jurídicos narrados no enunciado	– ESTABILIDADE PROVISÓRIA
	– LACTANTE; ATIVIDADES INSALUBRES
2º PASSO: ENCONTRANDO O FUNDAMENTO ***Pesquisar a palavra-chave, o instituto jurídico ou tema central a partir das informações fornecidas pelo enunciado.**	
Palavra(s)-chave	– ADOTANTE, ESTABILIDADE PROVISÓRIA
	– ATIVIDADES INSALUBRE; AFASTAMENTO DA EMPREGADA DURANTE A GESTAÇÃO E A LACTAÇÃO
3º PASSO: FUNDAMENTO DA RESPOSTA ***Anotar o fundamento jurídico, legal, jurisprudencial ou doutrinário.**	
Fundamento do item "A"	– ART. 391-A, PARÁGRAFO ÚNICO, DA CLT OU ART. 10, II, *B*, DO ADCT.
Fundamento do item "B"	– ART. 394-A, § 3º, DA CLT
4º PASSO: DESENVOLVENDO A RESPOSTA	
Item "A"	**Modelo de resposta:**
	A CONFIRMAÇÃO DA GUARDA PROVISÓRIA, ADVINDA DO CURSO DO CONTRATO DE TRABALHO, GARANTE A ELIZABETH A ESTABILIDADE PROVISÓRIA. INDICAR O ART. 391-A, PARÁGRAFO ÚNICO, DA CLT OU ART. 10, II, *B*, DO ADCT.
Item "B"	**Modelo de resposta:**
	ANA, LACTANTE, SERÁ AFASTADA DE SUAS ATIVIDADES E OPERAÇÕES CONSIDERADAS INSALUBRES EM QUALQUER GRAU, EM RAZÃO DO ATESTADO MÉDICO APRESENTADO AO RH DA EMPRESA. INDICAR O ART. 394-A, § 3º, DA CLT.

QUESTÃO 2 – SIMULADO 8 (PADRÃO DE RESPOSTA)

1º PASSO: IDENTIFICAÇÃO DO TEMA CENTRAL	
Temas centrais e institutos jurídicos narrados no enunciado	– *JUS POSTULANDI*; RECURSO.
2º PASSO: ENCONTRANDO O FUNDAMENTO ***Pesquisar a palavra-chave, o instituto jurídico ou tema central a partir das informações fornecidas pelo enunciado.**	
Palavra(s)-chave	– ADVOGADO; *JUS POSTULANDI*;
	– RECURSO; REGULARIZAÇÃO DA REPRESENTAÇÃO PROCESSUAL.

3º PASSO: FUNDAMENTO DA RESPOSTA *Anotar o fundamento jurídico, legal, jurisprudencial ou doutrinário.*	
Fundamento do item "A"	– ART. 791 DA CLT OU SÚMULA 425 DO TST
Fundamento do item "B"	– SÚMULA 383, II, DO TST
4º PASSO: DESENVOLVENDO A RESPOSTA	
Item "A"	**Modelo de resposta:**
	NÃO. O *JUS POSTULANDI* LIMITA-SE ÀS VARAS DO TRABALHO E AOS TRIBUNAIS REGIONAIS DO TRABALHO, NÃO ALCANÇANDO O RECURSO DE REVISTA DE COMPETÊNCIA DO TRIBUNAL SUPERIOR DO TRABALHO. INDICAR O ART. 791DA CLT OU SÚMULA 425 DO TST.
Item "B"	**Modelo de resposta:**
	É INADMISSÍVEL A CONSTITUIÇÃO DE ADVOGADO PARA DEFENDER OS INTERESSES DA MARIA FERNANDA, UMA VEZ QUE NÃO HÁ PROCURAÇÃO OU SUBSTABELECIMENTO JÁ CONSTANTE NOS AUTOS. INDICAR A SÚMULA 383, II, DO TST.

QUESTÃO 3 – SIMULADO 8 (PADRÃO DE RESPOSTA)

1º PASSO: IDENTIFICAÇÃO DO TEMA CENTRAL	
Temas centrais e institutos jurídicos narrados no enunciado	– DESCONTO SALARIAL
	– JUSTA CAUSA EM DECORRÊNCIA DE PERDA DA HABILITAÇÃO
2º PASSO: ENCONTRANDO O FUNDAMENTO **Pesquisar a palavra-chave, o instituto jurídico ou tema central a partir das informações fornecidas pelo enunciado.*	
Palavra(s)-chave	– DANO CAUSADO PELO EMPREGADO; DESCONTO NO SALÁRIO
	– MOTORISTA PROFISSIONAL; PERDA DA HABILITAÇÃO
3º PASSO: FUNDAMENTO DA RESPOSTA **Anotar o fundamento jurídico, legal, jurisprudencial ou doutrinário.*	
Fundamento do item "A"	– ART. 462, § 1º, DA CLT
Fundamento do item "B"	– ART. 482, *M*, DA CLT
4º PASSO: DESENVOLVENDO A RESPOSTA	
Item "A"	**Modelo de resposta:**
	SIM. O DESCONTO SERÁ LÍCITO, SENDO QUE HOUVE ESTIPULAÇÃO CONTRATUAL FIRMADO ENTRE AS PARTES E HOUVE DOLO DO PROFISSIONAL. INDICAR O ART. 462, § 1º, DA CLT.

Item "B"	**Modelo de resposta:**
	SIM. A EMPRESA AGIU CORRETAMENTE, POIS HOUVE A PERDA DA HABILITAÇÃO OU DOS REQUISITOS ESTABELECIDOS EM LEI PARA O EXERCÍCIO DA PROFISSÃO, EM DECORRÊNCIA DA CONDUTA DOLOSA EM ATRAVESSAR O SINAL VERMELHO. INDICAR O ART. 482, *M*, DA CLT.

QUESTÃO 4 – SIMULADO 8 (PADRÃO DE RESPOSTA)

1º PASSO: IDENTIFICAÇÃO DO TEMA CENTRAL	
Temas centrais e institutos jurídicos narrados no enunciado	– JORNADA DE TRABALHO; TEMPO À DISPOSIÇÃO DO EMPREGADOR
	– HORAS EXTRAS; COMPENSAÇÃO DE JORNADA
2º PASSO: ENCONTRANDO O FUNDAMENTO *Pesquisar a palavra-chave, o instituto jurídico ou tema central a partir das informações fornecidas pelo enunciado.*	
Palavra(s)-chave	– TEMPO DE SERVIÇO; NÃO COMPUTADO
	– ACORDO INDIVIDUAL; BANCO DE HORAS
3º PASSO: FUNDAMENTO DA RESPOSTA *Anotar o fundamento jurídico, legal, jurisprudencial ou doutrinário.*	
Fundamento do item "A"	– ART. 4º, § 2º, II E III, DA CLT
Fundamento do item "B"	– ART. 59, § 6º, DA CLT
4º PASSO: DESENVOLVENDO A RESPOSTA	
Item "A"	**Modelo de resposta:**
	NÃO É CONSIDERADO TEMPO À DISPOSIÇÃO DO EMPREGADOR O LAZER OU DESCANSO DO PERÍODO EM QUE BRANDÃO FICOU JOGANDO PINGUE-PONGUE. INDICAR O ART. 4º, § 2º, II E III, DA CLT.
Item "B"	**Modelo de resposta:**
	SIM. É LÍCITO O REGIME DE COMPENSAÇÃO DE JORNADA ESTABELECIDO POR ACORDO INDIVIDUAL DE FORMA TÁCITA, PARA A COMPENSAÇÃO NO PRÓPRIO MÊS. INDICAR O ART. 59, § 6º, DA CLT.

SIMULADO 9

PEÇA PRÁTICO-PROFISSIONAL – SIMULADO 9 (PADRÃO DE RESPOSTA)

1º PASSO: DADOS PRINCIPAIS DO ENUNCIADO	
Partes	Empregado/Trabalhador: CARLA
	Empregador/Tomador de serviço: MASSA FALIDA DE SÃO JOSÉ COMPUTADORES LTDA
Profissão	TÉCNICA EM INFORMÁTICA
Data de admissão:	NÃO HÁ A INFORMAÇÃO NO ENUNCIADO
Data de dispensa:	NÃO HÁ A INFORMAÇÃO NO ENUNCIADO
Motivo da extinção do contrato de trabalho:	NÃO HÁ A INFORMAÇÃO NO ENUNCIADO
Existe ação em curso?	SIM
	Data do ajuizamento: NÃO HÁ A INFORMAÇÃO NO ENUNCIADO

2º PASSO: IDENTIFICAÇÃO, PREVISÃO LEGAL E PECULIARIDADES DA PEÇA	
Régua processual (Atos processuais descritos no enunciado) |-------------|-------------|-------|------------------------------------>> RT CONTESTAÇÃO SENTENÇA RO	
Inicial, defesa ou recurso?	RECURSO – RECURSO ORDINÁRIO, COM FUNDAMENTO NO ARTIGO 895, I, DA CLT.
Há alguma medida urgente a ser adotada?	NÃO.
Peculiaridades da peça	– NO RECURSO ORDINÁRIO SERÃO DUAS PEÇAS, SENDO A 1ª PEÇA DE INTERPOSIÇÃO OU PEÇA DE ENCAMINHAMENTO, E A 2ª PEÇA DE RAZÕES RECURSAIS; – MENÇÃO AO RECEBIMENTO E REMESSA DOS AUTOS; – REQUERIMENTO; – NOTIFICAÇÃO DO RECLAMANTE PARA CONTRARRAZÕES E PREPARO; – PREPARO (CUSTAS E DEPÓSITO RECURSAL) – A RECORRENTE É MASSA FALIDA HÁ DISPENSA DO PREPARO (SÚMULA 86 DO TST).

3º PASSO: ESTRUTURA E TESES DA PEÇA		
Endereçamento	EXCELENTÍSSIMO SENHOR DOUTOR JUIZ DO TRABALHO DA 67ª VARA DO TRABALHO DE EMBU DAS ARTES/SP.	
Preâmbulo	Peticionário (Requerente)	MASSA FALIDA DE SÃO JOSÉ COMPUTADORES LTDA
	Parte contrária (Requerido)	CARLA
	Nome da peça	RECURSO ORDINÁRIO
	Fundamento legal	ART. 895, I, DA CLT.
	Procedimento (rito)	–
	Verbo:	INTERPOR

Fatos	O RECORRENTE AJUIZOU RECLAMAÇÃO TRABALHISTA EM FACE DA RECORRIDA. ENTRETANTO, O DOUTO JULGADOR DE PRIMEIRA INSTÂNCIA JULGOU TOTALMENTE OS PEDIDOS PROCEDENTES.
1ª Tese (Direito)	FATOS: O MAGISTRADO INDEFERIU A OITIVA DA TESTEMUNHA (SR. JUCA). FUNDAMENTOS: O INDEFERIMENTO DA OITIVA DE TESTEMUNHA ACARRETA CERCEAMENTO DE DEFESA, OCASIONANDO OFENSA À AMPLA DEFESA, AO CONTRADITÓRIO E AO DEVIDO PROCESSO LEGAL. ART. 5º, LIV, CF OU ART. 5º, LV; ART. 818, II, OU 845 DA CLT OU ART. 10 OU 139, I, DO CPC CONCLUSÃO: DIANTE DO EXPOSTO, NECESSÁRIO SE FAZ A REABERTURA DA FASE DE INSTRUÇÃO E O RETORNO DOS AUTOS PARA O PRIMEIRO GRAU DE JURISDIÇÃO PARA OITIVA DAS TESTEMUNHAS.
Caminho até a tese (Palavra-chave)	PRELIMINAR; PROVAS
2ª Tese (Direito)	O RECORRIDO REQUEREU O PAGAMENTO DAS CONTRIBUI-PREVIDENCIÁRIAS NO CURSO DO CONTRATO DE TRABALHO. TRATA-SE DE INCOMPETÊNCIA ABSOLUTA DA JUSTIÇA DO TRABALHO QUE NÃO TEM COMPETÊNCIA PARA APRECIAR PEDIDOS DE RECOLHIMENTO DE CONTRIBUIÇÕES PREVIDENCIÁRIAS DEVIDAS NA VIGÊNCIA DO CONTRATO DE TRABALHO. ART. 114, VIII, DA CF OU ART. 876, PARÁGRAFO ÚNICO, CLT E SÚMULA VINCULANTE 53 DO STF OU SÚMULA 368, I, DO TST. DIANTE DO EXPOSTO, REQUER A REFORMA DA DECISÃO.
Caminho até a tese (Palavra-chave)	PRELIMINAR; INCOMPETÊNCIA ABSOLUTA
3ª Tese (Direito)	A MAGISTRADA REJEITOU A CONTRADITA DA TESTEMUNHA DA RECORRIDA, UMA VEZ QUE ERA CUNHADA DA RECORRIDA, CONFORME CONFIRMADO. HÁ IMPEDIMENTO DA TESTEMUNHA A ROGO DA RECORRIDA POR SER PARENTE EM 2º GRAU, POR AFINIDADE, DEVENDO SER ACOLHIDA A CONTRADITA E RETIRADA DOS AUTOS O SEU DEPOIMENTO. ART. O 447, § 2º, I, CPC. DIANTE DO EXPOSTO, REQUER A REFORMA DA DECISÃO.
Caminho até a tese (Palavra-chave)	TESTEMUNHA
4ª Tese (Direito)	A RECORRIDA TRABALHAVA EM *HOME OFFICE*. NO ENTANTO, OS EMPREGADOS QUE TRABALHAM EM REGIME DE TELETRABALHO ESTÃO DISPENSADOS DO CONTROLE DE JORNADA, NÃO FAZENDO JUS A HORA EXTRA. ART. 62, III, DA CLT. DIANTE DO EXPOSTO, REQUER A REFORMA DA DECISÃO.
Caminho até a tese (Palavra-chave)	TELETRABALHO; EXCLUÍDO DURAÇÃO JORNADA
5ª Tese (Direito)	A RECORRIDA REQUEREU APLICAÇÃO DA MULTA DOS ARTS. 467 E 477, § 8º, DA CLT. OCORRE QUE A MASSA FALIDA NÃO SE SUJEITA AS PENALIDADES PREVISTAS NOS ARTS. 467 E 477, § 8º, DA CLT; SÚMULA 388 DO TST. DIANTE DO EXPOSTO, REQUER A REFORMA DA DECISÃO.
Caminho até a tese (Palavra-chave)	MASSA FALIDA; MULTA DOS ARTS. 467 E 477, § 8 º, DA CLT

Tutela de urgência	–
Pedidos e Conclusões	REQUERER O CONHECIMENTO E PROVIMENTO DO RECURSO COM O ACOLHIMENTO DAS PRELIMINARES, COM A REABERTURA DA FASE DE INSTRUÇÃO E O RETORNO DOS AUTOS PARA O PRIMEIRO GRAU DE JURISDIÇÃO PARA OITIVA DAS TESTEMUNHAS, OU SUBSIDIARIAMENTE COM A REFORMA DA DECISÃO.
Requerimentos finais	
Encerramento	LOCAL. DATA. ADVOGADO. OAB/... Nº

QUESTÃO 1 – SIMULADO 9 (PADRÃO DE RESPOSTA)

1º PASSO: IDENTIFICAÇÃO DO TEMA CENTRAL	
Temas centrais e institutos jurídicos narrados no enunciado	– CONTRATO POR PRAZO DETERMINADO; ACIDENTE DE TRABALHO
	– RESCISÃO DO CONTRATO
2º PASSO: ENCONTRANDO O FUNDAMENTO **Pesquisar a palavra-chave, o instituto jurídico ou tema central a partir das informações fornecidas pelo enunciado.*	
Palavra(s)-chave	– CONTRATO DE EXPERIÊNCIA; ACIDENTE DO TRABALHO; ESTABILIDADE PROVISÓRIA
	– VERBAS RESCISÓRIAS; PAGAMENTO DAS VERBAS; PRAZO 10 DIAS
3º PASSO: FUNDAMENTO DA RESPOSTA **Anotar o fundamento jurídico, legal, jurisprudencial ou doutrinário.*	
Fundamento do item "A"	– ART. 118 DA LEI Nº 8.213/1991, SÚMULA 378, III, DO TST
Fundamento do item "B"	– ART. 477, § 6º E 479, DA CLT
4º PASSO: DESENVOLVENDO A RESPOSTA	
Item "A"	**Modelo de resposta:**
	O EMPREGADO SUBMETIDO A CONTRATO DE TRABALHO POR TEMPO DETERMINADO GOZA DE GARANTIA DE EMPREGO DECORRENTE DO ACIDENTE DO TRABALHO. INDICAR O ART. 118 DA LEI Nº 8.213/1991, SÚMULA 378, III, DO TST.
Item "B"	**Modelo de resposta:**
	A EMPRESA SHIELD TERÁ DEZ DIAS PARA QUITAR AS VERBAS RESCISÓRIAS, A PARTIR DO TÉRMINO DO CONTRATO. O EMPREGADO SEVERINO RECEBERIA A TÍTULO DE INDENIZAÇÃO, E POR METADE, A REMUNERAÇÃO A QUE TERIA DIREITO ATÉ O TÉRMINO DO CONTRATO. INDICAR O ART. 118 DA LEI Nº 8.213/1991 OU SÚMULA 378, III, DO TST.

QUESTÃO 2 – SIMULADO 9 (PADRÃO DE RESPOSTA)

1º PASSO: IDENTIFICAÇÃO DO TEMA CENTRAL	
Temas centrais e institutos jurídicos narrados no enunciado	– ACIDENTE DE TRABALHO; SUSPENSÃO DO CONTRATO DE TRABALHO;
	– ESTABILIDADE.
2º PASSO: ENCONTRANDO O FUNDAMENTO **Pesquisar a palavra-chave, o instituto jurídico ou tema central a partir das informações fornecidas pelo enunciado.*	
Palavra(s)-chave	– AFASTAMENTO DO EMPREGO; ACIDENTE DO TRABALHO;
	– ESTABILIDADE PROVISÓRIA.

3º PASSO: FUNDAMENTO DA RESPOSTA *Anotar o fundamento jurídico, legal, jurisprudencial ou doutrinário.*	
Fundamento do item "A"	– ART. 4º, § 1º, DA CLT OU ART. 15, § 5º, DA Nº LEI 8.036/1990 OU ART. 60, § 3º, DA LEI Nº 8.213/1991
Fundamento do item "B"	– ART. 118 DA LEI Nº 8.213/1991 OU SÚMULA 378, I E/OU II, DO TST E ART. 496 DA CLT.

4º PASSO: DESENVOLVENDO A RESPOSTA	
Item "A"	**Modelo de resposta:** O AFASTAMENTO POR MAIS DE 15 DIAS, DECORRENTE DE ACIDENTE DE TRABALHO, ACARRETA A SUSPENSÃO *SUI GENERIS* DO CONTRATO DE TRABALHO, SENDO QUE TAL PERÍODO CONTA COMO TEMPO DE SERVIÇO, E O EMPREGADOR DEVERÁ DEPOSITAR O FGTS. AINDA, ATÉ O 15º CABERÁ A EMPRESA O DEVER DE PAGAR O SALÁRIO INTEGRAL PELO TRABALHO DESEMPENHADO. INDICAR O ART. 4º, § 1º, DA CLT, OU ART. 15, § 5º, DA Nº LEI 8.036/1990, OU ART. 60, § 3º, DA LEI Nº 8.213/1991.
Item "B"	**Modelo de resposta:** O ACIDENTE DE TRABALHO GERA ESTABILIDADE AO EMPREGADO PELO PRAZO MÍNIMO DE 12 MESES APÓS A CESSAÇÃO DO AUXÍLIO-DOENÇA. A DISPENSA SERÁ CONSIDERADA NULA, E O EMPREGADO DEVERÁ SER REINTEGRADO AO TRABALHO OU SE A REINTEGRAÇÃO FOR DESACONSELHÁVEL, DADO O GRAU DE INCOMPATIBILIDADE RESULTANTE DO DISSÍDIO, ESSA OBRIGAÇÃO PODERÁ SER CONVERTIDA EM INDENIZAÇÃO. INDICAR O ART. 118 DA LEI Nº 8.213/1991 OU SÚMULA 378, I E/OU II, DO TST E ART. 496 DA CLT.

QUESTÃO 3 – SIMULADO 9 (PADRÃO DE RESPOSTA)

1º PASSO: IDENTIFICAÇÃO DO TEMA CENTRAL	
Temas centrais e institutos jurídicos narrados no enunciado	– HONORÁRIOS PERICIAIS; PRÉVIOS; PAGAMENTOS; – BENEFICIÁRIOS DA JUSTIÇA GRATUITA.

2º PASSO: ENCONTRANDO O FUNDAMENTO *Pesquisar a palavra-chave, o instituto jurídico ou tema central a partir das informações fornecidas pelo enunciado.*	
Palavra(s)-chave	– HONORÁRIOS PERICIAIS; ILEGAL A EXIGÊNCIA DE DEPÓSITO PRÉVIO; – GRATUIDADE DA JUSTIÇA GRATUITA; HONORÁRIOS PERICIAIS; – PAGAMENTOS.

3º PASSO: FUNDAMENTO DA RESPOSTA *Anotar o fundamento jurídico, legal, jurisprudencial ou doutrinário.*	
Fundamento do item "A"	– ART. 790-B, § 3º, DA CLT OU OJ Nº 98, DA SDI-II, DO TST E ART. 795 DA CLT
Fundamento do item "B"	– ART. 790-B DA CLT

4º PASSO: DESENVOLVENDO A RESPOSTA	
Item "A"	**Modelo de resposta:**
	É VEDADA A EXIGÊNCIA DE ADIANTAMENTO DE VALORES PARA REALIZAÇÃO DE PERÍCIA. DIANTE DE TAL NULIDADE, O EMPREGADO PODERIA TER FEITO CONSTAR O SEU PROTESTO EM ATA DE AUDIÊNCIA, ALÉM DE AJUIZAR MANDADO DE SEGURANÇA VISANDO A REALIZAÇÃO DA PERÍCIA INDEPENDENTEMENTE DO DEPÓSITO. INDICAR O ART. 790-B, § 3º, DA CLT, OU OJ Nº 98, DA SDI-II, DO TST, OU ART. 795 DA CLT.
Item "B"	**Modelo de resposta:**
	GAMALIEL, MESMO SENDO BENEFICIÁRIO DA JUSTIÇA GRATUITA, SERÁ RESPONSÁVEL PELA QUITAÇÃO DOS HONORÁRIOS PERICIAIS, CONSIDERANDO QUE É A PARTE SUCUMBENTE NA PRETENSÃO DO OBJETO DA PERÍCIA. INDICAR O ART. 790-B DA CLT.

QUESTÃO 4 – SIMULADO 9 (PADRÃO DE RESPOSTA)

1º PASSO: IDENTIFICAÇÃO DO TEMA CENTRAL	
Temas centrais e institutos jurídicos narrados no enunciado	AUDIÊNCIA; COMPARECIMENTO DAS PARTES; AUSÊNCIA DO RECLAMANTE
2º PASSO: ENCONTRANDO O FUNDAMENTO **Pesquisar a palavra-chave, o instituto jurídico ou tema central a partir das informações fornecidas pelo enunciado.*	
Palavra(s)-chave	COMPARECIMENTO DAS PARTES; AUDIÊNCIA; SUBSTITUIÇÃO DAS PARTES;
3º PASSO: FUNDAMENTO DA RESPOSTA **Anotar o fundamento jurídico, legal, jurisprudencial ou doutrinário.*	
Fundamento do item "A"	INDICAÇÃO DO ART. 844, *CAPUT* E § 2º, DA CLT.
Fundamento do item "B"	INDICAÇÃO DO ART. 843, §§ 1º E 3º, DA CLT.
4º PASSO: DESENVOLVENDO A RESPOSTA	
Item "A"	**Modelo de resposta:**
	O NÃO COMPARECIMENTO DO RECLAMANTE À AUDIÊNCIA IMPORTA O ARQUIVAMENTO DA RECLAMAÇÃO (0,20). ALÉM DISSO, SERÁ CONDENADO AO PAGAMENTO DAS CUSTAS, AINDA QUE BENEFICIÁRIO DA JUSTIÇA GRATUITA, SALVO SE COMPROVAR, NO PRAZO DE QUINZE DIAS, QUE A AUSÊNCIA OCORREU POR MOTIVO LEGALMENTE JUSTIFICÁVEL. INDICAÇÃO DO ART. 844, *CAPUT* E § 2º, DA CLT.
Item "B"	**Modelo de resposta:**
	SIM. A REPRESENTAÇÃO DA RECLAMADA ESTAVA CORRETA PORQUE É FACULTADO AO EMPREGADOR FAZER-SE SUBSTITUIR PELO GERENTE OU QUALQUER OUTRO PREPOSTO QUE TENHA CONHECIMENTO DO FATO, E CUJAS DECLARAÇÕES OBRIGARÃO O PROPONENTE. ADEMAIS, O PREPOSTO NÃO PRECISA SER EMPREGADO DA PARTE RECLAMADA. INDICAÇÃO DO ART. 843, §§ 1º E 3º, DA CLT.

SIMULADO 10

PEÇA PRÁTICO-PROFISSIONAL – SIMULADO 10 (PADRÃO DE RESPOSTA)

1º PASSO: DADOS PRINCIPAIS DO ENUNCIADO	
Partes	Empregado/Trabalhador: DIMITRI VEGAS Empregador/Tomador de serviço: SUPERMERCADO ESTRELA LTDA.
Profissão	
Data de admissão:	27-8-2013
Data de dispensa:	5-5-2022
Motivo da extinção do contrato de trabalho:	DISPENSADO SEM JUSTO MOTIVO
Existe ação em curso?	SIM Data do ajuizamento: 7-7-2022

2º PASSO: IDENTIFICAÇÃO, PREVISÃO LEGAL E PECULIARIDADES DA PEÇA	
Régua processual (Atos processuais descritos no enunciado) |------------------|------------------|------>> RECLAMAÇÃO TRABALHISTA — SENTENÇA — RECURSO ORDINÁRIO	
Inicial, defesa ou recurso?	RECURSO
Há alguma medida urgente a ser adotada?	NÃO
Peculiaridades da peça	1ª) 2 DUAS PEÇAS: A) PEÇA DE INTERPOSIÇÃO OU ENDEREÇAMENTO – DIRIGIDA AO JUIZ DO TRABALHO • INFORMAR QUE A INTERPOSIÇÃO É TEMPESTIVA, ISTO É, DENTRO DO PRAZO ESTABELECIDO EM LEI; • RECEBIMENTO DO RECURSO ORDINÁRIO E POSTERIOR REMESSA AO TRT DA 9ª REGIÃO; • NOTIFICAÇÃO DA PARTE CONTRÁRIA PARA APRESENTAR CONTRARRAZÕES; • PREPARO: MENÇÃO DA JUNTADA DAS GUIAS DE CUSTAS E DO DEPÓSITO RECURSAL. B) RAZÕES RECURSAIS – AO TRT 2ª) PARTES: RECORRENTE E RECORRIDO

3º PASSO: ESTRUTURA E TESES DA PEÇA		
Endereçamento	20ª VARA DO TRABALHO DE CURITIBA/PR	
Preâmbulo	Cliente	SUPERMERCADO ESTRELA LTDA
	Parte contrária	DIMITRI VEGAS
	Nome da peça, fundamento legal e rito (procedimento):	RECURSO ORDINÁRIO, COM FUNDAMENTO NO ART. 895, I, DA CLT
	Verbo:	INTERPOR

Fatos	
1ª Tese (Direito)	**PRELIMINAR – CERCEAMENTO DE DEFESA:** O INDEFERIMENTO DA OITIVA DA TESTEMUNHA, COM O OBJETIVO DE ELIDIR A JORNADA DESCRITA PELO RECLAMANTE NA PETIÇÃO INICIAL, OCASIONOU OFENSA AO CONTRADITÓRIO, À AMPLA DEFESA E AO DEVIDO PROCESSO LEGAL. INDICAÇÃO DO ART. 5º, LIV, DA CF OU ART. 5º, LV, DA CF OU ART. 818, II, OU 845, DA CLT OU ART. 10 OU 139, I, DO CPC OU SÚMULA 338, III, DO TST.
Caminho até a tese (Palavra-chave)	PRELIMINAR; CERCEAMENTO DE DEFESA
2ª Tese (Direito)	**PRESCRIÇÃO BIENAL/TOTAL:** O TRABALHADOR TEM O PRAZO DE 2 (DOIS) ANOS, APÓS A EXTINÇÃO DO CONTRATO DE TRABALHO, PARA REIVINDICAR AS PRETENSÕES QUANTO AOS CRÉDITOS RESULTANTES DAS RELAÇÕES DE TRABALHO, O QUE NÃO FOI RESPEITADO NO PRESENTE CASO, RAZÃO PELA QUAL O FEITO DEVE SER EXTINTO COM RESOLUÇÃO DE MÉRITO. INDICAÇÃO DO ART. 7º, XXIX, DA CF OU ART. 11 DA CLT OU ART. 487, II, DO CPC.
Caminho até a tese (Palavra-chave)	PRESCRIÇÃO; PRESCRIÇÃO TOTAL
3ª Tese (Direito)	**ESTABILIDADE** – DURANTE O PERÍODO DE AVISO-PRÉVIO, AINDA QUE INDENIZADO, OS EMPREGADOS DA EMPRESA NÃO PODEM SE CANDIDATAR À COMISSÃO DE REPRESENTANTES DOS EMPREGADOS, DE FORMA QUE NÃO SERÁ ASSEGURADA A GARANTIA PROVISÓRIA NO EMPREGO NESSA HIPÓTESE. INDICAÇÃO DO ART. 510-C, § 2º, DA CLT.
Caminho até a tese (Palavra-chave)	ESTABILIDADE
4ª Tese (Direito)	**TEMPO DE ESTUDO** – O TEMPO DESPENDIDO PELO EMPREGADO, APÓS O TÉRMINO DA JORNADA DE TRABALHO, PARA ESTUDAR O CONTEÚDO DO CURSO TÉCNICO PROFISSIONALIZANTE, NÃO É CONSIDERADO TEMPO À DISPOSIÇÃO DO EMPREGADOR, MAS, SIM, ATIVIDADE PARTICULAR, DE FORMA QUE AS HORAS EXTRAS DEVEM SER INDEFERIDAS. INDICAÇÃO DO ART. 4º, § 2º, IV, DA CLT.
Caminho até a tese (Palavra-chave)	TEMPO À DISPOSIÇÃO; JORNADA DE TRABALHO; DURAÇÃO DO TRABALHO.
5ª Tese (Direito)	**AJUDA COMPENSATÓRIA MENSAL** – A AJUDA COMPENSATÓRIA MENSAL, DEVIDA EM VIRTUDE DO PACTO DE ACORDO DE REDUÇÃO PROPORCIONAL DA JORNADA DE TRABALHO E DE SALÁRIO, ENTABULADA ENTRE O EMPREGADO E O EMPREGADOR, NÃO TEM NATUREZA JURÍDICA SALARIAL, MAS, SIM, NATUREZA JURÍDICA INDENIZATÓRIA, DE MODO QUE NÃO INTEGRA O SALÁRIO DEVIDO PELO EMPREGADOR. INDICAÇÃO DO ART. 9º, § 1º, II OU § 2º, DA LEI Nº 14.020/2020.
Caminho até a tese (Palavra-chave)	AJUDA COMPENSATÓRIA; CORONAVÍSUS;
6ª Tese (Direito)	**INTEGRAÇÃO DOS PRÊMIOS** – A IMPORTÂNCIA PAGA A TÍTULO DE PRÊMIOS NÃO INTEGRA A REMUNERAÇÃO DO EMPREGADO, NÃO SE INCORPORA AO CONTRATO DE TRABALHO E NÃO CONSTITUI BASE DE INCIDÊNCIA DE QUALQUER ENCARGO TRABALHISTA E PREVIDENCIÁRIO. INDICAÇÃO DO ART. 457, § 2º, DA CLT.
Caminho até a tese (Palavra-chave)	SALÁRIO E REMUNERAÇÃO; PRÊMIOS.

7ª Tese (Direito)	DEVOLUÇÃO DOS DESCONTOS: ASSISTÊNCIA ODONTOLÓGICA – OS DESCONTOS SALARIAIS REALIZADOS PELO EMPREGADOR DECORRENTE DA INTEGRAÇÃO DO EMPREGADO EM PLANO DE ASSISTÊNCIA ODONTOLÓGICA SÃO LÍCITOS, QUANDO AUTORIZADO PREVIAMENTE E POR ESCRITO PELO TRABALHADOR. OU NÃO RESTOU COMPROVADO O VÍCIO NA MANIFESTAÇÃO DE VONTADE DO TRABALHADOR, CAPAZ DE INVALIDAR A AUTORIZAÇÃO PRÉVIA E POR ESCRITO REGULARMENTE ASSINADA PELO TRABALHADOR PARA INCLUÍ-LO NO PLANO DE ASSISTÊNCIA ODONTOLÓGICA. INDICAÇÃO DO ART. 462 DA CLT OU DA SÚMULA 342 DO TST OU OJ 160, DA SDI-1, DO TST.
Caminho até a tese (Palavra-chave)	DESCONTO NOS SALÁRIOS; ASSISTÊNCIA ODONTOLÓGICA.
8ª Tese (Direito)	CUMULAÇÃO DO ADICIONAL DE PERICULOSIDADE E DE INSALUBRIDADE: OS ADICIONAIS DE INSALUBRIDADE E PERICULOSIDADE NÃO SÃO CUMULÁVEIS, CABENDO AO EMPREGADO A OPÇÃO PELO RECEBIMENTO DE UM DOS ADICIONAIS. INDICAÇÃO DO ART. 193, § 2º, DA CLT.
Caminho até a tese (Palavra-chave)	PERICULOSIDADE; INSALUBRIDADE; ADICIONAIS; CUMULAÇÃO.
9ª Tese (Direito)	DANO EXISTENCIAL – O TRABALHO HABITUAL EM REGIME DE SOBREJORNADA, CONQUANTO SEJA DESGASTANTE À SAÚDE DO TRABALHADOR, POR SI SÓ, NÃO CARACTERIZA DANO EXISTENCIAL, QUE DEPENDE DA DEMONSTRAÇÃO INEQUÍVOCA DO ESGOTAMENTO FÍSICO, PSÍQUICO, OU DA PRIVAÇÃO DO CONVÍVIO FAMILIAR, SOCIAL E IMPOR LIMITAÇÕES A SUA VIDA PESSOAL. OU NÃO RESTOU COMPROVADA NOS AUTOS A REALIZAÇÃO DE JORNADA DE TRABALHO EXCESSIVA, DE MODO QUE NÃO RESTOU COMPROVADA A PRÁTICA DE ATO ILÍCITO PELO EMPREGADOR. INDICAÇÃO DO ART. 5º, V E X, DA CF OU ARTS. 223-A A 223-G DA CLT OU ART. 186 E 927 DO CC OU ART. 7º, XIII E XVI, DA CF OU ART. 58 DA CLT.
Caminho até a tese (Palavra-chave)	DANO EXTRAPATRIMONIAL;
10ª Tese (Direito)	PREVALÊNCIA DO ACT: AS CONDIÇÕES ESTABELECIDAS EM ACORDO COLETIVO DE TRABALHO SEMPRE PREVALECERÃO SOBRE AS ESTIPULADAS EM CONVENÇÃO COLETIVA DE TRABALHO, LOGO, NESSE ASPECTO, DEVE PREVALECER O VALE-COMPRA ESTIPULADO NO ACORDO COLETIVO DE TRABALHO. INDICAÇÃO DO ART. 620 DA CLT.
Caminho até a tese (Palavra-chave)	INSTRUMENTO DE NEGOCIAÇÃO COLETIVA; ACORDO OU CONVENÇÃO COLETIVA DE TRABALHO.
Tutela de urgência	NÃO.
Pedidos, Conclusões e Requerimentos finais	REQUERER O CONHECIMENTO E PROVIMENTO DO RECURSO, O ACOLHIMENTO DA PRELIMINAR DE CERCEAMENTO DE DEFESA PARA ANULAR A SENTENÇA, REMETENDO-SE OS AUTOS À VARA DE ORIGEM PARA REABERTURA DA FASE DE INSTRUÇÃO, A PRONÚNCIA DA PRESCRIÇÃO QUINQUENAL/PARCIAL, OU, SUBSIDIARIAMENTE, A REFORMA DA DECISÃO.
Encerramento	LOCAL. DATA. ADVOGADO. OAB/... Nº

QUESTÃO 1 – SIMULADO 10 (PADRÃO DE RESPOSTA)

1º PASSO: IDENTIFICAÇÃO DO TEMA CENTRAL	
Temas centrais e institutos jurídicos narrados no enunciado	EQUIPARAÇÃO SALARIAL
2º PASSO: ENCONTRANDO O FUNDAMENTO ***Pesquisar a palavra-chave, o instituto jurídico ou tema central a partir das informações fornecidas pelo enunciado.***	
Palavra(s)-chave	AUDIÊNCIA; PRESENÇA DO ADVOGADO.
3º PASSO: FUNDAMENTO DA RESPOSTA ***Anotar o fundamento jurídico, legal, jurisprudencial ou doutrinário.***	
Fundamento do item "A"	INDICAÇÃO DO ART. 461, *CAPUT* E § 1º DA CLT.
Fundamento do item "B"	INDICAÇÃO DO ART. 844, § 5º, DA CLT.
4º PASSO: DESENVOLVENDO A RESPOSTA	
Item "A"	**Modelo de resposta:**
	ALEGARIA, NO MÉRITO, QUE A DIFERENÇA DE TEMPO DE SERVIÇO ENTRE O RECLAMANTE (ARMIN) E O PARADIGMA (AFROJACK) É SUPERIOR A 4 ANOS, BEM COMO A DIFERENÇA DE TEMPO NA FUNÇÃO É SUPERIOR A 2 ANOS. INDICAÇÃO DO ART. 461, *CAPUT* E § 1º, DA CLT.
Item "B"	**Modelo de resposta:**
	NÃO. MESMO QUE AUSENTE A PARTE RECLAMADA OU O SEU PREPOSTO, SE O ADVOGADO DA PARTE RECLAMADA ESTIVER PRESENTE NA AUDIÊNCIA, O JUIZ DEVE ACEITAR A CONTESTAÇÃO E OS DOCUMENTOS EVENTUALMENTE APRESENTADOS. INDICAÇÃO DO ART. 844, § 5º, DA CLT.

QUESTÃO 2 – SIMULADO 10 (PADRÃO DE RESPOSTA)

1º PASSO: IDENTIFICAÇÃO DO TEMA CENTRAL	
Temas centrais e institutos jurídicos narrados no enunciado	ÔNUS DA PROVA; FALTA GRAVE.
2º PASSO: ENCONTRANDO O FUNDAMENTO ***Pesquisar a palavra-chave, o instituto jurídico ou tema central a partir das informações fornecidas pelo enunciado.***	
Palavra(s)-chave	DEFESAS; RECONVENÇÃO.

3º PASSO: FUNDAMENTO DA RESPOSTA *Anotar o fundamento jurídico, legal, jurisprudencial ou doutrinário.*	
Fundamento do item "A"	INDICAÇÃO DO ARTIGO 818, II, DA CLT OU ART. 373, II, DO CPC.
Fundamento do item "B"	INDICAÇÃO DO ARTIGO 847 DA CLT OU ART. 343 DO CPC.

4º PASSO: DESENVOLVENDO A RESPOSTA	
Item "A"	**Modelo de resposta:** O ÔNUS DA PROVA QUANTO À PRÁTICA DE FALTA GRAVE É DO EMPREGADOR, POR SE TRATAR DE FATO EXTINTIVO DE PROSSEGUIR EM SEU CONTRATO DE TRABALHO E IMPEDITIVO DO DIREITO DO RECLAMANTE QUANTO ÀS VERBAS RESCISÓRIAS. INDICAÇÃO DO ARTIGO 818, II, DA CLT OU ART. 373, II, DO CPC.
Item "B"	**Modelo de resposta:** É POSSÍVEL A APRESENTAÇÃO DE RECONVENÇÃO, A FIM DE BUSCAR A REPARAÇÃO PELOS PREJUÍZOS CAUSADOS À EMPRESA PELO EMPREGADO. INDICAÇÃO DO ARTIGO 847 DA CLT OU ART. 343 DO CPC.

QUESTÃO 3 – SIMULADO 10 (PADRÃO DE RESPOSTA)

1º PASSO: IDENTIFICAÇÃO DO TEMA CENTRAL	
Temas centrais e institutos jurídicos narrados no enunciado	RESCISÃO DO CONTRATO DE TRABALHO; DISTRATO.

2º PASSO: ENCONTRANDO O FUNDAMENTO *Pesquisar a palavra-chave, o instituto jurídico ou tema central a partir das informações fornecidas pelo enunciado.*	
Palavra(s)-chave	RESCISÃO DO CONTRATO DE TRABALHO; DISTRATO; FGTS.

3º PASSO: FUNDAMENTO DA RESPOSTA *Anotar o fundamento jurídico, legal, jurisprudencial ou doutrinário.*	
Fundamento do item "A"	INDICAÇÃO ART. 484-A DA CLT.
Fundamento do item "B"	INDICAÇÃO DO ART. 484-A, § 1º, DA CLT OU ART. 20, I-A, DA LEI Nº 8.036/1990 (0,10) ART. 484-A, § 2º, DA CLT.

4º PASSO: DESENVOLVENDO A RESPOSTA	
Item "A"	**Modelo de resposta:** SIM. O EMPREGADO E O EMPREGADOR PODEM ENTABULAR UM DISTRATO, QUE PERMITE A RUPTURA DO CONTRATO DE TRABALHO POR COMUM ACORDO. INDICAÇÃO ART. 484-A DA CLT.

Item "B"	**Modelo de resposta:**
	O TRABALHADOR PODERÁ MOVIMENTAR APENAS 80% DO VALOR DOS DEPÓSITOS DO FGTS, PORÉM, NÃO TERÁ DIREITO DE SE HABILITAR NO SEGURO-DESEMPREGO. INDICAÇÃO DO ART. 484-A, § 1º, DA CLT OU ART. 20, I-A, DA LEI Nº 8.036/1990 (0,10) ART. 484-A, § 2º, DA CLT.

QUESTÃO 4 – SIMULADO 10 (PADRÃO DE RESPOSTA)

1º PASSO: IDENTIFICAÇÃO DO TEMA CENTRAL	
Temas centrais e institutos jurídicos narrados no enunciado	AÇÃO RESCISÓRIA
2º PASSO: ENCONTRANDO O FUNDAMENTO *Pesquisar a palavra-chave, o instituto jurídico ou tema central a partir das informações fornecidas pelo enunciado.*	
Palavra(s)-chave	DEVIDO PROCESSO LEGAL
3º PASSO: FUNDAMENTO DA RESPOSTA *Anotar o fundamento jurídico, legal, jurisprudencial ou doutrinário.*	
Fundamento do item "A"	INDICAÇÃO DO ART. 836, *CAPUT*, DA CLT.
Fundamento do item "B"	INDICAÇÃO DO ART. 10 DO CPC OU ART. 139, IX, 317 E 321 DO CPC.
4º PASSO: DESENVOLVENDO A RESPOSTA	
Item "A"	**Modelo de resposta:**
	NÃO. O DEPÓSITO PRÉVIO DEVIDO NA AÇÃO RESCISÓRIA AJUIZADA PERANTE A JUSTIÇA DO TRABALHO CORRESPONDE A 20% SOBRE O VALOR DA CAUSA, EXCETO NOS CASOS DE COMPROVAÇÃO DA MISERABILIDADE JURÍDICA DO AUTOR. INDICAÇÃO DO ART. 836, *CAPUT*, DA CLT.
Item "B"	**Modelo de resposta:**
	ALEGARIA VIOLAÇÃO AO DEVIDO PROCESSO LEGAL, ISSO PORQUE O TRIBUNAL REGIONAL INDEFERIU LIMINARMENTE A PETIÇÃO INICIAL DA AÇÃO RESCISÓRIA, SEM A PRÉVIA INTIMAÇÃO DO AUTOR PARA SANAR O VÍCIO EXISTENTE EM RELAÇÃO AO DEPÓSITO PRÉVIO. INDICAÇÃO DO ART. 10 DO CPC OU ART. 139, IX, 317 E 321 DO CPC.

SIMULADO 11

PEÇA PRÁTICO-PROFISSIONAL – SIMULADO 11 (PADRÃO DE RESPOSTA)

1º PASSO: DADOS PRINCIPAIS DO ENUNCIADO	
Partes	Empregado/Trabalhador: ALOOK Empregador/Tomador de serviço: CASA NOVA CONSTRUTORA E INCORPORADORA LTDA
Profissão	MESTRE DE OBRAS
Data de admissão:	1-10-2019
Data de dispensa:	1-7-2020
Motivo da extinção do contrato de trabalho:	DISPENSA IMOTIVADA
Existe ação em curso?	SIM. Data do ajuizamento: NÃO INDICADA NO ENUNCIADO

2º PASSO: IDENTIFICAÇÃO, PREVISÃO LEGAL E PECULIARIDADES DA PEÇA	
Régua processual (Atos processuais descritos no enunciado) |-----------|-----------|-----------|-----------|----------->> RT CONTESTAÇÃO SENTENÇA RO CONTRARRAZÕES DE RO	
Inicial, defesa ou recurso?	RECURSO – CONTRARRAZOES DE RECURSO ORDINÁRIO, COM FUNDAMENTO NO ARTIGO 900 DA CLT.
Há alguma medida urgente a ser adotada?	NÃO
Peculiaridades da peça	– NO RECURSO ORDINÁRIO SERÃO DUAS PEÇAS, SENDO A 1ª PEÇA DE INTERPOSIÇÃO OU PEÇA DE ENCAMINHAMENTO, E A 2ª PEÇA DE CONTRARRAZÕES RECURSAIS. – MENÇÃO AO RECEBIMENTO E REMESSA DOS AUTOS;

3º PASSO: ESTRUTURA E TESES DA PEÇA		
Endereçamento	EXCELENTÍSSIMO SENHOR DOUTOR JUIZ DO TRABALHO DA 10ª VARA DO TRABALHO DO VITÓRIA/ES.	
Preâmbulo	Peticionário (Requerente)	CASA NOVA CONSTRUTORA E INCORPORADORA LTDA
	Parte contrária (Requerido)	ALOOK
	Nome da peça	CONTRARRAZÕES DE RECURSO ORDINÁRIO
	Fundamento legal	ART. 900 DA CLT.
	Procedimento (rito)	–
	Verbo:	INTERPOR
Fatos	O RECORRIDO PROPÔS RECLAMAÇÃO TRABALHISTA SENDO JULGADOS OS PEDIDOS IMPROCEDENTES. INCONFORMADO COM A SENTENÇA, INTERPÔS RECURSO ORDINÁRIO COM OBJETIVO DE MODIFICAR A DECISÃO.	

1ª Tese (Direito)	FATOS: O RECURSO ORDINÁRIO NÃO DEVE SER CONHECIDO, UMA VEZ QUE O RECORRENTE DEIXOU DE JUNTAR AS CUSTAS. FUNDAMENTOS: PRELIMINAR DE DESERÇÃO DOS REQUISITOS DE ADMISSIBILIDADE. A RECLAMAÇÃO TRABALHISTA FOI JULGADA TOTALMENTE IMPROCEDENTE, E O RECLAMANTE FOI CONDENADO AO PAGAMENTO DE CUSTAS. PORÉM, NÃO HOUVE A DEMONSTRAÇÃO DO RECOLHIMENTO DAS CUSTAS QUANDO DA INTERPOSIÇÃO DO RECURSO, DEVENDO SER RECONHECIDA A DESERÇÃO OU A AUSÊNCIA DO PREPARO OU AUSÊNCIA DOS PRESSUPOSTOS RECURSAIS EXTRÍNSECOS/OBJETIVOS. SÚMULA 128 DO TST; CONCLUSÃO: DIANTE DO EXPOSTO, REQUER QUE MANTENHA INTEGRALMENTE A DECISÃO DE MÉRITO.
Caminho até a tese (Palavra-chave)	PRELIMINAR; CUSTAS
2ª Tese (Direito)	DO AVISO-PRÉVIO PROPORCIONAL: O EMPREGADO COM MENOS DE UM ANO DE PRESTAÇÃO DE SERVIÇOS NA MESMA EMPRESA TERÁ DIREITO A 30 DIAS DE AVISO-PRÉVIO JÁ A PROPORCIONALIDADE SERÁ DEVIDA AO EMPREGADO A CADA ANO COMPLETO DE SERVIÇO PRESTADO NA MESMA EMPRESA, ACRESCENDO-SE 3 NA DURAÇÃO DO AVISO, ATÉ O LIMITE DE 60 DIAS, SITUAÇÃO QUE NÃO SE VERIFICOU NO CASO EM TELA. ART. 1º, *CAPUT* E PARÁGRAFO ÚNICO, DA LEI Nº 12.506/2011. DIANTE DO EXPOSTO, REQUER QUE MANTENHA INTEGRALMENTE A DECISÃO DE MÉRITO.
Caminho até a tese (Palavra-chave)	AVISO-PRÉVIO
3ª Tese (Direito)	DO DANO EXISTENCIAL: O EMPREGADO NÃO DEMONSTROU O COMETIMENTO DE ATO ILÍCITO PELA EMPRESA. O EMPREGADOR SEMPRE RESPEITOU O LIMITE CONSTITUCIONAL DA JORNADA, DE 8H DIÁRIA E 44H SEMANAL, INEXISTINDO CARGA HORÁRIA EXTREMA. TAMBÉM É IMPORTANTE DIZER QUE O TEMPO DESPENDIDO PELO EMPREGADO NO TRAJETO DA SUA RESIDÊNCIA ATÉ O TRABALHO, E PARA O SEU RETORNO, NÃO É CONSIDERADO TEMPO À DISPOSIÇÃO DO EMPREGADOR. ART. 5º, V OU X, DA CF, OU ART. 223-A OU ART. 223-B OU ART. 223-C DA CLT, OU ART. 186 OU 927 DO CC, OU ART. 7º, XIII, DA CF OU ART. 58, *CAPUT* E § 2º, DA CLT. DIANTE DO EXPOSTO, REQUER QUE MANTENHA INTEGRALMENTE A DECISÃO DE MÉRITO.
Caminho até a tese (Palavra-chave)	DANO EXTRAPATRIMONIAL
4ª Tese (Direito)	DO DESCANSO SEMANAL REMUNERADO: A REMUNERAÇÃO DOBRADA, PELO TRABALHO DESEMPENHADO NO FERIADO, É DEVIDA QUANDO NÃO HOUVER FOLGA COMPENSATÓRIA. O RECORRIDO ADMITIU NO DEPOIMENTO PESSOAL QUE RECEBIA A FOLGA COMPENSATÓRIA AOS SÁBADOS. ART. 9º DA LEI Nº 605/1949 OU SÚMULA 146 DO TST. DIANTE DO EXPOSTO, REQUER QUE MANTENHA INTEGRALMENTE A DECISÃO DE MÉRITO.
Caminho até a tese (Palavra-chave)	DOMINGOS E FERIADOS; TRABALHO EM DOMINGOS E FERIADOS NÃO COMPENSADOS – DOBRO.
Tutela de urgência	–
Pedidos e Conclusões	REQUERER A MANUTENÇÃO DA DECISÃO/SENTENÇA/ACÓRDÃO; REQUER ACOLHIMENTO DA PRELIMINAR DE DESERÇÃO.
Requerimentos finais	
Encerramento	LOCAL. DATA. ADVOGADO. OAB/... Nº

QUESTÃO 1 – SIMULADO 11 (PADRÃO DE RESPOSTA)

1º PASSO: IDENTIFICAÇÃO DO TEMA CENTRAL	
Temas centrais e institutos jurídicos narrados no enunciado	– COMPETÊNCIA DA JUSTIÇA DO TRABALHO; DIREITOS DE GREVE
	– INTERDITO PROIBITÓRIO
2º PASSO: ENCONTRANDO O FUNDAMENTO ***Pesquisar a palavra-chave, o instituto jurídico ou tema central a partir das informações fornecidas pelo enunciado.**	
Palavra(s)-chave	– COMPETÊNCIA; GREVE
	– AÇÃO POSSESSÓRIA
3º PASSO: FUNDAMENTO DA RESPOSTA ***Anotar o fundamento jurídico, legal, jurisprudencial ou doutrinário.**	
Fundamento do item "A"	– ART. 114, II, DA CF E SÚMULA VINCULANTE Nº 23 DO STF
Fundamento do item "B"	– ART. 554 E SS E ART. 567 DO CPC
4º PASSO: DESENVOLVENDO A RESPOSTA	
Item "A"	**Modelo de resposta:**
	A COMPETÊNCIA É DA JUSTIÇA DO TRABALHO PARA PROCESSAR E JULGAR DIREITOS DE GREVE. INDICAR O ART. 114, II, DA CF OU SÚMULA VINCULANTE Nº 23 DO STF.
Item "B"	**Modelo de resposta:**
	A MEDIDA CABÍVEL É O INTERDITO PROIBITÓRIO. INDICAÇÃO DOS ARTS. 554 E 567 DO CPC.

QUESTÃO 2 – SIMULADO 11 (PADRÃO DE RESPOSTA)

1º PASSO: IDENTIFICAÇÃO DO TEMA CENTRAL	
Temas centrais e institutos jurídicos narrados no enunciado	– ACORDO HOMOLOGADO; AÇÃO RESCISÓRIA; IRRECORRIBILIDADE DO ACORDO HOMOLOGADO
	– PRAZO PARA PROPOSITURA DA AÇÃO RESCISÓRIA
2º PASSO: ENCONTRANDO O FUNDAMENTO ***Pesquisar a palavra-chave, o instituto jurídico ou tema central a partir das informações fornecidas pelo enunciado.**	
Palavra(s)-chave	– AÇÃO RESCISÓRIA; ACORDO HOMOLOGADO
	– PRAZO; DECADÊNCIA; PROPOSITURA DE AÇÃO RESCISÓRIA
3º PASSO: FUNDAMENTO DA RESPOSTA ***Anotar o fundamento jurídico, legal, jurisprudencial ou doutrinário.**	
Fundamento do item "A"	– ARTS. 966 E SEGUINTES DO CPC; ARTS. 831, PARÁGRAFO ÚNICO, DA CLT; 836 DA CLT; SÚMULAS 100, V, E 259 DO TST

Fundamento do item "B"	– ART. 975 DO CPC E SÚMULA 100 DO TST.
4º PASSO: DESENVOLVENDO A RESPOSTA	
Item "A"	**Modelo de resposta:**
	NO DIREITO DO TRABALHO, O ACORDO HOMOLOGADO GERA TERMO DE CONCILIAÇÃO, TORNANDO A DECISÃO IRRECORRÍVEL PARA AS PARTES, TRANSITANDO EM JULGADO NA DATA DA HOMOLOGAÇÃO JUDICIAL, COMPORTANDO COMO MEIO PROCESSUAL DE IMPUGNAÇÃO APENAS A AÇÃO RESCISÓRIA DE MODO QUE A HOMOLOGAÇÃO É UMA FACULDADE DO JUIZ. INDICAÇÃO DO ARTS. 966 DO CPC, OU ARTS. 831, PARÁGRAFO ÚNICO, E 836 DA CLT, OU SÚMULAS 100, V, E 259 DO TST.
Item "B"	**Modelo de resposta:**
	O PRAZO É DECADENCIAL DE 2 ANOS (0,20), SALVO HIPÓTESE DE AÇÃO RESCISÓRIA COM FUNDAMENTO DE PROVA NOVA QUE SERÁ DE 5 ANOS DO TRÂNSITO EM JULGADO DA ÚLTIMA DECISÃO. INDICAR O ART. 975 DO CPC OU SÚMULA 100 DO TST.

QUESTÃO 3 – SIMULADO 11 (PADRÃO DE RESPOSTA)

1º PASSO: IDENTIFICAÇÃO DO TEMA CENTRAL	
Temas centrais e institutos jurídicos narrados no enunciado	– DIRIGENTE SINDICAL; FALTA GRAVE
	– INQUÉRITO PARA APURAÇÃO DE FALTA GRAVE
2º PASSO: ENCONTRANDO O FUNDAMENTO ***Pesquisar a palavra-chave, o instituto jurídico ou tema central a partir das informações fornecidas pelo enunciado.**	
Palavra(s)-chave	– DIRIGENTE SINDICAL; INQUÉRITO JUDICIAL PARA APURAÇÃO DE FALTA GRAVE
	– INQUÉRITO PARA APURAÇÃO DE FALTA GRAVE; PRAZO
3º PASSO: FUNDAMENTO DA RESPOSTA ***Anotar o fundamento jurídico, legal, jurisprudencial ou doutrinário.**	
Fundamento do item "A"	– ART. 494, *CAPUT*, E ART. 853 DA CLT; SÚMULA 379 DO TST OU OJ 137 DA SDI-2 DO TST.
Fundamento do item "B"	– ART. 659, X, DA CLT E ART. 853 DA CLT.
4º PASSO: DESENVOLVENDO A RESPOSTA	
Item "A"	**Modelo de resposta:**
	NÃO. EMBORA A LEI ADMITA A SUSPENSÃO DISCIPLINAR DE MILENA, A DISPENSADA POR JUSTA CAUSA SOMENTE TERÁ VALIDADE SE CONSTATADA A PRÁTICA DE FALTA GRAVE EM INQUÉRITO JUDICIAL PARA APURAÇÃO DE FALTA GRAVE, POR SE TRATAR DE EMPREGADA QUE OCUPA O CARGO DE DIRIGENTE SINDICAL. INDICAR O ART. 494, *CAPUT*, DA CLT OU ART. 853 DA CLT, OU SÚMULA 379 DO TST, OU OJ 137 DA SDI-2 DO TST.

Item "B"	**Modelo de resposta:**
	O INQUÉRITO JUDICIAL PARA APURAÇÃO DE FALTA GRAVE DEVERÁ SER PROPOSTO NO PRAZO DECADENCIAL DE 30 DIAS A CONTAR DA DATA DA SUSPENSÃO DISCIPLINAR DA TRABALHADORA. A SUSPENSÃO DE MILENA, POR SUA VEZ, PERDURARÁ ATÉ O TÉRMINO DO INQUÉRITO JUDICIAL PARA APURAÇÃO DE FALTA GRAVE. PORÉM, O JUIZ DO TRABALHO PODE DETERMINAR O RETORNO DO EMPREGADA AO POSTO DE TRABALHO NO CURSO DO INQUÉRITO JUDICIAL, ANTES MESMO DA PROLAÇÃO DA SENTENÇA OU DO TRANSITADO EM JULGADO. INDICAR O ART. 659, X, DA CLT, OU ART. 853 DA CLT.

QUESTÃO 4 – SIMULADO 11 (PADRÃO DE RESPOSTA)

1º PASSO: IDENTIFICAÇÃO DO TEMA CENTRAL	
Temas centrais e institutos jurídicos narrados no enunciado	– EQUIPARAÇÃO SALARIAL;
	– PLANOS DE CARGOS E SALÁRIOS; QUADRO DE CARREIRA;
	– ACORDO E CONVENÇÃO COLETIVA DE TRABALHO.
2º PASSO: ENCONTRANDO O FUNDAMENTO *Pesquisar a palavra-chave, o instituto jurídico ou tema central a partir das informações fornecidas pelo enunciado.*	
Palavra(s)-chave	– EQUIPARÃO SALARIAL
	– QUADRO DE CARREIRA OU PLANO DE CARGOS E SALÁRIOS; ACORDO E CONVENÇÃO COLETIVA DE TRABALHO
3º PASSO: FUNDAMENTO DA RESPOSTA *Anotar o fundamento jurídico, legal, jurisprudencial ou doutrinário.*	
Fundamento do item "A"	– ART. 461, § 1º, DA CLT
Fundamento do item "B"	– ART. 461, § 2º, DA CLT E ART. 611-A, V, DA CLT
4º PASSO: DESENVOLVENDO A RESPOSTA	
Item "A"	**Modelo de resposta:**
	NA HIPÓTESE NARRADA, APESAR DE ANA E JOÃO EXERCEREM A MESMA FUNÇÃO COM DIFERENÇA DE TEMPO INFERIOR A 2 ANOS, ANA JÁ TEM TEMPO DE SERVIÇO SUPERIOR A 4 ANOS EM RELAÇÃO A JOÃO, NÃO TENDO ESSE EMPREGADO DIREITO À EQUIPARAÇÃO SALARIAL. INDICAR O ART. 461, § 1º, DA CLT.
Item "B"	**Modelo de resposta:**
	EXISTENTE DOCUMENTO ESTABELECENDO QUADRO DE CARREIRA OU PLANO DE CARGOS E SALÁRIOS, FICA EXCLUÍDA A POSSIBILIDADE DE EQUIPARAÇÃO SALARIAL ENTRE EMPREGADOS QUE EXERÇAM A MESMA FUNÇÃO EM TRABALHO DE IGUAL VALOR, PARA O MESMO EMPREGADOR, EM DETERMINADO ESTABELECIMENTO. AINDA, RESSALTA-SE O PRINCÍPIO DO NEGOCIADO SOBRE O LEGISLADO, SEGUNDO O QUAL AS CONVENÇÕES COLETIVAS TERÃO PREVALÊNCIA SOBRE A LEI NO TOCANTE A ADOÇÃO DE PLANO E CARGOS, SALÁRIOS E FUNÇÕES. INDICAR O ART. 461, § 2º, DA CLT, OU ART. 611-A, V, DA CLT.

SIMULADO 12

PEÇA PRÁTICO-PROFISSIONAL – SIMULADO 12 (PADRÃO DE RESPOSTA)

1º PASSO: DADOS PRINCIPAIS DO ENUNCIADO	
Partes	Empregado/Trabalhador: FRANCISCO DA SILVA
	Empregador/Tomador de serviço: VOE ALTO S/A
Profissão	AGENTE DE TRÁFEGO
Data de admissão:	16-9-2019
Data de dispensa:	15-4-2021
Motivo da extinção do contrato de trabalho:	DISPENSA IMOTIVADA
Existe ação em curso?	SIM.
	Data do ajuizamento: NÃO TEM A INFORMAÇÃO NO ENUNCIADO

2º PASSO: IDENTIFICAÇÃO, PREVISÃO LEGAL E PECULIARIDADES DA PEÇA	
Régua processual (Atos processuais descritos no enunciado) RT — CONTESTAÇÃO — SENTENÇA — RO — RR >>	
Inicial, defesa ou recurso?	RECURSO – RECURSO DE REVISTA, COM FUNDAMENTO NO ART. 896, *A* E C, DA CLT.
Há alguma medida urgente a ser adotada?	NÃO.
Peculiaridades da peça	– NO RECURSO ORDINÁRIO SERÃO DUAS PEÇAS, SENDO A 1ª PEÇA DE INTERPOSIÇÃO OU PEÇA DE ENCAMINHAMENTO, E A 2ª PEÇA DE RAZÕES RECURSAIS; – MENÇÃO AO RECEBIMENTO E REMESSA DOS AUTOS; – NOTIFICAÇÃO DO RECLAMANTE PARA CONTRARRAZÕES; – PREPARO (CUSTAS E DEPÓSITO RECURSAL) – SE HOUVER. – INDICAR A TRANSCENDÊNCIA – ART. 896-A DA CLT; – INDICAR O PREQUESTIONAMENTO – SÚMULA Nº 297 DO TST OU ART. 896, § 1º-A, I E IV, DA CLT.

3º PASSO: ESTRUTURA E TESES DA PEÇA		
Endereçamento	EXCELENTÍSSIMO SENHOR DOUTOR DESEMBARGADOR-PRESIDENTE DO TRIBUNAL REGIONAL DO TRABALHO DA 4ª REGIÃO/SP.	
Preâmbulo	Peticionário (Requerente)	VOE ALTO S/A
	Parte contrária (Requerido)	FRANCISCO DA SILVA
	Nome da peça	RECURSO DE REVISTA
	Fundamento legal	ART. 896, A E C, DA CLT.
	Procedimento (rito)	
	Verbo:	INTERPOR

Fatos	O RECORRIDO AJUIZOU RECLAMAÇÃO TRABALHISTA EM FACE DA RECORRIDA. ENTRETANTO, O DOUTO JULGADOR DE PRIMEIRA INSTÂNCIA INSTÂNCIA JULGOU OS PEDIDOS TOTALMENTE PROCEDENTES, CONDENANDO A EMPRESA AO PAGAMENTO DE ADICIONAL DE PERICULOSIDADE E DO VALE ALIMENTAÇÃO. INCONFORMADA INTERPÔS RECURSO AO TRT, SENDO-LHE NEGADO PROVIMENTO.
1ª Tese (Direito)	FATOS: O MAGISTRADO ACOLHEU OS PEDIDOS DE ADICIONAL DE PERICULOSIDADE E INSALUBRIDADE. DIANTE DISSO, O RECORRENTE INTERPÔS RECURSO SENDO NEGADO PROVIMENTO. FUNDAMENTOS: OS PEDIDOS DE INSALUBRIDADE E PERICULOSIDADE NÃO SÃO CUMULÁVEIS, CABENDO AO EMPREGADO A OPÇÃO PELO RECEBIMENTO DE UM DOS ADICIONAIS. ART. 193, § 2º, DA CLT. CONCLUSÃO: DIANTE DO EXPOSTO, REQUER A REFORMA DA DECISÃO.
Caminho até a tese (Palavra-chave)	ADICIONAL DE INSALUBRIDADE; CUMULAÇÃO COM PERICULOSIDADE
2ª Tese (Direito)	O MAGISTRADO CONDENOU AO PAGAMENTO DO VALE ALIMENTAÇÃO PREVISTO EM NORMA COLETIVO, CONSIDERANDO A ULTRATIVIDADE. HÁ A IMPOSSIBILIDADE DE ULTRATIVIDADE DA NORMA UMA VEZ QUE, NÃO SERÁ PERMITIDO ESTIPULAR DURAÇÃO DE CONVECÇÃO COLETIVA OU ACORDO COLETIVO DE TRABALHO SUPERIOR A DOIS ANOS, SENDO VEDADA A ULTRATIVIDADE. ART. 614, § 3º, DA CLT. DIANTE DO EXPOSTO, REQUER A REFORMA DA DECISÃO.
Caminho até a tese (Palavra-chave)	CONVENÇÕES COLETIVAS DE TRABALHO; ULTRATIVIDADE.
Tutela de urgência	
Pedidos e Conclusões	REQUERER O CONHECIMENTO E PROVIMENTO DO RECURSO COM A CONSEQUENTE REFORMA DA DECISÃO.
Requerimentos finais	
Encerramento	LOCAL. DATA. ADVOGADO. OAB/... Nº

QUESTÃO 1 – SIMULADO 12 (PADRÃO DE RESPOSTA)

1º PASSO: IDENTIFICAÇÃO DO TEMA CENTRAL	
Temas centrais e institutos jurídicos narrados no enunciado	– ACORDO EXTRAJUDICIAL; REPRESENTAÇÃO DE ADVOGADOS
	– HOMOLOGAÇÃO DO ACORDO
2º PASSO: ENCONTRANDO O FUNDAMENTO **Pesquisar a palavra-chave, o instituto jurídico ou tema central a partir das informações fornecidas pelo enunciado.*	
Palavra(s)-chave	– ACORDO EXTRAJUDICIAL; HOMOLOGAÇÃO;
	– SUSPENSÃO DO PRAZO PRESCRICIONAL.
3º PASSO: FUNDAMENTO DA RESPOSTA **Anotar o fundamento jurídico, legal, jurisprudencial ou doutrinário.*	
Fundamento do item "A"	– ART. 855-B, § 1º, DA CLT
Fundamento do item "B"	– ART. 855-E, *CAPUT* E PARÁGRAFO ÚNICO, DA CLT
4º PASSO: DESENVOLVENDO A RESPOSTA	
Item "A"	**Modelo de resposta:**
	O ACORDO DE LUIZA COM A EMPRESA WX SERÁ CONSIDERADO VÁLIDO, UMA VEZ QUE ATENDEU A EXIGÊNCIA LEGAL DE REPRESENTAÇÃO DAS PARTES POR ADVOGADOS DISTINTOS. JÁ O ACORDO ENTABULADO COM MARIANA NÃO SERÁ VÁLIDO, ISSO PORQUE A PETIÇÃO FOI ASSINADA POR ADVOGADO COMUM ÀS PARTES.
Item "B"	**Modelo de resposta:**
	SE OS PEDIDOS DE HOMOLOGAÇÃO DOS ACORDOS JUDICIAIS FOREM NEGADOS PELO MAGISTRADO, OCORRERÁ A SUSPENSÃO DO PRAZO PRESCRICIONAL EM RELAÇÃO ÀS PARCELAS ESPECIFICADAS NO ACORDO, QUE VOLTARÁ A FLUIR NO DIA ÚTIL SEGUINTE AO DO TRÂNSITO EM JULGADO DA DECISÃO QUE NEGAR A HOMOLOGAÇÃO DO ACORDO.

QUESTÃO 2 – SIMULADO 12 (PADRÃO DE RESPOSTA)

1º PASSO: IDENTIFICAÇÃO DO TEMA CENTRAL	
Temas centrais e institutos jurídicos narrados no enunciado	– AVISO-PRÉVIO; RENÚNCIA DO AVISO-PRÉVIO.
2º PASSO: ENCONTRANDO O FUNDAMENTO **Pesquisar a palavra-chave, o instituto jurídico ou tema central a partir das informações fornecidas pelo enunciado.*	
Palavra(s)-chave	– EMPREGADO; RENÚNCIA AO AVISO-PRÉVIO;
	– AVISO-PRÉVIO; IRRENUNCIÁVEL PELO EMPREGADO; EXCEÇÃO NOVO EMPREGO.

3º PASSO: FUNDAMENTO DA RESPOSTA *Anotar o fundamento jurídico, legal, jurisprudencial ou doutrinário.*	
Fundamento do item "A"	– SÚMULA 276 DO TST
Fundamento do item "B"	– SÚMULA 276 DO TST
4º PASSO: DESENVOLVENDO A RESPOSTA	
Item "A"	**Modelo de resposta:**
	NÃO, O EMPREGADO NÃO PODE RENUNCIAR O DIREITO AO AVISO-PRÉVIO OU O DIREITO AO AVISO-PRÉVIO É IRRENUNCIÁVEL PELO EMPREGADO.
Item "B"	**Modelo de resposta:**
	NÃO, O PEDIDO DE DISPENSA DE CUMPRIMENTO NÃO EXIME O EMPREGADOR DE PAGAR O RESPECTIVO VALOR, SALVO COMPROVAÇÃO DE HAVER O PRESTADOR DE SERVIÇOS OBTIDO NOVO EMPREGO.

QUESTÃO 3 – SIMULADO 12 (PADRÃO DE RESPOSTA)

1º PASSO: IDENTIFICAÇÃO DO TEMA CENTRAL	
Temas centrais e institutos jurídicos narrados no enunciado	– NEGOCIAÇÃO COLETIVA DE TRABALHO
	– PRAZO DO ACORDO E CONVECÇÃO COLETIVA DE TRABALHO
2º PASSO: ENCONTRANDO O FUNDAMENTO ***Pesquisar a palavra-chave, o instituto jurídico ou tema central a partir das informações fornecidas pelo enunciado.***	
Palavra(s)-chave	– ACORDO COLETIVO DE TRABALHO; MATÉRIAS QUE NÃO PODEM SER OBJETO DE ACORDO COLETIVO DE TRABALHO
	– SUPRESSÃO E REDUÇÃO POR NEGOCIAÇÃO COLETIVA
3º PASSO: FUNDAMENTO DA RESPOSTA ***Anotar o fundamento jurídico, legal, jurisprudencial ou doutrinário.***	
Fundamento do item "A"	– ART. 611-B, VI, DA CLT
Fundamento do item "B"	– ART. 614, § 3º, DA CLT
4º PASSO: DESENVOLVENDO A RESPOSTA	
Item "A"	**Modelo de resposta:**
	NESTE CASO, A REDUÇÃO OU SUPRESSÃO DA REMUNERAÇÃO DO TRABALHO NOTURNO SUPERIOR À DO DIURNO TRATA-SE DE OBJETO ILÍCITO DE CONVENÇÃO OU ACORDO COLETIVO.
Item "B"	**Modelo de resposta:**
	A CONVENÇÃO OU ACORDO COLETIVO NÃO PODERÃO TER PRAZO SUPERIOR A DOIS ANOS, SENDO VEDADA A ULTRATIVIDADE.

QUESTÃO 4 – SIMULADO 12 (PADRÃO DE RESPOSTA)

1º PASSO: IDENTIFICAÇÃO DO TEMA CENTRAL	
Temas centrais e institutos jurídicos narrados no enunciado	– PAGAMENTO AO EMPREGADO
	– COMPETÊNCIA DA JUSTIÇA DO TRABALHO PARA EXECUTAR CHEQUE
2º PASSO: ENCONTRANDO O FUNDAMENTO ***Pesquisar a palavra-chave, o instituto jurídico ou tema central a partir das informações fornecidas pelo enunciado.***	
Palavra(s)-chave	– CHEQUE; PAGAMENTO DE EMPREGADO; RESSALVA QUANTO AO ANALFABETO
	– TÍTULO EXECUTIVO;
3º PASSO: FUNDAMENTO DA RESPOSTA ***Anotar o fundamento jurídico, legal, jurisprudencial ou doutrinário.***	
Fundamento do item "A"	– ART. 477, § 4º, II, DA CLT
Fundamento do item "B"	– ART. 876 DA CLT; ART. 13 DA INSTRUÇÃO NORMATIVA Nº 39/2016 OU ART. 784, I, DO CPC
4º PASSO: DESENVOLVENDO A RESPOSTA	
Item "A"	**Modelo de resposta:**
	NÃO. QUANDO O EMPREGADO FOR ANALFABETO O PAGAMENTO DAS VERBAS A QUE FIZER JUS DEVERÁ SER EFETUADO EM DINHEIRO OU MEDIANTE DEPÓSITO BANCÁRIO.
Item "B"	**Modelo de resposta:**
	SIM. O CHEQUE E A NOTA PROMISSÓRIA EMITIDOS EM RECONHECIMENTO DE DÍVIDA INEQUIVOCAMENTE DE NATUREZA TRABALHISTA TAMBÉM SÃO TÍTULOS EXTRAJUDICIAIS PARA EFEITO DE EXECUÇÃO PERANTE A JUSTIÇA DO TRABALHO, UMA VEZ QUE O ROL PREVISTO NO ART. 876 DA CLT NÃO É TAXATIVO.

SIMULADO 13

PEÇA PRÁTICO-PROFISSIONAL – SIMULADO 13 (PADRÃO DE RESPOSTA)

1º PASSO: DADOS PRINCIPAIS DO ENUNCIADO	
Partes	Empregado/Trabalhador: JOÃO SALVADOR
	Empregador/Tomador de serviço: CRISTALINO DE ILHÉUS LTDA.
Profissão	
Data de admissão:	9-3-2018
Data de dispensa:	15-12-2022
Motivo da extinção do contrato de trabalho:	DISPENSADO SEM JUSTO MOTIVO
Existe ação em curso?	SIM
	Data do ajuizamento:

2º PASSO: IDENTIFICAÇÃO, PREVISÃO LEGAL E PECULIARIDADES DA PEÇA	
Régua processual (Atos processuais descritos no enunciado) RECLAMAÇÃO TRABALHISTA → SENTENÇA → RECURSO (ORDINÁRIO) → DECISÃO DO TRT → RECURSO DE REVISTA >>	
Inicial, defesa ou recurso?	RECURSO
Há alguma medida urgente a ser adotada?	NÃO
Peculiaridades da peça	1ª) 2 DUAS PEÇAS: A) PEÇA DE INTERPOSIÇÃO OU ENDEREÇAMENTO – DIRIGIDA AO DESEMBARGADOR-PRESIDENTE DO TRT DA 5ª REGIÃO • INFORMAR QUE A INTERPOSIÇÃO É TEMPESTIVA, ISTO É, DENTRO DO PRAZO ESTABELECIDO EM LEI; • RECEBIMENTO DO RECURSO DE REVISTA E POSTERIOR REMESSA PARA O TRT; • NOTIFICAÇÃO DA PARTE CONTRÁRIA PARA APRESENTAR CONTRARRAZÕES; • PREPARO: MENÇÃO DA JUNTADA DAS GUIAS DE CUSTAS E DO DEPÓSITO RECURSAL. B) RAZÕES RECURSAIS – AO TST • PREQUESTIONAMENTO; • TRANSCENDÊNCIA. 2ª) PARTES: RECORRENTE E RECORRIDO

3º PASSO: ESTRUTURA E TESES DA PEÇA	
Endereçamento	DESEMBARGADOR-PRESIDENTE DO TRT DA 5ª REGIÃO

Preâmbulo	Cliente	CRISTALINO DE ILHÉUS LTDA.
	Parte contrária	JOÃO SALVADOR
	Nome da peça, fundamento legal e rito (procedimento):	RECURSO DE REVISTA, COM FUNDAMENTO NO ART. 896, C, DA CLT
	Verbo:	INTERPOR
Fatos		
1ª Tese (Direito)	FRACIONAMENTO DE FÉRIAS: É LÍCITO O FRACIONAMENTO DAS FÉRIAS EM ATÉ TRÊS PERÍODOS, DESDE QUE O EMPREGADO CONCORDE COM O FRACIONAMENTO, UM DOS PERÍODOS DE GOZO NÃO SEJA INFERIR A 14 DIAS E OS DEMAIS NÃO SEJAM INFERIORES A 5 DIAS, CADA UM. O ACÓRDÃO, PORTANTO, VIOLA DISPOSITIVO DE LEI FEDERAL, NO CASO O ART. 134, § 1º, DA CLT.	
Caminho até a tese (Palavra-chave)	FÉRIAS; FRACIONAMENTO; DIVISÃO; GOZO.	
2ª Tese (Direito)	DA AUSÊNCIA DE ESTABILIDADE CONVENCIONAL: O TRABALHADOR NÃO TEM DIREITO À ESTABILIDADE CONVENCIONAL PÓS-FÉRIAS, CONSIDERANDO QUE O ACORDO COLETIVO DE TRABALHO EXCLUI EXPRESSAMENTE ESSA VANTAGEM E AS CLÁUSULAS PREVISTAS NO ACORDO COLETIVO DE TRABALHO SEMPRE PREVALECEM SOBRE AS CLÁUSULAS ESTABELECIDAS EM CONVENÇÃO COLETIVA DE TRABALHO. INDICAÇÃO DE VIOLAÇÃO AO ART. 620 DA CLT.	
Caminho até a tese (Palavra-chave)	ESTABILIDADE; CONVENÇÃO COLETIVA.	
3ª Tese (Direito)	NATUREZA INDENIZATÓRIA DO VALE-TRANSPORTE: O VALE-TRANSPORTE, MESMO PAGO EM DINHEIRO, NÃO POSSUI NATUREZA SALARIAL, DEVIDO AO SEU CARÁTER INDENIZATÓRIO. INDICAÇÃO DA VIOLAÇÃO AO ART. 2º, A, DA LEI Nº 7.418/1985.	
Caminho até a tese (Palavra-chave)		
Tutela de urgência	NÃO.	
Pedidos, Conclusões e Requerimentos finais	REQUERER O CONHECIMENTO E PROVIMENTO DO RECURSO, E A CONSEQUENTE REFORMA DO ACÓRDÃO.	
Encerramento	LOCAL. DATA. ADVOGADO. OAB/... Nº	

QUESTÃO 1 – SIMULADO 13 (PADRÃO DE RESPOSTA)

1º PASSO: IDENTIFICAÇÃO DO TEMA CENTRAL	
Temas centrais e institutos jurídicos narrados no enunciado	PLANO DE DEMISSÃO COMUNITÁRIA OU INCENTIVADA
2º PASSO: ENCONTRANDO O FUNDAMENTO **Pesquisar a palavra-chave, o instituto jurídico ou tema central a partir das informações fornecidas pelo enunciado.*	
Palavra(s)-chave	AGRAVO DE INSTRUMENTO.
3º PASSO: FUNDAMENTO DA RESPOSTA **Anotar o fundamento jurídico, legal, jurisprudencial ou doutrinário.*	
Fundamento do item "A"	INDICAÇÃO DO ART. 477-B DA CLT.
Fundamento do item "B"	INDICAÇÃO DO ARTIGO 897, *B*, DA CLT.
4º PASSO: DESENVOLVENDO A RESPOSTA	
Item "A"	**Modelo de resposta:**
	NÃO. A VALIDADE DO PLANO DE DEMISSÃO VOLUNTÁRIA OU INCENTIVADA, PARA DISPENSA INDIVIDUAL, PLÚRIMA OU COLETIVA, DEPENDE DE PREVISÃO EM CONVENÇÃO COLETIVA OU ACORDO COLETIVO DE TRABALHO, O QUE NÃO FOI OBSERVADO NO PRESENTE CASO. INDICAÇÃO DO ART. 447-B DA CLT.
Item "B"	**Modelo de resposta:**
	A MEDIDA PROCESSUAL ADEQUADA É A INTERPOSIÇÃO DE AGRAVO DE INSTRUMENTO, NO PRAZO DE 8 DIAS. INDICAÇÃO DO ARTIGO 897, *B*, DA CLT.

QUESTÃO 2 – SIMULADO 13 (PADRÃO DE RESPOSTA)

1º PASSO: IDENTIFICAÇÃO DO TEMA CENTRAL	
Temas centrais e institutos jurídicos narrados no enunciado	
2º PASSO: ENCONTRANDO O FUNDAMENTO **Pesquisar a palavra-chave, o instituto jurídico ou tema central a partir das informações fornecidas pelo enunciado.*	
Palavra(s)-chave	

3º PASSO: FUNDAMENTO DA RESPOSTA *Anotar o fundamento jurídico, legal, jurisprudencial ou doutrinário.*	
Fundamento do item "A"	INDICAÇÃO DO ART. 462, § 1º, DA CLT.
Fundamento do item "B"	INDICAÇÃO DO ART. 482, M, DA CLT.
4º PASSO: DESENVOLVENDO A RESPOSTA	
Item "A"	**Modelo de resposta:** SIM. O DESCONTO SERÁ LÍCITO, SENDO QUE HOUVE ESTIPULAÇÃO CONTRATUAL FIRMADA ENTRE AS PARTES E HOUVE DOLO DO PROFISSIONAL. INDICAÇÃO DO ART. 462, § 1º, DA CLT.
Item "B"	**Modelo de resposta:** SIM. A EMPRESA AGIU CORRETAMENTE, POIS HOUVE A PERDA DA HABILITAÇÃO OU DOS REQUISITOS ESTABELECIDOS EM LEI PARA O EXERCÍCIO DA PROFISSÃO, EM DECORRÊNCIA DA CONDUTA DOLOSA EM ATRAVESSAR O SINAL VERMELHO. INDICAÇÃO DO ART. 482, M, CLT.

QUESTÃO 3 – SIMULADO 13 (PADRÃO DE RESPOSTA)

1º PASSO: IDENTIFICAÇÃO DO TEMA CENTRAL	
Temas centrais e institutos jurídicos narrados no enunciado	TEMPO À DIPOSIÇÃO;
2º PASSO: ENCONTRANDO O FUNDAMENTO *Pesquisar a palavra-chave, o instituto jurídico ou tema central a partir das informações fornecidas pelo enunciado.*	
Palavra(s)-chave	COMPENSAÇÃO DE JORNADA;
3º PASSO: FUNDAMENTO DA RESPOSTA *Anotar o fundamento jurídico, legal, jurisprudencial ou doutrinário.*	
Fundamento do item "A"	INDICAÇÃO DO ART. 4º, § 2º, VIII, DA CLT.
Fundamento do item "B"	INDICAÇÃO DO ART. 59, § 6º, DA CLT.
4º PASSO: DESENVOLVENDO A RESPOSTA	
Item "A"	**Modelo de resposta:** NÃO. O TEMPO DISPENDIDO PARA A TROCA DE UNIFORME, QUANDO NÃO HOUVER OBRIGATORIEDADE DE TROCA NA EMPRESA, NÃO É CONSIDERADO TEMPO À DISPOSIÇÃO DO EMPREGADOR. INDICAÇÃO DO ART. 4º, § 2º, VIII, DA CLT.

Item "B"	**Modelo de resposta:**
	SIM. É LÍCITO O REGIME DE COMPENSAÇÃO DE JORNADA ESTABELECIDO POR ACORDO INDIVIDUAL DE FORMA TÁCITA, PARA A COMPENSAÇÃO DO PRÓPRIO MÊS. INDICAÇÃO DO ART. 59, § 6º, DA CLT.

QUESTÃO 4 – SIMULADO 13 (PADRÃO DE RESPOSTA)

1º PASSO: IDENTIFICAÇÃO DO TEMA CENTRAL	
Temas centrais e institutos jurídicos narrados no enunciado	ACIDENTE DE TRABALHO
2º PASSO: ENCONTRANDO O FUNDAMENTO *Pesquisar a palavra-chave, o instituto jurídico ou tema central a partir das informações fornecidas pelo enunciado.*	
Palavra(s)-chave	ESTABILIDADE; GARANTIA PROVISÓRIA DE EMPREGO.
3º PASSO: FUNDAMENTO DA RESPOSTA *Anotar o fundamento jurídico, legal, jurisprudencial ou doutrinário.*	
Fundamento do item "A"	INDICAÇÃO DO ART. 4º, § 1º, DA CLT OU ART. 15, § 5º, DA LEI Nº 8.036/1990 OU ART. 60, § 3º, DA LEI Nº 8.213/1991.
Fundamento do item "B"	INDICAÇÃO DO ART. 10 DO CPC OU ART. 139, IX, 317 E 321 DO CPC.
4º PASSO: DESENVOLVENDO A RESPOSTA	
Item "A"	**Modelo de resposta:**
	O AFASTAMENTO POR MAIS DE 15 DIAS DECORRENTE DE ACIDENTE DE TRABALHO ACARRETA A SUSPENSÃO SUI GENERIS DO CONTRATO DE TRABALHO, SENDO QUE TAL PERÍODO CONTA COMO TEMPO DE SERVIÇO, E O EMPREGADOR DEVERÁ DEPOSITAR O FGTS. AINDA, ATÉ O 15º REMANESCERÁ O DEVER DO EMPREGADOR DE PAGAR O SALÁRIO INTEGRAL PELO TRABALHO DESEMPENHADO. INDICAÇÃO DO ART. 4º, § 1º, DA CLT OU ART. 15, § 5º, DA LEI Nº 8.036/1990 OU ART. 60, § 3º, DA LEI Nº 8.213/1991.
Item "B"	**Modelo de resposta:**
	O ACIDENTE DE TRABALHO GERA ESTABILIDADE AO EMPREGADO PELO PRAZO MÍNIMO DE 12 MESES APÓS A CESSAÇÃO DO AUXÍLIO-DOENÇA (0,25). A DISPENSA SERÁ CONSIDERADA NULA, E O EMPREGADO DEVERÁ SER REINTEGRADO AO TRABALHO OU SE A REINTEGRAÇÃO FOR DESACONSELHÁVEL, DADO O GRAU DE INCOMPATIBILIDADE RESULTANTE DO DISSÍDIO, ESSA OBRIGAÇÃO PODERÁ SER CONVERTIDA EM INDENIZAÇÃO (0,20). INDICAÇÃO DO ART. 118 DA LEI Nº 8.213/1991 OU SÚMULA SUMULA 378, I E/OU II, DO TST (0,10) E ART. 496 DA CLT (0,20).

SIMULADO 14

PEÇA PRÁTICO-PROFISSIONAL – SIMULADO 14 (PADRÃO DE RESPOSTA)

<table>
<tr><th colspan="2">1º PASSO: DADOS PRINCIPAIS DO ENUNCIADO</th></tr>
<tr><td rowspan="2">Partes</td><td>Empregado/Trabalhador: TONICO BRANCO</td></tr>
<tr><td>Empregador/Tomador de serviço: BANANAIS LTDA</td></tr>
<tr><td>Profissão</td><td>AJUDANTE GERAL</td></tr>
<tr><td>Data de admissão:</td><td>25-11-2017</td></tr>
<tr><td>Data de dispensa:</td><td>25-11-2021</td></tr>
<tr><td>Motivo da extinção do contrato de trabalho:</td><td>DISPENSA IMOTIVADA</td></tr>
<tr><td rowspan="2">Existe ação em curso?</td><td>SIM.</td></tr>
<tr><td>DATA DO AJUIZAMENTO: –</td></tr>
</table>

<table>
<tr><th colspan="2">2º PASSO: IDENTIFICAÇÃO, PREVISÃO LEGAL E PECULIARIDADES DA PEÇA</th></tr>
<tr><td colspan="2">Régua processual (Atos processuais descritos no enunciado)
|------------|------------|------------>>
TRÂNSITO EM JULGADO — INÍCIO DA EXECUÇÃO — EMBARGOS À EXECUÇÃO</td></tr>
<tr><td>Inicial, defesa ou recurso?</td><td>DEFESA – EMBARGOS À EXECUÇÃO, COM FUNDAMENTO NO ART. 884 CLT COMBINADO COM O ART. 319 DO CPC, APLICADO SUBSIDIÁRIA E SUPLETIVAMENTE POR FORÇA DOS ARTS. 889 E 769 DA CLT E DO ART. 15 DO CPC.</td></tr>
<tr><td>Há alguma medida urgente a ser adotada?</td><td>NÃO.</td></tr>
<tr><td>Peculiaridades da peça</td><td>–</td></tr>
</table>

<table>
<tr><th colspan="3">3º PASSO: ESTRUTURA E TESES DA PEÇA</th></tr>
<tr><td>Endereçamento</td><td colspan="2">EXCELENTÍSSIMO SENHOR DOUTOR JUIZ DO TRABALHO DA 1ª VARA DO TRABALHO DE CAMPINAS – SP.</td></tr>
<tr><td rowspan="6">Preâmbulo</td><td>Peticionário (Requerente)</td><td>BANANAIS LTDA</td></tr>
<tr><td>Parte contrária (Requerido)</td><td>TONICO BRANCO</td></tr>
<tr><td>Nome da peça</td><td>EMBARGOS À EXECUÇÃO</td></tr>
<tr><td>Fundamento legal</td><td>ART. 319 DO CPC, APLICADO SUBSIDIÁRIA E SUPLETIVAMENTE POR FORÇA DOS ARTS. 889 E 769 DA CLT E 15 DO CPC.</td></tr>
<tr><td>Procedimento (rito)</td><td>-</td></tr>
<tr><td>Verbo:</td><td>OPOR / APRESENTAR</td></tr>
</table>

Fatos	O EMBARGADO PROPÔS RECLAMAÇÃO TRABALHISTA, CORRENDO A REVELIA DO EMBARGANTE. COM A INDICAÇÃO DO ENDEREÇO DO DEVEDOR, REQUEREU A PENHORA DOS MATERIAIS E FERRAMENTAS USADOS NA OBRA E POSTERIORMENTE ARREMATAÇÃO EM LEILOADOS, SEDO DEFERIDO PELO MAGISTRADO E DETERMINANDO A PENHORA DOS MATERIAIS NECESSÁRIOS PARA OBRAS EM ANDAMENTO, O QUE FORA DEVIDAMENTE CUMPRIDO PELO OFICIAL DE JUSTIÇA.
1ª Tese (Direito)	FATOS: O EMBARGANTE NÃO FOI CITADO DA RECLAMAÇÃO TRABALHISTA. FUNDAMENTOS: O EXECUTADO PODERÁ ALEGAR A FALTA OU NULIDADE DA CITAÇÃO, PORQUE NA FASE DE CONHECIMENTO, O PROCESSO CORREU À REVELIA. INDICAÇÃO DO ART. 525, § 1º, I, CPC. CONCLUSÃO: DESSE MODO, REQUER A NULIDADE DA PENHORA.
Caminho até a tese (Palavra-chave)	CITAÇÃO; NULIDADE
2ª Tese (Direito)	O EMBARGADO POSTULOU O PAGAMENTO DE DANO EXTRAPATRIMONIAL. A SENTENÇA CONDENOU O RECLAMANDO, ORA EMBARGANTE, AO PAGAMENTO DE R$ 10.000,00 (DEZ MIL REAIS) E DETERMINOU QUE ATUALIZAÇÃO MONETÁRIA E JUROS INCIDISSEM DESDE O AJUIZAMENTO DA AÇÃO. NAS CONDENAÇÕES POR DANO MORAL, A ATUALIZAÇÃO MONETÁRIA É DEVIDA A PARTIR DA DATA DA DECISÃO DE ARBITRAMENTO, E NÃO DESDE O AJUIZAMENTO. INDICAÇÃO DA SÚMULA 439 DO TST.
Caminho até a tese (Palavra-chave)	DANO EXTRAPATRIMONIAL; ATUALIZAÇÃO MONETÁRIA E JUROS DE MORA
3ª Tese (Direito)	O EMBARGADO REQUEREU A PENHORA DOS MATERIAIS E FERRAMENTAS QUE ESTAVA SENDO UTILIZADOS NA OBRA. ENTRETANTO, OS MATERIAIS SÃO NECESSÁRIOS PARA OBRAS EM ANDAMENTO, SENDO ELAS BENS IMPENHORÁVEIS. ART. 833, VII, DO CPC.
Caminho até a tese (Palavra-chave)	PENHORA; BENS ABSOLUTAMENTE IMPENHORÁVEIS
Tutela de urgência	–
Pedidos e Conclusões	REQUER A PROCEDÊNCIA DOS EMBARGOS À EXECUÇÃO.
Requerimentos finais	NOTIFICAÇÃO DA EMBARGADA; PROTESTO POR PROVAS; DÁ-SE À CAUSA O VALOR DE R$ ... (VALOR POR EXTENSO)
Encerramento	LOCAL. DATA. ADVOGADO. OAB/... Nº

QUESTÃO 1 – SIMULADO 14 (PADRÃO DE RESPOSTA)

1º PASSO: IDENTIFICAÇÃO DO TEMA CENTRAL	
Temas centrais e institutos jurídicos narrados no enunciado	– EXECUÇÃO; SENTENÇA DE LIQUIDAÇÃO
	– EXECUÇÃO *EX OFFICIO*
2º PASSO: ENCONTRANDO O FUNDAMENTO *Pesquisar a palavra-chave, o instituto jurídico ou tema central a partir das informações fornecidas pelo enunciado.	
Palavra(s)-chave	– EXECUÇÃO; CONTA DE LIQUIDAÇÃO; PRAZO COMUM;
	– LIQUIDAÇÃO DE SENTENÇA EXEQUENDA ILÍQUIDA; PRAZO COMUM ÀS PARTES; OBRIGATORIEDADE;
	– *EX OFFICIO.*
3º PASSO: FUNDAMENTO DA RESPOSTA *Anotar o fundamento jurídico, legal, jurisprudencial ou doutrinário.	
Fundamento do item "A"	– ART. 879, § 2º, DA CLT.
Fundamento do item "B"	– ART. 878 DA CLT
4º PASSO: DESENVOLVENDO A RESPOSTA	
Item "A"	**Modelo de resposta:**
	O JUIZ NÃO AGIU CORRETAMENTE, PORQUE DEVERIA OBRIGATORIAMENTE CONFERIR VISTA DOS CÁLCULOS ÀS PARTES, NO PRAZO COMUM DE 8 DIAS PARA IMPUGNAÇÃO FUNDAMENTADA COM A INDICAÇÃO DOS ITENS E VALORES OBJETO DA DISCORDÂNCIA, SOB PENA DE PRECLUSÃO. INDICAR O ART. 879, § 2º, DA CLT.
Item "B"	**Modelo de resposta:**
	O JUIZ NÃO PODERÁ DAR INÍCIO A EXECUÇÃO DE OFÍCIO, UMA VEZ QUE SOMENTE CABERÁ IMPULSO OFICIAL NAS AÇÕES EM QUE A PARTE ESTIVER SEM ADVOGADO, OU SEJA, NO EXERCÍCIO DO *JUS POSTULANDI*. INDICAR O ART. ART. 878 DA CLT.

QUESTÃO 2 – SIMULADO 14 (PADRÃO DE RESPOSTA)

1º PASSO: IDENTIFICAÇÃO DO TEMA CENTRAL	
Temas centrais e institutos jurídicos narrados no enunciado	– TRANSFERÊNCIA DO EMPREGADO
	– ALTERAÇÃO ABUSIVA
2º PASSO: ENCONTRANDO O FUNDAMENTO *Pesquisar a palavra-chave, o instituto jurídico ou tema central a partir das informações fornecidas pelo enunciado.	
Palavra(s)-chave	– TRANSFERÊNCIA DO EMPREGADO; REAL NECESSIDADE DO SERVIÇO
	– LIMINAR PARA TORNAR SEM EFEITO TRANSFERÊNCIA ILEGAL

3º PASSO: FUNDAMENTO DA RESPOSTA *Anotar o fundamento jurídico, legal, jurisprudencial ou doutrinário.*	
Fundamento do item "A"	– ART. 469 DA CLT.
Fundamento do item "B"	– ART. 659, IX, DA CLT E SÚMULA 43 DO TST

4º PASSO: DESENVOLVENDO A RESPOSTA	
Item "A"	**Modelo de resposta:**
	NÃO, POIS A TRANSFERÊNCIA DEVE SER COMPROVADA QUANTO A SUA REAL NECESSIDADE DO SERVIÇO, BEM COMO SEM ANUÊNCIA DE LUIZ. INDICAR O ART. 469 DA CLT.
Item "B"	**Modelo de resposta:**
	LUIZ TEM DIREITO DE VOLTAR A EXERCER SUAS ATIVIDADES NA CAPITAL, DIANTE DA IRREGULARIDADE DA TRANSFERÊNCIA DO EMPREGADOR, UMA VEZ QUE NÃO FOI COMPROVADA A REAL NECESSIDADE DO SERVIÇO. INDICAR O ART. 659, IX, DA CLT OU SÚMULA 43 DO TST.

QUESTÃO 3 – SIMULADO 14 (PADRÃO DE RESPOSTA)

1º PASSO: IDENTIFICAÇÃO DO TEMA CENTRAL	
Temas centrais e institutos jurídicos narrados no enunciado	– FALECIMENTO DO EMPREGADO; LEGITIMIDADE PARA RECEBER AS VERBAS RESCISÓRIAS;
	– AÇÃO DE CONSIGNAÇÃO EM PAGAMENTO;
	– COMPETÊNCIA DA JUSTIÇA DO TRABALHO.

2º PASSO: ENCONTRANDO O FUNDAMENTO *Pesquisar a palavra-chave, o instituto jurídico ou tema central a partir das informações fornecidas pelo enunciado.*	
Palavra(s)-chave	– AÇÃO DE CONSIGNAÇÃO EM PAGAMENTO; CABIMENTO; MATÉRIA;
	– COMPETÊNCIA DA JUSTIÇA DO TRABALHO.

3º PASSO: FUNDAMENTO DA RESPOSTA *Anotar o fundamento jurídico, legal, jurisprudencial ou doutrinário.*	
Fundamento do item "A"	– ART. 539 A 549 DO CPC E ARTS. 334 E 335 DO CC
Fundamento do item "B"	– ART. 114, I, DA CF

4º PASSO: DESENVOLVENDO A RESPOSTA	
Item "A"	**Modelo de resposta:**
	A EMPRESA YML LTDA DEVERÁ PROPOR AÇÃO DE CONSIGNAÇÃO DE PAGAMENTO. INDICAR O ART. ART. 539 A 549 DO CPC OU ARTS. 334 E 335 DO CC.

Item "B"	Modelo de resposta:
	SIM. A JUSTIÇA DO TRABALHO TEM COMPETÊNCIA PARA JULGAR E PROCESSAR AS AÇÕES DECORRENTES DE RELAÇÃO DE TRABALHO. INDICAR O ART. 114, I, DA CF.

QUESTÃO 4 – SIMULADO 14 (PADRÃO DE RESPOSTA)

1º PASSO: IDENTIFICAÇÃO DO TEMA CENTRAL	
Temas centrais e institutos jurídicos narrados no enunciado	– EMPREGADO; EMPREGADOR DOMÉSTICO
	– PEREMPÇÃO; AUDIÊNCIA
2º PASSO: ENCONTRANDO O FUNDAMENTO ***Pesquisar a palavra-chave, o instituto jurídico ou tema central a partir das informações fornecidas pelo enunciado.**	
Palavra(s)-chave	– EMPREGADO; DOMÉSTICOS
	– ARQUIVAMENTO; DOIS ARQUIVAMENTOS SEGUIDOS; PEREMPÇÃO
3º PASSO: FUNDAMENTO DA RESPOSTA ***Anotar o fundamento jurídico, legal, jurisprudencial ou doutrinário.**	
Fundamento do item "A"	– ART. 1º DA LEI COMPLEMENTAR Nº 150/2015
Fundamento do item "B"	– ART. 844 DA CLT; ART. 732 DA CLT
4º PASSO: DESENVOLVENDO A RESPOSTA	
Item "A"	**Modelo de resposta:**
	NÃO. É CONSIDERADO EMPREGADO DOMÉSTICO SOMENTE AQUELE QUE PRESTA SERVIÇOS À FAMÍLIA POR MAIS DE 2 DIAS NA SEMANA OU BIANCA É CONSIDERADA DIARISTA POR TRABALHAR APENAS 2 DIAS POR SEMANA. INDICAR O ART. 1º DA LEI COMPLEMENTAR Nº 150/2015.
Item "B"	**Modelo de resposta:**
	NÃO. A PEREMPÇÃO CARACTERIZA-SE QUANDO O RECLAMANTE DER CAUSA AO ARQUIVAMENTO DA AÇÃO TRABALHISTA, NOS TERMOS DO ART. 844 DA CLT, POR DUAS VEZES SEGUIDAS. INDICAR O ART. 844 DA CLT OU ART. 732 DA CLT.

SIMULADO 15

PEÇA PRÁTICO-PROFISSIONAL – SIMULADO 15 (PADRÃO DE RESPOSTA)

1º PASSO: DADOS PRINCIPAIS DO ENUNCIADO	
Partes	Empregado/Trabalhador: VIVIAN DELL NERO
	Empregador/Tomador de serviço: VIVA BEM COMÉRCIO DE FRUTAS LTDA.
Profissão	
Data de admissão:	
Data de dispensa:	
Motivo da extinção do contrato de trabalho:	
Existe ação em curso?	SIM
	Data do ajuizamento: –

2º PASSO: IDENTIFICAÇÃO, PREVISÃO LEGAL E PECULIARIDADES DA PEÇA	
Régua processual (Atos processuais descritos no enunciado) |----------|----------|----------|----------|----------|----------|---------->> RECLAMAÇÃO TRABALHISTA – SENTENÇA – TRÂNSITO EM JULGADO – LIQUIDAÇÃO DE SENTENÇA – INÍCIO DA EXECUÇÃO – PENHORA (GARANTIA DO JUÍZO) – EMBARGOS À EXECUÇÃO	
Inicial, defesa ou recurso?	DEFESA DO EXECUTADO
Há alguma medida urgente a ser adotada?	NÃO
Peculiaridades da peça	AÇÃO DE CONHECIMENTO INCIDENTAL NA EXECUÇÃO TRABALHISTA • CUSTAS DEVIDAS PELO EXECUTADO E PAGAS AO FINAL • HONORÁRIOS ADVOCATÍCIOS SUCUMBENCIAIS • VALOR DA CAUSA

3º PASSO: ESTRUTURA E TESES DA PEÇA		
Endereçamento	5ª VARA DO TRABALHO DE ARACAJU/SE	
Preâmbulo	Cliente	VIVA BEM COMÉRCIO DE FRUTAS LTDA.
	Parte contrária	VIVIAN DELL NERO
	Nome da peça, fundamento legal e rito (procedimento):	EMBARGOS À EXECUÇÃO, COM FUNDAMENTO NO ART. 884 DA CLT COMBINADO COM O ART. 319 DO CPC, APLICADO SUBSIDIÁRIA E SUPLETIVAMENTE POR FORÇA DOS ARTS. 889 E 769 DA CLT E DO ART. 15 DO CPC.
	Verbo:	OPOR
Fatos		

1ª Tese (Direito)	**PRINCÍPIO DA FIDELIDADE DA LIQUIDAÇÃO À SENTENÇA LIQUIDANDA E DO RESPEITO AO INSTITUTO DA COISA JULGADA** – HOUVE VIOLAÇÃO AO PRINCÍPIO DA FIDELIDADE DA LIQUIDAÇÃO À SENTENÇA LIQUIDANDA, NA MEDIDA EM QUE NA LIQUIDAÇÃO OU NA EXECUÇÃO, NÃO SE PODERÁ MODIFICAR OU INOVAR A SENTENÇA LIQUIDANDA, NEM DISCUTIR A MATÉRIA PERTINENTE À CAUSA PRINCIPAL. A DECISÃO VIOLA O INSTITUTO DA COISA JULGADA MATERIAL. INDICAÇÃO DO ART. 879, § 1º, DA CLT OU ART. 509, § 4º, DO CPC, ART. 5º, XXXVI, DA CF OU ART. 6º DA LINDB.
Caminho até a tese (Palavra-chave)	FIDELIDADE DA SENTENÇA LIQUIDANDA; TRÂNSITO EM JULGADO; COISA JULGADA.
2ª Tese (Direito)	**CERCEAMENTO DE DEFESA – AUSÊNCIA DE INTIMAÇÃO PRÉVIA PARA IMPUGNAR A CONTA DE LIQUIDAÇÃO:** ELABORADA A CONTA E TORNADA LÍQUIDA, O JUÍZO DEVERÁ ABRIR ÀS PARTES PRAZO COMUM DE OITO DIAS PARA IMPUGNAÇÃO FUNDAMENTADA COM A INDICAÇÃO DOS ITENS E VALORES OBJETO DA DISCORDÂNCIA, SOB PENA DE PRECLUSÃO. INDICAÇÃO DO ART. 879, § 2º, DA CLT.
Caminho até a tese (Palavra-chave)	LIQUIDAÇÃO DE SENTENÇA; IMPUGNAÇÃO A CONTA DE LIQUIDAÇÃO.
3ª Tese (Direito)	**ATUALIZAÇÃO MONETÁRIA** – O SUPREMO TRIBUNAL FEDERAL, NO JULGAMENTO DAS AÇÕES DECLARATÓRIAS DE CONSTITUCIONALIDADE (ADC) NOS 58 E 59 E DAS AÇÕES DIRETAS DE INCONSTITUCIONALIDADE (ADI) NOS 5867 E 6021, PACIFICOU O ENTENDIMENTO DE QUE É INCONSTITUCIONAL A APLICAÇÃO DA TAXA REFERENCIAL (TR) COMO ÍNDICE DE CORREÇÃO MONETÁRIA DOS DÉBITOS TRABALHISTAS E DE DEPÓSITOS RECURSAIS NO ÂMBITO DA JUSTIÇA DO TRABALHO, PREVISTOS NO ART. 879, § 7º, E ART. 899, § 4º, DA CLT, DECIDINDO QUE NA FASE EXTRAJUDICIAL, OU SEJA, NA QUE ANTECEDE O AJUIZAMENTO DAS AÇÕES TRABALHISTAS, DEVERÁ SER UTILIZADO COMO INDEXADOR O IPCA-E, E NA FASE JUDICIAL A ATUALIZAÇÃO DOS DÉBITOS JUDICIAIS DEVE SER EFETUADA DE ACORDO COM A TAXA DO SISTEMA ESPECIAL DE LIQUIDAÇÃO E CUSTÓDIA – SELIC.
Caminho até a tese (Palavra-chave)	ATUALIZAÇÃO MONETÁRIA
4ª Tese (Direito)	**IMPOSSIBILIDADE DA PENHORA INTEGRAL DO FATURAMENTO DA EMPRESA DEVEDORA** – A PENHORA DEVE OBSERVAR A ORDEM DE PREFERÊNCIA DO ART. 835 DO CPC. NÃO É POSSÍVEL A PENHORA INTEGRAL DO FATURAMENTO DA EMPRESA DEVEDORA, MAS SOMENTE DE UM PERCENTUAL, DE FORMA A NÃO PREJUDICAR A CONTINUIDADE DA ATIVIDADE EMPRESARIAL, DESDE QUE O EXECUTADO NÃO TENHA OUTROS BENS PENHORÁVEIS OU, CASO TENHA OUTROS BENS, ESSES FOREM DE DIFÍCIL ALIENAÇÃO OU INSUFICIENTES PARA SALDAR O CRÉDITO EXECUTADO. INDICAÇÃO DO ART. 835, *CAPUT* OU X, DO CPC OU ART. 866, *CAPUT* OU § 1º, DO CPC.
Caminho até a tese (Palavra-chave)	PENHORA
Tutela de urgência	NÃO.
Pedidos, Conclusões e Requerimentos finais	REQUERER A PROCEDÊNCIA DOS EMBARGOS À EXECUÇÃO, A CITAÇÃO/NOTIFICAÇÃO DO EMBARGADO, O PROTESTO POR PROVAS, OS HONORÁRIOS ADVOCATÍCIOS SUCUMBENCIAIS E O VALOR DA CAUSA.
Encerramento	LOCAL. DATA. ADVOGADO. OAB/... Nº

QUESTÃO 1 – SIMULADO 15 (PADRÃO DE RESPOSTA)

1º PASSO: IDENTIFICAÇÃO DO TEMA CENTRAL	
Temas centrais e institutos jurídicos narrados no enunciado	ACIONAL DE PERICULOSIDADE.
2º PASSO: ENCONTRANDO O FUNDAMENTO ***Pesquisar a palavra-chave, o instituto jurídico ou tema central a partir das informações fornecidas pelo enunciado.***	
Palavra(s)-chave	VIGILANTE; CATEGORIA ECONÔMICA.
3º PASSO: FUNDAMENTO DA RESPOSTA ***Anotar o fundamento jurídico, legal, jurisprudencial ou doutrinário.***	
Fundamento do item "A"	INDICAÇÃO DO ART. 193, II OU § 1º, DA CLT.
Fundamento do item "B"	INDICAÇÃO DA SÚMULA 374 DO TST OU ART. 511, § 3º, DA CLT.
4º PASSO: DESENVOLVENDO A RESPOSTA	
Item "A"	**Modelo de resposta:** SIM. A ATIVIDADE EXERCIDA PELO TRABALHADOR É CONSIDERADA PERIGOSA, NA MEDIDA EM QUE IMPLICA RISCO ACENTUADO, EM RAZÃO DA EXPOSIÇÃO PERMANENTE DO TRABALHADOR A ROUBOS OU OUTRAS ESPÉCIES DE VIOLÊNCIA FÍSICA, BEM COMO TRATA-SE DE ATIVIDADE PROFISSIONAL DE SEGURANÇA PESSOAL E PATRIMONIAL. PORTANTO, TEM DIREITO AO RECEBIMENTO DO ADICIONAL DE PERICULOSIDADE EM PERCENTUAL DE 30% SOBRE O SALÁRIO. INDICAÇÃO DO ART. 193, II OU § 1º, DA CLT.
Item "B"	**Modelo de resposta:** ALEGARIA QUE O VIGILANTE, CONTRATADO DIRETAMENTE PELO BANCO OU POR INTERMÉDIO DE EMPRESAS ESPECIALIZADAS, NÃO É CONSIDERADO BANCÁRIO, CONSIDERANDO QUE PERTENCE A CATEGORIA PROFISSIONAL DIFERENCIADA, POSSUINDO ESTATUTO PROFISSIONAL PRÓPRIO. INDICAÇÃO DA SÚMULA 374 DO TST OU ART. 511, § 3º, DA CLT.

QUESTÃO 2 – SIMULADO 15 (PADRÃO DE RESPOSTA)

1º PASSO: IDENTIFICAÇÃO DO TEMA CENTRAL	
Temas centrais e institutos jurídicos narrados no enunciado	TUTELA ANTECIPADA; MANDADO DE SEGURANÇA.
2º PASSO: ENCONTRANDO O FUNDAMENTO ***Pesquisar a palavra-chave, o instituto jurídico ou tema central a partir das informações fornecidas pelo enunciado.***	
Palavra(s)-chave	MEMBRO DO CONSELHO FISCAL; GARANTIA PROVISÓRIA NO EMPREGO.

3º PASSO: FUNDAMENTO DA RESPOSTA *Anotar o fundamento jurídico, legal, jurisprudencial ou doutrinário.*	
Fundamento do item "A"	INDICAÇÃO DA SÚMULA 414 DO TST.
Fundamento do item "B"	INDICAÇÃO DA OJ Nº 365 DA SDI-1 DO TST OU DO ART. 522, § 2º, DA CLT.
4º PASSO: DESENVOLVENDO A RESPOSTA	
Item "A"	**Modelo de resposta:** SIM. A DECISÃO DE INDEFERIMENTO OU CONCESSÃO DE TUTELA PROVISÓRIA PROFERIDA ANTES DA SENTENÇA COMPORTA MANDADO DE SEGURANÇA, CONSIDERANDO QUE NÃO EXISTE RECURSO PRÓPRIO PARA IMPUGNAR A DECISÃO. INDICAÇÃO DA SÚMULA 414 DO TST.
Item "B"	**Modelo de resposta:** SUSTENTARIA EM CONTESTAÇÃO QUE O MEMBRO DE CONSELHO FISCAL DE SINDICATO NÃO TEM DIREITO À ESTABILIDADE, TENDO EM VISTA QUE NÃO REPRESENTA OU ATUA NA DEFESA DOS DIREITOS DA CATEGORIA QUE O VIGILANTE, TENDO A SUA COMPETÊNCIA LIMITADA À FISCALIZAÇÃO DA GESTÃO FINANCEIRA DO SINDICATO. INDICAÇÃO DA OJ Nº 365 DA SDI-1 DO TST OU DO ART. 522, § 2º, DA CLT.

QUESTÃO 3 – SIMULADO 15 (PADRÃO DE RESPOSTA)

1º PASSO: IDENTIFICAÇÃO DO TEMA CENTRAL	
Temas centrais e institutos jurídicos narrados no enunciado	TERCEIRO. EMBARGOS DE TERCEIRO;
2º PASSO: ENCONTRANDO O FUNDAMENTO *Pesquisar a palavra-chave, o instituto jurídico ou tema central a partir das informações fornecidas pelo enunciado.*	
Palavra(s)-chave	FGTS;
3º PASSO: FUNDAMENTO DA RESPOSTA *Anotar o fundamento jurídico, legal, jurisprudencial ou doutrinário.*	
Fundamento do item "A"	INDICAÇÃO DO ART. 674 OU ART. 675 DO CPC.
Fundamento do item "B"	INDICAÇÃO DO ART. 2º, § 2º, DA LEI Nº 8.036/1990.

4º PASSO: DESENVOLVENDO A RESPOSTA	
Item "A"	**Modelo de resposta:**
	É CABÍVEL A OPOSIÇÃO DE EMBARGOS DE TERCEIRO, ATÉ 5 (CINCO) DIAS DEPOIS DA ADJUDICAÇÃO, DA ALIENAÇÃO POR INICIATIVA PARTICULAR OU DA ARREMATAÇÃO, MAS SEMPRE ANTES DA ASSINATURA DA RESPECTIVA CARTA, CONSIDERANDO QUE VINICIUS NÃO É PARTE NO PROCESSO E SOFREU CONSTRIÇÃO DOS SEUS BENS INDEVIDAMENTE. INDICAÇÃO DO ART. 674 OU ART. 675 DO CPC.
Item "B"	**Modelo de resposta:**
	PODERÁ ALEGAR QUE AS CONTAS VINCULADAS DO FGTS, EM NOME DOS TRABALHADORES, SÃO ABSOLUTAMENTE IMPENHORÁVEIS. INDICAÇÃO DO ART. 2º, § 2º, DA LEI Nº 8.036/1990.

QUESTÃO 4 – SIMULADO 15 (PADRÃO DE RESPOSTA)

1º PASSO: IDENTIFICAÇÃO DO TEMA CENTRAL	
Temas centrais e institutos jurídicos narrados no enunciado	INQUÉRITO JUDICIAL PARA APURAÇÃO DE FALTA GRAVE.

2º PASSO: ENCONTRANDO O FUNDAMENTO **Pesquisar a palavra-chave, o instituto jurídico ou tema central a partir das informações fornecidas pelo enunciado.*	
Palavra(s)-chave	INQUÉRITO JUDICIAL PARA APURAÇÃO DE FALTA GRAVE.

3º PASSO: FUNDAMENTO DA RESPOSTA **Anotar o fundamento jurídico, legal, jurisprudencial ou doutrinário.*	
Fundamento do item "A"	INDICAÇÃO DO ART. 494 DA CLT OU ART. 853 DA CLT.
Fundamento do item "B"	INDICAÇÃO DO ART. 853 DA CLT OU SÚMULA 379 DO TST OU SÚMULA 197 OU 403 DO STF.

4º PASSO: DESENVOLVENDO A RESPOSTA	
Item "A"	**Modelo de resposta:**
	NÃO. O EMPREGADOR TEM A FACULDADE LEGAL DE SUSPENDER O EMPREGADO ESTÁVEL DAS SUAS FUNÇÕES, EM CASO DE COMETIMENTO DE FALTA GRAVE, QUANDO A SUA DISPENSA DEPENDER DA INSTAURAÇÃO DE INQUÉRITO JUDICIAL PARA APURAÇÃO DE FALTA GRAVE. A CONFIRMAÇÃO POSTERIOR DA PROCEDÊNCIA DA FALTA GRAVE, QUE LEVARÁ À RUPTURA DO CONTRATO DE TRABALHO POR JUSTA CAUSA, NÃO CARACTERIZA DUPLA PUNIÇÃO POR UM MESMO ATO FALTOSO. INDICAÇÃO DO ART. 494 DA CLT OU ART. 853 DA CLT OU A SÚMULA 414 DO TST.

	Modelo de resposta:
Item "B"	SIM. TENDO EM VISTA QUE O TRABALHADOR É DIRIGENTE SINDICAL, DETENTOR DE GARANTIA PROVISÓRIA DE EMPREGO, A SOCIEDADE EMPRESÁRIA DEVERÁ AJUIZAR INQUÉRITO JUDICIAL PARA APURAÇÃO DE FALTA GRAVE PARA DISPENSAR O TRABALHADOR, NO PRAZO DE 30 DIAS, CONTADOS DA DATA DA SUSPENSÃO DO EMPREGADO. INDICAÇÃO DO ART. 853 DA CLT OU SÚMULA 379 DO TST OU SÚMULA 197 OU 403 DO STF.

SIMULADO 16

PEÇA PRÁTICO-PROFISSIONAL – SIMULADO 16 (PADRÃO DE RESPOSTA)

1º PASSO: DADOS PRINCIPAIS DO ENUNCIADO	
Partes	Empregado/Trabalhador: GERTRUDES
	Empregador/Tomador de serviço: JENIFER PEDROSA E IRINEU PEDROSA
Profissão	EMPREGADA DOMÉSTICA
Data de admissão:	
Data de dispensa:	
Motivo da extinção do contrato de trabalho:	DISPENSA IMOTIVADA
Existe ação em curso?	SIM.
	Data do ajuizamento: –

2º PASSO: IDENTIFICAÇÃO, PREVISÃO LEGAL E PECULIARIDADES DA PEÇA	
Régua processual (Atos processuais descritos no enunciado) TRÂNSITO EM JULGADO ——— INÍCIO DA EXECUÇÃO ——— EMBARGOS À EXECUÇÃO ——— SENTENÇA DOS EMBARGOS À EXECUÇÃO ——— AGRAVO DE PETIÇÃO >>	
Inicial, defesa ou recurso?	RECURSO – AGRAVO DE PETIÇÃO, COM FUNDAMENTO NO ARTIGO 897, A, DA CLT.
Há alguma medida urgente a ser adotada?	NÃO.
Peculiaridades da peça	– NO AGRAVO DE PETIÇÃO SERÃO DUAS PEÇAS, SENDO A 1ª PEÇA DE INTERPOSIÇÃO OU PEÇA DE ENCAMINHAMENTO, E A 2ª MINUTA DE AGRAVO DE PETIÇÃO; – MENÇÃO RECEBIMENTO DO AGRAVO DE PETIÇÃO E POSTERIOR REMESSA AO TRT; – NOTIFICAÇÃO DO AGRAVADO PARA APRESENTAR CONTRAMINUTA; – PREPARO: AUSÊNCIA DE CUSTAS, POIS SÃO PAGAS AO FINAL PELO EXECUTADO. INDICAÇÃO DO ART. 789-A DA CLT. DEIXA DE EFETUAR O DEPÓSITO RECURSAL, POIS JÁ GARANTIDO O JUÍZO, CONFORME SÚMULA 128, ITEM II, DO TST; – DELIMITAÇÃO DA MATÉRIA E DOS VALORES: ARTIGO 897, § 1º, DA CLT E DA SÚMULA 416 DO TST.

3º PASSO: ESTRUTURA E TESES DA PEÇA	
Endereçamento	EXCELENTÍSSIMO SENHOR DOUTOR JUIZ DO TRABALHO DA 5ª VARA DO TRABALHO DE GOIÂNIA/GO.

<table>
<tr><td rowspan="6">Preâmbulo</td><td>Peticionário (Requerente)</td><td>GERTRUDES</td></tr>
<tr><td>Parte contrária (Requerido)</td><td>JENIFER PEDROSA E IRINEU PEDROSA</td></tr>
<tr><td>Nome da peça</td><td>AGRAVO DE PETIÇÃO</td></tr>
<tr><td>Fundamento legal</td><td>ART. 897, A, DA CLT.</td></tr>
<tr><td>Procedimento (rito)</td><td></td></tr>
<tr><td>Verbo:</td><td>INTERPOR</td></tr>
<tr><td>Fatos</td><td colspan="2">A AGRAVADA PROPÔS RECLAMAÇÃO TRABALHISTA, SENDO JULGADO TOTALMENTE PROCEDENTE OS PEDIDOS FORMULADOS. INICIADA A EXECUÇÃO, A AGRAVADA INDICOU À PENHORA O ÚNICO IMÓVEL DA RESIDÊNCIA DA FAMÍLIA PEDROSA, SENDO DEFERIDA PELO JUIZ. A AGRAVANTE INTERPÔS EMBARGOS À EXECUÇÃO SUSTENTANDO A IMPENHORABILIDADE DO BEM, SENDO MANTIDA A DECISÃO.</td></tr>
<tr><td>1ª Tese (Direito)</td><td colspan="2">FATOS: A AGRAVADA SE MANIFESTOU AOS EMBARGOS À EXECUÇÃO, ARGUINDO A ILEGITIMIDADE DO SR. IRINEU PEDROSA, TENDO EM VISTA SUA CTPS FOI ASSINADA PELA SRA. JENIFER PEDROSA.
FUNDAMENTOS: O SR. IRINEU TEM LEGITIMIDADE PARA OPOR EMBARGOS À EXECUÇÃO, UMA VEZ QUE EMPREGADOR DOMÉSTICO É COMPOSTO POR TODO O CONJUNTO FAMILIAR QUE SE BENEFICIA COM A FORÇA DE TRABALHO. ART. 1º DA LC Nº 150/2015.
CONCLUSÃO: DESSE MODO, REQUER O RECONHECIMENTO DA LEGITIMIDADE DO IRINEU PEDROSA.</td></tr>
<tr><td>Caminho até a tese (Palavra-chave)</td><td colspan="2">DOMÉSTICOS; CONCEITOS DE DOMÉSTICOS.</td></tr>
<tr><td>2ª Tese (Direito)</td><td colspan="2">A AGRAVADA APÓS 2 ANOS E 4 MESES, REQUEREU O DESARQUIVAMENTO DOS AUTOS, INDICANDO À PENHORA O ÚNICO IMÓVEL DA RESIDÊNCIA DA FAMÍLIA PEDROSA.
NO PRESENTE CASO, CORREU A PRESCRIÇÃO INTERCORRENTE, POR SE PASSAR MAIS DE 2 ANOS APÓS O DESCUMPRIMENTO DA DETERMINAÇÃO JUDICIAL NO CURSO DA EXECUÇÃO INDICAÇÃO DO ART. 11-A, §§ 1º E 2º, DA CLT.</td></tr>
<tr><td>Caminho até a tese (Palavra-chave)</td><td colspan="2">EXECUÇÃO; PRESCRIÇÃO INTERCORRENTE.</td></tr>
<tr><td>3ª Tese (Direito)</td><td colspan="2">A AGRAVADA REQUEREU A PENHORA DO BEM DOS AGRAVANTES, SENDO DEFERIDA PELO JUIZ.
TRATA-SE DE IMPOSSIBILIDADE DE PENHORAR BEM DE FAMÍLIA. O ART. 3º, I, DA LEI Nº 8.009/1990, QUE PERMITIA A PENHORA DO BEM DE FAMÍLIA PARA PAGAMENTO DE CRÉDITOS DE TRABALHADORES DA PRÓPRIA RESIDÊNCIA, FOI REVOGADO. INDICAÇÃO DO ART. 1º DA LEI Nº 8.009/1990, PELO ART. 46 DA LEI COMPLEMENTAR Nº 150/2015.</td></tr>
<tr><td>Caminho até a tese (Palavra-chave)</td><td colspan="2">PENHORA; IMPENHORABILIDADE; BEM DE FAMÍLIA.</td></tr>
<tr><td>Tutela de urgência</td><td colspan="2">–</td></tr>
<tr><td>Pedidos e Conclusões</td><td colspan="2">REQUER O CONHECIMENTO E PROVIMENTO DO AGRAVO DE PETIÇÃO COM A REFORMA DA DECISÃO.</td></tr>
<tr><td>Requerimentos finais</td><td colspan="2"></td></tr>
<tr><td>Encerramento</td><td colspan="2">LOCAL. DATA. ADVOGADO. OAB/... N.</td></tr>
</table>

QUESTÃO 1 – SIMULADO 16 (PADRÃO DE RESPOSTA)

1º PASSO: IDENTIFICAÇÃO DO TEMA CENTRAL	
Temas centrais e institutos jurídicos narrados no enunciado	– AUDIÊNCIA; PREPOSTO
	– RECEBIMENTO CONTESTAÇÃO E DOCUMENTOS; REVELIA
2º PASSO: ENCONTRANDO O FUNDAMENTO ***Pesquisar a palavra-chave, o instituto jurídico ou tema central a partir das informações fornecidas pelo enunciado.**	
Palavra(s)-chave	-AUDIÊNCIA; EMPREGADOR; SUBSTITUIÇÃO POR UM GERENTE OU PREPOSTO; AUSÊNCIA DA RECLAMADA
	– AUDIÊNCIA; AUSÊNCIA DA RECLAMADA; AUSÊNCIA RECLAMADO; PRESENÇA ADVOGADO; RECEBIMENTO CONTESTAÇÃO E DOCUMENTOS
3º PASSO: FUNDAMENTO DA RESPOSTA ***Anotar o fundamento jurídico, legal, jurisprudencial ou doutrinário.**	
Fundamento do item "A"	– ART. 843, § 3º, DA CLT
Fundamento do item "B"	– ART. 844, § 5º, DA CLT
4º PASSO: DESENVOLVENDO A RESPOSTA	
Item "A"	**Modelo de resposta:**
	O PREPOSTO NÃO PRECISA SER EMPREGADO DA EMPRESA. BASTA TER CONHECIMENTO DOS FATOS. HAVENDO PLURALIDADE DE RECLAMADOS, A REVELIA NÃO PRODUZ EFEITO SE UM DELES APRESENTAR CONTESTAÇÃO. INDICAR O 843, § 3º, DA CLT.
Item "B"	**Modelo de resposta:**
	O JUIZ NÃO PODERIA TER RETIRADO DOS AUTOS A DEFESA E OS DOCUMENTOS APRESENTADOS, POIS O ADVOGADO ESTAVA PRESENTE NA AUDIÊNCIA. INDICAR O ART. 844, § 5º, DA CLT.

QUESTÃO 2 – SIMULADO 16 (PADRÃO DE RESPOSTA)

1º PASSO: IDENTIFICAÇÃO DO TEMA CENTRAL	
Temas centrais e institutos jurídicos narrados no enunciado	– ACIDENTE DE TRABALHO; REINTEGRAÇÃO; MANDADO DE SEGURANÇA.
2º PASSO: ENCONTRANDO O FUNDAMENTO ***Pesquisar a palavra-chave, o instituto jurídico ou tema central a partir das informações fornecidas pelo enunciado.**	
Palavra(s)-chave	– TUTELA ANTECIPADA; MANDADO DE SEGURANÇA;
	– MANDADO DE SEGURANÇA; PRAZO DECADENCIAL.

3º PASSO: FUNDAMENTO DA RESPOSTA *Anotar o fundamento jurídico, legal, jurisprudencial ou doutrinário.*	
Fundamento do item "A"	– SÚMULA 414, II, DO TST
Fundamento do item "B"	– ART. 23 DA LEI Nº 12.016/2009
4º PASSO: DESENVOLVENDO A RESPOSTA	
Item "A"	**Modelo de resposta:** MANDADO DE SEGURANÇA, POIS SE TRATA DE DECISÃO QUE CONCEDEU TUTELA PROVISÓRIA ANTES DA SENTENÇA. INDICAR A SÚMULA 414, II, DO TST.
Item "B"	**Modelo de resposta:** PRAZO DECADENCIAL DE 120 DIAS CONTADOS A PARTIR DA CIÊNCIA DA DECISÃO. INDICAR O ART. 23 DA LEI Nº 12.016/2009.

QUESTÃO 3 – SIMULADO 16 (PADRÃO DE RESPOSTA)

1º PASSO: IDENTIFICAÇÃO DO TEMA CENTRAL	
Temas centrais e institutos jurídicos narrados no enunciado	– ADOTANTE; LICENÇA MATERNIDADE; ESTABILIDADE PROVISÓRIA. – VIOLÊNCIA DOMÉSTICA; AFASTAMENTO DO EMPREGO.
2º PASSO: ENCONTRANDO O FUNDAMENTO ***Pesquisar a palavra-chave, o instituto jurídico ou tema central a partir das informações fornecidas pelo enunciado.***	
Palavra(s)-chave	– ADOTANTE; LICENÇA-MATERNIDADE; -AFASTAMENTO DO EMPREGO; PROTEÇÃO À MULHER; AFASTAMENTO POR ATÉ SEIS MESES; – OFENSA FÍSICA; VIOLÊNCIA DOMÉSTICA E FAMILIAR CONTRA A MULHER; AFASTAMENTO.
3º PASSO: FUNDAMENTO DA RESPOSTA ***Anotar o fundamento jurídico, legal, jurisprudencial ou doutrinário.***	
Fundamento do item "A"	– ART. 392-A DA CLT
Fundamento do item "B"	– ART. 9º, § 2º, II DA LEI Nº 11.340/2006
4º PASSO: DESENVOLVENDO A RESPOSTA	
Item "A"	**Modelo de resposta:** MANOELA POSSUI DIREITO A LICENÇA-MATERNIDADE, POR 120 DIAS. INDICAR O ART. 392-A DA CLT.
Item "B"	**Modelo de resposta:** THAIS PODERÁ SE AFASTAR E TERÁ O SEU VÍNCULO DE EMPREGO MANTIDO POR ATÉ 06 MESES. INDICAR O ART. 9º, § 2º, II DA LEI Nº 11.340/2006.

QUESTÃO 4 – SIMULADO 16 (PADRÃO DE RESPOSTA)

1º PASSO: IDENTIFICAÇÃO DO TEMA CENTRAL	
Temas centrais e institutos jurídicos narrados no enunciado	– COMISSÃO DE REPRESENTANTES DOS EMPREGADOS;
	– REPRESENTAÇÃO DOS EMPREGADOS.
2º PASSO: ENCONTRANDO O FUNDAMENTO ***Pesquisar a palavra-chave, o instituto jurídico ou tema central a partir das informações fornecidas pelo enunciado.**	
Palavra(s)-chave	– REPRESENTANTES DOS EMPREGADOS; ELEIÇÃO;
	– COMISSÕES; REPRESENTANTES DOS EMPREGADOS.
3º PASSO: FUNDAMENTO DA RESPOSTA ***Anotar o fundamento jurídico, legal, jurisprudencial ou doutrinário.**	
Fundamento do item "A"	– ART. 510-C, *CAPUT*, DA CLT; ARTIGO 510-C, § 1º, DA CLT
Fundamento do item "B"	– ART. 510-A, I, DA CLT; 510-D, § 2º, DA CLT
4º PASSO: DESENVOLVENDO A RESPOSTA	
Item "A"	**Modelo de resposta:**
	DEVERÁ SER CONVOCADA A ELEIÇÃO COM ANTECEDÊNCIA MÍNIMA DE 30 DIAS, POR MEIO DE EDITAL, QUE DEVERÁ SER FIXADO NA EMPRESA COM AMPLA PUBLICIDADE, DEVENDO SER FORMADO UMA COMISSÃO ELEITORAL, INTEGRADA POR CINCO EMPREGADOS, NÃO CANDIDATOS, PARA ORGANIZAÇÃO E ACOMPANHAMENTO DO PROCESSO ELEITORAL. INDICAR O ART. 510-C, *CAPUT*, DA CLT; ARTIGO 510-C, § 1º, DA CLT.
Item "B"	**Modelo de resposta:**
	A COMISSÃO DEVERÁ SER COMPOSTA POR 3 MEMBROS E, DURANTE O MANDATO, O CONTRATO DE TRABALHO NÃO SERÁ NEM INTERROMPIDO, NEM SUSPENSO, DEVENDO O EMPREGADO PERMANECER NO EXERCÍCIO DE SUAS FUNÇÕES. INDICAR O ART. 510-A, I, DA CLT; 510-D, § 2º, DA CLT.

SIMULADO 17

PEÇA PRÁTICO-PROFISSIONAL – SIMULADO 17 (PADRÃO DE RESPOSTA)

1º PASSO: DADOS PRINCIPAIS DO ENUNCIADO	
Partes	Empregado/Trabalhador: GUSTAVO BUARQUE DE HOLANDA
	Empregador/Tomador de serviço: ROYAL SAÚDE LTDA.
Profissão	
Data de admissão:	
Data de dispensa:	
Motivo da extinção do contrato de trabalho:	
Existe ação em curso?	SIM
	Data do ajuizamento:

2º PASSO: IDENTIFICAÇÃO, PREVISÃO LEGAL E PECULIARIDADES DA PEÇA	
Régua processual (Atos processuais descritos no enunciado) |-----|-----|-----|-----|-----|-----|-----|--->> RECLAMAÇÃO TRABALHISTA – SENTENÇA CONDENATÓRIA – TRÂNSITO EM JULGADO – LIQUIDAÇÃO DE SENTENÇA – INÍCIO DA EXECUÇÃO – INCIDENTE DE DESC. PJ – DECISÃO ACOLHE O IDPJ – AGR. PET.	
Inicial, defesa ou recurso?	RECURSO
Há alguma medida urgente a ser adotada?	NÃO
Peculiaridades da peça	1ª) 2 DUAS PEÇAS: A) PEÇA DE INTERPOSIÇÃO OU ENDEREÇAMENTO – DIRIGIDA AO DESEMBARGADOR-PRESIDENTE DO TRT DA 8ª REGIÃO • INFORMAR QUE A INTERPOSIÇÃO É TEMPESTIVA, ISTO É, DENTRO DO PRAZO ESTABELECIDO EM LEI; • RECEBIMENTO DO RECURSO DE REVISTA E POSTERIOR REMESSA PARA O TRT; • NOTIFICAÇÃO DA PARTE CONTRÁRIA PARA APRESENTAR CONTRARRAZÕES; • PREPARO: CUSTAS DE RESPONSABILIDADE DO EXECUTADO PAGAS AO FINAL (ART. 789-A, IV, DA CLT) + INDEPENDENTE DA GARANTIA DO JUÍZO (ART. 855-A, § 1º, II, DA CLT); • DELIMITAÇÃO DAS MATÉRIAS E DOS VALORES (ART. 897, § 1º, DA CLT E DA SÚMULA 416 DO TST). B) RAZÕES RECURSAIS – AO TRT 2ª) PARTES: AGRAVANTE E AGRAVADO

3º PASSO: ESTRUTURA E TESES DA PEÇA	
Endereçamento	15ª VARA DO TRABALHO DE BELÉM/PA

Preâmbulo	Cliente	FERNANDO SILVA
	Parte contrária	GUSTAVO BUARQUE DE HOLANDA
	Nome da peça, fundamento legal e rito (procedimento):	AGRAVO DE PETIÇÃO, COM FUNDAMENTO NO ART. 897, A, DA CLT.
	Verbo:	INTERPOR
Fatos		
1ª Tese (Direito)	**PRESCRIÇÃO INTERCORRENTE:** A PRESCRIÇÃO INTERCORRENTE NO PROCESSO DO TRABALHO NO PRAZO DE 2 (DOIS) ANOS A CONTAR DA DATA EM QUE O EXEQUENTE DEIXA DE CUMPRIR DETERMINAÇÃO JUDICIAL NO CURSO DA EXECUÇÃO. INDICAÇÃO DO ART. 11-A, *CAPUT* E § 1º, DA CLT.	
Caminho até a tese (Palavra-chave)	PRESCRIÇÃO INTERCORRENTE; PRESCRIÇÃO.	
2ª Tese (Direito)	**DESCONSIDERAÇÃO DA PERSONALIDADE JURÍDICA/BENEFÍCIO DE ORDEM:** NÃO CONSTITUI DESVIO DE FINALIDADE A MERA EXPANSÃO OU A ALTERAÇÃO DA FINALIDADE ORIGINAL DA ATIVIDADE ECONÔMICA ESPECÍFICA DA PESSOA JURÍDICA, DE FORMA QUE DEVE SER AFASTADA A DESCONSIDERAÇÃO DA PERSONALIDADE JURÍDICA. INDICAÇÃO DO ART. 50, § 5º, DO CC.	
Caminho até a tese (Palavra-chave)	DESCONSIDERAÇÃO DA PERSONALIDADE JURÍDICA.	
3ª Tese (Direito)	**JUROS DE MORA** – OS JUROS DE MORA SÃO DEVIDOS, A RIGOR, A PARTIR DA DATA DO AJUIZAMENTO DA RECLAMAÇÃO TRABALHISTA. INDICAÇÃO DO ART. 883 DA CLT.	
Caminho até a tese (Palavra-chave)	*JUROS*	
4ª Tese (Direito)	**MULTA DO ART. 523, § 1º, DO CPC** – A MULTA DO ART. 523, § 1º, DO CPC É INAPLICÁVEL AO PROCESSO DO TRABALHO, POIS A CLT POSSUI REGRAMENTO PRÓPRIO. INDICAÇÃO DO ART. 880 DA CLT.	
Caminho até a tese (Palavra-chave)	*MULTA DO ART. 523, § 1º, DA CLT.*	
Tutela de urgência	NÃO.	
Pedidos, Conclusões e Requerimentos finais	REQUERER O CONHECIMENTO E O PROVIMENTO DO RECURSO, COM A CONSEQUENTE REFORMA DA DECISÃO.	
Encerramento	LOCAL. DATA. ADVOGADO. OAB/... Nº	

QUESTÃO 1 – SIMULADO 17 (PADRÃO DE RESPOSTA)

1º PASSO: IDENTIFICAÇÃO DO TEMA CENTRAL	
Temas centrais e institutos jurídicos narrados no enunciado	CORONAVÍRUS; SUSPENSÃO TEMPORÁRIA DO CONTRATO DE TRABALHO.
2º PASSO: ENCONTRANDO O FUNDAMENTO ***Pesquisar a palavra-chave, o instituto jurídico ou tema central a partir das informações fornecidas pelo enunciado.**	
Palavra(s)-chave	CORONAVÍRUS; SUSPENSÃO TEMPORÁRIA DO CONTRATO DE TRABALHO; GARANTIA DE EMPREGO.
3º PASSO: FUNDAMENTO DA RESPOSTA ***Anotar o fundamento jurídico, legal, jurisprudencial ou doutrinário.**	
Fundamento do item "A"	INDICAÇÃO DO ART. 8º, § 4º, DA LEI Nº 14.020/2020.
Fundamento do item "B"	INDICAÇÃO DO ART. 10º, II OU § 1º, III, DA LEI Nº 14.020/2020.
4º PASSO: DESENVOLVENDO A RESPOSTA	
Item "A"	**Modelo de resposta:** NÃO. CASO AS ATIVIDADES DE TRABALHO SEJAM MANTIDAS DURANTE O PERÍODO DE SUSPENSÃO TEMPORÁRIA DO CONTRATO DE TRABALHO, AINDA QUE PARCIALMENTE, POR MEIO DE TELETRABALHO, TRABALHO REMOTO OU A DISTÂNCIA, FICARÁ DESCARACTERIZADA A SUSPENSÃO TEMPORÁRIA DO CONTRATO DE TRABALHO, ACARRETANDO O PAGAMENTO IMEDIATO DA REMUNERAÇÃO, DOS ENCARGOS SOCIAIS E TRABALHISTAS REFERENTE A TODO O PERÍODO, SEM PREJUÍZO DE EVENTUAIS PENALIDADES PREVISTAS NA LEGISLAÇÃO EM VIGOR E DE OUTRAS SANÇÕES EVENTUALMENTE PREVISTAS EM CONVENÇÃO OU ACORDO COLETIVO DE TRABALHO. INDICAÇÃO DO ART. 8º, § 4º, DA LEI Nº 14.020/2020.
Item "B"	**Modelo de resposta:** NÃO. A SUSPENSÃO TEMPORÁRIA DO CONTRATO DE TRABALHO ASSEGURA A GARANTIA PROVISÓRIA NO EMPREGO AO TRABALHADOR, SENDO VEDADA A DISPENSA IMOTIVADA DURANTE OU APÓS O ENCERRAMENTO DO ACORDO, POR EQUIVALENTE AO ACORDADO PARA SUSPENSÃO (0,20), SOB PENA DE PAGAMENTO DE UMA INDENIZAÇÃO NO VALOR DE 100% (CEM POR CENTO) DO SALÁRIO A QUE O EMPREGADO TERIA DIREITO NO PERÍODO DE GARANTIA PROVISÓRIA NO EMPREGO. INDICAÇÃO DO ART. 10º, II OU § 1º, III, DA LEI Nº 14.020/2020.

QUESTÃO 2 – SIMULADO 17 (PADRÃO DE RESPOSTA)

1º PASSO: IDENTIFICAÇÃO DO TEMA CENTRAL	
Temas centrais e institutos jurídicos narrados no enunciado	CONTROLE DE JORNADA; EMPREGADOS EXCLUÍDOS DO CONTRATO DE JORNADA; DURAÇÃO DO TRABALHO; JORNADA DE TRABALHO.

2º PASSO: ENCONTRANDO O FUNDAMENTO *Pesquisar a palavra-chave, o instituto jurídico ou tema central a partir das informações fornecidas pelo enunciado.	
Palavra(s)-chave	SALÁRIO; REMUNERAÇÃO; PARCELAS QUE NÃO INTEGRAM O SALÁRIO.
3º PASSO: FUNDAMENTO DA RESPOSTA *Anotar o fundamento jurídico, legal, jurisprudencial ou doutrinário.*	
Fundamento do item "A"	INDICAÇÃO DO ART. 62, I, DA CLT.
Fundamento do item "B"	INDICAÇÃO DO ART. 457, § 2º, DA CLT.
4º PASSO: DESENVOLVENDO A RESPOSTA	
Item "A"	**Modelo de resposta:** ADVOGARIA A TESE DE QUE O EMPREGADO QUE EXERCE ATIVIDADE EXTERNA INCOMPATÍVEL COM A FIXAÇÃO DE HORÁRIO, CUJAS CONDIÇÕES DE TRABALHO ESTÃO DEVIDAMENTE ANOTADAS NA CARTEIRA DE TRABALHO E NO REGISTRO DE EMPREGADOS, NÃO ESTÁ SUJEITO À LIMITAÇÃO DE JORNADA. PORTANTO, NÃO TEM DIREITO AO PAGAMENTO DE HORAS EXTRAS. INDICAÇÃO DO ART. 62, I, DA CLT.
Item "B"	**Modelo de resposta:** A EMPRESA PODERÁ ALEGAR QUE AS IMPORTÂNCIAS PAGAS A TÍTULO DE AJUDA DE CUSTO, AINDA QUE HABITUAIS, NÃO INTEGRAM A REMUNERAÇÃO DO EMPREGADO, NÃO SE INCORPORAM AO CONTRATO DE TRABALHO E NÃO CONSTITUEM BASE DE INCIDÊNCIA DE QUALQUER ENCARGO TRABALHISTA E PREVIDENCIÁRIO. INDICAÇÃO DO ART. 457, § 2º, DA CLT.

QUESTÃO 3 – SIMULADO 17 (PADRÃO DE RESPOSTA)

1º PASSO: IDENTIFICAÇÃO DO TEMA CENTRAL	
Temas centrais e institutos jurídicos narrados no enunciado	NULIDADE DOS ATOS PROCESSUAIS.
2º PASSO: ENCONTRANDO O FUNDAMENTO *Pesquisar a palavra-chave, o instituto jurídico ou tema central a partir das informações fornecidas pelo enunciado.*	
Palavra(s)-chave	EMBARGOS DE DECLARAÇÃO.
3º PASSO: FUNDAMENTO DA RESPOSTA *Anotar o fundamento jurídico, legal, jurisprudencial ou doutrinário.*	
Fundamento do item "A"	INDICAÇÃO DO ART. 795 DA CLT.
Fundamento do item "B"	INDICAÇÃO DO ART. 897-A, *CAPUT*, DA CLT.

4º PASSO: DESENVOLVENDO A RESPOSTA	
	Modelo de resposta:
Item "A"	NÃO DEVE SER ACATADA PELO TRIBUNAL REGIONAL DO TRABALHO, TENDO EM VISTA QUE A RECLAMADA NÃO APRESENTOU O *PROTESTO ANTIPRECLUSIVO*, A FIM DE EVITAR A PERDA DO DIREITO DE QUESTIONAR A DECISÃO DO MAGISTRADO QUE DISPENSOU A OITIVA DAS TESTEMUNHAS EM AUDIÊNCIA, OPERANDO-SE, PORTANTO, A PRECLUSÃO. OU NÃO. TRATA-SE DE NULIDADE RELATIVA, QUE DEVE SER ARGUIDA PELA PARTE PREJUDICADA À PRIMEIRA VEZ EM QUE TIVER DE FALAR EM AUDIÊNCIA OU NOS AUTOS, O QUE NÃO OCORREU NO CASO EM TELA. INDICAR O ART. 795 DA CLT.
	Modelo de resposta:
Item "B"	CABERÁ A OPOSIÇÃO DE EMBARGOS DE DECLARAÇÃO, NO PRAZO DE 5 (CINCO) DIAS, A FIM DE SANAR A OMISSÃO DO ACÓRDÃO. INDICAR O ART. 897-A, *CAPUT*, DA CLT.

QUESTÃO 4 – SIMULADO 17 (PADRÃO DE RESPOSTA)

1º PASSO: IDENTIFICAÇÃO DO TEMA CENTRAL	
Temas centrais e institutos jurídicos narrados no enunciado	TESTEMUNHA; SUSPEIÇÃO.

2º PASSO: ENCONTRANDO O FUNDAMENTO **Pesquisar a palavra-chave, o instituto jurídico ou tema central a partir das informações fornecidas pelo enunciado.*	
Palavra(s)-chave	CARTÃO DE PONTO; CARTÃO BRITÂNICO.

3º PASSO: FUNDAMENTO DA RESPOSTA **Anotar o fundamento jurídico, legal, jurisprudencial ou doutrinário.*	
Fundamento do item "A"	INDICAÇÃO DA SÚMULA 357 DO TST.
Fundamento do item "B"	INDICAÇÃO DA SÚMULA 338, III, DO TST.

4º PASSO: DESENVOLVENDO A RESPOSTA	
	Modelo de resposta:
Item "A"	NÃO. A TESTEMUNHA ARROLADA PELO RECLAMANTE NÃO É SUSPEITA, ISSO PORQUE O SIMPLES FATO DE ESTAR LITIGANDO OU TER LITIGADO CONTRA O MESMO EMPREGADOR NÃO TORNA A TESTEMUNHA SUSPEITA. INDICAÇÃO DA SÚMULA 357 DO TST.

	Modelo de resposta:
Item "B"	CONSIDERANDO QUE O EMPREGADOR APRESENTOU CARTÕES DE PONTO QUE DEMONSTRAM HORÁRIOS DE ENTRADA E SAÍDA UNIFORMES (HORÁRIO BRITÂNICO), LEVANDO À CONCLUSÃO DE QUE FORAM FORJADOS, PORTANTO, SÃO INVÁLIDOS COMO MEIO DE PROVA, O ÔNUS DA PROVA RELATIVO ÀS HORAS EXTRAS SE INVERTE, DE MODO QUE PASSA A SER DO EMPREGADOR, PREVALECENDO A JORNADA DE TRABALHO DESCRITA NA PETIÇÃO INICIAL, POIS NO CASO O EMPREGADOR NÃO SE DESVENCILHOU DO ÔNUS PROBATÓRIO. INDICAÇÃO DA SÚMULA 338, III, DO TST.

SIMULADO 18

PEÇA PRÁTICO-PROFISSIONAL – SIMULADO 18 (PADRÃO DE RESPOSTA)

1º PASSO: DADOS PRINCIPAIS DO ENUNCIADO	
Partes	Empregado/Trabalhador: PETER FLOYD Empregador/Tomador de serviço: DAKOTA DE MINEAPOLIS
Profissão	-
Data de admissão:	20-3-2019
Data de dispensa:	-
Motivo da extinção do contrato de trabalho:	-
Existe ação em curso?	NÃO. Data do ajuizamento: –

2º PASSO: IDENTIFICAÇÃO, PREVISÃO LEGAL E PECULIARIDADES DA PEÇA	
Régua processual (Atos processuais descritos no enunciado) |-->> NENHUM ATO PROCESSUAL FOI PRATICADO	
Inicial, defesa ou recurso?	PETIÇÃO INICIAL – AÇÃO DE CONSIGNAÇÃO EM PAGAMENTO, COM FUNDAMENTO NO ARTS. 539 A 549 DO CPC, APLICÁVEIS SUPLETIVA E SUBSIDIARIAMENTE AO PROCESSO DO TRABALHO POR FORÇA DO ART. 769 DA CLT E ART. 15 DO CPC.
Há alguma medida urgente a ser adotada?	NÃO.
Peculiaridades da peça	– A PEÇA DE AÇÃO DE CONSIGNAÇÃO EM PAGAMENTO É UMA PETIÇÃO INICIAL E DEVE TER A QUALIFICAÇÃO DAS PARTES. – CONSIGNANTE (EMPREGADOR) E CONSIGNATÁRIO (EMPREGADO).

3º PASSO: ESTRUTURA E TESES DA PEÇA		
Endereçamento	EXCELENTÍSSIMO SENHOR DOUTOR JUIZ DO TRABALHO DA... VARA DO TRABALHO DE FRANCA/SP.	
Preâmbulo	Peticionário (Requerente)	DAKOTA DE MINEAPOLIS
	Parte contrária (Requerido)	PETER FLOYD
	Nome da peça	AÇÃO DE CONSIGNAÇÃO EM PAGAMENTO
	Fundamento legal	ARTS. 539 A 549 DO CPC APLICÁVEIS SUPLETIVA E SUBSIDIARIAMENTE AO PROCESSO DO TRABALHO POR FORÇA DO ART. 769 DA CLT E ART. 15 DO CPC.
	Procedimento (rito)	ORDINÁRIO
	Verbo:	PROPOR

Fatos	O EMPREGADO PETER PERMANECEU AFASTADO DO EMPREGO, RECEBENDO BENEFÍCIO PREVIDENCIÁRIO NO CÓDIGO 31, NO PERÍODO DE 20-5-2020 A 30-5-2020, E, APÓS CESSADO SEU AFASTAMENTO, NÃO RETORNOU AO LOCAL DE TRABALHO.
1ª Tese (Direito)	FATOS: O CONSIGNADO FICOU AFASTADO DO EMPREGO, PORÉM, APÓS A CESSAÇÃO DO PERÍODO DE AFASTAMENTO, NÃO RETORNOU AO TRABALHO. FUNDAMENTOS: PETER FLOYD COMETEU FALTA DISCIPLINAR GRAVE, POIS COMO É CEDIÇO, PARA CARACTERIZAÇÃO DO ABANDONO DE EMPREGO, MISTER HOUVE A AUSÊNCIA LONGA E INJUSTIFICADA AO SERVIÇO, SUPERIOR A 30 DIAS (ELEMENTO OBJETIVO), E O *ANIMUS INDUBITÁVEL* DO OBREIRO EM DEIXAR O EMPREGO (ELEMENTO SUBJETIVO). ART. 433, II, DA CLT, ART. 482, I, DA CLT, SÚMULA 32 DO TST. CONCLUSÃO: DESSE MODO, OS REQUISITOS JUSTIFICAM A DISPENSA POR JUSTA CAUSA.
Caminho até a tese (Palavra-chave)	RESCISÃO DO CONTRATO DE TRABALHO; ABANDONO DE EMPREGO
2ª Tese (Direito)	VERBAS RESCISÓRIAS – DEPÓSITO JUDICIAL DOS SEGUINTES TÍTULOS: SALDO DE SALÁRIO – 19 DIAS DO MÊS DE MAIO DE 2020; FÉRIAS VENCIDAS SIMPLES COM 1/3 – 2019-2020; DEPÓSITOS DO FGTS SOBRE AS VERBAS RESCISÓRIAS, ALÍQUOTA DE 2%, CONFORME ART. 15, § 7ª, DA LEI Nº 8.036/1990; DEPÓSITO DO TRCT; DESSE MODO, O CONSIGNANTE REQUER A CONSIGNAÇÃO DAS VERBAS E QUITAÇÃO DE SUAS OBRIGAÇÕES TRABALHISTAS.
Caminho até a tese (Palavra-chave)	CONTRATO INDIVIDUAL DE TRABALHO; EXTINÇÃO DO CONTRATO DE TRABALHO; PAGAMENTO DAS VERBAS RESCISÓRIAS.
3ª Tese (Direito)	PERTENCES: REQUERER O DEPÓSITO OU DEVOLUÇÃO DO TABLET, FONE DE OUVIDO E NECESSAIRE DO MENOR APRENDIZ.
Caminho até a tese (Palavra-chave)	AÇÃO DE CONSIGNAÇÃO EM PAGAMENTO; CABIMENTO.
4ª Tese (Direito)	DISPENSA DA MULTA DO ART. 477 DA CLT: REQUERER A LIBERAÇÃO DA APLICAÇÃO DA MULTA DO ART. 477, § 8º, DA CLT.
Caminho até a tese (Palavra-chave)	RESCISÃO DO CONTRATO DE TRABALHO.
5ª Tese (Direito)	EXIBIÇÃO DO CTPS: REQUERER A INTIMAÇÃO DO MENOR APRENDIZ PARA EXIBIR A CARTEIRA DE TRABALHO, PARA PROCEDER À ANOTAÇÃO DE BAIXA.
Caminho até a tese (Palavra-chave)	ANOTAÇÕES NA CTPS; DATA DA BAIXA NA CTPS.
Tutela de urgência	–
Pedidos e Conclusões	REQUERER A CONSIGNAÇÃO DO DEPÓSITO REFERENTE ÀS VERBAS RESCISÓRIAS; REQUERER A CONSIGNAÇÃO DA CTPS; REQUERER A CONSIGNAÇÃO DOS PERTENCES DO CONSIGNATÁRIO; PROCEDÊNCIA TOTAL DOS PEDIDOS E QUITAÇÃO DAS OBRIGAÇÕES.
Requerimentos finais	CITAÇÃO/NOTIFICAÇÃO DA CONSIGNATÁRIO DO REQUERIDO PARA LEVANTAR O DEPÓSITO DOS VALORES E COISAS DEVIDAS, OU APRESENTAR DEFESA; PROTESTO POR PROVAS E VALOR DA CAUSA. DÁ-SE À CAUSA O VALOR DE R$... (VALOR POR EXTENSO).
Encerramento	LOCAL. DATA. ADVOGADO. OAB/... Nº

QUESTÃO 1 – SIMULADO 18 (PADRÃO DE RESPOSTA)

1º PASSO: IDENTIFICAÇÃO DO TEMA CENTRAL	
Temas centrais e institutos jurídicos narrados no enunciado	– EMPREGADO E EMPREGADOR DOMÉSTICO; ANOTAÇÕES NA CTPS;
	– ÔNUS DE PROVA.
2º PASSO: ENCONTRANDO O FUNDAMENTO **Pesquisar a palavra-chave, o instituto jurídico ou tema central a partir das informações fornecidas pelo enunciado.*	
Palavra(s)-chave	– DOMÉSTICO; CTPS; APRESENTAÇÃO E ANOTAÇÃO
	– ÔNUS DA PROVA
3º PASSO: FUNDAMENTO DA RESPOSTA **Anotar o fundamento jurídico, legal, jurisprudencial ou doutrinário.*	
Fundamento do item "A"	– ART. 1º DA LEI COMPLEMENTAR Nº 150/2015
Fundamento do item "B"	– ART. 12 DA LEI COMPLEMENTAR Nº 150/2015
4º PASSO: DESENVOLVENDO A RESPOSTA	
Item "A"	**Modelo de resposta:**
	NÃO. MARGARETH DEVERIA PROCEDER A ANOTAÇÃO NA CTPS DE SCARLETT O'HARA, UMA VEZ QUE É CONSIDERADA EMPREGADA DOMÉSTICA, JÁ QUE PRESTA SERVIÇOS DE FORMA CONTÍNUA, SUBORDINADA, ONEROSA E PESSOAL E DE FINALIDADE NÃO LUCRATIVA À PESSOA OU À FAMÍLIA, NO ÂMBITO RESIDENCIAL DESSAS, POR MAIS DE 2 (DOIS) DIAS POR SEMANA. INDICAR O ART. 1º DA LEI COMPLEMENTAR Nº 150/2015.
Item "B"	**Modelo de resposta:**
	O ÔNUS DE PROVAR A JORNADA EFETIVAMENTE PRATICADA CABERÁ AO EMPREGADOR DOMÉSTICO, CONSIDERANDO QUE TEM A OBRIGAÇÃO DE EFETUAR O REGISTRO DA JORNADA DE TRABALHO CUMPRIDA PELO EMPREGADO DOMÉSTICO ATRAVÉS DE INSTRUMENTO IDÔNEO. INDICAR O ART. 12 DA LEI COMPLEMENTAR Nº 150/2015.

QUESTÃO 2 – SIMULADO 18 (PADRÃO DE RESPOSTA)

1º PASSO: IDENTIFICAÇÃO DO TEMA CENTRAL	
Temas centrais e institutos jurídicos narrados no enunciado	– COMPETÊNCIA DA JUSTIÇA DO TRABALHO;
	– LEGISLAÇÃO APLICADA AO BRASILEIRO CONTRATADO PARA TRABALHAR NO ESTRANGEIRO.
2º PASSO: ENCONTRANDO O FUNDAMENTO **Pesquisar a palavra-chave, o instituto jurídico ou tema central a partir das informações fornecidas pelo enunciado.*	
Palavra(s)-chave	– EXTERIOR; BRASILEIRO CONTRATADO PARA TRABALHAR NO ESTRANGEIRO;
	– ESTRANGEIRO; COMPETÊNCIA DA JUSTIÇA DO TRABALHO.

3º PASSO: FUNDAMENTO DA RESPOSTA *Anotar o fundamento jurídico, legal, jurisprudencial ou doutrinário.	
Fundamento do item "A"	– ART. 651, § 2º, DA CLT OU ART. 114, I, DA CF
Fundamento do item "B"	– ART. 3º, II OU PARÁGRAFO ÚNICO, DA LEI Nº 7.064/1982
4º PASSO: DESENVOLVENDO A RESPOSTA	
Item "A"	**Modelo de resposta:**
	SIM. A JUSTIÇA DO TRABALHO É COMPETENTE PARA APRECIAR O LITÍGIO OCORRIDOS EM AGÊNCIA OU FILIAL NO ESTRANGEIRO, DESDE QUE O EMPREGADO SEJA BRASILEIRO E NÃO HAJA CONVENÇÃO INTERNACIONAL DISPONDO EM CONTRÁRIO. INDICAR O ART. 651, § 2º, DA CLT OU ART. 114, I, DA CF.
Item "B"	**Modelo de resposta:**
	DEVE SER APLICADA A LEGISLAÇÃO BRASILEIRA SOBRE PREVIDÊNCIA SOCIAL, FUNDO DE GARANTIA POR TEMPO DE SERVIÇO – FGTS E PROGRAMA DE INTEGRAÇÃO SOCIAL – PIS/PASEP (0,20) OU AS NORMAS BRASILEIRAS DE PROTEÇÃO AO TRABALHO QUANDO MAIS FAVORÁVEL DO QUE A LEGISLAÇÃO TERRITORIAL, NO CONJUNTO DE NORMAS E EM RELAÇÃO A CADA MATÉRIA, CONFORME TEORIA DO CONGLOBAMENTO MITIGADO. INDICAR O ART. 3º, II OU PARÁGRAFO ÚNICO, DA LEI Nº 7.064/1982.

QUESTÃO 3 – SIMULADO 18 (PADRÃO DE RESPOSTA)

1º PASSO: IDENTIFICAÇÃO DO TEMA CENTRAL	
Temas centrais e institutos jurídicos narrados no enunciado	– EMPRESA EM RECUPERAÇÃO JUDICIAL; PREPARO;
	– ADICIONAL DE INSALUBRIDADE.
2º PASSO: ENCONTRANDO O FUNDAMENTO *Pesquisar a palavra-chave, o instituto jurídico ou tema central a partir das informações fornecidas pelo enunciado.	
Palavra(s)-chave	– RECUPERAÇÃO JUDICIAL; DEPÓSITO RECURSAL – ISENÇÃO;
	– ADICIONAL DE INSALUBRIDADE; RESIDÊNCIAS E ESCRITÓRIOS.
3º PASSO: FUNDAMENTO DA RESPOSTA *Anotar o fundamento jurídico, legal, jurisprudencial ou doutrinário.	
Fundamento do item "A"	– ART. 789, § 1º, DA CLT E ART. 899, § 10, DA CLT
Fundamento do item "B"	– ART. 189 DA CLT OU SÚMULA 448, ITEM I OU II, DO TST
4º PASSO: DESENVOLVENDO A RESPOSTA	
Item "A"	**Modelo de resposta:**
	SIM. O PREPARO CONSISTIRÁ APENAS NO RECOLHIMENTO DAS CUSTAS, ESTANDO ISENTA DO DEPÓSITO RECURSAL, POR SE TRATAR DE EMPRESA EM RECUPERAÇÃO JUDICIAL. INDICAR O ART. ART. 789, § 1º, DA CLT OU ART. 899, § 10, DA CLT.

Item "B"	**Modelo de resposta:**
	A LIMPEZA DE INSTALAÇÕES SANITÁRIAS EM RESIDÊNCIAS E ESCRITÓRIOS NÃO ENSEJA O PAGAMENTO DE ADICIONAL DE INSALUBRIDADE, POR NÃO ESTAR CLASSIFICADA COMO ATIVIDADE INSALUBRE NA RELAÇÃO OFICIAL ELABORADA PELO MINISTÉRIO DO TRABALHO. INDICAR O ART. 189 DA CLT OU SÚMULA 448, ITEM I OU II, DO TST.

QUESTÃO 4 – SIMULADO 18 (PADRÃO DE RESPOSTA)

1º PASSO: IDENTIFICAÇÃO DO TEMA CENTRAL	
Temas centrais e institutos jurídicos narrados no enunciado	– SOCIEDADE; SÓCIO RETIRANTE; RESPONSABILIDADE SOLIDÁRIA;
	– DEPÓSITO DO FGTS.
2º PASSO: ENCONTRANDO O FUNDAMENTO **Pesquisar a palavra-chave, o instituto jurídico ou tema central a partir das informações fornecidas pelo enunciado.*	
Palavra(s)-chave	– RESPONSABILIDADE; SUBSIDIÁRIA: SÓCIO RETIRANTE; OBRIGAÇÕES TRABALHISTAS; ATÉ DOIS ANOS.
	– RESCISÃO INDIRETA DO CONTRATO DE TRABALHO; PRECISÃO LEGAL – HIPÓTESE DA CLT.
3º PASSO: FUNDAMENTO DA RESPOSTA **Anotar o fundamento jurídico, legal, jurisprudencial ou doutrinário.*	
Fundamento do item "A"	– ARTS. 10, 448 E 448-A DA CLT
Fundamento do item "B"	– ART. 483, *D*, DA CLT E ART. 840, DA CLT
4º PASSO: DESENVOLVENDO A RESPOSTA	
Item "A"	**Modelo de resposta:**
	NÃO. CARACTERIZADA A SUCESSÃO TRABALHISTA – TAMBÉM CHAMADA DE SUCESSÃO EMPRESARIAL, SUCESSÃO DE EMPRESAS OU SUCESSÃO DE EMPREGADORES – AS OBRIGAÇÕES TRABALHISTAS SÃO DE RESPONSABILIDADE DO SUCESSOR, INCLUSIVE QUANTO ÀS OBRIGAÇÕES CONTRAÍDAS À ÉPOCA EM QUE OS EMPREGADOS TRABALHAVAM PARA A EMPRESA SUCEDIDA. PORTANTO, LINEU NÃO TERÁ RESPONSABILIDADE PELAS OBRIGAÇÕES TRABALHISTAS RELATIVAS AO CONTRATO DE TRABALHO DE AGOSTINHO, CABENDO EXCLUSIVAMENTE AOS SUCESSORES (ABELARDO E MARILDA). INDICAR O ART. 10, 448 OU ART. 448-A DA CLT.
Item "B"	**Modelo de resposta:**
	SIM. AGOSTINHO PODERÁ PROPOR RECLAMAÇÃO TRABALHISTA, PLEITEANDO A RESCISÃO INDIRETA DO CONTRATO DE TRABALHO, TENDO EM VISTA QUE O EMPREGADOR COMETEU FALTA GRAVE AO DEIXAR DE CUMPRIR AS OBRIGAÇÕES DO CONTRATO DE TRABALHO. INDICAR O ART. ART. 483, D, DA CLT OU ART. 840, DA CLT.

SIMULADO 19

PEÇA PRÁTICO-PROFISSIONAL – SIMULADO 19 (PADRÃO DE RESPOSTA)

1º PASSO: DADOS PRINCIPAIS DO ENUNCIADO	
Partes	Empregado/Trabalhador: SERGIO SILVESTRE
	Empregador/Tomador de serviço: COMIX LTDA
Profissão	-
Data de admissão:	-
Data de dispensa:	-
Motivo da extinção do contrato de trabalho:	DISPENSA IMOTIVADA
Existe ação em curso?	NÃO.
	Data do ajuizamento: –

2º PASSO: IDENTIFICAÇÃO, PREVISÃO LEGAL E PECULIARIDADES DA PEÇA	
Régua processual (Atos processuais descritos no enunciado) |-->> NENHUM ATO PROCESSUAL FOI PRATICADO	
Inicial, defesa ou recurso?	PETIÇÃO INICIAL – INQUÉRITO PARA APURAÇÃO DE FALTA GRAVE, COM FUNDAMENTO NO ARTS. 494 E 853 A 855 DA CLT, COMBINADOS COM O ART. 319 DO CPC APLICADO SUBSIDIÁRIA E SUPLETIVAMENTE AO PROCESSO DO TRABALHO POR FORÇA DO ART. 769 DA CLT E DO ART. 15 DO CPC.
Há alguma medida urgente a ser adotada?	NÃO.
Peculiaridades da peça	-

3º PASSO: ESTRUTURA E TESES DA PEÇA		
Endereçamento	EXCELENTÍSSIMO SENHOR DOUTOR JUIZ DO TRABALHO DA... VARA DO TRABALHO DE ...	
Preâmbulo	Peticionário (Requerente)	COMIX LTDA
	Parte contrária (Requerido)	SERGIO SILVESTRE
	Nome da peça	INQUÉRITO PARA APURAÇÃO DE FALTA GRAVE
	Fundamento legal	ARTS. 494 E 853 A 855 DA CLT, COMBINADOS COM O ART. 319 DO CPC APLICADO SUBSIDIÁRIA E SUPLETIVAMENTE AO PROCESSO DO TRABALHO POR FORÇA DO ART. 769 DA CLT E DO ART. 15 DO CPC.
	Procedimento (rito)	ESPECIAL
	Verbo:	PROPOR

Fatos	O REQUERIDO, EMPREGADO DA REQUERENTE, FOI ELEITO PARA O CARGO DE DIREÇÃO DO SINDICATO DA CATEGORIA PROFISSIONAL EM 02-5-2017. EM 15-3-2021, DURANTE GREVE DEVASTADORA NA EMPREGADORA, O REQUERIDO AGREDIU FISICAMENTE SEU SUPERIOR HIERÁRQUICO E, AINDA, QUEBROU PARTE DAS DEPENDÊNCIAS FÍSICAS DA EMPRESA.
1ª Tese (Direito)	FATOS: COMO RELATADO, O REQUERIDO FOI ELEITO PARA CARGO DE DIREÇÃO DO SINDICATO DE CLASSE, SENDO, DESSA FORMA, PORTADOR DE ESTABILIDADE PROVISÓRIA, PREVISTA NO ART. 8.º, VIII, DA CF E NO ART. 543, § 3º, DA CLT, ABRANGENDO O PERÍODO DO REGISTRO DA CANDIDATURA ATÉ 1 (UM) ANO APÓS O FINAL DO MANDATO, SALVO SE COMETER FALTA GRAVE NOS TERMOS DA LEI. FUNDAMENTOS: NO ENTANTO, O REQUERIDO COMETEU ATOS DEVASTADORES DE PARTE DAS DEPENDÊNCIAS FÍSICAS DA EMPRESA E AGRESSÃO FÍSICA CONTRA SEU SUPERIOR HIERÁRQUICO, CONFIGURANDO, ASSIM, FALTA GRAVE, CONFORME PRECONIZA O ART. 482, B (MAU PROCEDIMENTO) E K (OFENSA FÍSICA PRATICADA CONTRA SUPERIOR HIERÁRQUICO), DA CLT. CONCLUSÃO: IMEDIATAMENTE APÓS A OCORRÊNCIA DESSES ATOS FALTOSOS, O REQUERIDO FOI SUSPENSO DO TRABALHO PARA APURAÇÃO DA FALTA GRAVE, DE ACORDO COM O ART. 494 DA CLT.
Caminho até a tese (Palavra-chave)	DIRIGENTE SINDICAL; ESTABILIDADE.
2ª Tese (Direito)	O INQUÉRITO JUDICIAL PARA APURAÇÃO DE FALTA GRAVE É A AÇÃO DE CONHECIMENTO, DE RITO ESPECIAL, AJUIZADA PELO EMPREGADOR EM FACE DE EMPREGADO ESTÁVEL, OBJETIVANDO A RESOLUÇÃO DE SEU CONTRATO INDIVIDUAL DE TRABALHO POR MEIO DA COMPROVAÇÃO JUDICIAL DE FALTA GRAVE POR ELE COMETIDA. A PRESENTE AÇÃO ESTÁ PREVISTA NOS ARTS. 494 E 853 A 855 DA CLT. ADEMAIS, ENCONTRA AMPARO NAS SÚMULAS 379 DO TST, 197 E 403 DO STF, QUE DETERMINAM EXPRESSAMENTE A OBRIGATORIEDADE DE INSTAURAÇÃO DE INQUÉRITO, POR MEIO DE PETIÇÃO ESCRITA, NO PRAZO DECADENCIAL DE 30 DIAS, CONTADOS DA SUSPENSÃO DO EMPREGADO. DESSA FORMA, O REQUERENTE REQUER O RECONHECIMENTO DA FALTA GRAVE COMETIDA E A CONSEQUENTE EXTINÇÃO MOTIVADA DO CONTRATO DE TRABALHO, A PARTIR DA DATA DA SUSPENSÃO.
Caminho até a tese (Palavra-chave)	DIRIGENTE SINDICAL; INQUÉRITO JUDICIAL PARA APURAÇÃO DE FALTA GRAVE.
Pedidos e Conclusões	REQUERER A PROCEDÊNCIA DOS PEDIDOS; REITERAR OS PEDIDOS COM INDICAÇÃO DA LIQUIDAÇÃO DOS VALORES INDICAÇÃO DA LIQUIDAÇÃO DOS VALORES; REQUER QUE SE RECONHECENDO A FALTA GRAVE COMETIDA PELO REQUERIDO, COM A CONSEQUENTE RESOLUÇÃO DO CONTRATO DE TRABALHO, A PARTIR DA DATA DA SUSPENSÃO DISCIPLINAR.
Requerimentos finais	REQUERER A NOTIFICAÇÃO DA RECLAMADA; PROTESTO POR PROVAS; DÁ-SE À CAUSA O VALOR DE R$... (VALOR POR EXTENSO).
Encerramento	LOCAL. DATA. ADVOGADO. OAB/... Nº

QUESTÃO 1 – SIMULADO 19 (PADRÃO DE RESPOSTA)

1º PASSO: IDENTIFICAÇÃO DO TEMA CENTRAL	
Temas centrais e institutos jurídicos narrados no enunciado	– COMPETÊNCIA TERRITORIAL;
	– ÔNUS DE PROVA.
2º PASSO: ENCONTRANDO O FUNDAMENTO ***Pesquisar a palavra-chave, o instituto jurídico ou tema central a partir das informações fornecidas pelo enunciado.**	
Palavra(s)-chave	– COMPETÊNCIA TERRITORIAL;
	– PROVAS; ÔNUS DE PROVA.
3º PASSO: FUNDAMENTO DA RESPOSTA ***Anotar o fundamento jurídico, legal, jurisprudencial ou doutrinário.**	
Fundamento do item "A"	– ART. 651, § 1º, DA CLT
Fundamento do item "B"	– ART. 818, II, DA CLT OU ARTIGO 373, II, DO CPC
4º PASSO: DESENVOLVENDO A RESPOSTA	
Item "A"	**Modelo de resposta:**
	A RECLAMAÇÃO TRABALHISTA DEVERÁ SER AJUIZADA PERANTE A VARA DO TRABALHO DE ATIBAIA/SP, TENDO EM CONTA QUE O EMPREGADO É VENDEDOR VIAJANTE E ESTÁ SUBORDINADO A FILIAL DA EMPRESA LOCALIZADA NA CIDADE DE ATIBAIA/SP. INDICAR O ART. 651, § 1º, DA CLT.
Item "B"	**Modelo de resposta:**
	INCUMBE AO EMPREGADOR O ÔNUS DE PROVAR O COMETIMENTO DA FALTA GRAVE ENSEJADORA DA DISPENSA POR JUSTA CAUSA, POR SER FATO EXTINTIVO DO DIREITO POSTULADO PELO TRABALHADOR. INDICAR O ART. 818, II, DA CLT OU ART. 373, II, DO CPC.

QUESTÃO 2 – SIMULADO 19 (PADRÃO DE RESPOSTA)

1º PASSO: IDENTIFICAÇÃO DO TEMA CENTRAL	
Temas centrais e institutos jurídicos narrados no enunciado	– FALSO TESTEMUNHO; LITIGÂNCIA DE MÁ FÉ
	– RECURSO
2º PASSO: ENCONTRANDO O FUNDAMENTO ***Pesquisar a palavra-chave, o instituto jurídico ou tema central a partir das informações fornecidas pelo enunciado.**	
Palavra(s)-chave	– DANO PROCESSUAL; TESTEMUNHA
	– DECISÕES MONOCRÁTICAS DE INTEGRANTES DE ÓRGÃOS COLEGIADOS; AGRAVO INTERNO OU REGIMENTAL

3º PASSO: FUNDAMENTO DA RESPOSTA *Anotar o fundamento jurídico, legal, jurisprudencial ou doutrinário.	
Fundamento do item "A"	– ART. 793-D DA CLT
Fundamento do item "B"	– ART. 1º, § 2º DA IN Nº 39/2016 OU ART. 1.021 DO CPC
4º PASSO: DESENVOLVENDO A RESPOSTA	
Item "A"	**Modelo de resposta:**
	SIM. A MULTA DE LITIGÂNCIA DE MÁ-FÉ APLICA-SE À TESTEMUNHA QUE INTENCIONALMENTE ALTERAR A VERDADE DOS FATOS OU OMITIR FATOS ESSENCIAIS AO JULGAMENTO DA CAUSA. INDICAR O ART. 793-D DA CLT.
Item "B"	**Modelo de resposta:**
	SIM. É CABÍVEL AGRAVO INTERNO OU REGIMENTAL NO PRAZO DE 8 DIAS. INDICAR O ART. ART. 1.021 DO CPC OU ART. 1º, § 2º DA IN Nº 39/2016.

QUESTÃO 3 – SIMULADO 19 (PADRÃO DE RESPOSTA)

1º PASSO: IDENTIFICAÇÃO DO TEMA CENTRAL	
Temas centrais e institutos jurídicos narrados no enunciado	– MEMBRO DA CIPA; ESTABILIDADE PROVISÓRIA; REINTEGRAÇÃO
	– MANDADO DE SEGURANÇA
2º PASSO: ENCONTRANDO O FUNDAMENTO *Pesquisar a palavra-chave, o instituto jurídico ou tema central a partir das informações fornecidas pelo enunciado.	
Palavra(s)-chave	– MANDADO DE SEGURANÇA; RECURSO ORDINÁRIO
	– REINTEGRAÇÃO; EMPREGADO INTEGRANTE DA CIPA
3º PASSO: FUNDAMENTO DA RESPOSTA *Anotar o fundamento jurídico, legal, jurisprudencial ou doutrinário.	
Fundamento do item "A"	– ART. 895, II, DA CLT
Fundamento do item "B"	– SÚMULA 339, II, DO TST
4º PASSO: DESENVOLVENDO A RESPOSTA	
Item "A"	**Modelo de resposta:**
	SIM. A DECISÃO COMPORTA RECURSO ORDINÁRIO NO PRAZO DE 8 DIAS, POR SE TRATAR DECISÃO DEFINITIVA PROFERIDA PELO TRIBUNAL REGIONAL DO TRABALHO EM PROCESSO DE SUA COMPETÊNCIA ORIGINÁRIA. INDICAR O ART. 895, II, DA CLT.

Item "B"	**Modelo de resposta:**
	NÃO. A ESTABILIDADE PROVISÓRIA DO CIPEIRO NÃO CONSTITUI VANTAGEM PESSOAL, MAS GARANTIA PARA AS ATIVIDADES DOS MEMBROS DA CIPA, QUE SOMENTE TEM RAZÃO DE SER QUANDO EM ATIVIDADE A EMPRESA. EXTINTO O ESTABELECIMENTO, NÃO SE VERIFICA A DESPEDIDA ARBITRÁRIA, SENDO IMPOSSÍVEL A REINTEGRAÇÃO E INDEVIDA A INDENIZAÇÃO DO PERÍODO ESTABILITÁRIO. INDICAR A SÚMULA 339, II, DO TST.

QUESTÃO 4 – SIMULADO 19 (PADRÃO DE RESPOSTA)

1º PASSO: IDENTIFICAÇÃO DO TEMA CENTRAL	
Temas centrais e institutos jurídicos narrados no enunciado	– UNIFORME.
2º PASSO: ENCONTRANDO O FUNDAMENTO **Pesquisar a palavra-chave, o instituto jurídico ou tema central a partir das informações fornecidas pelo enunciado.*	
Palavra(s)-chave	– UNIFORME; DEFINIÇÃO PELO EMPREGADOR;
	– HIGIENIZAÇÃO.
3º PASSO: FUNDAMENTO DA RESPOSTA **Anotar o fundamento jurídico, legal, jurisprudencial ou doutrinário.*	
Fundamento do item "A"	– ART. 456-A DA CLT
Fundamento do item "B"	– ART. 456-A, PARÁGRAFO ÚNICO, DA CLT
4º PASSO: DESENVOLVENDO A RESPOSTA	
Item "A"	**Modelo de resposta:**
	NÃO. CABE AO EMPREGADOR DEFINIR O PADRÃO DE VESTIMENTA NO MEIO AMBIENTE LABORAL, SENDO LÍCITO, INCLUSIVE, A INSERÇÃO NO UNIFORME DE LOGOMARCAS DA PRÓPRIA EMPRESA OU DE EMPRESAS PARCEIRAS E DE OUTROS ITENS DE IDENTIFICAÇÃO RELACIONADOS À ATIVIDADE DESEMPENHADA. INDICAR O ART. 456-A DA CLT.
Item "B"	**Modelo de resposta:**
	NÃO. A HIGIENIZAÇÃO DO UNIFORME É DE RESPONSABILIDADE DO TRABALHADOR, SALVO NAS HIPÓTESES EM QUE FOREM NECESSÁRIOS PROCEDIMENTOS OU PRODUTOS DIFERENTES DOS UTILIZADOS PARA A HIGIENIZAÇÃO DAS VESTIMENTAS DE USO COMUM. INDICAR O ART. 456-A, PARÁGRAFO ÚNICO, DA CLT.

SIMULADO 20

PEÇA PRÁTICO-PROFISSIONAL – SIMULADO 20 (PADRÃO DE RESPOSTA)

1º PASSO: DADOS PRINCIPAIS DO ENUNCIADO	
Partes	Empregado/Trabalhador: EVELISE
	Empregador/Tomador de serviço: SUPERSEGUROS S/A
Profissão	ANALISTA DE SEGUROS RESIDENCIAIS
Data de admissão:	3-5-2010
Data de dispensa:	
Motivo da extinção do contrato de trabalho:	
Existe ação em curso?	SIM
	Data do ajuizamento: –

2º PASSO: IDENTIFICAÇÃO, PREVISÃO LEGAL E PECULIARIDADES DA PEÇA	
Régua processual (Atos processuais descritos no enunciado) |-->> NENHUM ATO PROCESSUAL FOI PRATICADO	
Inicial, defesa ou recurso?	MANDADO DE SEGURANÇA, COM FUNDAMENTO NO ART. 5º, LXIX, DA CF E LEI Nº 12.016/2009.
Há alguma medida urgente a ser adotada?	SIM. TUTELA ANTECIPADA.
Peculiaridades da peça	O ENDEREÇAMENTO DA PEÇA DEPENDERÁ DA ENTIDADE COAUTORA.

3º PASSO: ESTRUTURA E TESES DA PEÇA		
Endereçamento	EXCELENTÍSSIMO SENHOR DOUTOR DESEMBARGADOR PRESIDENTE DO EGRÉGIO TRIBUNAL REGIONAL DO TRABALHO DA 7ª REGIÃO.	
Preâmbulo	Peticionário (Impetrante)	EVELISE (IMPETRANTE)
	Parte contrária (coatora)	JUIZ DO TRABALHO (COATORA)
	Nome da peça	MANDADO DE SEGURANÇA COM PEDIDO LIMINAR
	Fundamento legal	ART. 5º, LXIX, DA CF E LEI Nº 12.016/2009.
	Procedimento (rito)	ESPECIAL
	Verbo:	IMPETRAR
Fatos	EVELISE PROPÔS RECLAMAÇÃO TRABALHISTA EM FACE DA EMPRESA SUPERSEGUROS S/A. ALEGA QUE EM 14-6-2019 FOI ELEITA DIRIGENTE SINDICAL E, DEVIDO A SUA FIRME ATUAÇÃO, O SEU EMPREGADOR, EM REPRESÁLIA, DETERMINOU A SUA TRANSFERÊNCIA UNILATERAL PARA A MATRIZ EM OUTRO ESTADO. A TRABALHADORA POSTULOU LIMINAR PARA IMPEDIR A TRANSFERÊNCIA, MAS TEVE O SEU PEDIDO INDEFERIDO PELO JUIZ.	

1ª Tese (Direito)	FATOS: NO PRESENTE CASO, O JUIZ DE 1º GRAU INDEFERIU LIMINAR/TUTELA DE URGÊNCIA ANTES DA PROLAÇÃO DA SENTENÇA. FUNDAMENTOS: É CABÍVEL MANDADO DE SEGURANÇA CONTRA ATO ILEGAL DE AUTORIDADE COATORA, SENDO CABÍVEL MANDADO DE SEGURANÇA, POIS NÃO HÁ NENHUM OUTRO REMÉDIO APTO PARA MANIFESTAR O INCONFORMISMO IMEDIATO (PRINCÍPIO DA IRRECORRIBILIDADE IMEDIATA DAS DECISÕES INTERLOCUTÓRIAS). INDICAÇÃO DA SÚMULA 414, ITEM II, DO TST. CONCLUSÃO: DIANTE DISSO, O MENCIONADO ATO JUDICIAL EIVADO DE ILEGALIDADE E ABUSO DE PODER REPRESENTA UMA VERDADEIRA AFRONTA AOS PRINCÍPIOS BASILARES DO DIREITO.
Caminho até a tese (Palavra-chave)	ANTECIPAÇÃO DE TUTELA; ANTES DA SENTENÇA OU INDEFERIDA; MS.
2ª Tese (Direito)	IMPOSSIBILIDADE DE TRANSFERÊNCIA DO DIRIGENTE SINDICAL. O EMPREGADO ELEITO PARA O CARGO DE DIRIGENTE SINDICAL NÃO PODERÁ SER IMPEDIDO DO EXERCÍCIO DE SUAS FUNÇÕES OU TRANSFERIDO PARA LUGAR QUE DIFICULTE OU TORNE IMPOSSÍVEL O DESEMPENHO DAS SUAS ATRIBUIÇÕES, SENDO VEDADO A TRANSFERÊNCIA PARA BASE TERRITORIAL DIVERSA DA ATUAÇÃO DA ENTIDADE, SOBRETUDO QUANDO CONFIGURADA A CONDUTA ANTI-SINDICAL PELO EMPREGADOR. INDICAÇÃO DO ART. 543 DA CLT.
Caminho até a tese (Palavra-chave)	TRANSFERÊNCIA DO EMPREGADO; DIRIGENTE SINDICAL.
3ª Tese (Direito)	TRANSFERÊNCIA ABUSIVA: O EMPREGADOR NÃO PODERÁ TRANSFERIR O EMPREGADO SEM A SUA CONCORDÂNCIA PARA LOCALIDADE DIVERSA DA QUE RESULTAR O CONTRATO DE TRABALHO, SENDO CONSIDERADA ABUSIVA A TRANSFERÊNCIA SEM A DEMONSTRAÇÃO DA NECESSIDADE DE SERVIÇO. INDICAÇÃO DO ART. 469, *CAPUT* OU § 3º, DA CLT OU SÚMULA 43 DO TST.
Caminho até a tese (Palavra-chave)	ALTERAÇÃO DO CONTRATO DE TRABALHO; TRANSFERÊNCIA DO EMPREGADO; COMPROVAÇÃO DA NECESSIDADE DO SERVIÇO.
4ª Tese (Direito)	DO PEDIDO LIMINAR: A REINTEGRAÇÃO DEVE SER LIMINARMENTE CESSADA, ALÉM DO FUMUS BONI IURIS, EXISTE O PERIGO NA DEMORA, REQUISITOS POSITIVADOS NO ARTIGO 303 DO CPC, JÁ QUE SE O IMPETRANTE AGUARDAR A DECISÃO FINAL DO PROCESSO, FICARÁ IMPEDIDA DE EXERCER AS SUAS ATIVIDADES SINDICAIS, CAUSANDO À CATEGORIA DANOS IRREPARÁVEIS OU DE DIFÍCIL REPARAÇÃO. INDICAÇÃO DO ART. 7º, III, LEI Nº 12.016/2009 PARA QUE SUSPENDA O ATO QUE MOTIVOU O PRESENTE MANDADO DE SEGURANÇA.
Caminho até a tese (Palavra-chave)	LIMINAR; MANDADO DE SEGURANÇA.
Tutela de urgência	SIM.
Pedidos e Conclusões	REQUER A CONCESSÃO DA LIMINAR DE SEGURANÇA;
Requerimentos finais	REQUER A NOTIFICAÇÃO DA AUTORIDADE COATORA; INTIMAÇÃO DO MINISTÉRIO PÚBLICO DO TRABALHO; REVOGAÇÃO DA LIMINAR DE REINTEGRAÇÃO CONCEDIDA NA TUTELA PROVISÓRIA, SENDO, AO FINAL, JULGADA TOTALMENTE PROCEDENTE A AÇÃO, CONFORME REQUERIDA NA INICIAL, TORNANDO DEFINITIVA A LIMINAR CONCEDIDA; VALOR DA CAUSA. DÁ-SE À CAUSA O VALOR DE R$... (VALOR POR EXTENSO).
Encerramento	LOCAL. DATA. ADVOGADO. OAB/... Nº

QUESTÃO 1 – SIMULADO 20 (PADRÃO DE RESPOSTA)

1º PASSO: IDENTIFICAÇÃO DO TEMA CENTRAL	
Temas centrais e institutos jurídicos narrados no enunciado	– GRUPO ECONÔMICO;
	– REMUNERAÇÃO; NÃO INTEGRAÇÃO AO SALÁRIO.
2º PASSO: ENCONTRANDO O FUNDAMENTO ***Pesquisar a palavra-chave, o instituto jurídico ou tema central a partir das informações fornecidas pelo enunciado.**	
Palavra(s)-chave	– GRUPO ECONÔMICO; NÃO CARACTERIZA;
	– SALÁRIOS; IMPORTÂNCIAS; NÃO INTEGRAM.
3º PASSO: FUNDAMENTO DA RESPOSTA ***Anotar o fundamento jurídico, legal, jurisprudencial ou doutrinário.**	
Fundamento do item "A"	– ART. 2º, § 3º, DA CLT
Fundamento do item "B"	– ART. 457, § 2º, CLT
4º PASSO: DESENVOLVENDO A RESPOSTA	
Item "A"	**Modelo de resposta:**
	SUSTENTARIA QUE A MERA IDENTIDADE DE SÓCIOS NÃO CARACTERIZA GRUPO ECONÔMICO, SENDO NECESSÁRIAS, PARA A CONFIGURAÇÃO DO GRUPO, A DEMONSTRAÇÃO DO INTERESSE INTEGRADO, A EFETIVA COMUNHÃO DE INTERESSES E A ATUAÇÃO CONJUNTA DAS EMPRESAS DELE INTEGRANTES. INDICAR O ART. 2º, § 3º, DA CLT.
Item "B"	**Modelo de resposta:**
	NÃO. AS IMPORTÂNCIAS, AINDA QUE HABITUAIS, PAGAS A TÍTULO DE AJUDA DE CUSTO, AUXÍLIO-ALIMENTAÇÃO, VEDADO SEU PAGAMENTO EM DINHEIRO, DIÁRIAS PARA VIAGEM, PRÊMIOS E ABONOS NÃO INTEGRAM A REMUNERAÇÃO DO EMPREGADO, NÃO SE INCORPORAM AO CONTRATO DE TRABALHO E NÃO CONSTITUEM BASE DE INCIDÊNCIA DE QUALQUER ENCARGO TRABALHISTA E PREVIDENCIÁRIO. INDICAR O ART. 457, § 2º, CLT.

QUESTÃO 2 – SIMULADO 20 (PADRÃO DE RESPOSTA)

1º PASSO: IDENTIFICAÇÃO DO TEMA CENTRAL	
Temas centrais e institutos jurídicos narrados no enunciado	– ATRASO À AUDIÊNCIA; REVELIA;
	– RECEBIMENTO DA DEFESA E DOCUMENTOS.
2º PASSO: ENCONTRANDO O FUNDAMENTO ***Pesquisar a palavra-chave, o instituto jurídico ou tema central a partir das informações fornecidas pelo enunciado.**	
Palavra(s)-chave	– REVELIA; ATRASO À AUDIÊNCIA; AUDIÊNCIA; ATRASO DAS PARTES
	– AUDIÊNCIA AUSÊNCIA DA RECLAMADA; MITIGAÇÃO DOS EFEITOS.

3º PASSO: FUNDAMENTO DA RESPOSTA *Anotar o fundamento jurídico, legal, jurisprudencial ou doutrinário.*	
Fundamento do item "A"	– OJ 245 DA SDI-1 DO TST
Fundamento do item "B"	– ART. 844, § 5º, DA CLT

4º PASSO: DESENVOLVENDO A RESPOSTA	
Item "A"	**Modelo de resposta:** NÃO. INEXISTE PREVISÃO LEGAL TOLERANDO ATRASO NO HORÁRIO DE COMPARECIMENTO DA PARTE NA AUDIÊNCIA. INDICAR A OJ 245 DA SDI-1 DO TST.
Item "B"	**Modelo de resposta:** SIM. AINDA QUE AUSENTE O RECLAMADO, PRESENTE O ADVOGADO NA AUDIÊNCIA, SERÃO ACEITOS A CONTESTAÇÃO E OS DOCUMENTOS EVENTUALMENTE APRESENTADOS. INDICAR O ART. 844, § 5º, DA CLT.

QUESTÃO 3 – SIMULADO 20 (PADRÃO DE RESPOSTA)

1º PASSO: IDENTIFICAÇÃO DO TEMA CENTRAL	
Temas centrais e institutos jurídicos narrados no enunciado	– CONVENÇÃO COLETIVA DE TRABALHO; ACORDO COLETIVO DE TRABALHO; REDUÇÃO DE JORNADA DE TRABALHO; – LEGITIMIDADE; AÇÃO ANULATÓRIA.

2º PASSO: ENCONTRANDO O FUNDAMENTO *Pesquisar a palavra-chave, o instituto jurídico ou tema central a partir das informações fornecidas pelo enunciado.*	
Palavra(s)-chave	– CONVENÇÕES COLETIVAS DE TRABALHO; CLÁUSULA REDUÇÃO DE JORNADA; PROTEÇÃO DISPENSA; – AÇÃO ANULATÓRIA; LEGITIMIDADE MINISTÉRIO PÚBLICO DO TRABALHO.

3º PASSO: FUNDAMENTO DA RESPOSTA *Anotar o fundamento jurídico, legal, jurisprudencial ou doutrinário.*	
Fundamento do item "A"	– ART. 611-A, § 3º, DA CLT
Fundamento do item "B"	– ART. 83, IV, LEI COMPLEMENTAR Nº 75/1993

4º PASSO: DESENVOLVENDO A RESPOSTA	
Item "A"	**Modelo de resposta:** NÃO. EM CELEBRAÇÃO DE INSTRUMENTO DE NEGOCIAÇÃO COLETIVA COM CLÁUSULA QUE REDUZA O SALÁRIO OU A JORNADA DEVE HAVER UMA CLÁUSULA COMPENSATÓRIA, ESTIPULANDO A PROTEÇÃO DOS EMPREGADOS CONTRA DISPENSA IMOTIVADA DURANTE O PRAZO DE VIGÊNCIA DO INSTRUMENTO COLETIVO, O QUE NÃO OCORREU NO CASO EM TELA. PORTANTO, O ACORDO COLETIVO NÃO É VALIDO, POIS NÃO OBSERVOU OS PARÂMETROS PREVISTOS EM LEI. INDICAR O ART. 611-A, § 3º, DA CLT.

Item "B"	**Modelo de resposta:**
	SIM. O MINISTÉRIO PÚBLICO DO TRABALHO TEM LEGITIMIDADE ATIVA PARA PROPOR AS AÇÕES CABÍVEIS PARA DECLARAÇÃO DE NULIDADE DE CLÁUSULA DE CONTRATO, ACORDO COLETIVO OU CONVENÇÃO COLETIVA QUE VIOLE AS LIBERDADES INDIVIDUAIS OU COLETIVAS OU OS DIREITOS INDIVIDUAIS INDISPONÍVEIS DOS TRABALHADORES. INDICAR O ART. 83, IV, LEI COMPLEMENTAR Nº 75/1993.

QUESTÃO 4 – SIMULADO 20 (PADRÃO DE RESPOSTA)

1º PASSO: IDENTIFICAÇÃO DO TEMA CENTRAL	
Temas centrais e institutos jurídicos narrados no enunciado	– TELETRABALHO;
	– JORNADA DE TRABALHO.
2º PASSO: ENCONTRANDO O FUNDAMENTO ***Pesquisar a palavra-chave, o instituto jurídico ou tema central a partir das informações fornecidas pelo enunciado.***	
Palavra(s)-chave	– TELETRABALHO; ATIVIDADE NAS DEPENDÊNCIAS DO EMPREGADOR;
	– JORNADA DE TRABALHO; CONTROLE DE JORNADA; TELETRABALHO.
3º PASSO: FUNDAMENTO DA RESPOSTA ***Anotar o fundamento jurídico, legal, jurisprudencial ou doutrinário.***	
Fundamento do item "A"	– ART. 75-B, *CAPUT* OU § 1º, DA CLT.
Fundamento do item "B"	– ART. 75-B, §§ 2º OU 3º, DA CLT; ART. 7º, XIII E XVI, DA CF; OU ART. 58 OU 59, § 1º, DA CLT.
4º PASSO: DESENVOLVENDO A RESPOSTA	
Item "A"	**Modelo de resposta:**
	SIM. O TELETRABALHO OU TRABALHO REMOTO PODE SER EXECUTADO DE FORMA HÍBRIDA, OU SEJA, É POSSÍVEL CONJUGAR A PRESTAÇÃO DE SERVIÇOS NAS DEPENDÊNCIAS DO EMPREGADOR, DE FORMA PRESENCIAL, E À DISTÂNCIA, FORA DO ESTABELECIMENTO DO EMPREGADOR, COM A UTILIZAÇÃO DE TECNOLOGIAS DE INFORMAÇÃO OU COMUNICAÇÃO, QUE, POR SUA NATUREZA, NÃO CONFIGURE TRABALHO EXTERNO, SEM QUE ISSO DESCARACTERIZE O TELETRABALHO. INDICAR O ART. 75-B, *CAPUT* OU § 1º, DA CLT.
Item "B"	**Modelo de resposta:**
	JACINTO TERÁ DIREITO AO PAGAMENTO DE HORAS EXTRAS, CONSIDERANDO QUE O EMPREGADOR EXERCIA EFETIVO CONTROLE SOBRE A JORNADA DE TRABALHO REALIZADA PELO EMPREGADO E O TELETRABALHO NÃO ERA POR PRODUÇÃO OU TAREFA. OU NO TELETRABALHO POR JORNADA O EMPREGADO ESTARÁ SUJEITO ÀS REGRAS QUE LIMITAM A DURAÇÃO DE TRABALHO EM 8 HORAS DIÁRIA E 44 HORAS SEMANAIS, TENDO DIREITO AO PAGAMENTO DAS HORAS EXTRAORDINÁRIAS, COM ADICIONAL DE 50% SOBRE A HORA NORMAL. INDICAÇÃO DO ART. 75-B, §§ 2º OU 3º, DA CLT, OU ART. 7º, XIII E XVI, DA CF, OU ART. 58 OU 59, § 1º, DA CLT.

Simulados: verbas rescisórias

APURAÇÃO DAS VERBAS RESCISÓRIAS

SISTEMA DE PASSOS

1º Passo: Leitura atenta do enunciado

- Identificar e anotar a data de admissão e demissão.
- Identificar e anotar a modalidade de extinção do contrato de trabalho.
- Identificar e anotar o tipo de aviso-prévio (trabalhado, indenizado ou cumprido em casa), se for o caso.

Faça uma leitura atenta do enunciado para identificar a data de admissão, data de demissão, da forma de extinção do contrato de trabalho e o tipo de aviso-prévio aplicável, a depender do caso hipotético.

2º Passo: Apuração da Proporcionalidade e Projeção do Aviso-Prévio

Breve características do aviso-prévio:

- É a comunicação antecipada feita pela parte que deseja colocar fim ao contrato individual de trabalho, evitando surpresa às partes envolvidas na relação de trabalho.
- Será devido tanto pelo empregado quanto pelo empregador, via de regra, nos contratos por prazo indeterminado.
- Falta de concessão: resulta na indenização da parte prejudicada (surpreendida).
  - **Falta de concessão pelo empregador:** O trabalhador será indenizado (aviso-prévio trabalhado).
  - **Falta de concessão pelo empregado:** O empregado que pede demissão deve cumprir o aviso-prévio. Ou seja, deve trabalhar nos 30 dias seguintes à comunicação do empregador, sob pena de indenizar o empregador. Na prática, o valor do aviso-prévio é descontado pelo empregador no momento pagamento da rescisão contratual.
- Integra o contrato de trabalho para todos os efeitos dos contratos de trabalho (art 487, § 1º, da CLT). Deve ser considerado, em especial, na contagem do décimo terceiro proporcional, das férias proporcionais com 1/3, nos depósitos do FGTS sobre as verbas rescisórias. ***O último dia do aviso-prévio será considerado o último dia do contrato de trabalho (OJ 82 da SDI-1 do TST).***
- Lei nº 12.506/2011:

  A) **Até 1 ano de serviços** na mesma empresa: 30 dias de aviso-prévio proporcional.

  B) **A cada ano de serviços** completo: + 3 dias ao aviso-prévio.
  - Total de acréscimo: no máximo 60 dias de proporcionalidade.
  - Total do período de aviso: 90 dias = 30 + 60.

TABELA DE PROPORCIONALIDADE DO AVISO-PRÉVIO		
Tempo de serviço	**Proporcionalidade a ser acrescentada ao aviso-prévio**	**Tempo de Aviso-Prévio**
0	0	**30 dias**
1 ano completo	3 dias	**33 dias**
2 anos completos	6 dias	**36 dias**
3 anos completos	9 dias	**39 dias**
4 anos completos	12 dias	**42 dias**
5 anos completos	15 dias	**45 dias**

TABELA DE PROPORCIONALIDADE DO AVISO-PRÉVIO		
Tempo de serviço	**Proporcionalidade a ser acrescentada ao aviso-prévio**	**Tempo de Aviso-Prévio**
6 anos completos	18 dias	**48 dias**
7 anos completos	21 dias	**51 dias**
8 anos completos	24 dias	**54 dias**
9 anos completos	27 dias	**57 dias**
10 anos completos	30 dias	**60 dias**
11 anos completos	33 dias	**63 dias**
12 anos completos	36 dias	**66 dias**
13 anos completos	39 dias	**69 dias**
14 anos completos	42 dias	**72 dias**
15 anos completos	45 dias	**75 dias**
16 anos completos	48 dias	**78 dias**
17 anos completos	51 dias	**81 dias**
18 anos completos	54 dias	**84 dias**
19 anos completos	57 dias	**87 dias**
20 anos completos	60 dias	**90 dias**

- **Súmula nº 441 do TST: somente é assegurado nas rescisões ocorridas a partir de 13 de outubro de 2011, data da publicação da Lei nº 12.506/2011.**
- A proporcionalidade é um ***direito exclusivo do empregado***.
- O empregador não pode exigir aviso-prévio por período superior a 30 (trinta) dias, independente do tempo de prestação de serviços (Circular nº 10/2011 e a Nota Técnica nº 184/2012 do MTE).

3º Passo: Apuração do 13º Salário Proporcional

4º Passo: Apuração das Férias com 1/3

5º Passo: Resumo das verbas rescisórias devidas ao trabalhador

SIMULADO 1 – VERBAS RESCISÓRIAS

Maria José foi contratada pela sociedade empresária *Adocica Meu Amor Ltda.*, no dia 10-6-2021, para exercer a função de confeiteira. Cumpria jornada de segunda a sexta, das 8h às 16h, com 1 hora de intervalo para refeição e descanso. Foi dispensada sem justo motivo em 26-1-2023, mediante aviso-prévio indenizado. Apesar disso, passados mais de 60 dias após o término do contrato de trabalho, Maria não recebeu os haveres rescisórios, nem foi realizada a baixa na CTPS.

Na qualidade de advogado(a) contratado por Maria para uma consulta jurídica, especifique detalhadamente as verbas rescisórias que a trabalhadora terá direito, caso decida ingressar com uma reclamação trabalhista, incluindo eventuais multas previstas na legislação trabalhista.

Com base no caso hipotético narrado, discrimine as verbas rescisórias devidas ao trabalhador.

1º Passo: Leitura atenta do enunciado e identificação dos principais dados

Data de admissão:	
Data de extinção do contrato:	
Modalidade de extinção do contrato:	
Tipo de aviso-prévio:	

2º Passo: Identificação da Proporcionalidade e Projeção do Aviso-Prévio

Tempo de serviços prestados ao mesmo empregador	
|---|---> Admissão Encerramento	
Total de aviso-prévio:	______ (anos completos) X 3 dias (proporc.) = _______
Projeção do Aviso-Prévio	
Mês:	Jan | Fev | Mar | Abr | Mai | Jun | Jul | Ago | Set | Out | Nov | Dez
Quantidade de dias (regra)	31 | 28 | 31 | 30 | 31 | 30 | 31 | 31 | 30 | 31 | 30 |31
|--|--|-------------------------> Admissão Encerramento do Contrato Último dia do aviso-prévio	
Último dia do aviso-prévio: _____/______/________	

3º Passo: Apuração do 13º salário proporcional

Mês	Mês completo ou incompleto	Fração considerada (1/12 por mês de serviço) *Obs.: A fração igual ou superior a 15 dias de trabalho será havida como mês integral (Lei nº 4.090/62 e art. 76, §§ 1º e 2º, do Decreto nº 10.85/2021)*
Janeiro		
Fevereiro		
Março		

Mês	Mês completo ou incompleto	**Fração considerada (1/12 por mês de serviço)** *Obs.: A fração igual ou superior a 15 dias de trabalho será havida como mês integral (Lei nº 4.090/62 e art. 76, §§ 1º e 2º, do Decreto nº 10.85/2021)*
Abril		
Maio		
Junho		
Julho		
Agosto		
Setembro		
Outubro		
Novembro		
Dezembro		
Total de 13º salário proporcional		

4º Passo: Apuração das Férias com 1/3

Períodos aquisitivos	*Completo ou Incompleto*	*Concedidas ou devidas? (Integrais em dobro; Integrais simples; Proporcionais)*

Período aquisitivo incompleto de férias			
Datas do período aquisitivo (mês a mês)		Período Completo ou Incompleto de férias:	**Fração considerada (1/12 por mês de serviço)** *Obs.: a fração igual ou superior a 15 dias conta para fins férias proporcionais (art. 146, parágrafo único, c/c art. 147, ambos da CLT)*

Período aquisitivo incompleto de férias			
Datas do período aquisitivo (mês a mês)		Período Completo ou Incompleto de férias:	Fração considerada (1/12 por mês de serviço) *Obs.: a fração igual ou superior a 15 dias conta para fins férias proporcionais (art. 146, parágrafo único, c/c art. 147, ambos da CLT)*
Total de férias proporcionais com 1/3			

5º Passo: Relação de verbas rescisórias e direitos devidos ao trabalhador

Relação de verbas rescisórias e direitos devidos ao trabalhador	

SIMULADO 2 – VERBAS RESCISÓRIAS

A sociedade empresária Sempre Ligado Vigilância Ltda. contratou Hermegildo Agnaldo para exercer a função de vigia, em 1-4-2022, mediante salário mensal de R$ 2.000,00 (dois mil reais). No dia 15-2-2023, o trabalhador foi flagrado pela câmera de vigilância agredindo fisicamente o seu superior hierárquico, tendo sido imediatamente dispensado por justa causa.

Procurado pela sociedade empresária, na qualidade de advogado(a), indique quais verbas rescisórias a sociedade empresária deve especificar no termo de rescisão ou quitação do contrato de trabalho.

1º Passo: Leitura atenta do enunciado e identificação dos principais dados

Data de admissão:	
Data de extinção do contrato:	
Modalidade de extinção do contrato:	
Tipo de aviso-prévio:	

2º Passo: Identificação da Proporcionalidade e Projeção do Aviso-Prévio

Tempo de serviços prestados ao mesmo empregador	
|--|---> **Admissão** **Encerramento**	
Total de aviso-prévio:	**______ (anos completos) X 3 dias (proporc.) = _______**
Projeção do Aviso-Prévio	
Mês:	**Jan | Fev | Mar | Abr | Mai | Jun | Jul | Ago | Set | Out | Nov | Dez**
Quantidade de dias (regra)	**31 | 28 | 31 | 30 | 31 | 30 | 31 | 31 | 30 | 31 | 30 | 31**
|-------------------------|------------------------------|---------> **Admissão** **Encerramento do Cotnrato** **Último dia do aviso-prévio**	
Último dia do aviso-prévio: _____/______/________	

3º Passo: Apuração do 13º salário proporcional

Mês	**Mês completo ou incompleto**	**Fração considerada (1/12 por mês de serviço)** *Obs.: A fração igual ou superior a 15 dias de trabalho será havida como mês integral (Lei nº 4.090/62 e art. 76, §§ 1º e 2º, do Decreto nº 10.854/2021)*
Janeiro		
Fevereiro		
Março		
Abril		
Maio		
Junho		

Mês	Mês completo ou incompleto	**Fração considerada (1/12 por mês de serviço)** *Obs.: A fração igual ou superior a 15 dias de trabalho será havida como mês integral (Lei nº 4.090/62 e art. 76, §§ 1º e 2º, do Decreto nº 10.854/2021)*
Julho		
Agosto		
Setembro		
Outubro		
Novembro		
Dezembro		
Total de 13º salário proporcional		

4º Passo: Apuração das Férias com 1/3

Períodos aquisitivos	*Completo ou Incompleto*	*Concedidas ou devidas? (Integrais em dobro; Integrais simples; Proporcionais)*

Período aquisitivo incompleto de férias			
Datas do período aquisitivo (mês a mês)		Período Completo ou Incompleto de férias:	**Fração considerada (1/12 por mês de serviço)** *Obs.: a fração igual ou superior a 15 dias conta para fins férias proporcionais (art. 146, parágrafo único, c/c art. 147, ambos da CLT)*

Período aquisitivo incompleto de férias			
Datas do período aquisitivo (mês a mês)		**Período Completo ou Incompleto de férias:**	**Fração considerada (1/12 por mês de serviço)** *Obs.: a fração igual ou superior a 15 dias conta para fins férias proporcionais (art. 146, parágrafo único, c/c art. 147, ambos da CLT)*
Total de férias proporcionais com 1/3			

5º Passo: Relação de verbas rescisórias e direitos devidos ao trabalhador

Relação de verbas rescisórias e direitos devidos ao trabalhador	

SIMULADO 3 – VERBAS RESCISÓRIAS

Maicon Caio Junior foi admitido no dia 8-8-2008 pela empresa Capinhas de Celular Ltda., uma grande empresa do setor de distribuição de produtos para celulares. Lá, Maicon, desempenha a função de vendedor, recebendo salário mensal na importância de R$ 1.450,00 (mil quatrocentos e cinquenta reais), além de 5% a título de comissões sobre os produtos vendidos. No dia 22-5-2023, Maicon foi até o departamento de recursos humanos e pediu demissão. Voluntariamente, escreveu de próprio punho uma carta de demissão, se comprometendo a trabalhar até o último dia do aviso-prévio.

Diante do caso hipotético apresentado, considerando que o trabalhador prestou serviços até o término do aviso-prévio, quais verbas rescisórias são devidas pela sociedade empresária?

1º Passo: Leitura atenta do enunciado e identificação dos principais dados

Data de admissão:	
Data de extinção do contrato:	
Modalidade de extinção do contrato:	
Tipo de aviso-prévio:	

2º Passo: Identificação da Proporcionalidade e Projeção do Aviso-Prévio

Tempo de serviços prestados ao mesmo empregador	
|---|---> Admissão Encerramento	
Total de aviso-prévio:	_____ (anos completos) X 3 dias (proporc.) = _______
Projeção do Aviso-Prévio	
Mês:	Jan | Fev | Mar | Abr | Mai | Jun | Jul | Ago | Set | Out | Nov | Dez
Quantidade de dias (regra)	31 | 28 | 31 | 30 | 31 | 30 | 31 | 31 | 30 | 31 | 30 | 31
|-----------------|-----------------|---------> Admissão Encerramento do Cotnrato Último dia do aviso prévio	
Último dia do aviso-prévio: _____/______/________	

3º Passo: Apuração do 13º salário proporcional

Mês	Mês completo ou incompleto	Fração considerada (1/12 por mês de serviço) *Obs.: A fração igual ou superior a 15 dias de trabalho será havida como mês integral (Lei nº 4.090/62 e art. 76, §§ 1º e 2º, do Decreto nº 10.854/2021)*
Janeiro		
Fevereiro		
Março		

Mês	Mês completo ou incompleto	**Fração considerada (1/12 por mês de serviço)** *Obs.: A fração igual ou superior a 15 dias de trabalho será havida como mês integral (Lei nº 4.090/62 e art. 76, §§ 1º e 2º, do Decreto nº 10.854/2021)*
Abril		
Maio		
Junho		
Julho		
Agosto		
Setembro		
Outubro		
Novembro		
Dezembro		
Total de 13º salário proporcional		

4º Passo: Apuração das Férias com 1/3

Períodos aquisitivos	*Completo ou Incompleto*	*Concedidas ou devidas? (Integrais em dobro; Integrais simples; Proporcionais)*

Período aquisitivo incompleto de férias			
Datas do período aquisitivo (mês a mês)		*Período Completo ou Incompleto de férias:*	**Fração considerada (1/12 por mês de serviço)** *Obs.: a fração igual ou superior a 15 dias conta para fins férias proporcionais (art. 146, parágrafo único, c/c art. 147, ambos da CLT)*

Período aquisitivo incompleto de férias			
Datas do período aquisitivo (mês a mês)		***Período Completo ou Incompleto de férias:***	**Fração considerada (1/12 por mês de serviço)** *Obs.: a fração igual ou superior a 15 dias conta para fins férias proporcionais (art. 146, parágrafo único, c/c art. 147, ambos da CLT)*
Total de férias proporcionais com 1/3			

5º Passo: Relação de verbas rescisórias e direitos devidos ao trabalhador

Relação de verbas rescisórias e direitos devidos ao trabalhador	

SIMULADO 4 – VERBAS RESCISÓRIAS

Eraldo foi admitido pela empresa Tem Pão Padaria Ltda., em 1-10-2017, lá exercendo a função de padeiro, mediante o pagamento de salário de R$ 5.000,00 (cinco mil reais). Por ser um exímio padeiro, Eraldo recebeu uma proposta de emprego melhor e não pretende continuar trabalhando para sociedade empresária. Procurou o departamento de recursos humanos para propor o distrato do contrato individual de trabalho. A sociedade empresária aceitou o pedido formulado pelo trabalhador, dando por encerrado o contrato de trabalho em 22-5-2023.

Com base no caso hipotético narrado, discrimine as verbas rescisórias devidas ao trabalhador.

1º Passo: Leitura atenta do enunciado e identificação dos principais dados

Data de admissão:	
Data de extinção do contrato:	
Modalidade de extinção do contrato:	
Tipo de aviso-prévio:	

2º Passo: Identificação da Proporcionalidade e Projeção do Aviso-Prévio

Tempo de serviços prestados ao mesmo empregador	
|--|---> **Admissão** **Encerramento**	
Total de aviso-prévio:	**______ (anos completos) X 3 dias (proporc.) = _______**
Projeção do Aviso-Prévio	
Mês:	**Jan | Fev | Mar | Abr | Mai | Jun | Jul | Ago | Set | Out | Nov | Dez**
Quantidade de dias (regra)	**31 | 28 | 31 | 30 | 31 | 30 | 31 | 31 | 30 | 31 | 30 | 31**
|--|--|-----------------> **Admissão** **Encerramento do Cotnrato** **Último dia do aviso-prévio**	
Último dia do aviso-prévio: _____/______/________	

3º Passo: Apuração do 13º salário proporcional

Mês	Mês completo ou incompleto	Fração considerada (1/12 por mês de serviço) *Obs.: A fração igual ou superior a 15 dias de trabalho será havida como mês integral (Lei nº 4.090/62 e art. 76, §§ 1º e 2º, do Decreto nº 10.854/2021)*
Janeiro		
Fevereiro		
Março		
Abril		

Mês	Mês completo ou incompleto	**Fração considerada (1/12 por mês de serviço)** *Obs.: A fração igual ou superior a 15 dias de trabalho será havida como mês integral (Lei nº 4.090/62 e art. 76, §§ 1º e 2º, do Decreto nº 10.854/2021)*
Maio		
Junho		
Julho		
Agosto		
Setembro		
Outubro		
Novembro		
Dezembro		
Total de 13º salário proporcional		

4º Passo: Apuração das Férias com 1/3

Períodos aquisitivos	*Completo ou Incompleto*	*Concedidas ou devidas? (Integrais em dobro; Integrais simples; Proporcionais)*

Período aquisitivo incompleto de férias			
Datas do período aquisitivo (mês a mês)		***Período Completo ou Incompleto de férias:***	**Fração considerada (1/12 por mês de serviço)** *Obs.: a fração igual ou superior a 15 dias conta para fins férias proporcionais (art. 146, parágrafo único, c/c art. 147, ambos da CLT)*

Período aquisitivo incompleto de férias			
Datas do período aquisitivo (mês a mês)		***Período Completo ou Incompleto de férias:***	**Fração considerada (1/12 por mês de serviço)** *Obs.: a fração igual ou superior a 15 dias conta para fins férias proporcionais (art. 146, parágrafo único, c/c art. 147, ambos da CLT)*
Total de férias proporcionais com 1/3			

5º Passo: Relação de verbas rescisórias e direitos devidos ao trabalhador

Relação de verbas rescisórias e direitos devidos ao trabalhador	

SIMULADO 5 – VERBAS RESCISÓRIAS

Fábio de Mello procura você, na qualidade de advogado(a), informando que foi contratado pelo Condomínio Edifício Andar de Cima, no dia 14-3-2020, para exercer a função de zelador. Informa que cumpria rigorosamente jornada de trabalho de 8h diárias e 44h semanais, com 1 hora de pausa para refeição e descanso. Também, relatou que o seu salário mensal era na importância de R$ 1.800,00 (mil e oitocentos reais), mas fazia cerca de 4 meses que estava sem receber qualquer valor a título de remuneração. Disse que procurou a administradora do condomínio, sendo informado que não havia previsão para a regularização do pagamento dos salários. O trabalhador apresentou-lhe um extrato da conta vinculada ao Fundo de Garantia do Tempo de Serviço (FGTS) que indica a inexistência de qualquer valor depositado. Fábio está desgostoso e pretende ingressar com uma ação trabalhista para pedir a rescisão indireta do contrato de trabalho. O último dia de trabalho de Fábio foi 17-4-2023.

Com base no caso hipotético narrado, discrimine as verbas rescisórias devidas ao trabalhador.

1º Passo: Leitura atenta do enunciado e identificação dos principais dados

Data de admissão:	
Data de extinção do contrato:	
Modalidade de extinção do contrato:	
Tipo de aviso-prévio:	

2º Passo: Identificação da Proporcionalidade e Projeção do Aviso-Prévio

Tempo de serviços prestados ao mesmo empregador	
|---|---> Admissão Encerramento	
Total de aviso-prévio:	_____ (anos completos) X 3 dias (proporc.) = ______
Projeção do Aviso-Prévio	
Mês:	Jan | Fev | Mar | Abr | Mai | Jun | Jul | Ago | Set | Out | Nov | Dez
Quantidade de dias (regra)	31 | 28 | 31 | 30 | 31 | 30 | 31 | 31 | 30 | 31 | 30 | 31
|----------------------------------|----------------------------------|-----------> Admissão Encerramento do Cotnrato Último dia do aviso-prévio	
Último dia do aviso-prévio: ____/_____/_______	

3º Passo: Apuração do 13º salário proporcional

Mês	Mês completo ou incompleto	Fração considerada (1/12 por mês de serviço) *Obs.: A fração igual ou superior a 15 dias de trabalho será havida como mês integral (Lei nº 4.090/1962 e art. 76, §§ 1º e 2º, do Decreto nº 10.854/2021)*
Janeiro		
Fevereiro		

Mês	Mês completo ou incompleto	Fração considerada (1/12 por mês de serviço) *Obs.: A fração igual ou superior a 15 dias de trabalho será havida como mês integral (Lei nº 4.090/1962 e art. 76, §§ 1º e 2º, do Decreto nº 10.854/2021)*
Março		
Abril		
Maio		
Junho		
Julho		
Agosto		
Setembro		
Outubro		
Novembro		
Dezembro		
Total de 13º salário proporcional		

4º Passo: Apuração das Férias com 1/3

Períodos aquisitivos	*Completo ou Incompleto*	*Concedidas ou devidas? (Integrais em dobro; Integrais simples; Proporcionais)*

Período aquisitivo incompleto de férias			
Datas do período aquisitivo (mês a mês)		*Período Completo ou Incompleto de férias:*	Fração considerada (1/12 por mês de serviço) *Obs.: a fração igual ou superior a 15 dias conta para fins férias proporcionais (art. 146, parágrafo único, c/c art. 147, ambos da CLT)*

Período aquisitivo incompleto de férias			
Datas do período aquisitivo (mês a mês)		***Período Completo ou Incompleto de férias:***	**Fração considerada (1/12 por mês de serviço)** *Obs.: a fração igual ou superior a 15 dias conta para fins férias proporcionais (art. 146, parágrafo único, c/c art. 147, ambos da CLT)*
Total de férias proporcionais com 1/3			

5º Passo: Relação de verbas rescisórias e direitos devidos ao trabalhador

Relação de verbas rescisórias e direitos devidos ao trabalhador	

SIMULADO 6 – VERBAS RESCISÓRIAS

Ana Paula trabalhou para a sociedade empresária STF Serviços de Limpeza Ltda., entre 20-10-2021 e 4-5-2023. A trabalhadora foi dispensada por justa causa, por ter chegado atrasada ao trabalho no dia 5-5-2023. Apesar de ter justificado ao seu superior hierárquico que o atraso foi de poucos minutos e se deu em virtude de um grave acidente de trânsito ocorrido no percurso que fazia habitualmente da sua casa até o local de trabalho, e para o seu retorno, foi sumariamente despedida. A trabalhadora se sente injustiçada, pois era uma funcionária dedicada, assídua e pontual. Pretende ingressar com uma ação para pedir a nulidade da dispensa por justa causa e, eventualmente, o recebimento das verbas referente à dispensa sem justo motivo.

Considerando a situação apresentada e os termos da legislação em vigor, discrimine as verbas rescisórias devidas caso a pretensão de Ana Paula seja acatada.

1º Passo: Leitura atenta do enunciado e identificação dos principais dados

Data de admissão:	
Data de extinção do contrato:	
Modalidade de extinção do contrato:	
Tipo de aviso-prévio:	

2º Passo: Identificação da Proporcionalidade e Projeção do Aviso-Prévio

Tempo de serviços prestados ao mesmo empregador	
|---|---> **Admissão** **Encerramento**	
Total de aviso-prévio:	**_____ (anos completos) X 3 dias (proporc.) = ______**
Projeção do Aviso-Prévio	
Mês:	**Jan | Fev | Mar | Abr | Mai | Jun | Jul | Ago | Set | Out | Nov | Dez**
Quantidade de dias (regra)	**31 | 28 | 31 | 30 | 31 | 30 | 31 | 31 | 30 | 31 | 30 | 31**
|---|---|----------------> **Admissão** **Encerramento do Contrato** **Último dia do aviso-prévio**	
Último dia do aviso-prévio: _____/______/________	

3º Passo: Apuração do 13º salário proporcional

Mês	Mês completo ou incompleto	Fração considerada (1/12 por mês de serviço) *Obs.: A fração igual ou superior a 15 dias de trabalho será havida como mês integral (Lei nº 4.090/1962 e art. 76, §§ 1º e 2º, do Decreto nº 10.854/2021)*
Janeiro		
Fevereiro		

Mês	Mês completo ou incompleto	**Fração considerada (1/12 por mês de serviço)** *Obs.: A fração igual ou superior a 15 dias de trabalho será havida como mês integral (Lei nº 4.090/1962 e art. 76, §§ 1º e 2º, do Decreto nº 10.854/2021)*
Março		
Abril		
Maio		
Junho		
Julho		
Agosto		
Setembro		
Outubro		
Novembro		
Dezembro		
Total de 13º salário proporcional		

4º Passo: Apuração das Férias com 1/3

Períodos aquisitivos	*Completo ou Incompleto*	*Concedidas ou devidas? (Integrais em dobro; Integrais simples; Proporcionais)*

Período aquisitivo incompleto de férias			
Datas do período aquisitivo (mês a mês)		*Período Completo ou Incompleto de férias:*	**Fração considerada (1/12 por mês de serviço)** *Obs.: a fração igual ou superior a 15 dias conta para fins férias proporcionais (art. 146, parágrafo único, c/c art. 147, ambos da CLT)*

Período aquisitivo incompleto de férias			
Datas do período aquisitivo (mês a mês)		***Período Completo ou Incompleto de férias:***	**Fração considerada (1/12 por mês de serviço)** *Obs.: a fração igual ou superior a 15 dias conta para fins férias proporcionais (art. 146, parágrafo único, c/c art. 147, ambos da CLT)*
Total de férias proporcionais com 1/3			

5º Passo: Relação de verbas rescisórias e direitos devidos ao trabalhador

Relação de verbas rescisórias e direitos devidos ao trabalhador	

PADRÃO DE RESPOSTA: SIMULADO 1 - VERBAS RESCISÓRIAS

1º Passo: Leitura atenta do enunciado e identificação dos principais dados

Data de admissão:	10-6-2021
Data de extinção do contrato:	26-1-2023
Modalidade de extinção do contrato:	Dispensa sem justo motivo
Tipo de aviso-prévio:	Aviso-prévio indenizado

2º Passo: Identificação da Proporcionalidade e Projeção do Aviso-Prévio

Tempo de serviços prestados ao mesmo empregador	
Cerca de 1 ano e 7 meses de serviços |--------------------|--------------------|---> (10-6-2021) (10-6-2022) (26-1-2023) Admissão Encerramento	
Total de aviso-prévio:	+ 1 (ano completo) X 3 dias (proporc.) = 33 dias
Projeção do Aviso-Prévio	
Mês:	Jan | Fev | Mar | Abr | Mai | Jun | Jul | Ago | Set | Out | Nov | Dez
Quantidade de dias (regra)	31 | 28 | 31 | 30 | 31 | 30 | 31 | 31 | 30 | 31 | 30 | 31
|--------------------|--------------------|-------------> (1-6-2021 (26-1-2023) (28-2-2023) Admissão Encerramento do Contrato Último dia do aviso-prévio	
Último dia do aviso-prévio: 28-2-2023	

3º Passo: Apuração do 13º salário proporcional

Mês	Mês completo ou incompleto	Fração considerada (1/12 por mês de serviço) *Obs.: A fração igual ou superior a 15 dias de trabalho será havida como mês integral (Lei nº4.090/1962 e art. 76, §§ 1º e 2º, do Decreto nº 10.854/2021)*
Janeiro	Completo	1/12
Fevereiro	Completo	+ de 15 dias = 1/12
Março		
Abril		
Maio		
Junho		
Julho		

Mês	Mês completo ou incompleto	**Fração considerada (1/12 por mês de serviço)** *Obs.: A fração igual ou superior a 15 dias de trabalho será havida como mês integral (Lei nº4.090/1962 e art. 76, §§ 1º e 2º, do Decreto nº 10.854/2021)*
Agosto		
Setembro		
Outubro		
Novembro		
Dezembro		
Total de 13º salário proporcional	***2/12 (dois doze avos) de décimo terceiro proporcional***	

4º Passo: Apuração das Férias com 1/3

Períodos aquisitivos	*Período Completo ou Incompleto*	*Concedidas ou devidas? (Integrais em dobro; Integrais simples; Proporcionais)*
10-6-2021 até 10-6-2022 (2021-2022)	Completo	
10-6-2022 até 28-2-2023 (2022-2023)	*Período Incompleto (Férias Proporcionais)*	

Período aquisitivo incompleto de férias			
Datas do período aquisitivo (mês a mês)		**1/12 por mês de serviço** *Obs.: a fração **igual ou superior** a 15 dias conta para fins férias proporcionais (art. 146, parágrafo único, c/c art. 147, ambos da CLT)*	**Fração considerada**
10-6-2022	*10-7-2022*	*Período completo*	*1/12 (um doze avos)*
10-7-2022	*10-8-2022*	*Período completo*	*1/12 (um doze avos)*
10-8-2022	*10-9-2022*	*Período completo*	*1/12 (um doze avos)*
10-9-2022	*10-10-2022*	*Período completo*	*1/12 (um doze avos)*
10-10-2022	*10-11-2022*	*Período completo*	*1/12 (um doze avos)*
10-11-2022	*10-12-2022*	*Período completo*	*1/12 (um doze avos)*
10-12-2022	*10-1-2023*	*Período completo*	*1/12 (um doze avos)*
10-1-2023	*10-2-2023*	*Período completo*	*1/12 (um doze avos)*
10-2-2023	*28-2-2023 (último dia do aviso-prévio)*	*Período igual ou superior a 15 dias entre 10-2-2023 e 28-2-2023 (art. 146, parágrafo único, CLT)*	*1/12 (um doze avos)*
Total de férias proporcionais com 1/3	*9/12 (nove doze avos) de férias proporcionais com 1/3*		

5º Passo: Relação de verbas rescisórias e direitos devidos ao trabalhador

Relação de verbas rescisórias e direitos devidos ao trabalhador	
Saldo de salário	26 dias
Aviso-prévio de	33 dias
Décimo terceiro vencido, se houver	–
Décimo terceiro proporcional	2/12
Férias vencidas com 1/3, se houver	–
Férias proporcionais com 1/3	9/12
Depósitos do FGTS sobre as verbas	✓
Multa de 40% sobre o FGTS	✓
Entrega do TRCT ou das guias para movimentar o FGTS e Saque do FGTS	✓
Multa do art. 477, § 8º, da CLT	✓
Multa do art. 467 da CLT	✓
Baixa na CTPS (carteira de trabalho)	✓

PADRÃO DE RESPOSTA: SIMULADO 2 – VERBAS RESCISÓRIAS

1º Passo: Leitura atenta do enunciado e identificação dos principais dados

Data de admissão:	1-4-2022
Data de extinção do contrato:	15-2-2023
Modalidade de extinção do contrato:	Justa causa
Tipo de aviso-prévio:	Não tem direito ao aviso-prévio

2º Passo: Identificação da Proporcionalidade e Projeção do Aviso-Prévio

Tempo de serviços prestados ao mesmo empregador	
Cerca de 10 meses de serviços |--|---> (1-4-2022) (15-2-2023) Admissão Encerramento	
Total de aviso-prévio:	Não tem direito ao aviso-prévio
Projeção do Aviso-Prévio	
Mês:	Jan | Fev | Mar | Abr | Mai | Jun | Jul | Ago | Set | Out | Nov | Dez
Quantidade de dias (regra)	31 | 28 | 31 | 30 | 31 | 30 | 31 | 31 | 30 | 31 | 30 | 31
|--|-----------> (1-4-2021) (15-2-2023) Admissão Último dia do contrato de trabalho	

3º Passo: Apuração do 13º salário proporcional

Mês	Mês completo ou incompleto	Fração considerada (1/12 por mês de serviço) *Obs.: A fração igual ou superior a 15 dias de trabalho será havida como mês integral (Lei nº 4.090/1962 e art. 76, §§ 1º e 2º, do Decreto nº 10.854/2021)*
Janeiro	Completo	1/12
Fevereiro	Completo	= de 15 dias = 1/12
Março		
Abril		
Maio		
Junho		
Julho		
Agosto		
Setembro		

Mês	Mês completo ou incompleto	Fração considerada (1/12 por mês de serviço) *Obs.: A fração igual ou superior a 15 dias de trabalho será havida como mês integral (Lei nº 4.090/1962 e art. 76, §§ 1º e 2º, do Decreto nº 10.854/2021)*
Outubro		
Novembro		
Dezembro		
Total de 13º salário proporcional	***2/12 (dois doze avos) de décimo terceiro proporcional***	

4º Passo: Apuração das Férias com 1/3

Períodos aquisitivos	*Período Completo ou Incompleto*	*Concedidas ou devidas? (Integrais em dobro; Integrais simples; Proporcionais)*
1-4-2022 até 15-2-2023 (2022-2023)	*Período Incompleto (Férias Proporcionais)*	

Período aquisitivo incompleto de férias			
Datas do período aquisitivo (Mês a mês)		**1/12 por mês de serviço** *Obs.: a fração **igual ou superior** a 15 dias conta para fins férias proporcionais (art. 146, parágrafo único, c/c art. 147, ambos da CLT)*	**Fração considerada**
1-4-2022	*1-5-2022*	*Período completo*	*1/12 (um doze avos)*
1-5-2022	*1-6-2022*	*Período completo*	*1/12 (um doze avos)*
1-6-2022	*1-7-2022*	*Período completo*	*1/12 (um doze avos)*
1-7-2022	*1-8-2022*	*Período completo*	*1/12 (um doze avos)*
1-9-2022	*1-10-2022*	*Período completo*	*1/12 (um doze avos)*
1-10-2022	*1-11-2022*	*Período completo*	*1/12 (um doze avos)*
1-11-2022	*1-12-2022*	*Período completo*	*1/12 (um doze avos)*
1-12-2022	*1-1-2023*	*Período completo*	*1/12 (um doze avos)*
1-1-2023	*1-2-2023*	*Período completo*	*1/12 (um doze avos)*
1-2-2023	*15-2-2023 (último dia do aviso-prévio)*	*Período igual ou superior a 15 dias entre 01/02/2023 e 15/02/2023 (art. 146, parágrafo único, da CLT)*	*1/12 (um doze avos)*
Total de férias proporcionais com 1/3	***10/12 (nove doze avos) de férias proporcionais com 1/3***		

5º Passo: Relação de verbas rescisórias e direitos devidos ao trabalhador

Relação de verbas rescisórias e direitos devidos ao trabalhador	
Saldo de salário	15 dias referente ao mês de fevereiro de 2023
Aviso-prévio de	✓
Décimo terceiro vencido	–
Décimo terceiro proporcional	2/12
Férias vencidas com 1/13	–
Férias proporcionais com 1/3	10/12
Depósitos do FGTS sobre as verbas	✓
Multa de 40% sobre o FGTS	✓
Entrega do TRCT ou das guias para movimentar o FGTS e Saque do FGTS	✓
Multa do art. 477, § 8º, da CLT	✓
Multa do art. 467 da CLT	✓
Baixa na CTPS (carteira de trabalho)	✓

PADRÃO DE RESPOSTA: SIMULADO 3 – VERBAS RESCISÓRIAS

1º Passo: Leitura atenta do enunciado e identificação dos principais dados

Data de admissão:	8-8-2008
Data de extinção do contrato:	22-5-2023
Modalidade de extinção do contrato:	Pedido de Demissão
Tipo de aviso-prévio:	O trabalhador deve cumprir o período de aviso-prévio em favor do empregador (+30 dias), sob pena de desconto do referido período nas verbas rescisórias.

2º Passo: Identificação da Proporcionalidade e Projeção do Aviso-Prévio

Tempo de serviços prestados ao mesmo empregador	
|---|--> (8-8-2008) Admissão — (22-5-2023) Encerramento	
Total de aviso-prévio:	30 dias em favor do empregador
Projeção do Aviso-Prévio	
Mês:	Jan | Fev | Mar | Abr | Mai | Jun | Jul | Ago | Set | Out | Nov | Dez
Quantidade de dias (regra)	31 | 28 | 31 | 30 | 31 | 30 | 31 | 31 | 30 | 31 | 30 | 31
|------------------------------|---------> (8-8-2008) Admissão — (22-5-2023) Encerramento — (21-6-2023) Último dia do contrato	
*Obs.: *não é devida a proporcionalidade de aviso-prévio ao empregador. O empregador pode exigir que o empregado preste, no máximo, 30 dias de serviços, a título de aviso-prévio.*	

3º Passo: Apuração do 13º salário proporcional

Mês	Mês completo ou incompleto	Fração considerada (1/12 por mês de serviço) *Obs.: A fração igual ou superior a 15 dias de trabalho será havida como mês integral (Lei nº 4.090/1962 e art. 76, §§ 1º e 2º, do Decreto nº 10.854/2021)*
Janeiro	Completo	1/12
Fevereiro	Completo	1/12
Março	Completo	1/12
Abril	Completo	1/12
Maio	Completo	1/12
Junho	Incompleto	**21 dias =** *fração igual ou superior a 15 dias de trabalho. Será considerada como mês integral = 1/12*

Mês	Mês completo ou incompleto	Fração considerada (1/12 por mês de serviço) *Obs.: A fração igual ou superior a 15 dias de trabalho será havida como mês integral (Lei nº 4.090/1962 e art. 76, §§ 1º e 2º, do Decreto nº 10.854/2021)*
Julho		
Agosto		
Setembro		
Outubro		
Novembro		
Dezembro		
Total de 13º salário proporcional	***6/12 de décimo terceiro proporcional***	

4º Passo: Apuração das Férias com 1/3

Períodos aquisitivos	*Período Completo ou Incompleto*	*Concedidas ou devidas? (Integrais em dobro; Integrais simples; Proporcionais)*
8-8-2008 até 8-8-2009 (2008-2009)	***Período Completo (Férias integrais)***	***Em tese, concedidas pelo empregador***
8-8-2009 até 8-8-2010 (2009-2010)	***Período Completo (Férias integrais)***	***Em tese, concedidas pelo empregador***
8-8-2010 até 8-8-2011 (2010-2011)	***Período Completo (Férias integrais)***	***Em tese, concedidas pelo empregador***
8-8-2011 até 8-8-2012 (2011-2012)	***Período Completo (Férias integrais)***	***Em tese, concedidas pelo empregador***
8-8-2012 até 8-8-2013 (2012-2013)	***Período Completo (Férias integrais)***	***Em tese, concedidas pelo empregador***
8-8-2013 até 8-8-2014 (2013-2014)	***Período Completo (Férias integrais)***	***Em tese, concedidas pelo empregador***
8-8-2014 até 8-8-2015 (2014-2015)	***Período Completo (Férias integrais)***	***Em tese, concedidas pelo empregador***
8-8-2015 até 8-8-2016 (2015-2016)	***Período Completo (Férias integrais)***	***Em tese, concedidas pelo empregador***
8-8-2016 até 8-8-2017 (2016-2017)	***Período Completo (Férias integrais)***	***Em tese, concedidas pelo empregador***
8-8-2017 até 8-8-2018 (2017-2018)	***Período Completo (Férias integrais)***	***Em tese, concedidas pelo empregador***
8-8-2018 até 8-8-2019 (2018-2019)	***Período Completo (Férias integrais)***	***Em tese, concedidas pelo empregador***
8-8-2019 até 8-8-2020 (2019-2020)	***Período Completo (Férias integrais)***	***Em tese, concedidas pelo empregador***
8-8-2020 até 8-8-2021 (2020-2021)	***Período Completo (Férias integrais)*** ***Em tese, concedidas pelo empregador***	

Períodos aquisitivos	*Período Completo ou Incompleto*	*Concedidas ou devidas? (Integrais em dobro; Integrais simples; Proporcionais)*
8-8-2021 até 8-8-2022 (2021-2022)	*Período Completo (Férias integrais)*	*Em tese, concedidas pelo empregador*
8-8-2022 até **21-6-2023** (2022-2023)	*Período Incompleto (Férias Proporcionais)*	*Devidas pelo empregador*

Período aquisitivo incompleto de férias			
Datas do período aquisitivo (mês a mês)		1/12 por mês de serviço *Obs.: a fração **igual ou superior** a 15 dias conta para fins férias proporcionais (art. 146, parágrafo único, c/c art. 147, ambos da CLT)*	Fração considerada
8-8-2022	***8-9-2022***	***Período completo***	***1/12 (um doze avos)***
8-9-2022	***8-10-2022***	***Período completo***	***1/12 (um doze avos)***
8-10-2022	***8-11-2022***	***Período completo***	***1/12 (um doze avos)***
8-11-2022	***8-12-2022***	***Período completo***	***1/12 (um doze avos)***
8-12-2022	***8-1-2023***	***Período completo***	***1/12 (um doze avos)***
8-1-2023	***8-2-2023***	***Período completo***	***1/12 (um doze avos)***
8-2-2023	***8-3-2023***	***Período completo***	***1/12 (um doze avos)***
8-3-2023	***8-4-2023***	***Período completo***	***1/12 (um doze avos)***
8-4-2023	***8-5-2023***	***Período completo***	***1/12 (um doze avos)***
8-5-2023	***8-6-2023***	***Período completo***	***1/12 (um doze avos)***
8-6-2023	***21-6-2023 (último dia do aviso-prévio)***	***Período inferior a 15 dias entre 8-6-2023 e 21/06/2023 (art. 146, parágrafo único, da CLT)***	***Período não é considerado para efeito de fração de férias***
Total de férias proporcionais com 1/3	***10/12 (nove doze avos) de férias proporcionais com 1/3***		

5º Passo: Relação de verbas rescisórias e direitos devidos ao trabalhador

Relação de verbas rescisórias e direitos devidos ao trabalhador	
Saldo de salário	**21 dias referente ao mês de junho de 2023**
Décimo terceiro vencido, se houver	✓
Décimo terceiro proporcional	**6/12**
Férias vencidas com 1/3, se houver	✓
Férias proporcionais com 1/3	**10/12**
Depósitos do FGTS sobre as verbas	✓
Baixa na CTPS (carteira de trabalho)	✓

PADRÃO DE RESPOSTA: SIMULADO 4 – VERBAS RESCISÓRIAS

1º Passo: Leitura atenta do enunciado e identificação dos principais dados

Data de admissão:	1-10-2017
Data de extinção do contrato:	22-5-2023
Modalidade de extinção do contrato:	**Distrato**
Tipo de aviso-prévio:	**Indenizado**

2º Passo: Identificação da Proporcionalidade e Projeção do Aviso-Prévio

Tempo de serviços prestados ao mesmo empregador	
+ 5 anos completos de serviços |-----------------------------|-----------|-----------|-----------|----------------|--------------------------------|---> **(1-10-2017) 2018 2019 2020 2021 1-10-2022 (22-5-2023)** **Admissão Encerramento**	
Total de aviso-prévio:	**5 (anos completos) X 3 dias (proporc.) = 15 dias de proporcionalidade**
	30 dias mínimos + 15 dias de proporcionalidade = 45 dias de aviso-prévio proporcional
Projeção do Aviso-Prévio	
Mês:	**Jan | Fev | Mar | Abr | Mai | Jun | Jul | Ago | Set | Out | Nov | Dez**
Quantidade de dias (regra)	**31 | 28 | 31 | 30 | 31 | 30 | 31 | 31 | 30 | 31 | 30 | 31**
|---|------------------> **(1-10-2017) (22-5-2023) (6-7-2023)** **Admissão Encerramento Último dia do contrato**	

3º Passo: Apuração do 13º salário proporcional

Mês	Mês completo ou incompleto	Fração considerada (1/12 por mês de serviço) *Obs.: A fração igual ou superior a 15 dias de trabalho será havida como mês integral (Lei nº 4.090/1962 e art. 76, §§ 1º e 2º, do Decreto nº 10.854/2021)*
Janeiro	**Completo**	**1/12**
Fevereiro	**Completo**	**1/12**
Março	**Completo**	**1/12**
Abril	**Completo**	**1/12**
Maio	**Completo**	**1/12**
Junho	**Completo**	**1/12**
Julho	**Incompleto**	**6 dias =** *fração inferior a 15 dias de trabalho. Não será considerado como mês integral*
Agosto		

Mês	Mês completo ou incompleto	**Fração considerada (1/12 por mês de serviço)** *Obs.: A fração igual ou superior a 15 dias de trabalho será havida como mês integral (Lei nº 4.090/1962 e art. 76, §§ 1º e 2º, do Decreto nº 10.854/2021)*
Setembro		
Outubro		
Novembro		
Dezembro		
Total de 13º salário proporcional	***6/12 de décimo terceiro proporcional***	

4º Passo: Apuração das Férias com 1/3

Períodos aquisitivos	*Período Completo ou Incompleto*	*Concedidas ou devidas? (Integrais em dobro; Integrais simples; Proporcionais)*
1-10-2017 até 1-10-2018 (2017-2018)	***Período Completo (Férias integrais)***	***Em tese, concedidas pelo empregador***
1-10-2018 até 1-10-2019 (2018-2019)	***Período Completo (Férias integrais)***	***Em tese, concedidas pelo empregador***
1-10-2019 até 1-10-2020 (2019-2020)	***Período Completo (Férias integrais)***	***Em tese, concedidas pelo empregador***
1-10-2020 até 1-10-2021 (2020-2021)	***Período Completo (Férias integrais)***	***Em tese, concedidas pelo empregador***
1-10-2021 até 1-10-2022 (2021-2022)	***Período Completo (Férias integrais)***	***Em tese, concedidas pelo empregador***
1-10-2022 até **6-7-2023** (2022-2023)	***Período Incompleto (Férias Proporcionais)***	***Devidas pelo empregador***

Período aquisitivo incompleto de férias			
Datas do período aquisitivo (mês a mês)		**1/12 por mês de serviço** *Obs.: a fração **igual ou superior** a 15 dias conta para fins férias proporcionais (art. 146, parágrafo único, c/c art. 147, ambos da CLT)*	**Fração considerada**
1-10-2022	***1-11-2022***	***Período completo***	***1/12 (um doze avos)***
1-11-2022	***1-12-2022***	***Período completo***	***1/12 (um doze avos)***
1-12-2022	***1-1-2023***	***Período completo***	***1/12 (um doze avos)***
1-1-2023	***1-2-2023***	***Período completo***	***1/12 (um doze avos)***
1-2-2023	***1-3-2023***	***Período completo***	***1/12 (um doze avos)***
1-3-2023	***1-4-2023***	***Período completo***	***1/12 (um doze avos)***
1-4-2023	***1-5-2023***	***Período completo***	***1/12 (um doze avos)***
1-5-2023	***1-6-2023***	***Período completo***	***1/12 (um doze avos)***
1-6-2023	***1-7-2023***	***Período completo***	***1/12 (um doze avos)***

Período aquisitivo incompleto de férias			
Datas do período aquisitivo (mês a mês)		**1/12 por mês de serviço** *Obs.: a fração **igual ou superior** a 15 dias conta para fins férias proporcionais (art. 146, parágrafo único, c/c art. 147, ambos da CLT)*	**Fração considerada**
1-7-2023	***6-7-2023 (último dia do aviso-prévio)***	***Período inferior a 15 dias entre 1-7-2023 e 6-7-2023 (art. 146, parágrafo único, da CLT)***	***Período não é considerado para efeito de fração de férias***
Total de férias proporcionais com 1/3	***09/12 de férias proporcionais com 1/3***		

5º Passo: Relação de verbas rescisórias e direitos devidos ao trabalhador

Relação de verbas rescisórias e direitos devidos ao trabalhador	
Saldo de salário	**22 dias de saldo de salário referente ao mês de maio de 2023**
Aviso-prévio	**22 dias e ½, a título aviso-prévio proporcional indenizado OU Metade do aviso-prévio proporcional indenizado**
Décimo terceiro vencido, se houver	✓
Décimo terceiro proporcional	**6/12 de décimo terceiro proporcional**
Férias vencidas com 1/3, se houver	✓
Férias proporcionais com 1/3	***9/12 de férias proporcionais com 1/3***
Depósitos do FGTS sobre as verbas	✓
Multa do FGTS	**Multa de 20% sobre os depósitos do FGTS**
Entrega do TRCT ou das guias para movimentar o FGTS	Movimentação de 80% dos valóres depositados na conta vinculada ao FGTS
Baixa na CTPS (carteira de trabalho)	✓

PADRÃO DE RESPOSTA: SIMULADO 5 – VERBAS RESCISÓRIAS

1º Passo: Leitura atenta do enunciado e identificação dos principais dados

Data de admissão:	14-3-2020
Data de extinção do contrato:	17-4-2023
Modalidade de extinção do contrato:	Rescisão indireta
Tipo de aviso-prévio:	

2º Passo: Identificação da Proporcionalidade e Projeção do Aviso-Prévio

Tempo de serviços prestados ao mesmo empregador	
+ 3 anos completos de serviços |------------------------------|------------------------------|------------------------------|----------------------------------|---> **(14-3-2020) Admissão** **2021** **2022** **14-3-2023** **(17-4-2023) Encerramento**	
Total de aviso-prévio:	**3 (anos completos) X 3 dias (proporc.) = 9 dias de proporcionalidade**
	30 dias mínimos + 9 dias de proporcionalidade = 39 dias de aviso-prévio proporcional
Projeção do Aviso-Prévio	
Mês:	**Jan | Fev | Mar | Abr | Mai | Jun | Jul | Ago | Set | Out | Nov | Dez**
Quantidade de dias (regra)	**31 | 28 | 31 | 30 | 31 | 30 | 31 | 31 | 30 | 31 | 30 | 31**
|--|------------------> **(14-3-2020) Admissão** **(17-4-2023) Encerramento** **(26-5-2023) Último dia do contrato**	

3º Passo: Apuração do 13º salário proporcional

Mês	Mês completo ou incompleto	Fração considerada (1/12 por mês de serviço) *Obs.: A fração igual ou superior a 15 dias de trabalho será havida como mês integral (Lei nº 4.090/1962 e art. 76, §§ 1º e 2º, do Decreto nº 10.854/2021)*
Janeiro	**Completo**	**1/12**
Fevereiro	**Completo**	**1/12**
Março	**Completo**	**1/12**
Abril	**Completo**	**1/12**
Maio	**Incompleto**	**26 dias** = *fração igual ou superior a 15 dias de trabalho.* ***Será considerado como mês integral.***
Junho		
Julho		

Mês	Mês completo ou incompleto	**Fração considerada (1/12 por mês de serviço)** *Obs.: A fração igual ou superior a 15 dias de trabalho será havida como mês integral (Lei nº 4.090/1962 e art. 76, §§ 1º e 2º, do Decreto nº 10.854/2021)*
Agosto		
Setembro		
Outubro		
Novembro		
Dezembro		
Total de 13º salário proporcional	***5/12 de décimo terceiro proporcional***	

4º Passo: Apuração das Férias com 1/3

Períodos aquisitivos	*Período Completo ou Incompleto*	*Concedidas ou devidas? (Integrais em dobro; Integrais simples; Proporcionais)*
14-3-2020 até 14-3-2021 (2020-2021)	***Período Completo (Férias integrais)***	***Em tese, concedidas pelo empregador***
14-3-2021 até 14-3-2022 (2021-2022)	***Período Completo (Férias integrais)***	***Em tese, concedidas pelo empregador***
14-3-2022 até 14-3-2023 (2022-2023)	***Período Completo (Férias integrais)***	***Em tese, concedidas pelo empregador***
14-3-2023 até **26-5-2023** (2023-2024)	***Período Incompleto (Férias Proporcionais)***	***Devidas pelo empregador***

Período aquisitivo incompleto de férias			
Datas do período aquisitivo (mês a mês)		**1/12 por mês de serviço** *Obs.: a fração **igual ou superior** a 15 dias conta para fins férias proporcionais (art. 146, parágrafo único, c/c art. 147, ambos da CLT)*	**Fração considerada**
14-3-2023	***14-4-2023***	***Período completo***	***1/12 (um doze avos)***
14-4-2023	***14-5-2023***	***Período completo***	***1/12 (um doze avos)***
14-5-2023	***26-5-2023 (último dia do aviso-prévio)***	***Período inferior a 15 dias entre 14-5-2023 e 26-5-2023 (art. 146, parágrafo único, CLT)***	***Período não é considerado para efeito de fração de férias***
Total de férias proporcionais com 1/3	***02/12 de férias proporcionais com 1/3***		

5º Passo: Relação de verbas rescisórias e direitos devidos ao trabalhador

Relação de verbas rescisórias e direitos devidos ao trabalhador	
Saldo de salário	**22 dias de aviso-prévio**
Aviso-prévio	**22 dias e ½, a título aviso-prévio proporcional indenizado OU Metade do aviso-prévio proporcional indenizado**
Décimo terceiro vencido, se houver	✓
Décimo terceiro proporcional	**6/12 de décimo terceiro proporcional**
Férias vencidas com 1/3, se houver	✓
Férias proporcionais com 1/3	***9/12 de férias proporcionais com 1/3***
Depósitos do FGTS sobre as verbas	✓
Multa do FGTS	**Multa de 20% sobre os depósitos do FGTS**
Entrega do TRCT ou das guias para movimentar o FGTS	Movimentação de 80% dos valóres depositados na conta vinculada ao FGTS
Entrega das guias para se habilitar no seguro-desemprego	✓
Baixa na CTPS (carteira de trabalho)	✓

PADRÃO DE RESPOSTA: SIMULADO 6 – VERBAS RESCISÓRIAS

1º Passo: Leitura atenta do enunciado e identificação dos principais dados

Data de admissão:	20-10-2021
Data de extinção do contrato:	4-5-2023
Modalidade de extinção do contrato:	**Nulidade da dispensa por justa causa / Reversão da Justa causa**
Tipo de aviso-prévio:	

2º Passo: Identificação da Proporcionalidade e Projeção do Aviso-Prévio

Tempo de serviços prestados ao mesmo empregador	
+ 2 anos completos de serviços |-------------------------------|---|--> **(20-10-2021) 20-10-2022 (4-5-2023)** **Admissão Encerramento**	
Total de aviso-prévio:	**2 (anos completos) X 3 dias (proporc.) = 6 dias de proporcionalidade**
	30 dias mínimos + 6 dias de proporcionalidade = 36 dias de aviso-prévio proporcional
Projeção do Aviso-Prévio	
Mês:	**Jan | Fev | Mar | Abr | Mai | Jun | Jul | Ago | Set | Out | Nov | Dez**
Quantidade de dias (regra)	**31 | 28 | 31 | 30 | 31 | 30 | 31 | 31 | 30 | 31 | 30 | 31**
|--|-------------> **(20-10-2021) (4-5-2023) (9-6-2023)** **Admissão Encerramento Último dia do contrato**	

3º Passo: Apuração do 13º salário proporcional

Mês	Mês completo ou incompleto	Fração considerada (1/12 por mês de serviço) *Obs.: A fração igual ou superior a 15 dias de trabalho será havida como mês integral (Lei nº 4.090/1962 e art. 76, §§ 1º e 2º, do Decreto nº 10.854/2021)*
Janeiro	**Completo**	**1/12**
Fevereiro	**Completo**	**1/12**
Março	**Completo**	**1/12**
Abril	**Completo**	**1/12**
Maio	**Completo**	**1/12**
Junho	**Completo**	**1/12**
Julho	**Incompleto**	**9 dias** = *inferior a 15 dias de trabalho.* ***Não será considerado como mês integral.***

Mês	Mês completo ou incompleto	**Fração considerada (1/12 por mês de serviço)** *Obs.: A fração igual ou superior a 15 dias de trabalho será havida como mês integral (Lei nº 4.090/1962 e art. 76, §§ 1º e 2º, do Decreto nº 10.854/2021)*
Agosto		
Setembro		
Outubro		
Novembro		
Dezembro		
Total de 13º salário proporcional	***6/12 de décimo terceiro proporcional***	

4º Passo: Apuração das Férias com 1/3

Períodos aquisitivos	*Período Completo ou Incompleto*	*Concedidas ou devidas? (Integrais em dobro; Integrais simples; Proporcionais)*
20-10-2021 até 20-10-2022 (2021-2022)	***Período Completo (Férias integrais)***	***Em tese, concedidas pelo empregador***
20-10-2022 até 9-6-2023 (2022-2023)	***Período Incompleto (Férias Proporcionais)***	***Devidas pelo empregador***

Período aquisitivo incompleto de férias			
Datas do período aquisitivo (mês a mês)		**1/12 por mês de serviço** *Obs.: a fração **igual ou superior** a 15 dias conta para fins férias proporcionais (art. 146, parágrafo único, c/c art. 147, ambos da CLT)*	**Fração considerada**
20-10-2022	***20-11-2022***	***Período completo***	***1/12 (um doze avos)***
20-11-2022	***20-12-2022***	***Período completo***	***1/12 (um doze avos)***
20-12-2022	***20-1-2023***	***Período completo***	***1/12 (um doze avos)***
20-1-2023	***20-2-2023***	***Período completo***	***1/12 (um doze avos)***
20-2-2023	***20-3-2023***	***Período completo***	***1/12 (um doze avos)***
20-3-2023	***20-4-2023***	***Período completo***	***1/12 (um doze avos)***
20-4-2023	***20-5-2023***	***Período completo***	***1/12 (um doze avos)***
20-5-2023	***9-6-2023 (último dia do aviso-prévio)***	***Período igual ou superior a 15 dias entre 20-5-2023 e 9-6-2023 (art. 146, parágrafo único, da CLT)***	***Período é considerado para efeito de fração de férias***
Total de férias proporcionais com 1/3	***8/12 de férias proporcionais com 1/3***		

5º Passo: Relação de verbas rescisórias e direitos devidos ao trabalhador

Relação de verbas rescisórias e direitos devidos ao trabalhador	
Saldo de salário	4 dias de saldo de salário referente ao mês de maio de 2023
Aviso-prévio	36 dias de aviso-prévio proporcional
Décimo terceiro vencido, se houver	✓
Décimo terceiro proporcional	6/12 de décimo terceiro proporcional
Férias vencidas com 1/3, se houver	✓
Férias proporcionais com 1/3	*8/12 de férias proporcionais com 1/3*
Depósitos do FGTS sobre as verbas	✓
Multa do FGTS	Multa de 40% sobre os depósitos do FGTS
Entrega do TRCT ou das guias para movimentar o FGTS	✓
Entrega das guias para se habilitar no seguro-desemprego	✓
Baixa na CTPS (carteira de trabalho)	✓

Fichamentos

FICHAMENTOS

1. RECLAMAÇÃO TRABALHISTA

1.1. FUNDAMENTO LEGAL

- Art. 840, § 1º, da CLT, combinado com o art. 319 do CPC, aplicado supletiva e subsidiariamente por força do art. 769 da CLT e art. 15 do CPC.

1.2. HIPÓTESE DE CABIMENTO

É a medida processual geralmente utilizada pelo trabalhador contra a empresa (empregador ou tomador dos serviços), quando entende que teve algum direito trabalhista violado, por exemplo: ausência de vínculo empregatício; inadimplemento das verbas rescisórias; falta de pagamento de adicional de horas extras, noturno, de insalubridade ou periculosidade etc.

- RT Escrita (art. 840, § 1º, da CLT).
- **RT Verbal (art. 840, § 1º, da CLT).** Na verbal, o reclamante deve comparecer no prazo de 5 dias para reduzir a termo (assinar). Caso não compareça, será aplicada a perempção – perda do direito de ação em relação ao mesmo reclamado pelo prazo de 6 meses, conforme art. 731 da CLT.

1.3. COMO IDENTIFICAR A PEÇA

O enunciado vai descrever uma série de violações às normas trabalhistas ocorridas no curso da relação de trabalho (ou emprego).

Régua Processual: Nenhum ato processual foi praticado até o momento.

1.4. ESTRUTURA DA RECLAMAÇÃO TRABALHISTA

1. Endereçamento:

"Excelentíssimo Senhor Doutor Juiz do Trabalho da Vara do Trabalho de..."

OBS.: Respeitar a regra do art. 651 da CLT. O candidato deve ficar atento à informação do enunciado caso conste o local da prestação de serviços.

2. Qualificação completa do autor:

- 11 itens: nome, nacionalidade, estado civil, profissão, data de nascimento, nome da mãe, RG, CPF, CTPS, PIS/PASEP/NIT, endereço completo com CEP.

3. Menção ao advogado, procuração em anexo, endereço completo com CEP.

4. Verbo: "Propor" ou "ajuizar".

5. Procedimento – Regra geral será ordinário.

6. Nome da peça e fundamentação legal: reclamação trabalhista, art. 840, § 1º, da CLT, combinado com o art. 319 do CPC aplicado supletiva e subsidiariamente por força do art. 769 da CLT e art. 15 do CPC.

7. Qualificação completa da reclamada:

- 4 itens: nome, pessoa jurídica de direito privado, CNPJ, endereço completo com CEP.
- Na hipótese de empregador pessoa física, a qualificação será: nome, CPF, RG, endereço completo com CEP.

8. Fatos.

9. Fundamentação jurídica:

- **TESES** – Como construir a sua tese: **a) Narrar o fato** – " O Reclamante foi ofendido imotivadamente pelo seu superior hierárquico..."; **b) Fundamentar a tese com a lei, jurisprudência ou doutrina;** "Com base no art. 'x' da CLT, o dano extrapatrimonial é caracterizado quando..."; **c) Conclusão**: trata-se da pretensão – "Requer a condenação da Reclamada ao pagamento...".

10. Pedidos:

- Procedência da ação.
- Apresentar a lista de pedidos (valor líquido).

11. Requerimentos finais:

- Comparecimento da reclamada para apresentar defesa sob pena de revelia e confissão.
- Protesto por provas.
- Honorários advocatícios, na forma do art. 791-A da CLT.

12. Valor da causa.

13. Encerramento da peça: "Nesses termos, pede deferimento. Local e data. Advogado e OAB".

ATENÇÃO:

1. FUNÇÃO DO EMPREGADO: a função do empregado pode indicar: a) que se trata de PROFISSÃO REGULAMENTADA, ou com regulamentação específica, a exemplo, do bancário, advogado, empregado doméstico, empregado rural etc.; b) a atividade é considerada insalubre ou perigosa; c) o empregado está enquadrado em categoria profissional diferenciada etc.

2. JORNADA DE TRABALHO: pode indicar a existência de: jornada de trabalho especial; trabalho sobrejornada (jornada extraordinária); trabalho noturno (geralmente após as 22 horas); falta de concessão, ou supressão, do intervalo para refeição e descanso.

3. SALÁRIO OU REMUNERAÇÃO: pode indicar a existência de: pagamento de valor inferior ao salário-mínimo, ou ao salário normativo; ausência de integração de determinada parcela ao salário; desconto salarial indevido (a exemplo, das faltas justificadas ou de contribuição sindical facultativa); pagamento de verba prevista em instrumento coletivo.

4. SITUAÇÕES TÍPICAS E ANÔMALAS VERIFICADAS NO CURSO DO CONTRATO DE TRABALHO: gravidez; doença ou acidente de trabalho; ou, registro e/ou eleição do empregado como dirigente sindical, cipeiro, representante dos empregados na comissão de representação dos empregados, eventualmente instituída no âmbito empresarial etc. Nessas hipóteses, como regra, o candidato deve pedir o reconhecimento da estabilidade ou garantia provisória de emprego; a reintegração ao trabalho com o pagamento dos salários do período de afastamento, ou a sua conversão em indenização; eventual reparação por dano material (dano emergente ou lucro cessante) ou material.

5. EXTINÇÃO DO CONTRATO DE TRABALHO: geralmente exige o pedido de: a) pagamento de verbas rescisórias não quitadas pelo empregador; b) nulidade da forma de extinção do contrato de trabalho – a nulidade de pedido de demissão, ou conversão da dispensa por justa causa em dispensa imotivada, o reconhecimento da abusividade ou a nulidade da dispensa ocorrida durante a por exemplo); c) declaração da abusividade da dispensa etc.

1.5. MODELO DA RECLAMAÇÃO TRABALHISTA

EXCELENTÍSSIMO SENHOR DOUTOR JUIZ DO TRABALHO DA VARA DO TRABALHO DE MONTE VERDE/MG

João Baloeiro, nacionalidade, estado civil, atendente de contas pessoa física, RG ..., CPF..., CTPS nº ... e série ..., nascido em ..., filho de ..., endereço completo com CEP, vem, por intermédio de seu advogado, procuração anexa e endereço profissional, propor / ajuizar / apresentar **RECLAMAÇÃO TRABALHISTA**, pelo rito ordinário, com fulcro no art. 840, § 1º, da CLT, combinado com o art. 319 do CPC, aplicado ao processo do trabalho supletiva e subsidiariamente por força do art. 769 da CLT e o art. 15 do CPC, em face de Banco "Dólar S/A", pessoa jurídica de direito privado, CNPJ..., endereço completo com CEP, em virtude dos fatos e fundamentos expostos a seguir.

I – DOS FATOS

João Baloeiro foi admitido pelo Banco Enriquece S.A. como atendente de contas pessoa física, em 19-6-2006. Ocorre que sempre recebeu por fora a quantia de R$ 550,00 mensais, que jamais foram considerados no cálculo de outros benefícios.

Indevidamente, houve o desconto de 2 dias do salário por ausência do Reclamante em virtude de falecimento de seu genitor.

Ademais, o Banco Enriquece S.A. foi adquirido pelo Banco Dólar S.A. em novembro de 2013.

Por derradeiro, em 20-12-2015, o reclamante foi dispensado sem justa causa e se encontra sem condições econômicas para arcar com os custos do processo.

II – DA SUCESSÃO

Conforme apontado acima, o reclamante foi admitido pelo Banco Enriquece S.A., sendo que este foi posteriormente adquirido pelo Banco Dólar S.A.

É certo que o banco adquirente é responsável por arcar com os valores devidos ao reclamante, na medida em que a alteração na estrutura empresarial não afeta os direitos do obreiro, nos termos dos arts. 10 e 448 da CLT.

Neste ponto, vale destacar que a sucessão transfere ao sucessor todos os créditos e débitos do sucedido, inclusive as contraídas à época em que os empregados trabalhavam para a empresa sucedida, à luz do art. 448-A da CLT e consoante o entendimento pacificado na OJ 261 da SDI-I, do TST.

Ante o exposto, requer-se a integral responsabilização do Banco Dólar S.A. para a satisfação dos direitos devidos ao reclamante.

III – DO SALÁRIO PAGO POR FORA.

Na folha de pagamento do trabalhador, consta o salário de R$ 1.600,00 mensais, todavia o empregador pagava por fora a quantia de R$ 550,00, valor que jamais foi considerado para integrar as demais verbas devidas.

Ora, o salário corresponde à quantia paga pelo empregador em contraprestação ao trabalho do empregado, ainda que não esteja formalmente reconhecido na folha de pagamento. Por essa razão, é certo que os R$ 550,00 mencionados compõem o salário do reclamante, ante a previsão do art. 457, *caput* e § 1º, da CLT.

Sendo assim, requer-se também a integração da quantia paga por fora ao salário do empregado, com os respectivos reflexos.

IV – DO DESCONTO SALARIAL INDEVIDO

O trabalhador ainda foi lesado em mais um de seus direitos durante vigência do contrato de trabalho. Isso porque em virtude do falecimento de seu genitor, o obreiro se ausentou do trabalho por dois dias, os quais foram descontados pelo antigo empregador.

Todavia, o ordenamento jurídico assegura ao trabalhador a possibilidade de faltar justificadamente ao serviço por dois dias na hipótese em questão, falecimento de ascendente, conforme preceitua o art. 473, I, da CLT.

Desta feita, requer-se a condenação da reclamada à devolução dos descontos indevidos.

V – DOS PEDIDOS

Ante o exposto, requer-se a procedência dos seguintes pedidos:

a. Responsabilização do Banco Dólar S.A. pelos valores devidos ao reclamante;

b. Integração do salário pago por fora, com reflexos nas verbas rescisórias e contratuais (valor líquido);

c. Devolução dos dias descontados indevidamente (valor líquido).

Requer-se, também, a notificação da Reclamada, para que querendo, apresente sua defesa.

Requer-se, ainda, o benefício da justiça gratuita, uma vez que o autor perceberia remuneração inferior a 40% do limite máximo de benefícios do Regime Geral de Previdência Social, nos termos do art. 790, § 3º, da CLT.

Requer-se, ainda, a condenação da reclamada ao pagamento de honorários advocatícios, nos termos do art. 791-A da CLT.

Protesta provar o alegado por todos os meios admitidos em direitos.

Dá-se à causa o valor de R$ ...

Termos em que, pede deferimento.

Local e Data.

Advogado e OAB nº...

2. CONTESTAÇÃO

2.1. FUNDAMENTO LEGAL

- Art. 847 da CLT + 335/336 e seguintes do CPC por força do art. 769 da CLT + 15 do CPC.

2.2. HIPÓTESE DE CABIMENTO

É a principal forma de defesa do reclamado. Será apresentada em audiência, logo após a leitura da reclamação trabalhista (o que na prática não ocorre), caso não haja acordo entre as partes.

A parte terá 20 minutos para apresentar a defesa de forma oral, ou poderá apresentá-la de forma escrita até a audiência (no caso de processo eletrônico).

Na praxe forense, a defesa é apresentada de forma escrita, com documentos, ainda que se trate de processo físico.

- Defesa Oral (via de regra), no prazo de 20 minutos (art. 847 da CLT).
- Defesa Escrita (Processo Judicial Eletrônico – PJe), até a audiência **(art. 847, parágrafo único, da CLT)**.[1]

2.3. COMO IDENTIFICAR A PEÇA

- O enunciado vai apontar o ajuizamento de uma ação trabalhista (reclamação trabalhista) proposta por um ex-funcionário, na qual descreve supostas violações cometidas pelo empregador e indica quais são as suas pretensões.
- Você, na qualidade de advogado(a), será procurado pela empresa-reclamada para defende-la.

A sua missão será apontar os vícios processuais (preliminares, art. 337, CPC), a existência de prescrição (bienal ou quinquenal), além de impugnar pedido por pedido.

Régua Processual:
– Reclamação Trabalhista >> Notificação da Reclamada >> ? (Medida cabível: Contestação)

2.4. ESTRUTURA DA CONTESTAÇÃO

1. Endereçamento completo:

"Excelentíssimo Senhor Doutor Juiz do Trabalho da .... Vara do Trabalho de ....".

2. Processo nº ....

1 Nos termos do art. 22 da Resolução n. 185/2017 do TST, com redação dada pela Resolução 241/2019 do CSJT, a contestação (ou a reconvenção e seus respectivos documentos) deverão ser protocolados no PJe até a realização da proposta de conciliação infrutífera, com a utilização de equipamento próprio, sendo automaticamente juntados, facultada a apresentação de defesa oral, na forma do art. 847 da CLT.

3. Qualificação completa da reclamada:

- Em tese é uma pessoa jurídica: 4 itens (nome da empresa, pessoa jurídica de direito privado, CNPJ e endereço completo com CEP).
- Se for uma pessoa física (empregador doméstico), colocar os dados informados pelo exercício.

4. Advogado, procuração anexa, endereço completo com CEP:

5. Verbo: Apresentar.

6. Identificação e previsão legal da peça:

- Contestação/Defesa/Resposta
- Art. 847 da CLT + 335/336 e seguintes do CPC por força do art. 769 da CLT + 15 do CPC.

7. Reclamante (em tese, já qualificado).

8. Fatos.

9. PRELIMINARES (defesa processual – vícios processuais, art. 337 do CPC).

Exemplos: Inépcia da petição inicial, incompetência absoluta, carência da ação e inexistência ou nulidade de citação.

10. PREJUDICIAIS DE MÉRITO (defesa indireta de mérito).

Exemplo: Prescrição (quinquenal/parcial e/ou bienal/total).

11. MÉRITO (defesa direta de mérito / teses de mérito).

Exemplo: Do não cabimento do adicional de transferência, do adicional noturno etc.

12. Pedidos ou conclusão:

- Acolhimento da preliminar ou das preliminares.
- Acolhimento/pronúncia da prescrição.
- improcedência dos pedidos ventilados na exordial.

13. Requerimentos finais:

- Protesto por provas.
- Honorários advocatícios sucumbenciais (art. 791-A da CLT)[2].
- Benefício da Justiça Gratuita (art. 790, § 3º e 4º da CLT), a depender do caso.

14. Encerramento da peça: "Nesses termos, pede deferimento. Local e data. Advogado e OAB".

ATENÇÃO:

Como dito acima, a sua incumbência é indicar a existência de vícios processuais que impedem a análise do mérito, ou, ainda, a irrestrita observância às normas trabalhistas pelo empregador.

1. **Preliminares (Art. 337, CPC)**: inépcia (falta de causa de pedir ou pedido); Incompetência Absoluta da Justiça do trabalho para determinar o Recolhimento das Contribuições Previdenciárias referente ao contrato de trabalho; Incompetência Absoluta da Justiça Em matéria criminal; Coisa Julgada etc. Requerer, nessas hipóteses, a **extinção do feito SEM resolução de mérito.**

2. **Prejudiciais de Mérito**: prescrição – Muita atenção às datas fornecidas pelo enunciado, pois pode indicar a existência de prescrição bienal ou prescrição quinquenal. Requeira, em conclusão, a **extinção COM resolução de mérito**.

2 Ressalta-se que na ADIn nº 5766, julgada em 20-10-2021 pelo plenário do STF, foram declarados inconstitucionais os arts. 790-B, *caput* e § 4º, e 791-A, § 4º, da CLT. No referido julgamento o STF decidiu que beneficiário da justiça gratuita não pagará honorários advocatícios e periciais. Disponível em: <http://portal.stf.jus.br/processos/detalhe.asp?incidente=5250582 e https://www.tst.jus.br/web/guest/-/stf-decide-que-benefici%C3%A1rio-da-justi%C3%A7a-gratuita-n%C3%A3o-pagar%C3%A1-honor%C3%A1rios-advocat%C3%ADcios-e-periciais>. Acesso em: 17 dez. 2021.

3. **Defesa direta de mérito (teses de mérito)**: impugnar os pedidos formulados pelo empregado, ou seja, demonstrar que ***o trabalhador NÃO faz jus aos pleitos formulados na ação trabalhista***. As principais teses da Reclamada envolvem: os empregados que não estão sujeitos à limitação/controle de jornada (art. 62 da CLT); o tempo pleiteado pelo empregado não é considerado como tempo à disposição do empregador (art. 4º, § 2º, da CLT; art. 58, § 2º, da CLT); intervalo concedido foi concedido ao empregado; as tarefas desempenhadas pelo empregado não são consideradas atividade ou operação perigosas ou insalubres, ou não previstas ou regulamentadas pelo Ministério do Trabalho, ou a empresa forneceu equipamento de proteção individual (EPIs) capaz de neutralizar ou eliminar o agente insalubre; a utilidades pleiteada não compõe o salário (art. 458, § 2º, da CLT); a parcela pleiteada pelo empregado tem natureza indenizatória, ou seja, não integra o salário (art. 457, § 2º, da CLT); o empregado não preenche os requisitos para a equiparação salarial (art. 461 da CLT); o desconto realizado pelo empregador é lícito (Art. 462 da CLT); a norma coletiva não estava em vigor (art. 614, § 3º, CLT), permitiu a redução salarial, redução da jornada ou estabeleceu condições específicas à categoria do empregado (arts. 611, 611-A e 611-B da CLT) etc.

2.5. MODELO DE CONTESTAÇÃO

EXCELENTÍSSIMO SENHOR DOUTOR JUIZ DO TRABALHO DA 8ª VARA DO TRABALHO DE MACEIÓ/AL

Processo nº 0055500.19.2019.5.19.0008

BANCO DINDIN S.A, pessoa jurídica de direito privado, inscrita no CNPJ/MF sob o nº..., com sede em (endereço completo com CEP) por seu advogado que esta subscreve, procuração anexa (endereço completo) onde receberá as futuras notificações, nos autos da Reclamação Trabalhista proposta por **RAIMUNDO NONATO**, já qualificado nos autos, vem à presença de Vossa Excelência, apresentar **CONTESTAÇÃO** com fulcro no **art. 847 CLT combinado com os arts. 335/336 e seguintes do CPC**, aplicada subsidiária e supletivamente ao processo do trabalho por força do art. 769 da CLT e do art. 15 do CPC/2015, pelas razões de fato e direito que passa a expor:

I – RESUMO DA INICIAL

O reclamante laborou para a empresa reclamada na função de assistente de relacionamento. Demitido sem justa causa, resolver ajuizar reclamação trabalhista.

II – PRELIMINARMENTE – DA INÉPCIA DA PETIÇÃO INICIAL

Preliminarmente compete a reclamada nos termos do art. 337, IV, do CPC alegar a inépcia da petição inicial.

Nos termos do art. 330, § 1º, I, do CPC, considera-se inepta a inicial quando lhe faltar o pedido ou causa de pedir.

Verifica-se no presente caso que o reclamante fez pedido de danos existenciais no valor de R$ 30.000,00, sem, contudo, indicar sua causa de pedir, o que torna a petição inicial inepta, devendo ser indeferida na forma do art. 330, I, do CPC.

Desta forma, requer seja acatada a preliminar de inépcia da petição inicial, nos termos expostos, com a consequente extinção do processo sem resolução de mérito, art. 485, I, do CPC.

III – DO NÃO CABIMENTO DE HORAS EXTRAS

O reclamante, em que pese exercesse função de direção e chefia, pleiteia o recebimento de 2 horas extras por dia de trabalho, por entender ser bancário e estar sujeito à jornada de trabalho de 6 horas.

Ocorre que, conforme § 2º do art. 224 da CLT, a jornada de 6 horas não é aplicável aos bancários que exerçam funções de direção, fiscalização e chefia ou outros cargos de confiança. Ademais, o reclamante percebia gratificação superior a um terço do salário do cargo efetivo.

Desta forma, está correta a jornada de trabalho de 8 horas, dada a peculiaridade especial de RAIMUNDO NONATO. Portanto, o reclamante não faz jus à percepção de horas extras como pleiteado.

IV – DA RECONVENÇÃO

Nos termos do art. 343 do CPC, aplicado ao processo do trabalho por força do art. 769 da CLT e art. 15 do CPC/2015, é lícito a reclamada a apresentação de reconvenção no corpo da contestação.

Ao ser informado sobre o cumprimento do aviso prévio, o reclamante adotou comportamento agressivo, passando a chutar os computadores de sua estação de trabalho, causando prejuízos no valor de R$ 8.500,00.

Nos termos do art. 462, § 1º, da CLT, em caso de dano causado pelo empregado, o desconto será lícito na ocorrência de dolo.

Da mesma forma, os arts. 186 e 927 do CC ensinam que aquele que por ação voluntária causar dano fica obrigado a reparar.

Com efeito, requer a condenação do reclamante ao pagamento do valor de R$ 8.500,00 relativos aos danos causados.

V – DOS PEDIDOS/CONCLUSÕES

Diante do exposto requer:

a) o acolhimento da preliminar de inépcia da petição inicial arguida, com a consequente extinção do processo sem resolução do mérito, na forma do art. 485, I, do CPC;

b) no mérito, a improcedência total dos pedidos;

c) a reclamada/reconvinte requer, ainda, a procedência da reconvenção, para condenar o autor/reconvindo ao pagamento de R$ 8.500,00 relativos aos danos causados aos computadores da empresa.

VI – REQUERIMENTOS

Protesta provar o alegado por todos os meios de prova em direito admitido.

De mais a mais, requer a condenação do reclamante ao pagamento de honorários advocatícios sucumbenciais na ação principal, na forma do art. 791-A da CLT, bem como na reconvenção, nos termos do art. 791-A e § 5º, da CLT.

Outrossim, requer a intimação do reclamante/reconvindo para apresentar defesa à reconvenção no prazo legal.

Dá-se à reconvenção o valor da causa de R$ ...

Nestes termos,

Pede deferimento.

Local e data.

Advogado e OAB.

3. RECURSO ORDINÁRIO

3.1. FUNDAMENTO LEGAL

Art. 895, inciso I ou II, da CLT.

3.2. HIPÓTESE DE CABIMENTO

É a medida processual utilizada pelas partes (reclamante ou reclamada) para impugnar, como regra, uma sentença que lhe foi desfavorável.

As hipóteses de cabimento estão disciplinadas nos incisos I e II do art. 895 da CLT. Da leitura desse dispositivo inferimos que cabe recurso ordinário para a instância superior em face da:

- **Inciso I** – ***decisões terminativas ou definitivas (sentenças)*** proferida pela ***Vara do Trabalho*** ou Juízo de Direito Investido em Matéria Trabalhista.
- **Inciso II** – ***decisões terminativas ou definitivas que proferidas pelas dos Tribunais Regionais, em processos de sua competência originária***, quer nos dissídios individuais, quer nos dissídios coletivos.

3.3. COMO IDENTIFICAR A PEÇA

- O enunciado vai indicar a existência de uma demanda na qual foi prolatada uma **sentença** (proferida pela Vara do Trabalho) **ou acórdão** (proferido pelo Tribunal Superior do Trabalho, nos processos de sua competência originária, a exemplo, o Mandado de Segurança, a Ação Rescisória ou o Dissídio Coletivo), e, **você, na qualidade de uma das partes (vencida), terá que apresentar o Recurso Ordinário para atacar a decisão**.
- A hipótese mais comum é a apresentação do Recurso Ordinário para enfrentar uma sentença.
- Em regra, a banca examinadora menciona a inexistência de vício ou falha estrutural na sentença, indicando que a decisão não comporta a oposição do recurso de Embargos de Declaração (art. 897-A da CLT).

Exemplo: 31º Exame: ***"Diante disso, na condição de advogado da ré, redija a peça prático-profissional para a defesa dos interesses da sua cliente em juízo, ciente de que, na sentença, não havia vício ou falha estrutural que comprometesse sua integridade"***.

Régua Processual: – Reclamação Trabalhista >> Notificação da Reclamada >> Audiência >> Apresentação da Defesa >> Instrução Processual >> Sentença (sem vícios) >> ? (Medida cabível: RO)

3.4. ESTRUTURA DO RECURSO ORDINÁRIO

- 2 (duas) Peças – PEÇA DE INTERPOSIÇÃO/ENCAMINHAMENTO + RAZÕES DE RECURSO ORDINÁRIO

I) 1ª Peça – Petição de Interposição ou Peça de Encaminhamento – ao Juízo *a quo*

1. **Endereçamento**: o enunciado normalmente indica o juízo prolator da decisão recorrida.
2. **Processo número.**
3. **Recorrente, recorrido e advogado:** em tese já qualificados.
4. **Inconformismo** com a respeitável sentença.
5. **Verbo**: interpor.
6. **Identificação e previsão legal da peça**: art. 895, inciso I ou II, da CLT.
7. **Razões anexas.**
8. **Preparo**: custas (art. 789 da CLT)[3] e/ou depósito recursal (art. 899 da CLT)[4], a depender do caso concreto.
9. Macete – 2 Rs: **recebimento + remessa** dos autos para o Tribunal competente.

---

3 CLT: Art. 789. Nos dissídios individuais e nos dissídios coletivos do trabalho, nas ações e procedimentos de competência da Justiça do Trabalho, bem como nas demandas propostas perante a Justiça Estadual, no exercício da jurisdição trabalhista, as custas relativas ao processo de conhecimento incidirão à base de 2% (dois por cento), observado o mínimo de R$ 10,64 (dez reais e sessenta e quatro centavos) e o máximo de quatro vezes o limite máximo dos benefícios do Regime Geral de Previdência Social, e serão calculadas: I – quando houver acordo ou condenação, sobre o respectivo valor; II – quando houver extinção do processo, sem julgamento do mérito, ou julgado totalmente improcedente o pedido, sobre o valor da causa; III – no caso de procedência do pedido formulado em ação declaratória e em ação constitutiva, sobre o valor da causa; IV – quando o valor for indeterminado, sobre o que o juiz fixar. § 1º As custas serão pagas pelo vencido, após o trânsito em julgado da decisão. No caso de recurso, as custas serão pagas e comprovado o recolhimento dentro do prazo recursal. § 2º Não sendo líquida a condenação, o juízo arbitrar-lhe-á o valor e fixará o montante das custas processuais. (...) § 4º Nos dissídios coletivos, as partes vencidas responderão solidariamente pelo pagamento das custas, calculadas sobre o valor arbitrado na decisão, ou pelo Presidente do Tribunal.

Art. 790-A. São isentos do pagamento de custas, além dos beneficiários de justiça gratuita: I – a União, os Estados, o Distrito Federal, os Municípios e respectivas autarquias e fundações públicas federais, estaduais ou municipais que não explorem atividade econômica; II – o Ministério Público do Trabalho. Parágrafo único. A isenção prevista neste artigo não alcança as entidades fiscalizadoras do exercício profissional, nem exime as pessoas jurídicas referidas no inciso I da obrigação de reembolsar as despesas judiciais realizadas pela parte vencedora.

4 Art. 899, CLT – Os recursos serão interpostos por simples petição e terão efeito meramente devolutivo, salvo as exceções previstas neste Título, permitida a execução provisória até a penhora. § 4º O depósito recursal será feito em conta vinculada ao juízo e corrigido com os mesmos índices da poupança. 9º O valor do depósito recursal será reduzido pela metade para entidades sem fins lucrativos, empregadores domésticos, microempreendedores individuais, microempresas e empresas de pequeno porte. § 10. São isentos do depósito recursal os beneficiários da justiça gratuita, as entidades filantrópicas e as empresas em recuperação judicial. § 11. O depósito recursal poderá ser substituído por fiança bancária ou seguro garantia judicial.

10. **Notificação do recorrido** para contrarrazões (art. 900 da CLT).
11. **Encerramento** da peça: nesses termos, pede deferimento. Local e data. Advogado e OAB.

II) 2ª Peça – RAZÕES DE RECURSO ORDINÁRIO – ao juízo *ad quem*

1. **Cabeçalho**: 4 Itens – Recorrente, Recorrido, Origem e número do Processo.
2. **Expressões de respeito**: Egrégio Tribunal, Colenda Turma, Nobre Julgadores.
3. Mencionar os **Pressupostos Recursais de Admissibilidade** (subjetivos e objetivos).
4. **Resumo** da demanda (equivale aos fatos).
5. **Preliminar** (ou preliminares): Vícios processuais, nulidades relativas ou absolutas (art. 794 e seguintes da CLT), ou matérias de ordem pública, a exemplo, do cerceamento de defesa, falta ou nulidade da citação, litispendência, coisa julgada, incompetência absoluta da justiça do trabalho.
6. **Prejudicial de mérito:** a exemplo, a prescrição, a decadência etc.
7. **Teses de mérito:**
   a) Fatos: "O juiz de primeiro grau de jurisdição julgou procedente o pedido de horas extras, pontuando que no caso em análise o empregado trabalhava das "x" às "w" horas. Entretanto, a decisão deverá ser reformada, considerando que se contrapõe às normas trabalhistas em vigor".
   b) Fundamentos: Explicar, com base na lei, jurisprudência e/ou doutrina, os equívocos cometidos pelo juiz ou tribunal na análise dos fatos, das provas, ou na aplicação da lei ou da jurisprudência ao caso hipotético narrado.
   c) Conclusão: Diante do exposto, requer a reforma da decisão/sentença para *afastar a condenação imposta ou para reconhecer o direito ..."*
8. **Pedidos e conclusões da peça**: a) CPR – Conhecimento + Provimento + Reforma; b) acolhimento de eventuais preliminares.
9. **Encerramento da peça**: nesses termos, pede deferimento. Local e data. Advogado e OAB.

3.5. MODELO DE RECURSO ORDINÁRIO

EXCELENTÍSSIMO SENHOR DOUTOR JUIZ DO TRABALHO DA 15ª VARA DO TRABALHO DO RIO DE JANEIRO/RJ

(Pular uma linha)

Processo nº.

AUTO MECÂNICA CHIQUINHO LTDA., já qualificada, por intermédio do seu advogado que esta subscreve, nos autos da **Reclamação Trabalhista** promovida por **CARLOS GOMES**, devidamente qualificado, vem, tempestiva e respeitosamente à presença de Vossa Excelência, inconformada com a respeitável sentença, **interpor** tempestivamente **RECURSO ORDINÁRIO**, com base no **art. 895, I, da CLT**, cujas razões seguem em anexo.

Requer que as razões recursais sejam **recebidas e remetidas para o Egrégio Tribunal Regional do Trabalho da 1ª Região para a reapreciação da demanda**[5].

Cabe informar que **as custas fixadas em sentença foram devidamente recolhidas**, conforme guias anexas. De igual maneira, a empresa Reclamada, ora Recorrente, efetuou o depósito recursal em conta vinculada a este Juízo, conforme comprovantes em anexo.[6]

---

5 Quando o enunciado informar a Vara do Trabalho na qual o processo está tramitando, indicando o Município e principalmente o Estado em que está localizada a Vara do Trabalho, sugerimos o pedido de remessa do Recurso Ordinário para o Tribunal Regional do Trabalho a que a Vara do Trabalho está vinculada, nos termos do **art. 674 da CLT.**

6 O depósito recursal tem a finalidade de garantir o juízo em benefício do empregado em futura execução. Portanto, o empregado-recorrente sempre estará dispensado da realização do depósito recursal. O candidato deve registrar essa informação na peça, quando se tratar de empregado recorrente.

Requer a **notificação da** parte contrária para, querendo, **apresentar as suas contrarrazões** no prazo legal, na forma do art. 900, da CLT.

Nesses termos,

Pede deferimento.

Local e data. Advogado e OAB.

RAZÕES DE RECURSO ORDINÁRIO

Recorrente: **AUTO MECÂNICA CHIQUINHO LTDA.**

Recorrido: **CARLOS GOMES**

Origem: **15ª VARA DO TRABALHO DO RIO DE JANEIRO/RJ**

Processo número:

Egrégio Tribunal, Colenda Turma, Nobres Julgadores,

Em que pese a autoridade do magistrado de primeiro grau de jurisdição, a respeitável sentença deve ser reformada, nos termos a seguir delineados.

1. DOS PRESSUPOSTOS DE ADMISSIBILIDADE RECURSAL

O presente recurso preenche peremptoriamente os pressupostos de admissibilidade recursal subjetivos (intrínsecos) e objetivos (extrínsecos).

Dessa forma, espera que o presente recurso seja conhecido e tenha o mérito apreciado.

2. RESUMO DA DEMANDA

Em síntese, o reclamante, ora recorrente, apresentou reclamação trabalhista postulando o pagamento cumulativo dos adicionais de insalubridade e periculosidade, bem como a integração do vale-transporte ao salário, além da incidência dessa verba no Fundo de Garantia por Tempo de Serviço.

A reclamada, ora recorrente, compareceu à audiência, apresentou defesa com documentos.

Após a regular instrução processual, o magistrado de primeiro grau de jurisdição julgou totalmente procedentes os pedidos formulados na demanda, arbitrando o valor da condenação e fixando as custas em desfavor da recorrente.

*** ***Se houver nulidade absoluta ou relativa (cerceamento de defesa, por exemplo), matéria de ordem pública, abra um tópico para tratar dessas matérias como PRELIMINAR de RO, logo após o resumo da demanda. Em seguida, é possível alegar também prejudiciais de mérito (prescrição ou decadência).***[7]

Exemplo de redação: **"Deixa de recolher o depósito recursal por se tratar de empregado-recorrente".**

7 Exemplo: **Da preliminar: cerceamento de defesa** – O recorrente postulou o pagamento de adicional de insalubridade por realizar a demolição de paredes, edificações e remover pisos utilizando martelos pneumáticos, picaretas, britadeiras e outras ferramentas, sem utilizar equipamentos de proteção individual que não foram fornecidos pelo Recorrente. O juiz do trabalho, por sua vez, indeferiu a produção da prova pericial, sob os protestos do recorrente, justificando o PPRA (Programa de Prevenção de Riscos Ambientais), demonstra a segurança do ambiente de trabalho e a inexistência de exposição a agentes nocivos à saúde dos trabalhadores requerida pela reclamada.

Entretanto, a decisão de piso viola os preceitos do contraditório e da ampla defesa previsto no art. 5º, LV, da CF, que assegura "aos litigantes, em processo judicial ou administrativo, e aos acusados em geral são assegurados o contraditório e ampla defesa, com os meios e recursos a ela inerentes". O art. 195, § 2º da CLT deixa certo que quando suscitado em juízo a insalubridade ou periculosidade o juiz deverá designar perito habilitado para aferir a caracterização ou não de labor em condições insalubre ou perigosa. E mais. O art. 369 do CPC, aplicável ao processo do trabalho de forma supletiva e subsidiária por força do art. 769 e art. 15 do CPC, estabelece que a parte tem direito de empregar todos os meios legais para provar a verdade dos fatos em que se funda a defesa e influir na convicção do magistrado. Nesse sentido o art. 818, I, da CLT e art. 373, I, do CPC. Ainda, é importante dizer que o documento foi emitido unilateralmente pelo Recorrido, inexistindo qualquer controle efetivo e imparcial no que se refere as informações apresentadas no documento e os riscos ambientais efetivamente identificados no ambiente de trabalho.

3. DA CUMULAÇÃO DOS ADICIONAIS DE INSALUBRIDADE E PERICULOSIDADE

O Recorrido aduziu na petição inicial que manuseava graxas, óleos minerais, que possuem em sua composição hidrocarbonetos, no desempenho das suas funções, sem que lhe fosse fornecido os equipamentos de proteção individual (EPIs) correspondentes. Também, aduz que próximo ao seu posto de trabalho havia um tanque de combustível utilizado para abastecer os veículos após o reparo, motivo pelo qual postulou o **pagamento cumulativo dos adicionais de insalubridade e periculosidade**.

A prova pericial constatou que havia exposição concomitante a agentes nocivos à saúde e à vida do trabalhador.

Após a regular audiência de instrução e julgamento, o magistrado acolheu o pedido formulado pelo Recorrido.

Entretanto, a sentença merece reparo, isso porque o art. 193, § 2º, da CLT, dispõe que "o empregado poderá optar pelo adicional de insalubridade que porventura lhe seja devido". Noutras palavras, é indevida a cumulação dos adicionais de insalubridade e periculosidade, ainda que decorrentes de fatos geradores distintos e autônomos, cabendo ao recorrente optar pelo mais vantajoso.

Destarte, diante do equívoco cometido pelo magistrado de piso, requer a reforma da sentença para afastar a condenação ao pagamento cumulativo dos adicionais de insalubridade e periculosidade, sob pena de violação ao art. 193, § 2º, da CLT.

4. DO VALE-TRANSPORTE

O douto magistrado de primeira instância condenou a recorrente a integrar o vale-transporte à remuneração do recorrido, bem como entendeu que constitui a base de incidência Fundo de Garantia por Tempo de Serviço (FGTS), por considerar que tal verba possui **natureza salarial**.

Contudo, reza o art. 2º, alíneas *a* e *b*, da Lei nº 7.418/1985, que o vale-transporte, fornecido para custear as despesas de deslocamento do trabalhador entre a sua residência e o local de trabalho e vice-versa, não tem natureza salarial, não se incorpora à remuneração para quaisquer efeitos, nem constitui como base de cálculo para as contribuições previdenciárias ou depósitos do FGTS.

Assim, requer a reforma da respeitável sentença para excluir a condenação de integração do vale-transporte à remuneração do recorrido e da base de cálculo do Fundo de Garantia por Tempo de Serviço (FGTS).

5. PEDIDOS/CONCLUSÕES

Diante do acima exposto, requer que o recurso ordinário seja **CONHECIDO** e no mérito **PROVIDO**, e, no mérito, pugna-se pela **reforma da r. sentença**.[8]

Nesses termos,

Pede deferimento.

Local e data. Advogado e OAB.

4. CONTRARRAZÕES DE RECURSO ORDINÁRIO

4.1. FUNDAMENTO LEGAL

➤ Art. 900 da CLT.

Diante do exposto, requer o acolhimento da preliminar de cerceamento de defesa, a declaração de nulidade da sentença, assim como a remessa dos autos ao juiz de primeiro grau para a reabertura da fase instrutória.

8 Reitere o pedido de acolhimento das preliminares nos pedidos e conclusões das razões recursais.

➤ Contraditório e ampla defesa (art. 5º, LV, CF; arts. 7º, 9º e 10 do CPC); princípio da não surpresa ou da vedação de decisão surpresa (a parte deve ter a oportunidade de se manifestar no processo antes de o juiz decidir).

4.2. HIPÓTESE DE CABIMENTO

Contra-arrazoar **significa apresentar uma alegação**, argumento, ponderação ou dissertação **em oposição a outro – argumento – exteriorizado anteriormente.** Deste modo, temos de um lado um argumento apresentado por uma parte, e, do outro, um contra-argumento pela *parte ex-adversa*.

No processo do trabalho, as contrarrazões é o **instrumento processual que *a parte RECORRIDA* dispõe para se contrapor ao recurso interposto pela parte contrária (denominada de recorrente) apresentando os seus argumentos *para manter a decisão que lhe foi favorável.***

Interposto o recurso, o juiz ou tribunal realizará o primeiro juízo de admissibilidade recursal. Estando em termos (preenchidos os requisitos de admissibilidade), o juiz "a quo", ***antes de remeter*** o processo ao Tribunal ou órgão jurisdicional responsável pela análise das razões recursais, **intimará a parte RECORRIDA para apresentar as suas CONTRARRAZÕES**, no mesmo prazo do recurso apresentado pela parte contrária. Se o recurso interposto pela parte foi um Agravo de Instrumento, Agravo de Interno ou Agravo de Petição, os contra-argumentos recebem outra denominação: **"Contraminuta".**

Recurso interposto pela parte RECORRENTE	Contra-argumentos da parte RECORRIDA
Recurso Ordinário Recurso de Revista	Contrarrazões de Recurso Ordinário
Embargos no TST	Contrarrazões de Embargos no TST
Recurso Extraordinário	Contrarrazões de Recurso Extraordinário
Agravo de Instrumento	**Contraminuta** de Agravo de Instrumento
Agravo de Petição	**Contraminuta** de Agravo de Petição
Agravo Interno/Regimental	**Contraminuta** de Agravo Interno/Regimental
Etc.	Etc.

4.3. COMO IDENTIFICAR A PEÇA

- O enunciado vai mencionar a existência de uma decisão, na qual a parte vencida apresentou um determinado recurso, e, intimado da decisão de admissibilidade deste recurso, na qualidade de advogado(a) da parte RECORRIDA, deverá apresentar a medida judicial cabível para defender a MANUTENÇÃO dos aspectos que foram decididos favoravelmente ao seu cliente.

Exemplo: uma determinada reclamação trabalhista é julgada totalmente procedente. A Reclamada interpõe Recurso Ordinário objetivando a reforma da sentença. O juiz do trabalho realiza o primeiro juízo de admissibilidade do recurso ordinário. A rigor, verificando que o recurso preenche os requisitos de admissibilidade, antes de remeter o processo para o Tribunal Regional do Trabalho, vai intimar a parte contrária (o Recorrido – no exemplo citado, o Reclamante) para apresentar as suas contrarrazões. O Reclamante, na qualidade de parte Recorrida, vai apresentar os seus contra-argumentos em oposição às razões recursais apresentadas pela reclamada, defendendo os elementos fático-probatórios e de direito que serviram de base para a condenação da Reclamada (ora recorrente).

- Perceba que as contrarrazões têm as seguintes características: a) é apresentada ANTES DA REMESSA DOS AUTOS ao tribunal ou órgão jurisdicional competente para a apreciação das razões recursais; b) tem o condão de defender conservação, preservação, permanência, imutabilidade da decisão que lhe foi favorável.

- Em termos simples, a parte recorrida vai defender o "brilhantismo da decisão"; que o juiz ou tribunal agiu com acerto, exatidão, justeza, correção, perfeição...ao tomar uma decisão. Deve, entretanto, apresentar os fundamentos fáticos e de direito que justificam a preservação da decisão proferida.
- No cotidiano, as hipóteses mais comuns das contrarrazões são para contra-arrazoar o Recurso Ordinário, Recurso de Revista, Embargos no TST, Recurso Extraordinário, ou contraminutar Agravo de Instrumento, Agravo de Petição, ou Agravo Interno/Regimental.

Como foi cobrada as Contrarrazões pela banca examinadora: 22º Exame – Reaplicação Porto Velho/RO: "Renato trabalhou como motorista para o Restaurante Amargo Ltda (...). Dez dias após o encerramento normal da audiência, o juiz prolatou sentença de improcedência total dos pedidos, com custas fixadas em R$ 500,00 (quinhentos reais). Inconformado, **Renato, 15 dias após haver sido notificado da decisão de improcedência** dos pedidos, **apresentou a medida jurídica cabível para tentar revertê-la,** em juntar qualquer documento. ***Você foi notificado como advogado(a) da empresa para apresentar a peça prático-profissional em nome de seu cliente.*** **Redija a mesma apresentando os argumentos pertinentes. (Valor: 5,00)".**

ATENÇÃO: *RECURSO ADESIVO* – No prazo das contrarrazões também é possível apresentar RECURSO ADESIVO (que não é um recurso propriamente dito, mas, sim, uma forma de interposição do recurso principal), caso a parte Recorrida tenha sido vencedora e vencida, ao mesmo tempo, e tenha optado, num primeiro momento, por não apresentar o seu apelo para reformar os aspectos da DESFAVORÁVEIS da decisão. Portanto, é necessário ter muito cuidado, pois, se a parte for intimada, para apresentar as suas contrarrazões, mas **o enunciado deixar claro que a parte (recorrida) deve apresentar a medida cabível para REFORMAR os capítulos da decisão que lhes foram DESFAVORÁVEIS,** a **solução adequada será a apresentação do RECURSO ADESIVO**. Geralmente, como funciona na prática: estamos diante de uma decisão que ***acolheu parcialmente os pedidos*** formulados na ação trabalhista; uma das partes, a princípio, opta por não apresentar o recurso em face da decisão; mas, verificando que a parte contrária recorreu, no prazo das contrarrazões, também apresenta um recurso para reformar os pontos da decisão que foram desfavoráveis (por exemplo, Recurso Adesivo ao Recurso Ordinário); apresenta, assim, as duas peças – **as contrarrazões, para *conservar/manter*** os capítulos da decisão que foram favoráveis; e, o **recurso adesivo, para reformar/modificar** os pontos que foram desfavoráveis. Sobre o tema, recomendo a leitura da Súm. nº 283 do TST + art. 997 do CPC + Páginas 333 a 337 do Livro de Prática.

Régua Processual das Contrarrazões ao Recurso Ordinário:

– Reclamação Trabalhista >> Notificação da Reclamada >> Audiência >> Apresentação da Defesa >> Instrução Processual >> Sentença >> Recurso Ordinário >> Intimação da parte Recorrida pelo Juiz do Trabalho >> ? (Medida cabível: Contrarrazões ao RO)

Régua Processual das Contrarrazões ao Recurso de Revista:

– Reclamação Trabalhista >> Notificação da Reclamada >> Audiência >> Apresentação da Defesa >> Instrução Processual >> Sentença >> Recurso Ordinário >> Remessa dos autos do Tribunal Regional do Trabalho >> Acórdão que nega PROVIMENTO do RO >> Recurso de Revista >> Intimação da parte Recorrida pelo Desembargador-Presidente do TRT >> ? (Medida cabível: Contrarrazões ao RR)

Régua Processual das Contrarrazões aos Embargos no TST:

– Reclamação Trabalhista >> Notificação da Reclamada >> Audiência >> Apresentação da Defesa >> Instrução Processual >> Sentença >> Recurso Ordinário >> Remessa dos autos do Tribunal Regional do Trabalho >> Acórdão que nega PROVIMENTO do RO >> Recurso de Revista >> Acórdão do TST que nega Provimento ao Recurso de Revista >> Embargos no TST >> Intimação da parte Embargada pelo Ministro-Presidente da Turma do TST? (Medida cabível: Contrarrazões ao Embargos no TST)

Régua Processual da Contraminuta ao Agravo de Instrumento:

– Reclamação Trabalhista >> Notificação da Reclamada >> Audiência >> Apresentação da Defesa >> Instrução Processual >> Sentença >> Recurso Ordinário >> Decisão do juiz do trabalho negando seguimento do RO >> Agravo de Instrumento >> Intimação da parte Agravada pelo Juiz do Trabalho >> ? (Medida cabível: Contraminuta ao AI)

4.4. ESTRUTURA DAS CONTRARRAZÕES DE RECURSO ORDINÁRIO

– 2 (duas) Peças – PEÇA DE INTERPOSIÇÃO/ENCAMINHAMENTO + RAZÕES DE RECURSO ORDINÁRIO

I) 1ª Peça – Petição de Interposição ou Peça de Encaminhamento – ao juízo *a quo*

1. **Endereçamento**: o enunciado normalmente indica o juízo prolator da decisão recorrida.
2. **Processo número.**
3. **Recorrido, recorrente e advogado** em tese já qualificados.
4. **Verbo**: apresentar.
5. **Identificação e previsão legal da peça**: contrarrazões ao recurso ordinário, art. 900 da CLT.
6. **Menção das contrarrazões anexas.**

OBS.: NÃO TEM PREPARO.

7. Macete – 2 Rs: **Recebimento + Remessa** das contrarrazões ao recurso ordinário para o tribunal competente.
8. **Encerramento** da peça: nesses termos, pede deferimento. Local e data. Advogado e OAB.

II) 2ª Peça – CONTRARRAZÕES DE RECURSO ORDINÁRIO – ao juízo *ad quem*

1. **Cabeçalho**: 4 Itens – recorrente, recorrido, origem e número do processo.
2. **Expressões de respeito**: Egrégio Tribunal, Colenda Turma, Nobre Julgadores.
3. **Resumo** da demanda (equivale aos fatos).
4. **Preliminares**: o recorrido poderá demonstrar que os recurso interposto pela parte Recorrente não observou os pressupostos de admissibilidade recursal, especialmente a tempestividade, o preparo, o cabimento, adequação, etc.
5. **Teses de mérito:**

Exemplo:

a) Fatos: "O Recorrente se insurge contra a respeitável sentença, que julgou improcedente o pedido de integração da ajuda de custo ao salário.

b) Fundamentos: a decisão proferida pelo magistrado está em total harmonia com o art. 457, § 2º, da CLT, com redação dada pela Lei nº 13.467/2017 (reforma trabalhista), que expressamente afasta a possibilidade integração da ajuda de custo à remuneração do empregado, ainda que habituais, bem como estabelece que não se incorpora ao contrato de trabalho e não constituem base de incidência de qualquer encargo trabalhista e previdenciário.

c) Conclusão: diante do exposto, nesse aspecto, a recorrida requer e espera que a decisão de primeiro grau de jurisdição seja mantida, haja vista que o recorrente não tem direito à integração da ajuda de custos ao salário.

6. **Pedidos e conclusões da peça**: a) requerimento de manutenção da decisão/sentença/acórdão; b) acolhimento de eventuais preliminares (deserção, intempestividade etc.).

7. **Encerramento** da peça: nesses termos, pede deferimento. Local e data. Advogado e OAB.

4.5. MODELO DE CONTRARRAZÕES DE RECURSO ORDINÁRIO

EXCELENTÍSSIMO SENHOR DOUTOR JUIZ DO TRABALHO DA... VARA DO TRABALHO DE...

(Espaço de 5 linhas)

Processo nº.

RECORRIDO (SEU CLIENTE), já qualificado, por intermédio do seu advogado que a esta subscreve, nos autos da reclamação trabalhista promovida em face de **NOME DO RECORRENTE**, vem, respeitosamente a presença de Vossa Excelência, apresentar tempestivamente suas **contrarrazões ao recurso ordinário**, com base no art. 900 da CLT, as quais seguem em apartado.

Requer o recebimento das contrarrazões e a posterior remessa para o Egrégio Tribunal Regional do Trabalho da __ª Região.

Nesses termos,

Pede deferimento.

Local e data. Advogado e OAB.

CONTRARRAZÕES DE RECURSO ORDINÁRIO

Recorrente: **AUTO MECÂNICA CHIQUINHO LTDA.**

Recorrido: **CARLOS GOMES**

Origem: **15ª VARA DO TRABALHO DO RIO DE JANEIRO/RJ**

Processo número:

Egrégio Tribunal, Colenda Turma, Nobres Julgadores,

A recorrente busca a reforma da decisão de origem, que julgou totalmente procedentes os pedidos formulados na reclamação trabalhista proposta pelo recorrido.

Porém, como será delineado, a respeitável sentença está integralmente em consonância com os preceitos legais e jurisprudenciais, não havendo necessidade da realização de qualquer reparo. Vejamos.

1. RESUMO DA DEMANDA

Em síntese, o reclamante, doravante denominado de Recorrido, apresentou reclamação trabalhista postulando o pagamento de adicional de insalubridade.

A Recorrente, outrora reclamada, compareceu à audiência, apresentou defesa com documentos.

A prova pericial constatou agente insalubre diverso daquele apontado na inicial.

Diante disso, o magistrado de primeiro grau julgou totalmente procedente o pedido formulando na reclamatória, arbitrando o valor da condenação e fixando as custas em desfavor da Recorrente.

*** ***Se houver preliminares, a rigor, ligadas aos pressupostos de admissibilidade recursal, abra um tópico para tratar dessas matérias como PRELIMINAR de Contrarrazões de RO, logo após o resumo da demanda.***

2. PRELIMINAR: INTEMPESTIVIDADE

Não obstante o inconformismo demonstrado pela recorrente, que pretende a reforma da sentença proferida pelo magistrado de primeiro grau de jurisdição, o recurso ordinário não deve ser conhecido, senão vejamos.

A sentença de primeiro grau foi publicada no diário oficial no dia 08-11-2021. A recorrente, apresentou o Recurso Ordinário no dia 22-11-2021.

Preconiza o art. 895, I, da CLT, que o recurso ordinário é cabível para a instancia superior, em face das decisões definitivas ou terminativa proferidas pelas varas do trabalho, no prazo de 8 (oito) dias.

Os prazos processuais são contados em dias úteis, com exclusão do dia do começo e a inclusão do dia do vencimento, conforme estabelece o art. 775 da CLT.

No presente caso, operou-se a preclusão temporal para a parte Recorrente, na medida em que a data limite para a apresentação do recurso ordinário se findou no dia 18-5-2021.

Logo, o recurso ordinário não deve ser admitido por este E. Tribunal, porquanto intempestivo, requerendo, desde já, o acolhimento da preliminar em análise.

3. MÉRITO: DO ADICIONAL DE INSALUBRIDADE

O Meritíssimo Juiz "a quo" reconheceu o direito ao pagamento do adicional de insalubridade, depois da prova pericial constatar a exposição à agente insalubre diverso do apontado na petição inicial pelo ora Recorrido.

A insurgência da Recorrente, nesse ponto, não deve prosperar.

A CF assegura, em seu art. 7º, XXIII, o adicional de remuneração para as atividades penosas, insalubres ou perigosas na forma da lei. No plano infraconstitucional, o art. 189 da CLT considera insalubre as atividades ou operações que exponham os empregados a agentes nocivos à saúde, acima dos limites de tolerância fixados em razão da natureza e da intensidade do agente e do tempo de exposição aos seus efeitos.

Consoante a jurisprudência atual do Tribunal Superior do Trabalho, não prejudica o pedido de adicional de insalubridade se constatado, mediante prova pericial, a submissão do trabalhador a agente insalubre diverso daquele apontado na petição inicial, conforme dicção da Súm. nº 293 do TST.

Sendo assim, requer a manutenção da condenação da Recorrente ao pagamento de adicional de insalubridade.

4. PEDIDOS/CONCLUSÕES

Diante do acima exposto, o Recorrido **espera** que a preliminar suscitada do bojo das contrarrazões seja acolhida por este Egrégio Tribunal Regional do Trabalho, a fim de que o recurso ordinário **não seja admitido**, diante da caracterização da preclusão temporal, e, subsidiariamente, seja negado provimento, no mérito, para manter a sentença intacta.

Nesses termos, pede deferimento.

Local e data. Advogado e OAB.

5. RECURSO DE REVISTA

5.1. FUNDAMENTO LEGAL

- Art. 896, alíneas "a", b" e/ou "c", da CLT
- Prazo de 8 dias

5.2. HIPÓTESE DE CABIMENTO

É o ***recurso*** utilizado pelas partes para **questionar o acórdão** (decisão colegiada) proferido pelo **Tribunal Regional do Trabalho**, **que julgar o Recurso Ordinário** em um determinado dissídio individual.

Tem a **finalidade** de **UNIFORMIZAR A JURISPRUDÊNCIA em âmbito nacional**, ou seja, padronizar as decisões acerca de um determinado tema, **evitando**, assim, **decisões diferentes entre os Tribunais Regionais do Trabalho.**

As hipóteses de cabimento estão disciplinadas nas alíneas "a", b" e/ou "c" do art. 896 da CLT.

Hipóteses de Cabimento	
Alínea "a" do art. 896 da CLT	
Acórdão do TRT (RO) X (Divergência)	Acórdão de outro TRT
	Acórdão da SDI do TST
	Súmula do TST
	Súmula Vinculante do STF
	OJ do TST *(OJ 219, SDI, 1, do TST)*[9], *exceto no procedimento sumaríssimo.*[10]
Alínea "b" do art. 896 da CLT	
Acórdão do TRT (RO) X (Divergência)	Interpretação de lei estadual
	Convenção coletiva do trabalho
	Sentença normativa
	Regulamento empresarial de observância obrigatória, em área territorial que exceda a competência do TRT prolator da decisão recorrida.
Alínea "c" do art. 896 da CLT	
Acórdão do TRT (RO) X (Violação)	Constituição Federal (CF)
	Lei Federal (CLT, CPC, CC, etc.)
Hipóteses mais prováveis	
Acórdão do TRT (RO) X (Divergência)	Súmula do TST
	OJ do TST
	Súmula Vinculante do STF
	Lei Federal
	Constituição Federal

5.3. COMO IDENTIFICAR A PEÇA

O enunciado vai indicar narrar uma situação fática em que houve o julgamento de um determinado Recurso Ordinário pelo Tribunal Regional do Trabalho (ou uma de suas Turmas), de maneira contrária à Constituição Federal, Lei Federal (CLT, CPC, CC, legislação trabalhista esparsa, etc.), Súmula ou OJ do TST e Súmula Vinculante do STF. Existem outras hipóteses, porém, acreditamos que essas serão as mais

9 **OJ-SDI1-219 do TST – RECURSO DE REVISTA OU DE EMBARGOS FUNDAMENTADO EM ORIENTAÇÃO JURISPRUDENCIAL DO TST. – É válida, para efeito de conhecimento do recurso** de revista ou de embargos, a invocação de Orientação Jurisprudencial do Tribunal Superior do Trabalho, desde que, das razões recursais, conste o seu número ou conteúdo.

10 **SUM-442 PROCEDIMENTO SUMARÍSSIMO. RECURSO DE REVISTA FUNDAMENTADO EM CONTRARIEDADE A ORIENTAÇÃO JURISPRUDENCIAL. INADMISSIBILIDADE. ART. 896, § 6º, DA CLT, ACRESCENTADO PELA LEI 9.957, DE 12-1-2000**

Nas causas sujeitas ao **procedimento sumaríssimo**, a admissibilidade de recurso de revista **está limitada** à demonstração de **violação** direta a dispositivo da **Constituição Federal ou contrariedade a Súmula do Tribunal Superior do Trabalho**, não se admitindo o recurso por contrariedade a Orientação Jurisprudencial deste Tribunal (Livro II, Título II, Capítulo III, do RITST), ante a ausência de previsão no art. 896, § 6º, da CLT.

prováveis, caso essa peça seja cobrada. Diante dessa situação, **você, na qualidade de advogado(a) da parte vencida, terá que interpor Recurso de Revista para atacar o acórdão proferido pelo Tribunal Regional do Trabalho**.

Provavelmente a banca examinadora indicará que o acórdão não apresenta qualquer vício ou falha estrutural, além de indicar o prequestionamento das matérias.

A sua missão será apontar quais foram os erros cometidos pelo Tribunal Regional na análise das matérias de DIREITO material ou processual (não é possível o reexame de fatos ou provas, conforme Súm. nº 126 do TST).

Régua Processual:
Reclamação Trabalhista >> Notificação da Reclamada >> Audiência >> Apresentação da Defesa >> Instrução Processual >> Sentença >> Recurso Ordinário >> Acórdão do Tribunal Regional do Trabalho (sem vícios e devidamente prequestionado) >> ? (Medida cabível: Recurso de Revista, cujas razões recursais serão analisadas pelo TST)

5.4. ESTRUTURA DO RECURSO DE REVISTA

- A estrutura do Recurso de Revista é idêntica ao RO. Acrescentamos à estrutura, porém, o prequestionamento e a transcendência nas razões recursais, mais precisamente nos pressupostos de admissibilidade. Simplificando, podemos dizer que: **RR= RO+PT** *[Recurso de Revista (RR) = Recurso Ordinário + Prequestionamento e Transcendência (PT)]*
- 2 (duas) Peças – PEÇA DE INTERPOSIÇÃO/ENCAMINHAMENTO + RAZÕES DE RECURSO DE REVISTA

I) 1ª Peça – Petição de Interposição ou Peça de Encaminhamento – ao " Juízo a quo " – Desembargador-Presidente do Tribunal Regional do Trabalho (TRT)

1. **Endereçamento:** *"Excelentíssimo Senhor Doutor Desembargador-Presidente do Egrégio Tribunal Regional do Trabalho da __ª Região".* O enunciado provavelmente mencionará qual é o Tribunal Regional do Trabalho que julgou o Recurso Ordinário.
2. **Processo número.**
3. **Recorrente, recorrido e advogado** em tese já qualificados.
4. **Inconformismo** com a respeitável acórdão.
5. **Verbo**: interpor.
6. **Identificação e previsão legal da peça**: art. 896, alíneas "a", "b", e/ou "c", da CLT.
7. **Razões anexas.**
8. **Preparo**: custas (art. 789 da CLT)[11] e/ou depósito recursal (art. 899 da CLT)[12], a depender do caso concreto.

---

11 CLT: Art. 789. Nos dissídios individuais e nos dissídios coletivos do trabalho, nas ações e procedimentos de competência da Justiça do Trabalho, bem como nas demandas propostas perante a Justiça Estadual, no exercício da jurisdição trabalhista, as custas relativas ao processo de conhecimento incidirão à base de 2% (dois por cento), observado o mínimo de R$ 10,64 (dez reais e sessenta e quatro centavos) e o máximo de quatro vezes o limite máximo dos benefícios do Regime Geral de Previdência Social, e serão calculadas: I – quando houver acordo ou condenação, sobre o respectivo valor; II – quando houver extinção do processo, sem julgamento do mérito, ou julgado totalmente improcedente o pedido, sobre o valor da causa; III – no caso de procedência do pedido formulado em ação declaratória e em ação constitutiva, sobre o valor da causa; IV – quando o valor for indeterminado, sobre o que o juiz fixar. § 1º As custas serão pagas pelo vencido, após o trânsito em julgado da decisão. No caso de recurso, as custas serão pagas e comprovado o recolhimento dentro do prazo recursal. § 2º Não sendo líquida a condenação, o juízo arbitrar-lhe-á o valor e fixará o montante das custas processuais. (...) § 4º Nos dissídios coletivos, as partes vencidas responderão solidariamente pelo pagamento das custas, calculadas sobre o valor arbitrado na decisão, ou pelo Presidente do Tribunal.

Art. 790-A. São isentos do pagamento de custas, além dos beneficiários de justiça gratuita: I – a União, os Estados, o Distrito Federal, os Municípios e respectivas autarquias e fundações públicas federais, estaduais ou municipais que não explorem atividade econômica; II – o Ministério Público do Trabalho. Parágrafo único. A isenção prevista neste artigo não alcança as entidades fiscalizadoras do exercício profissional, nem exime as pessoas jurídicas referidas no inciso I da obrigação de reembolsar as despesas judiciais realizadas pela parte vencedora.

12 Art. 899, CLT – Os recursos serão interpostos por simples petição e terão efeito meramente devolutivo, salvo as exceções previstas neste Título, permitida a execução provisória até a penhora. § 4º O depósito recursal será feito em conta vinculada ao juízo e corrigido com os mesmos índices da poupança. 9o O

9. Macete – 2 Rs: **Recebimento + Remessa** dos autos **para o Tribunal Superior do Trabalho (TST)**.
10. **Notificação do recorrido** para contrarrazões (art. 900 da CLT).
11. **Encerramento** da peça: nesses termos, pede deferimento. Local e data. Advogado e OAB.

II) 2ª Peça – RAZÕES DE RECURSO ORDINÁRIO – ao juízo "ad quem"

1. **Cabeçalho**: 4 itens – recorrente, recorrido, origem e número do processo.
2. **Expressões de Respeito**: Egrégio Tribunal, Colenda Turma, Nobre Julgadores.
3. Mencionar os **PRESSUPOSTOS RECURSAIS DE ADMISSIBILIDADE** genéricos (subjetivos e objetivos)
4. Mencionar os **Pressupostos Recursais Específicos de Admissibilidade:**
   a. **PREQUESTIONAMENTO** (Súm. nº 297, I, do TST + art. 896, § 1º-A, da CLT).
   b. **TRANSCENDÊNCIA** (Art. 896-A, § 1º, da CLT).
5. **Resumo** da demanda (equivale aos fatos).
6. **Teses Recursais** – ***Apontar quais são as divergências jurisprudenciais ou violações cometidas pelo Tribunal Regional.***
   a) Fatos:
   "De acordo com o art. 896, alínea "c", da CLT, caberá recurso de revista quando o Tribunal Regional do Trabalho, em decisão proferida em recurso ordinário, violar dispositivo de lei federal".
   b) Fundamentos: explicar a divergência na interpretação da jurisprudência, apontando os equívocos cometidos pelo Tribunal Regional na análise do DIREITO material ou processual aplicável ao caso hipotético narrado, a rigor, com base na lei, jurisprudência e/ou doutrina.
   "No presente caso, o acórdão proferido pelo Tribunal Regional do Trabalho da __ Região, afrontou textualmente o art. 468, § 1º, da CLT, com de redação dada pela Lei nº 13.467/2017 (Reforma Trabalhista), isso porque, ao manter a decisão do magistrado de primeiro grau de jurisdição, reconheceu que alteração contratual se deu de forma ilícita. Porém, o dispositivo em comento prescreve que não se considera alteração unilateral a determinação do empregador para que o empregado seja revertido ao cargo efetivo, anteriormente ocupado, deixando o exercício de função de confiança. A reversão é, portanto, uma prerrogativa legal conferida ao empregador decorrente do ***jus variandi****, inserido no poder diretivo do empregador (arts. 2º e 3º da CLT), não consubstanciando alteração unilateral ilícita".*
   c) Conclusão: "Diante do exposto, requer a reforma do acórdão para *reconhecer um direito ou afastar a condenação imposta"*
   "Desta forma, verifica-se que o acórdão proferido está em desacordo com a CLT, sendo necessária a reforma da decisão".
7. **Pedidos e conclusões da peça**: a) CPR – Conhecimento + Provimento + Reforma; b) acolhimento de eventuais preliminares.
8. **Encerramento da peça:** nesses termos, pede deferimento. Local e data. Advogado e OAB.

5.5. MODELO DE RECURSO DE REVISTA

EXCELENTÍSSIMO SENHOR DOUTOR DESEMBARGADOR-PRESIDENTE DO EGRÉGIO TRIBUNAL REGIONAL DO TRABALHO DA 24ª REGIÃO

Processo nº...

---

valor do depósito recursal será reduzido pela metade para entidades sem fins lucrativos, empregadores domésticos, microempreendedores individuais, microempresas e empresas de pequeno porte. § 10. São isentos do depósito recursal os beneficiários da justiça gratuita, as entidades filantrópicas e as empresas em recuperação judicial. § 11. O depósito recursal poderá ser substituído por fiança bancária ou seguro garantia judicial.

RÁPIDO TRANSPORTES LTDA., já qualificada, por intermédio do seu advogado e procurador que esta subscreve, inconformada com o respeitável acórdão, nos autos da ***Reclamação Trabalhista*** promovida por ***Anthony da Silva***, vem, tempestiva e respeitosamente à presença de Vossa Excelência, interpor **RECURSO DE REVISTA,** com fundamento no art. 896, *c*, da CLT pelas razões que segue em anexo.

Cabe ressaltar que as **custas e o depósito** foram **devidamente recolhidos**, conforme se verifica através das guias em anexo.

Diante disso, requer o **recebimento** das razões recursais em anexo e a **remessa** dos autos ao **Colendo Tribunal Superior do Trabalho (TST).**

Outrossim, requer a **intimação do Recorrido** para, querendo, apresentar a suas **contrarrazões**, na forma do art. 900 da CLT.

Nesses termos,

Pede deferimento.

Local e data.

Advogado e OAB

RAZÕES DE RECURSO DE REVISTA

Recorrente: ***Rápido Transportes Ltda.***

Recorrida: ***Anthony da Silva***

Origem: **19ª Vara do Trabalho de Campo Grande/MS**

Processo número...

Excelso Tribunal Superior do Trabalho,

Colenda Turma,

Nobres Ministros

I – DOS PRESSUPOSTOS DE ADMISSIBILIDADE

O presente recurso preenche todos os pressupostos recursais objetivos e subjetivos, quais sejam: legitimidade, capacidade, interesse, cabimento, adequação, tempestividade, preparo e regularidade formal.

Assim, considerando o preenchimento de todos os pressupostos recursais, requer o processamento do presente Recurso de Revista para que o seu mérito seja apreciado por esse Colendo Tribunal.

II – DO PREQUESTIONAMENTO

O tema controvertido nos autos foi previamente debatido e enfrentado no acórdão proferido pelo Tribunal Regional do Trabalho da 24ª Região. Logo, resta satisfeito o pressuposto recursal extrínseco específico do recurso de revista, isto é, o prequestionamento da controvérsia objeto do recurso de revista, nos termos do art. 896, § 1º-A da CLT e da Súm. nº 297 do TST.

III – DA TRANSCENDÊNCIA

De mais a mais, o recorrente destaca que a matéria discutida no presente recurso oferece reflexos de natureza ***econômica, política, social e/ou jurídica, estando preenchido, portanto, o pressuposto recursal específico da transcendência, nos exatos termos do art. 896-A da CLT.***

Diante a relevância da matéria debatida no presente recurso, requer seja conhecido e tenha o seu regular processamento.

IV – DO RESUMO DA DEMANDA

O **Recorrido** propôs a presente reclamação trabalhista pleiteando, em suma, a nulidade da reversão do cargo de confiança para o cargo de origem, bem como o pagamento da gratificação de função após o seu retorno à função de engenheiro de produção.

Após o tramite regular do feito o M.M. Juiz de primeiro grau de jurisdição julgou os pedidos totalmente procedentes.

A recorrente, por sua vez, recorreu ao Egrégio Tribunal Regional do Trabalho da 24ª Região, mas, no mérito, a Turma negou provimento às razões recursais.

Todavia, a decisão proferida pelo Tribunal Regional viola os preceitos a seguir delineados.

V – DO CABIMENTO E FUNDAMENTOS DO RECURSO DE REVISTA

1. DA REVERSÃO/ DA ALTERAÇÃO CONTRATUAL

De acordo com o art. 896, *c*, da CLT, caberá recurso de revista quando o Tribunal Regional do Trabalho, em decisão proferida em recurso ordinário, violar dispositivo de lei federal.

No presente caso, o acórdão proferido pelo Tribunal Regional do Trabalho da __ Região, afrontou textualmente o art. 468, § 1º, da CLT, com de redação dada pela Lei nº 13.467/2017 (reforma trabalhista), isso porque, ao manter a decisão do magistrado de primeiro grau de jurisdição, reconheceu que alteração contratual se deu de forma ilícita.

Porém, o dispositivo em comento prescreve que não se considera alteração unilateral a determinação do empregador para que o empregado seja revertido ao cargo efetivo, anteriormente ocupado, deixando o exercício de função de confiança. A reversão é, portanto, uma prerrogativa legal conferida ao empregador decorrente do ***jus variandi***, inserido no poder diretivo do empregador (art. 2º e 3º da CLT), não consubstanciando alteração unilateral ilícita.

Desta forma, verifica-se que o acórdão proferido está em desacordo com a CLT, sendo necessária a reforma da decisão.

2. DA GRATIFICAÇÃO DE FUNÇÃO

O acórdão do Tribunal Regional do Trabalho também viola alínea *c* do art. 896 da CLT, afrontando disposição de lei federal, ao entender que o Recorrido tem direito ao pagamento da gratificação de função mesmo após sua reversão ao cargo de origem.

Reza o art. 468, § 2º, da CLT, incluído pela Lei nº 13.467/2017 (reforma trabalhista), que *"A alteração de que trata o § 1º deste artigo, com ou sem justo motivo, não assegura ao empregado o direito à manutenção do pagamento da gratificação correspondente, que não será incorporada, independentemente do tempo de exercício da respectiva função"*.

Daí é possível inferir que o empregado não terá direito ao pagamento ou da incorporação da gratificação de função ao seu salário caso seja revertido ao cargo de origem, independentemente do tempo que tenha exercido a função de confiança. Não configura, portanto, violação ao princípio da estabilidade financeira, estando superado, nesse aspecto o teor da Súm. nº 372, I, do TST.

Assim, requer a reforma do acórdão proferido pelo Tribunal Regional neste aspecto.

VI – CONCLUSÃO

Diante do acima exposto, espera-se que o presente recurso de revista seja **CONHECIDO** e **PROVIDO** e, ao final o acórdão proferido pelo Tribunal Regional do Trabalho da 24ª Região seja totalmente **reformado**.

Nesses termos, pede deferimento.

Local e data.

Advogado e OAB.

6. EMBARGOS À EXECUÇÃO

6.1. FUNDAMENTO LEGAL

- Art. 884 da CLT + art. 319 CPC (art. 889 e 769 da CLT + art. 15 do CPC).
- Prazo de 5 dias.

6.2. HIPÓTESE DE CABIMENTO

É o ***instrumento utilizado*** pelo executado para se contrapor ao título executivo (judicial ou extrajudicial), invocando o cumprimento da decisão ou acordo, quitação ou prescrição da dívida, assim como a fata ou nulidade da citação, ilegitimidade, inexequibilidade do título, inexigibilidade da obrigação, penhora incorreta, avaliação errônea, excesso de execução, cumulação indevida de execuções incompetência absoluta, causa modificativa ou extintiva da obrigação (pagamento, novação, compensação, transação ou prescrição, desde que supervenientes à sentença) na forma do art. 884, § 1º, da CLT e do art. 525, § 1º, do CPC.

Após a **garantia do juízo ou penhora de bens** na execução trabalhista, o embargado poderá apresentar embargos à execução no prazo de **5 dias (art. 884, CLT)**.

6.3. COMO IDENTIFICAR A PEÇA

O enunciado vai narrar uma situação fática em que houve o trânsito em julgado da decisão judicial (sentença/acórdão) ou a propositura de uma ação de execução de título extrajudicial. Em se tratando de título executivo judicial, provavelmente indicará a existência de fase de liquidação de sentença – que antecede a fase de execução – na qual as partes apresentam cálculos, impugnações, houve a realização de perícia contábil, resultando na homologação dos cálculos por sentença (sentença de liquidação). Após essa fase, o enunciado vai indicar o executado foi citado (por oficial de justiça) para satisfazer o crédito, no prazo de 48 horas, tendo ocorrido a garantia do juízo ou a penhora de bens do executado.

As expressões ou locuções do enunciado que indicarão a penhora de bens ou a garantia do juízo são: constrição, penhora, garantia do juízo, indicação de bens à penhora, depósito da quantia correspondente, apresentação de seguro-garantia judicial (882, CLT).

Régua Processual:

Reclamação Trabalhista >> Notificação da Reclamada >> Audiência >> Apresentação da Defesa >> Instrução Processual >> Sentença >> Recurso Ordinário >> Acórdão >> Trânsito em julgado >> Apresentação de cálculos >> Intimação da parte para impugnar os Cálculos >> Sentença de Liquidação >> Citação do Executado >> Garantia do Juízo ou Penhora >> ? (Medida cabível: Embargos à Execução, art. 884 da CLT)

6.4. ESTRUTURA DOS EMBARGOS À EXECUÇÃO

1. **Endereçamento**: Juízo da Execução, art. 877, da CLT.
2. **Processo número.**
3. **Menção ao embargante** (executado) e ao seu advogado (já qualificado nos autos).
4. **Verbo**: opor.
5. **Nome da peça e fundamentação legal**: embargos à execução – art. 884 da CLT, art. 319 do CPC (arts. 889 e 769 da CLT + art. 15 do CPC).
6. **Menção ao embargado** (exequente), já qualificado.
7. **Fatos.**
8. **Fundamentação**: teses: juros e correção monetária, cumprimento da decisão ou acordo, quitação ou prescrição da dívida, assim como a fata ou nulidade da citação, ilegitimidade, inexequibilidade do título, inexigibilidade da obrigação, penhora incorreta, avaliação errônea, excesso de execução, cumulação indevida de execuções incompetência absoluta, causa modificativa ou extintiva da obrigação (pagamento, novação, compensação, transação ou prescrição, desde que supervenientes à sentença) etc.

9. **Pedido**: Procedência dos Embargos à Execução.

10. **Requerimentos finais**: notificação/citação do embargado (exequente) para apresentar impugnação aos embargos à execução, protesto por provas, recolhimento das custas pelo executado (art. 789-A, VII, da CLT); honorários advocatícios sucumbenciais (art. 791-A da CLT).

11. **Valor da Causa.**

12. **Encerramento da peça:** nesses termos, pede deferimento; advogado, OAB.

6.5. MODELO DE EMBARGOS À EXECUÇÃO

EXCELENTÍSSIMO SENHOR DOUTOR JUIZ DO TRABALHO DA 2ª VARA DO TRABALHO DE SALVADOR/BA

Processo nº 0027139-15.2014.5.05.0002

AFONSO SOUZA, nacionalidade, solteiro, profissão, endereço completo com CEP, RG, CPF, CTPS, PIS, filho de ..., nascido em ..., nos autos da Reclamação Trabalhista em epígrafe, que move **FERNANDO MANTAR** em face de **REINO FELIZ LTDA.**, por seu advogado que esta subscreve, vem, respeitosamente, à presença de Vossa Excelência apresentar **EMBARGOS À EXECUÇÃO**, com fulcro no art. 884 da CLT combinado com o art. 319 do CPC/2015, aplicado supletiva e subsidiariamente por força dos arts. 889 e 769 da CLT e do art. 15 do CPC/2015, pelos motivos de fato e de direito expostos a seguir:

I – DO RESUMO DA DEMANDA

Em Reclamação Trabalhista proposta pelo Embargado, a empresa Reino Feliz Ltda. foi condenada ao pagamento de 2 horas extras diárias e reflexos, adicional de insalubridade e indenização por danos morais.

Iniciada a fase de execução, o Magistrado homologou os cálculos no valor de R$ 85.000,00. A Executada foi citada para pagamento, mantendo-se inerte. O Exequente não localizou bens da empresa para satisfazer a execução, pleiteando a desconsideração da personalidade jurídica, o que foi deferido pelo Juiz.

Diante disso, a execução foi direcionada ao sócio da empresa (ora Embargante), o qual recebeu a visita de um oficial de justiça em sua residência, em um domingo, sem autorização judicial, citando-o para pagamento e, após 48 horas, retornou e penhorou o único imóvel em que reside sozinho. No ato da penhora, o oficial informou ao Executado o aumento do valor da dívida em 10%, em razão da aplicação da multa do art. 523, § 1º, do CPC/2015.

II – DOS FUNDAMENTOS JURÍDICOS

A) DA PENHORA REALIZADA NO DOMINGO SEM AUTORIZAÇÃO JUDICIAL

Inicialmente, observa-se que o Oficial de Justiça realizou o ato da penhora em um domingo, sem qualquer autorização judicial nesse sentido.

Contudo, o parágrafo único do art. 770 da CLT prevê que a penhora somente poderá ser realizada em domingo ou feriado mediante autorização expressa do Juiz, o que não ocorreu no caso em tela.

Desta forma, resta eivada de vício a penhora realizada no domingo sem autorização judicial, motivo pelo qual deverá ser declarada sua nulidade.

B) DA IMPENHORABILIDADE DO BEM DE FAMÍLIA

Ainda, verifica-se que o Embargante teve penhorado o único imóvel de sua propriedade em que reside sozinho.

Ocorre que os arts. 1º e 5º da Lei nº 8.009/1990 aduzem que o imóvel residencial próprio do casal, ou da entidade familiar, é impenhorável e não responderá por qualquer tipo de dívida civil, comercial, fiscal, previdenciária ou de outra natureza, contraída pelos cônjuges ou pelos pais ou filhos que sejam seus proprietários e nele residam, sendo considerada residência, para efeitos de impenhorabilidade, um único imóvel utilizado pelo casal ou pela entidade familiar para moradia permanente.

Nesse sentido, a Súm. nº 364 do STJ determina, ainda, que o conceito de impenhorabilidade de bem de família abrange também o imóvel pertencente a pessoas solteiras, como é o caso do Embargante.

Assim, deverá ser desconstituída a penhora realizada sobre o bem de família do Embargante.

C) DA INAPLICABILIDADE DA MULTA DO ARTIGO 523, § 1º, DO CPC/2015

Por fim, no momento da penhora, o Oficial de Justiça informou ao Embargante o aumento do valor da dívida em 10% em decorrência da aplicação da multa prevista no art. 523, § 1º, do CPC/2015.

Mais uma vez, verifica-se um equívoco no ato judicial, tendo em vista que a doutrina e jurisprudência majoritárias manifestam-se no sentido de que a multa do art. 523, § 1º, do CPC/2015 é indevida no Processo do Trabalho, que possui regra própria acerca do tema.

Assim, o art. 880 da CLT estabelece que caso não ocorra o pagamento ou a garantia da execução no prazo de 48 horas, a consequência legal será a realização de penhora e não acréscimo de 10% (dez por cento) sobre o valor da dívida, conforme estabelecido no CPC.

Portanto, deverão ser acolhidos os Embargos para afastar a aplicação da multa do art. 523, § 1º, do CPC/2015.

III – DOS PEDIDOS E REQUERIMENTOS FINAIS

Por todo o exposto, o Embargante requer a procedência dos presentes Embargos à Execução, com o acolhimento dos argumentos supramencionados.

Pleiteia, também, a citação do Embargado para que, querendo, apresente sua Defesa, no prazo legal.

Requer-se, ademais, a condenação do Embargado ao pagamento dos honorários advocatícios, na forma do art. 791-A da CLT.

Protesta provar o alegado por todos os meios de provas em direito admitidos.

Ressalte-se, por fim, que, nos termos do art. 789-A, inciso V, da CLT, nos Embargos à Execução são devidas custas no importe de R$ 44,26, sempre de responsabilidade do Executado, mas pagas apenas ao final.

Dá-se à causa o valor de R$ ... (valor por extenso).

Nestes termos, pede deferimento.

Local e data. Advogado e OAB nº ...

7. AGRAVO DE PETIÇÃO

7.1. FUNDAMENTO LEGAL

- **Previsão legal:** art. 897, "a", da CLT.

  *Vide §§ 1º, 3º e 8º do art. 897 da CLT.

- **Prazo:** 8 dias para razões e contrarrazões (ou minuta/contraminuta, que é a denominação tradicional)
- **Preparo:** Envolve custas e Depósito Recursal.

a. Custas – art. 789-A da CLT:

i. Possui **natureza jurídica de taxas – estou movimentando o poder judiciário, portanto, devo pagar por isso.**
ii. Princípio da responsabilidade das custas pelo executado.
iii. Pagas ao final.
iv. Inciso IV: R$ 44.26.

b. Depósito Recursal:

i. É um pressuposto recursal objetivo.

ii. **Objetivo: garantia do juízo em favor do executado** para futura execução por quantia.

iii. **Somente o empregador** realiza o depósito recursal.

iv. Deve haver **condenação em pecúnia.**

v. Fundamentos: §§ do art. 899 da CLT; Súmulas nºs 128 e 161 do TST + OJ 140 da SDI-1 do TST.

vi. **Depósito recursal na execução**: **Súm. nº 128, II, do TST**.

1. **Em regra**, o depósito recursal na execução é desnecessário. A exigência do depósito viola os incisos **II** e **LV** do art. 5º da CF: princípios constitucionais do devido processo legal, **da legalidade**, do **contraditório e da ampla defesa**. Isso decorre do fato de, em tese, o juízo já estar garantido.
2. Exceção: se houver elevação do valor do débito exige-se a complementação da garantia do juízo (depósito recursal).

➤ Juízo *a quo* – 1º juízo de admissibilidade recursal.

a. Art. 897, § 3º, da CLT.

b. Vai depender de onde a execução tramita:

i. 1º Grau: Vara do Trabalho ou Juiz de Direito Investido em matéria trabalhista.

ii. 2º grau: Tribunal Regional do Trabalho (Desembargador-Presidente). É possível a execução em ação de competência originária do TRT, a exemplo da ação rescisória e do dissídio coletivo.

➤ Juízo *ad quem* – 2º Juízo de admissibilidade recursal:

a. Art. 897, § 3º, da CLT.[13]

b. Vai depender de onde a execução tramita:

i. 1º Grau: Tribunal Regional do Trabalho.

ii. **2º grau: É o *próprio TRT***, presidido pela autoridade recorrida. **Não é remetido ou julgado pelo TST (Tribunal Superior do Trabalho). É possível a execução em ação de competência originária do TRT, a exemplo da ação rescisória e do dissídio coletivo.**

➤ Pressuposto Recursal Específico:

– Art. 897, § 1º, da CLT.

– Súm. nº 416 do TST.

– Delimitação justificada das matérias e dos valores impugnados.

7.2. HIPÓTESE DE CABIMENTO

É o instrumento processual utilizado pelas partes (Exequente e Executado) para impugnar as decisões proferidas pelo Juiz do Trabalho na fase de execução. É um recurso exclusivo da fase de execução.

Todas as decisões proferidas pelo juiz do trabalho na fase de execução ensejam a interposição de agravo de instrumento?

A priori, cabe ressaltar que os despachos (art. 203, CPC) e as decisões interlocutórias (art. 893, § 1º, da CLT) não são recorríveis de imediato no processo do trabalho, inclusive na fase de execução. Apenas as decisões de caráter definitiva ou terminativa do feito que desafiam a interposição de agravo de instrumento, desde que a lei não estabeleça o manejo de outro remédio processual, como é o caso da impugnação da

13 CLT, art. 897, § 3º Na hipótese da alínea *a* deste artigo, o agravo será julgado pelo próprio tribunal, presidido pela autoridade recorrida, salvo se se tratar de decisão de Juiz do Trabalho de 1ª Instância ou de Juiz de Direito, quando o julgamento competirá a uma das Turmas do Tribunal Regional a que estiver subordinado o prolator da sentença, observado o disposto no art. 679, a quem este remeterá as peças necessárias para o exame da matéria controvertida, em autos apartados, ou nos próprios autos, se tiver sido determinada a extração de carta de sentença.

sentença de liquidação por meio dos embargos à execução (também denominado de embargos à penhora). Excepcionalmente, a lei admite o agravo de petição é cabível para impugnar ***decisão interlocutória*** que acolher ou rejeitar, na fase de execução, o ***incidente de desconsideração da personalidade*** jurídica, hipótese em que independerá da garantia do juízo (art. 855-A, § 1º, II, da CLT).

Importante!!!! A sentença de liquidação – que decide a liquidação, ou seja, define o *quantum debeatur*; o valor devido ao exequente –, embora receba de denominação de "sentença", essa deliberação tem natureza jurídica de decisão interlocutória qualificada ou mista, pois decide a fase de liquidação de sentença *sem status de definitividade*[14]. Por esta razão, deve ser impugnada por meio de Embargos à Execução (peça do Executado) ou Impugnação à Sentença de Liquidação (Peça do Exequente), na forma do art. 884 da CLT, *não cabendo, portanto, agravo de petição.*

Prevalece na doutrina e na jurisprudência que o agravo de petição é cabível para impugnar as decisões proferidas em sede de embargos à execução, embargos à arrematação, embargos à adjudicação, embargos de terceiro (na fase de execução), Impugnação à Sentença de Liquidação (Peça do Exequente, prevista no art. 884 da CLT), a exceção de pré-executividade e a decisão que acolher ou rejeitar, na fase de execução, o incidente de desconsideração da personalidade jurídica.

7.3. COMO IDENTIFICAR A PEÇA

O enunciado vai indicar a existência de uma execução de título judicial ou extrajudicial, na qual houve a prolação de uma decisão rejeitando ou acolhendo incidente de desconsideração da personalidade jurídica; embargos à execução ou impugnação à sentença de liquidação (art. 884 da CLT); embargos à arrematação; embargos à adjudicação; embargos de terceiro (na fase de execução).

Régua Processual:

Reclamação Trabalhista >> Notificação da Reclamada >> Audiência >> Apresentação da Defesa >> Instrução Processual >> Sentença >> Recurso Ordinário >> Acórdão >> Trânsito em julgado >> Apresentação de cálculos >> Intimação da parte para impugnar os Cálculos >> Sentença de Liquidação >> Citação do Executado >> Garantia do Juízo ou Penhora >> Embargos à Execução, Impugnação à Sentença de Liquidação ou Embargos de Terceiro >> Decisão proferida pelo juiz do trabalho, com caráter definitivo >> ? (Medida cabível: Agravo de Petição, art. 897, "a", da CLT)

Régua Processual:

Reclamação Trabalhista >> Notificação da Reclamada >> Audiência >> Apresentação da Defesa >> Instrução Processual >> Sentença >> Recurso Ordinário >> Acórdão >> Trânsito em julgado >> Apresentação de cálculos >> Intimação da parte para impugnar os Cálculos >> Sentença de Liquidação >> Citação do Executado >> Ausência de Garantia do Juízo e de bens passíveis de penhora >> Incidente de desconsideração da personalidade jurídica >> Decisão interlocutória que acolhe ou rejeita o incidente >> ? (Medida cabível: Agravo de Petição, art. 897, "a", da CLT)

7.4. ESTRUTURA DO AGRAVO DE PETIÇÃO

- 2 (duas) Peças – PEÇA DE INTERPOSIÇÃO/ENCAMINHAMENTO + RAZÕES DE RECURSO ORDINÁRIO

I) 1ª Peça – Petição de Interposição ou Peça de Encaminhamento – ao "Juízo a quo"

1. Endereçamento completo sem abreviaturas
2. Processo nº

14 Schiavi, Mauro. Manual de Direito Processual do Trabalho. – São Paulo: LTr, 2017, p. 1084.

3. Agravante + Agravado + Advogado: já qualificado nos autos do processo em epígrafe
4. Inconformismo com a respeitável sentença: tempestivamente (é uma questão d estilo).
5. Verbo: Interpor (entre instâncias)
6. Identificação e Previsão Legal da Peça: Agravo de Petição – art. 897, "a", CLT
7. Razões Anexas (ou Minuta Anexa).
8. Preparo:
   a. Custas: art. 789-A, IV, da CLT
   b. Depósito recursal – Súm. nº 128, II, do TST
9. Macete dos 2 Rs– Recebimento + Remessa
10. Notificação do agravado para apresentar contraminuta.
11. Delimitação, justificada, das matérias e dos valores impugnados (Menção): art. 897, § 1º, da CLT + Súm. nº 416 do TST
12. Encerramento da Peça

II) 2ª Peça – RAZÕES DE RECURSO ORDINÁRIO – ao juízo "ad quem"

1. Cabeçalho (4 Itens): Agravante, agravado, origem e processo nº...
2. Expressões de Respeito
3. Pressupostos Recursais: preenchidos
4. Pressupostos Específicos: Delimitação das matérias e dos Valores
5. Resumo da Demanda (fatos)
6. Teses (+ou- 4 pontos) – As teses podem envolver matérias ou valores).
7. CPR: Conhecimento + Provimento + Reforma
8. Encerramento da Peça

7.5. MODELO DE AGRAVO DE PETIÇÃO

EXCELENTÍSSIMO SENHOR DOUTOR JUIZ DO TRABALHO DA ... VARA DO TRABALHO DE ...

PROCESSO n...

AGRAVANTE, já qualificado nos autos em epígrafe, vem, por intermédio de seu advogado, procuração anexa e endereço completo com CEP, à presença de Vossa Excelência, tempestivamente, inconformado com a respeitável decisão, interpor **AGRAVO DE PETIÇÃO**, com fulcro no **art. 897, "a", da CLT**, em face de **AGRAVADO**, já qualificado nos autos mencionados, em virtude dos fundamentos de fato e de direito expostos a seguir.

Inicialmente, cumpre destacar que a matéria e os valores objetos deste agravo de petição correspondem à ..., em atendimento ao art. 897, § 1º, CLT.

Na oportunidade, **deixa de recolher as custas, pois na execução, estas são pagas ao final no importe de R$ 44,26, nos termos do art. 789-A, IV, CLT.**

Igualmente, **não há que se falar em depósito recursal, em face da garantia do juízo, conforme a Súm. nº 128, II, TST.**

Requer-se a **notificação** da parte contrária, para **apresentação de contraminuta**, na forma do art. 900 da CLT.

Por derradeiro, requer-se o **recebimento e a remessa** da minuta **ao Tribunal Regional do Trabalho da __ª Região.**

Termos em que, pede deferimento.

Local e data. Advogado e OAB nº

MINUTA DE AGRAVO DE PETIÇÃO

AGRAVANTE:

AGRAVADO:

ORIGEM:

PROCESSO Nº

Egrégio Tribunal, Colenda Turma, Nobres Julgadores,

I – DOS PRESSUPOSTOS RECURSAIS

O presente recurso preenche todos os pressupostos recursais objetivos e subjetivos, razão pela qual merece ser conhecido.

II – DA DELIMITAÇÃO DA MATÉRIA E VALORES

O presente recurso delimita a matéria e os valores de impugnação, atendendo ao disposto no art. 897, § 1º, da CLT e na Súm. nº 416, TST

III – RESUMO DA DEMANDA

IV – FUNDAMENTOS

V – PEDIDOS

Ante o exposto, requer-se o conhecimento e o provimento do recurso, com a reforma da decisão

Termos em que, pede deferimento.

Local e data. Advogado e OAB nº

8. AÇÃO DE CONSIGNAÇÃO EM PAGAMENTO

8.1. FUNDAMENTO LEGAL

A CLT não trata da matéria, cabendo a aplicação subsidiária dos arts. 539 a 549 da CLT. O Código Civil trata do cabimento nos arts. 334 e 335.

8.2. HIPÓTESE DE CABIMENTO

No processo do trabalho é possível citar dois grandes exemplos de uso da consignação:

a) Recusa do empregado em receber as verbas rescisórias, como por exemplo na justa causa que o trabalhador não concorda com sua aplicação.

b) Quando ocorrer o desconhecimento de quem deve receber as verbas rescisórias, quando ocorre o falecimento do empregado – Lei nº 6.858/1980 regulamenta o tema.

- ***Objeto***: nos termos do art. 539 do CPC, a consignação pode ser de quantia ou de coisa, exemplo o uso da consignação para a devolução pelo empregador da carteira de trabalho, celular, computador, etc.
- **Competência Territorial**: Em regra, local de prestação de serviços (art. 651 da CLT).

8.3. COMO IDENTIFICAR A PEÇA

- O enunciado vai descrever uma situação em que o empregado ou o empregador pretendem quitar uma obrigação, seja através da entrega de bens ou do pagamento de valores, mas a parte contrária não pode, ou, sem justa causa se recusa a receber ou dar quitação; não compareceu, nem mandou alguém receber a coisa no lugar, tempo e condição estabelecidas; quando a parte ex-adversa for incapaz de receber, ***for desconhecida***, declarada ausente, ou residir em lugar incerto ou de acesso perigoso ou difícil; se ocorrer dúvida sobre quem deva legitimamente receber o objeto do pagamento; se pender litígio sobre o objeto do pagamento.

Régua Processual: Nenhum ato processual foi praticado até o momento.

8.4. ESTRUTURA DA AÇÃO DE CONSIGNAÇÃO EM PAGAMENTO

1. Endereçamento:

"Excelentíssimo Senhor Doutor Juiz do Trabalho da ... Vara do Trabalho de..."

OBS.: Respeitar a regra do art. 651 da CLT. O candidato deve ficar atento a informação do enunciado caso conste o local da prestação de serviços.

2. Qualificação completa do CONSIGNANTE:

- 4 itens: nome, pessoa jurídica de direito privado, CNPJ, endereço completo com CEP.
- Na hipótese de empregador pessoa física a qualificação será: nome, CPF, RG, endereço completo com CEP.

3. Menção ao advogado, procuração em anexo, endereço completo com CEP.

4. Verbo: "Propor" ou "ajuizar".

5. Procedimento: é um procedimento especial.

6. Nome da peça e fundamentação legal: Ação de Consignação em Pagamento, art. 539 ao 549, do CPC, aplicados supletiva e subsidiariamente por força do art. 769, da CLT e 15 do CPC.

7. Qualificação completa do CONSIGNATÁRIO:

- Em regra é uma pessoa física – empregado ou seus respectivos herdeiros/espólio.

8. Fatos.

9. Fundamentação jurídica (detalhar cada verba rescisória).

10. Pedidos:

➤ Procedência da ação.
➤ Apresentar a lista de pedidos: autorização da realização de depósito (valores ou coisas/bens).

11. Requerimentos finais:

➤ Citação do réu, para querendo apresentar defesa ou concordar e levantar os valores;
➤ Protesto por provas.
➤ Honorários advocatícios, na forma do art. 791-A da CLT

12. Valor da causa

13. Encerramento da peça: "Nesses termos, pede deferimento. Local e data. Advogado e OAB".

8.5. MODELO DE AÇÃO DE CONSIGNAÇÃO EM PAGAMENTO

EXCELENTÍSSIMO SENHOR DOUTOR JUIZ DO TRABALHO DA ... VARA DO TRABALHO DE MACEIÓ/AL

ZENGA MODAS LTDA, pessoa jurídica de direito privado, inscrita no CNPJ sob o nº 1.1.0001/00, com sede na Rua Lopes Quintas, nº 10, Maceió/AL, CEP, por seu advogado que esta subscreve (procuração anexa), endereço completo e CEP, vem, respeitosamente, à presença de Vossa Excelência, ajuizar **AÇÃO DE CONSIGNAÇÃO EM PAGAMENTO**, com fundamento nos arts. 539 a 549 do CPC de 2015, aplicáveis subsidiária e supletivamente por força do art. 769 da CLT e do art. 15 do CPC/2015, em face de **JOANA FIR-**

MINO, brasileira, casada, costureira, residente na Rua Lopes Andrade, nº 20, Maceió/AL, CEP 10.0001-00, RG ..., CPF ..., CTPS ..., PIS ..., filha de ..., nascida em ..., pelos motivos de fato e de direito a seguir expostos.

I – DOS FATOS

A Consignada foi contratada em 12/09/2008 para exercer a função de costureira, sendo dispensada sem justa causa em 11/10/2012, mediante aviso prévio indenizado. Joana foi cientificada de que no dia 15/10/2012 deveria comparecer na área de Recursos Humanos da empresa para recebimento das devidas verbas rescisórias, mas, na data e hora designadas, não compareceu. Ressalta-se, por fim, que a empregada fruiu férias dos períodos 2008/2009 e 2009/2010, que permanecem em posse da Consignante seu telefone celular e sua CTPS e que o empregador comunicou a dispensa aos órgãos competentes.

II – DOS FUNDAMENTOS JURÍDICOS

Considerando-se a recusa da Consignada em receber as verbas rescisórias devidas, bem como em recuperar seus bens pessoais que ficaram sob a custódia da empresa (isto é, seu telefone celular e sua CTPS), não restou à Consignante outra alternativa senão ajuizar a presente ação, com o intuito de evitar a aplicação de multa (art. 477, § 8º, da CLT) e outros encargos decorrentes da mora no pagamento e devolução de bens.

Nesse sentido, tendo em vista que a ex-empregada foi contratada em 12/09/2008 e dispensada sem justa causa em 11/10/2012, e que gozou devidamente as férias dos períodos aquisitivos 2008/2009 e 2009/2010, são devidas as seguintes verbas (cuja consignação desde logo se requer):

a) Saldo de salários de 11 dias referentes ao mês outubro de 2012;

b) Aviso prévio proporcional ao tempo de serviço, correspondente a 42 dias;

c) 13º salário proporcional de 11/12 avos;

d) Férias dobradas do período 2010/2011, acrescidas do terço constitucional;

e) Férias integrais simples do período 2011/2012, acrescidas do terço constitucional;

f) Férias proporcionais de 2/12 avos, acrescidas do terço constitucional;

g) FGTS sobre verbas rescisórias;

h) Indenização de 40% do FGTS.

Ademais, requer a consignação dos documentos necessários ao saque do FGTS e do seguro-desemprego (SD).

Por fim, a presente ação, conforme narrado, também se destina à consignação dos bens da Ré que ficaram na posse da empresa, quais sejam, o telefone celular e a CTPS.

Nos termos do art. 335, inciso II, do Código Civil (CC), a consignação tem lugar quando o credor não for, nem mandar receber a coisa no lugar, tempo e condição devidos, o que ocorreu no caso em tela, haja vista que a empregada não compareceu à empresa para reaver seus bens.

Portanto, vale-se a Consignante da presente ação, também, para requerer o depósito de referidos bens.

III – DOS PEDIDOS E REQUERIMENTOS FINAIS

Ante todo o exposto, requer a quitação das obrigações, com o deferimento do depósito dos bens e valores a seguir descritos:

a) CTPS da Consignada;

b) Telefone celular da Consignada;

c) Saldo de salários de 11 dias referentes ao mês outubro de 2012...***valor líquido***;

d) Aviso prévio proporcional ao tempo de serviço, correspondente a 42 dias...............................***valor líquido***;

e) 13º salário proporcional de 11/12 avos...***valor líquido***;

f) Férias dobradas do período 2010/2011, acrescidas do terço constitucional....................................***valor líquido***;

g) Férias integrais simples do período 2011/2012, acrescidas do terço constitucional........................***valor líquido***;

h) Férias proporcionais de 2/12 avos, acrescidas do terço constitucional..***valor líquido***;

i) FGTS sobre verbas rescisórias...***valor líquido***;

j) Indenização de 40% do FGTS..***valor líquido***.

Outrossim, requer seja a Consignada citada/notificada para levantá-los ou contestar o feito.

Ato contínuo, pleiteia a procedência dos pedidos ventilados na presente ação, com a consequente extinção das obrigações.

Requer-se, ademais, a condenação da Consignada ao pagamento dos honorários advocatícios, na forma do art. 791-A da CLT.

Protesta provar o alegado por todos os meios de provas em direito admitidos.

Dá-se à causa o valor de R$ ... (valor por extenso).

Nestes termos, pede deferimento.

Local e data. Advogado e OAB nº ...

9. MANDADO DE SEGURANÇA

9.1. FUNDAMENTO LEGAL

- Art. 847 da CLT + art. 336 e seguintes do CPC por força do art. 769 da CLT + art. 15 do CPC.
- Art. 5º, **LXIX (individual)** e **LXX (coletivo),** da CF.
- **Lei nº 12.016, de 7 de agosto de 2009 (Lei do Mandado de Segurança).**
- **Art. 114, IV, da CF.**
- Art. 224 e seguintes do Regimento Interno do Tribunal Superior do Trabalho (RITST).

9.2. HIPÓTESE DE CABIMENTO

É uma ação constitucional utilizada com a finalidade de ***tutelar direito líquido e certo*** contra ato praticado por autoridade pública. O enunciado vai narrar uma situação em que uma autoridade pública ou uma pessoa jurídica no exercício de uma atribuição Pública (Auditor Fiscal do Trabalho, Oficial de Cartório, Procurador do Trabalho, Juiz do Trabalho, Desembargador de Tribunal Regional do Trabalho, Ministro do Tribunal Superior do Trabalho, por exemplo) praticaram um **ato que *viola um direito evidente* das partes** e **pode ser provado imediatamente (como regra, por meio de prova documental)**, sem necessidade de instrução probatória (Súmula 415 do TST).

As situações mais comuns são:

- atos do Auditor Fiscal do Trabalho ou de Delegados do Trabalho: a) aplicação de multas provenientes da fiscalização das relações de trabalho (art. 114, VII, da CF); b) interdição de estabelecimento ou setor, de máquina ou equipamento, no embargo à obra (art. 161 da CLT);
- atos de Oficiais de Cartório que recusam o registro de entidade sindical;
- atos de membros do Ministério Público do Trabalho em Inquéritos Civis Públicos;
- ato de Juiz do Trabalho que concede ou indefere tutela de urgência antes da sentença (Súmula 414, I, do TST);
- ato de juiz ou tribunal que exija a realização de depósito prévio de honorários periciais (OJ 98 da SDI-2 do TST; art. 790-B, § 3º, da CLT);

- ato de juiz ou tribunal que determina o bloqueio de numerário existente em **conta salário, para satisfação de crédito trabalhista**, ainda que seja limitado a determinado percentual (OJ 153 da SDI-2 do TST).

9.3. COMO IDENTIFICAR A PEÇA

- O enunciado vai indicar que uma autoridade pública praticou um ato que viola um direito evidente das partes, como, por exemplo, o ato praticado por um juiz do trabalho que indefere o pedido tutela de urgência para reintegrar uma trabalhadora gestante, durante o período de estabilidade, que comprova documentalmente o estado gestacional, por meio de ultrassonografia, exames e diagnósticos médicos. Aguardar o desdobramento da ação trabalhista, antes da efetiva reintegração ou pagamento da indenização, certamente ocasionará prejuízos à gestante, que não terá como subsidiar o próprio sustento ou da sua prole. Você, na qualidade de advogado(a) da parte que teve um direito líquido e certo violado, deverá apresentar a medida judicial cabível para defendê-la.

Atenção:

No 36º Exame Unificado de Ordem, a banca examinadora apresentou uma situação-problema na qual o juiz do trabalho exigiu o adiantamento dos valores dos honorários como condição para a realização de perícia, impediu às partes de apresentarem quesitos e indicar assistentes técnicos, durante a instrução processual. Você, como advogado(a) da sociedade empresária, com base no entendimento consolidado do TST, tinha a missão de elaborar a medida judicial para tentar reverter a decisão.

9.4. ESTRUTURA DO MANDADO DE SEGURANÇA

1. Endereçamento completo (sem abreviaturas):

a) ***ao Juiz do Trabalho da Vara do Trabalho*** ou Juiz de Direito investido em matéria trabalhista: contra atos de **Auditores-Fiscais** do Trabalho (Ministério do Trabalho e Emprego – MTE); de **Procuradores do Trabalh**o (Ministério Público do Trabalho – MPT); de **Oficias de Cartório**;

b) ***ao Juiz-Presidente ou Desembargador-Presidente do Tribunal Regional do Trabalho da __ Região:*** contra **atos do Juiz do Trabalho** da Vara do Trabalho; atos do Juiz de Direito investido em matéria trabalhista; atos do **Juiz ou Desembargador do próprio TRT**; atos de **diretor e demais servidores da Secretaria da Vara** ou Cartório; ou atos dos **servidores do próprio TRT**; ou

c) ao Ministro-Presidente do Tribunal Superior do Trabalho: contra atos do Ministro do próprio TST.

2. Qualificação completa do Impetrante.

3. Advogado, procuração anexa, endereço completo/CEP.

4. Verbo: impetrar.

5. Procedimento especial.

6. Identificação e previsão legal da peça processual: **Mandado de Segurança – art. 5º, LXIX (Individual) e LXX (Coletivo), da CF e Lei nº 12.016/2009**.

7. Qualificação completa da ***Autoridade Coatora***.

Obs. 1: Indicar o terceiro interessado (geralmente a parte contrária no processo originário).

Obs. 2: DA TEMPESTIVIDADE: Abrir um tópico para indicar que a impetração do man: dado de segurança é tempestiva, ou seja, está sendo impetrado dentro do prazo decadencial de 120 dias a contar da ciência do ato art. 23, Lei nº 12.016/2009.

8. Fatos.

9. Fundamentos jurídicos dos pedidos – Tese(s).

Obs. 1: Desenvolver bem a Tese do direito líquido e certo violado.

Obs. 2: Liminar (Art. 7º, III, Lei nº 12.016/2009) – Postular a concessão de liminar com a finalidade de suspender o ato ilegal ou abusivo.

10. Pedidos e Requerimentos finais:

a. **Notificação da autoridade coatora** para prestar informações no prazo de 10 dias (Art. 7º, I, Lei nº 12.016/2009).

b. **Reiteração da liminar**/tutela provisória.

c. **Concessão da ordem.**

d. **Oitiva do MPT.**

e. **Produção/juntada de prova pré-constituída.**

Obs. 3: Mencionar o recolhimento das custas iniciais com a juntada da anexa guia devidamente quitada.

12. Valor da causa.

13. Encerramento: a) nesses termos, pede deferimento; b) local e data (sem identificação); c) advogado e número da OAB (sem identificação).

Régua processual

RÉGUA PROCESSUAL

I – 1º Grau de Jurisdição (até a Sentença) – Rito Ordinário

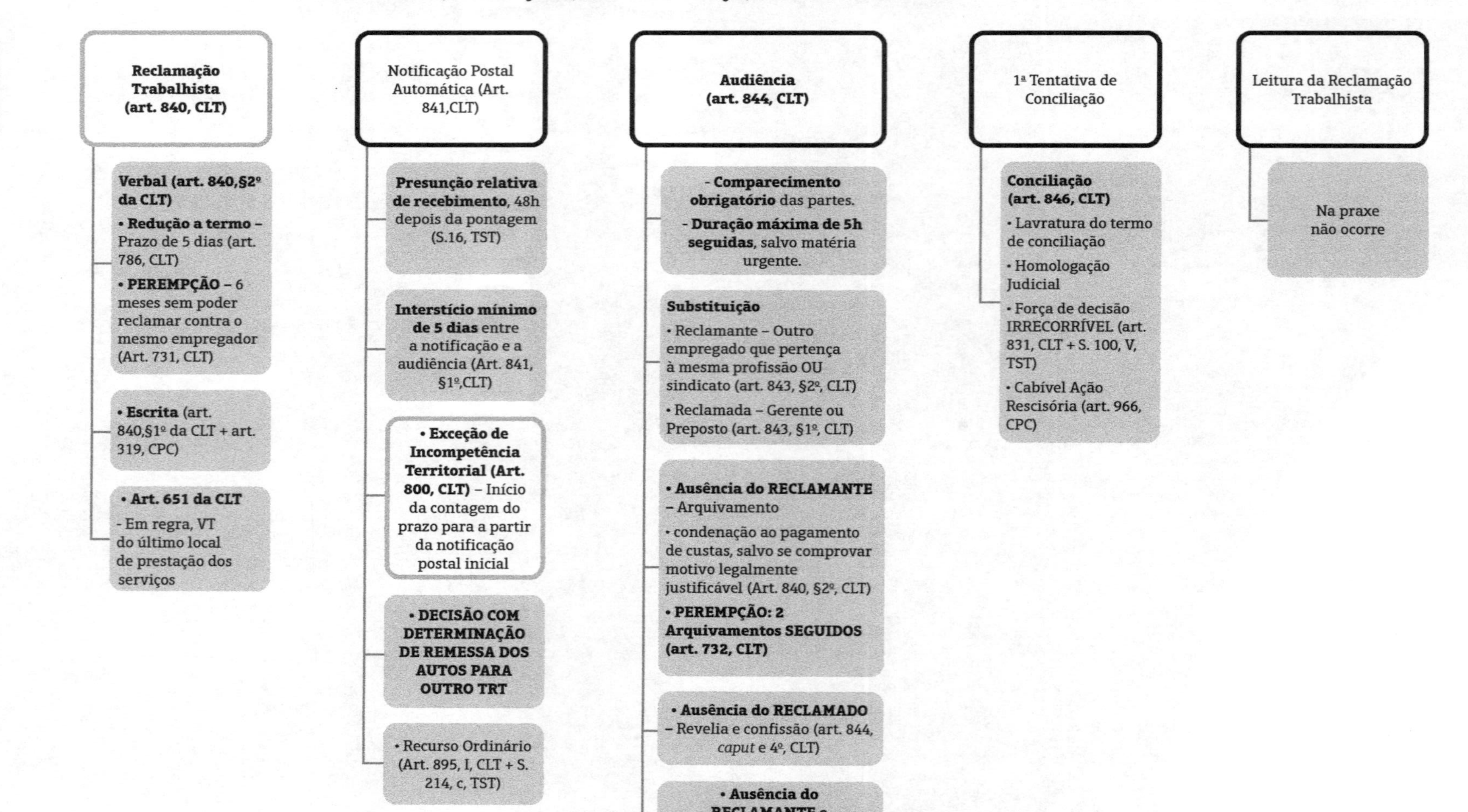

Vara do Trabalho
Reclamação Trabalhista (art. 840, CLT)
Verbal (art. 840,§2º da CLT)
• Redução a termo – Prazo de 5 dias (art. 786, CLT)
• PEREMPÇÃO – 6 meses sem poder reclamar contra o mesmo empregador (Art. 731, CLT)
• Escrita (art. 840,§1º da CLT + art. 319, CPC)
• Art. 651 da CLT
- Em regra, VT do último local de prestação dos serviços
Notificação Postal Automática (Art. 841,CLT)
Presunção relativa de recebimento, 48h depois da pontagem (S.16, TST)
Interstício mínimo de 5 dias entre a notificação e a audiência (Art. 841, §1º,CLT)
• Exceção de Incompetência Territorial (Art. 800, CLT) – Início da contagem do prazo para a partir da notificação postal inicial
• DECISÃO COM DETERMINAÇÃO DE REMESSA DOS AUTOS PARA OUTRO TRT
• Recurso Ordinário (Art. 895, I, CLT + S. 214, c, TST)
Audiência (art. 844, CLT)
- Comparecimento obrigatório das partes.
- Duração máxima de 5h seguidas, salvo matéria urgente.
Substituição
• Reclamante – Outro empregado que pertença à mesma profissão OU sindicato (art. 843, §2º, CLT)
• Reclamada – Gerente ou Preposto (art. 843, §1º, CLT)
• Ausência do RECLAMANTE – Arquivamento
• condenação ao pagamento de custas, salvo se comprovar motivo legalmente justificável (Art. 840, §2º, CLT)
• PEREMPÇÃO: 2 Arquivamentos SEGUIDOS (art. 732, CLT)
• Ausência do RECLAMADO – Revelia e confissão (art. 844, caput e 4º, CLT)
• Ausência do RECLAMANTE e do RECLAMADO – Arquivamento
1ª Tentativa de Conciliação
Conciliação (art. 846, CLT)
• Lavratura do termo de conciliação
• Homologação Judicial
• Força de decisão IRRECORRÍVEL (art. 831, CLT + S. 100, V, TST)
• Cabível Ação Rescisória (art. 966, CPC)
Leitura da Reclamação Trabalhista
Na praxe não ocorre

Defesa (art. 847, CLT)

- **20 minutos de forma oral**
- **Escrtita** – até a audiência, se o processo for eletrônico

Réplica

- **- Omissão na CLT**
- **- Fundamentos:**
  - art. 5º, LV, CF- contraditório e ampla defesa
  - art. 765, CLT – O juiz é o diretor do processo e o destinatário da prova.
- **- Forma:**
  - Oral – O princípio da oralidade norteira o processo do trabalho, notadamente na audiência trabalhista.
  - Escrita

Instrução Processual (art. 848,CLT)

- **Depoimento pessoal das partes (Reclamante/ Reclamada)**
- **Oitiva das testemunhas indicadas pelo RECLAMANTE**
  - 2 (duas) Testemunhas – Rito Sumaríssimo (art. 852-H, §2º, CLT)
  - 3 (três) Testemunhas – Rito Ordinário (art. 821, CLT)
  - 6 (seis) Testemunhas – Inquérito Judicial para apuração de falta grave (art. 821, CLT)
- **Oitiva das testemunhas indicadas pela RECLAMADA**
  - 2 (duas) Testemunhas – Rito Sumaríssimo (art. 852-H, §2º, CLT)
  - 3 (três) Testemunhas – Rito Ordinário (art. 821, CLT)
  - 6 (seis) Testemunhas – Inquérito Judicial para apuração de falta grave (art. 821, CLT)
- **Oitiva dos Peritos ou Técnicos, se houver**

Razões Finais (art. 850, CLT)

- **- Prazo de 10 minutos**
  -Em regra, de forma oral
  - Memoriais escritos, de forma excepcional

2ª Tentativa de Conciliação (art. 850, CLT)

- **Conciliação (art. 846, CLT)**
  - Lavratura do termo de conciliação
  - Homologação Judicial
  - Força de decisão IRRECORRÍVEL (art. 831, CLT + S. 100, V, TST)
  - Cabível Ação Rescisória (art. 966, CPC)

Sentença (art. 850/852, CLT)

- **- Prolatada em audiência**
  -Elementos: Relatório (exceto, no procedimento sumaríssimo), Fundamentação e Dispositivo/ Conclusão (art. 489, CPC)
- **- Juntada ao processo no prazo de 48 horas**
  - Se não for juntada no prazo de 48 horas, as partes serão intimadas, a rigor, pelo Diário Oficial (S. 30, TST)
- **Audiência de Julgamento**
  - Se a parte não comparecer, será intimada através da publicação da sentença (S. 197, TST)

II – Fase Recursal (até o STF)

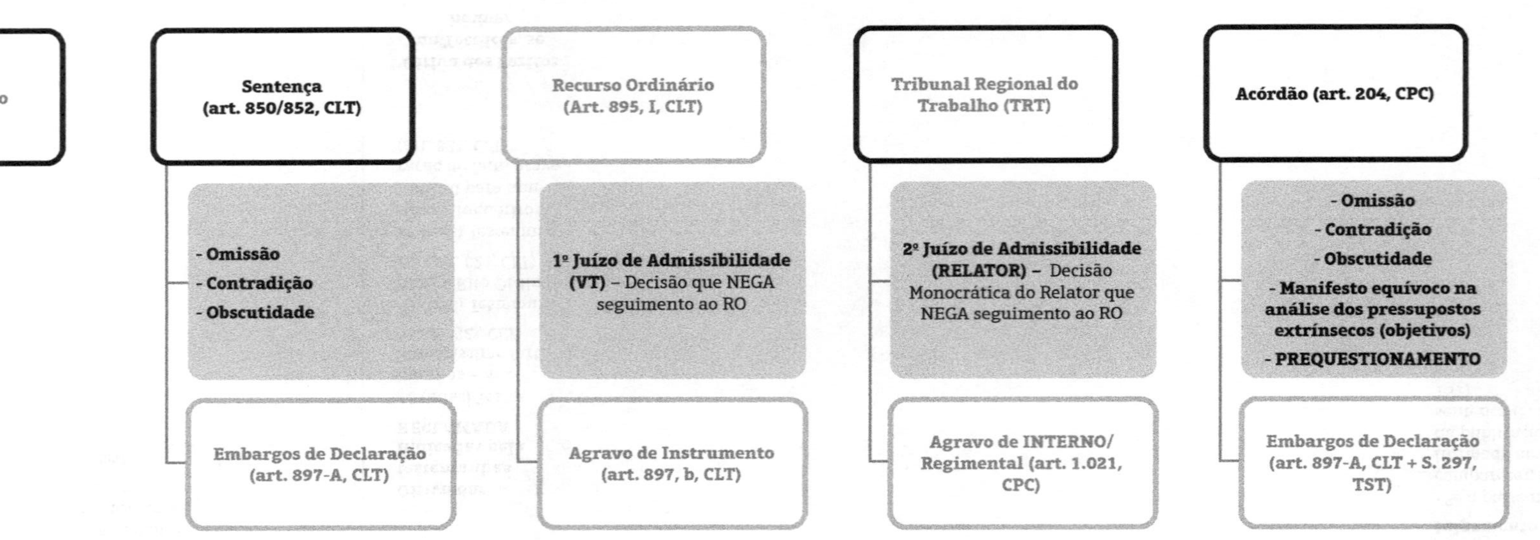
Vara do Trabalho
Sentença (art. 850/852, CLT)
- Omissão
- Contradição
- Obscutidade
Embargos de Declaração (art. 897-A, CLT)
Recurso Ordinário (Art. 895, I, CLT)
1º Juízo de Admissibilidade (VT) – Decisão que NEGA seguimento ao RO
Agravo de Instrumento (art. 897, b, CLT)
Tribunal Regional do Trabalho (TRT)
2º Juízo de Admissibilidade (RELATOR) – Decisão Monocrática do Relator que NEGA seguimento ao RO
Agravo de INTERNO/ Regimental (art. 1.021, CPC)
Acórdão (art. 204, CPC)
- Omissão
- Contradição
- Obscutidade
- Manifesto equívoco na análise dos pressupostos extrínsecos (objetivos)
- PREQUESTIONAMENTO
Embargos de Declaração (art. 897-A, CLT + S. 297, TST)

Recurso de Revista (Art. 896, CLT)

- **Requisitos Específicos:** -PREQUESTIONAMENTO -TRANSCENDÊNCIA
- **1º Juízo de Admissibilidade: Presidente do TRT** – Decisão que NEGA seguimento ao RR
  - Não abrange a transcendência (Art. 896, §6º, CLT)
- **Agravo de Instrumento (art. 897, b, CLT)**
- **1º Juízo de Admissibilidade: Presidente do TRT** – Admissão PARCIAL do RR
- **Agravo de Instrumento (art. 897, b, CLT)**
  - em face do capítulo denegatório, sob pena de preclusão (art. 1º, da IN 40, TST)
- **1º Juízo de Admissibilidade: Presidente do TRT** – OMISSÃO na ADMISSIBILIDADE de um ou mais temas do RR
- **Embargos de Declaração (art. 897-A, CLT + art. 1.024, §2º, CPC + art. 1º, §1º, IN 40, TST)**
  - Nova Omissão – Caberá Agravo de Instrumento (§4º, art. 1º, IN 40, TST)

Tribunal Superior do Trabalho (TST)

- **2º Juízo de Admissibilidade:** Decisão Monocrática do Ministro-Relator que nega seguimento ao RR
- **Agravo de INTERNO/ Regimental (art. 1.021, CPC)**
- **2º Juízo de Admissibilidade:** Decisão Monocrática do Ministro-Relator que não reconhece a Transcendência
- **Agravo de INTERNO/ Regimental (art. 1.021, CPC + art. 896-A, §2º, CLT)**
  - Admite sustentação oral (art. 896-A, §3º, CLT)
  - Mantido o voto do relator, a decisão é irecorrível (art. 896-A, §4º, CLT)
- **2º Juízo de Admissibilidade:** Decisão Monocrática do Ministro-Relator, em agravo de intrumento em RR, que não reconhece a Transcendência
  - **Irrecorrível (art. 896-A, §5º, CLT)**

Acórdão da TURMA do TST (art. 204, CPC)

- **- Omissão - Contradição - Obscutidade - Manifesto equívoco na análise dos pressupostos extrínsecos (objetivos) - PREQUESTIONAMENTO**
- **Embargos de Declaração (art. 897-A, CLT + S. 297, TST)**

Embargos no TST (Art. 894, CLT)

- **- Também chamado de Embargos de Divergência**
- **1º Juízo de Admissibilidade: Ministro-Presidente da TURMA** – Decisão que NEGA seguimento aos Embargos no TST (art. 93, VIII, do Regimento Interno do TST)
- **Agravo Interno (art. 1.021, CPC + art. 894, §4º, da CLT + art. 78, II, "c" do Regimento Interno do TST)**

Acórdão da SDI do TST (art. 204, CPC)

- **- Omissão - Contradição - Obscutidade - Manifesto equívoco na análise dos pressupostos extrínsecos (objetivos) - PREQUESTIONAMENTO**
- **Embargos de Declaração (art. 897-A, CLT + S. 297, TST)**

Recurso Extraordinário (Art. 102, III, CF + art. 1.029 ss CPC)

- **Requisistos Específicos:**
  - PREQUESTIONAMENTO (S. 282, STF)
  - REPERCUSSÃO GERAL (art. 102, §3º, CF + art. 1.036 e ss CPC)
- **PRAZO: 15 dias úteis (Art. 324, §1º, RITST)**
- **Competência: Ministro Vice-Presidente do TST (art. 42, IV, do RITST -**
- **1º Juízo de Admissibilidade: Ministro Vice-Presidente do TST (art. 42, IV, do RITST)**- Decisão que NEGA seguimento RExt.
- **Agravo em RExt (art. 1.030, V, §1º e art. 1.042 e CPC + art. 328 do RITST)**
  • PRAZO: 15 dias úteis (Art. 328, RITST)
- **- Ministro Vice-Presidente pode se retratar ou manter a decisão agravada (Art. 329, RITST)**
  - Remeterá os autos ao STF (art. 1.042, §4º, CPC).

Supremo Tribunal Federal (STF)

- **2º Juízo de Admissibilidade: Decisão Monocrática do Ministro-Relator que nega seguimento ao RExt**
  • Se versar sobre Repercussão Geral será irrecorrível (art. 326 do RISTF)
  • Cabe ao Ministro-Presidente do STF analisar o Agravo em Recurso Extraordinário(art. 314-A, do RITST)
- **Agravo de INTERNO/ Regimental (art. 1.021, CPC + art. 317 do RISTF)**

Acórdão (art. 204, CPC)

- **- Omissão**
  - Contradição
  - Obscutidade
- **Embargos de Declaração (art. 897-A, CLT + art. 337 do RISTF)**

Embargos de Divergência (Art. 1.043, CPC + art. 330 RISTF)

- **PRAZO: 15 dias (Art. 334, RISTF)**
- **Decisão que NÃO ADMITE os Embargos de Divergência**
- **Agravo Interno (art. 1.021, CPC + art. 335, §2º, do RISTF)**
- **PRAZO: 5 dias (Art. 335, §2º, do RISTF)**

Acórdão (art. 204, CPC)

- **- Omissão**
  - Contradição
  - Obscutidade
- **Embargos de Declaração (art. 897-A, CLT + S. 297, TST)**

III – Liquidação de Sentença (art. 879, § 2º, CLT)

Trânsito em Julgado

Vara do Trabalho
- Retorno dos autos para o Juízo de Origem (art. 877, CLT)

Título Executivo Judicial – Sentença Ilíquida
- *An debeatur*: O que se deve – OK – *Quantum debeatur*: O quanto se deve – Pendente de apuração
- **Princípio da fidelidade da liquidação/execução à sentença exequenda:** i) Não é possível modificar ou inovar a sentença liquidanda; ii) Não é possível rediscutir as matérias referente à causa principal
- Abrange as contribuições previdenciárias (Art. 879, §1º-A, CLT)
- **Modalidades (art. 879, CLT)**
  - Cálculo
  - Arbitramento
  - Artigos

Intimação das partes para apresentar os cálculos
- **Via de regra, intima o Exequente (credor) para apresentar o cálculo, no prazo de 10 dias.** (Art. 879, §1º-B, CLT)
- **Se o Exequente não apresentar o cálculo, o juiz intimará o Executado (devedor) para fazê-lo, no prazo de 10 dias.** (Art. 879, §1º-B, CLT)

Apresentação dos cálculos pelas partes (Art. 879, §1º-B, CLT)
- Geralmente é apresentado pelo Exequente (credor)
- **Inconstitucionalidade da Taxa Referencial (TR)**
  - ADCs 58 e 59
  - ADIs 5867 e 6021
- **Fase Pré-Judicial: IPCA-E**
- **Fase Judicial: SELIC (art. 406, CC)**
- **Modulação dos efeitos (18.12.2020):**
  - **É válido e não se permite a rediscussão de: i) Pagamentos já efetuados usando a TR; ii) Sentença transitada em julgada que adotou a TR ou IPCA-E;**
  - **Aos processo sobrestado (em curso) aplica-se a SELIC, de forma retroativa;**

Intimação da parte contrária para impugnar os cálculos (Art. 879, §2º, CLT)
- **Também chamada de Impugnação à CONTA de Liquidação**
- **Prazo comum às partes: 8 dias**
- **-Imgugnação Fundamentada - Indicação dos objetos e valores da discordância**
- **Em regra, o Executado é intimado para contestar/impugnar os cálculos**

Em caso de Cálculo Complexo (Art. 879, §6º, CLT)
- **Nomeará um perito (Perícia contábil)**
- **Os honorários periciais são fixados depois da conclusão do trabalho**
- **Intimação das partes para impugnar os cálculos no prazo comum de 8 dias** (Art. 879, §2º, CLT)

Intimação da União (Art. 879, §3º, CLT)
- **Prazo: 10 dias**
- **- Obrigatória - Poderá ser Dispensada pelo Ministério da Fazenda** (Art. 879, §5º, CLT)

"Sentença" de Liquidação (Art. 879, §3º, CLT)
- **Homologação dos cálculos** (Art. 879, §3º, CLT)
- **Natureza jurídica: Decisão interlocutória qualificada ou mista (art. 844, §3º, CLT)**
- **Decide a fase de liquidação sem status de definitividade**

RÉGUA PROCESSUAL – EXECUÇÃO

Vara do Trabalho

MCPA – Mandado de Citação, Penhora e Avaliação (art. 880, CLT)

Oficial de Justiça (art. 880, § 2º, da CLT)

Citação do Executado

Citação por Edital (art. 880, §3º, CLT)
- Porcurado por 2 vezes, no espaço de 48 horas
- Executado não encontrado

Prazo de 48 horas

Paga a dívida

Garante a Execução:
- **Depósito da importância** executada (art. 881, CLT)
- **Nomeação de bens à penhora** (art. 835, CPC e art. 882, CLT)
- **Seguro-garantia judicial** (art. 882, CLT)

Inércia do Executado – Ocorrerá a **penhora** de bens
- Ordem preferencial da penhora (art. 835, CPC)
- Impenhoráveis (art. 833, CPC)
- Poderá ser realizada em domingo ou feriado, mediante atutorização expressa do juiz (art. 770, parágrafo único, CLT)

Se não for garantida a execução, nem localizados os bens do executado passível de penhora:

- Incidente de Desconsideração da Personalidade Jurídica (art. 855-A, CLT)
- **Desconsideração da Personalidade Jurídica:**
  - **Teoria Maior (art. 50, CC)** – abuso da personalidade jurídica, caracterizado pelo desvio de finalidade ou pela confusão patrimonial
  - **Teoria Menor (art. 28, CDC)** – basta insuficiência patrimonial para saldar o credito exequendo.
- **Decisão que acolhe ou rejeita o incidente na fase de execução**
  - **Inclusão (ou não) dos sócios na execução**
- **Agravo de Petição (art. 897, *a*, CLT e art. 855-A, §1º, II, CLT)**

Garantida a Execução ou Penhorados os Bens

- Impugnação à Sentença de Liquidação
  - Prazo: 5 dias
  - Peça do Exequente
- A exigência da garantia ou penhora não se aplica (art. 884, §6º, CLT):
  - às entidades filantrópicas
  - àqueles que compõem (ou compuseram) a diretoria de entidades filantrópicas.
- **Exceção de Pré-Executividade (art. 5º, XXXV, CF):**
  - Independende de penhora ou garantia dos bens
  - Veicula matéria de ordem pública (objeções peocessuais) ou outras matérias relevantes
- Quando houver o redirecionamento da execução contra o patrimônio de sócio ou ex-sócio que não integrou o incidente de desconsideração da personalidade jurídica, o sócio será considerado terceiro.
- **Embargos de Terceiro (art. 674, CPC) OU Embargos à Execução (art. 884, CLT)**

Embargos à Execução (art. 884, CLT)

- **Também denominado de Embargos à Penhora ou Embargos do Devedor**
- **Prazo: 5 dias**
- **Pode alegar (art. 884, §§1º e 5º, CLT + art. 917, CPC):**
  - cumprimento da decisão ou do acordo;
  - quitação da dívida;
  - Prescrição da divida;
  - inexequibilidade do título ou inexigibilidade da obrigação;
  - penhora incorreta ou avaliação errônea;
  - excesso de execução ou cumulação indevida de execuções;
  - retenção por benfeitorias necessárias ou úteis, nos casos de execução para entrega de coisa certa;
  - incompetência absoluta ou relativa do juízo da execução;
  - qualquer matéria que lhe seria lícito deduzir como defesa em processo de conhecimento.
- Execução por Carta Precatória (art. 914, §2º, CLT)

Intimação do Exequente

Resposta aos Embargos à Execução

- **Exercício do contraditório pelo Exequente (art. 5º, LV, CF, art. 9º, 10 e 920, I, CPC)**
- **Prazo: 5 dias**

Sentença (art. 884, § 4º, CLT)

- **Julgamento dos Embargos à Execução e/ou Impugnação à Sentença de Liquidação**

Fase Recursal na Execução

Observação[1]: A execução pode ter início no Tribunal (art. 877, CLT).

Observação[2]: A jurisprudência majoritária entende que se houver o redirecionamento da execução contra o patrimônio do sócio ou ex-sócio que não integrou o incidente de desconsideração da personalidade jurídica (Art. 855-A, CLT), o sócio ostentará a qualidade de terceiro, sendo possível a oposição de Embargos de Terceiro, na forma do art. 674, § 2º, III, do CPC. Vejamos os seguintes arestos:

"AGRAVO DE INSTRUMENTO . EMBARGOS DE TERCEIRO. EX-SÓCIO. DESCONSIDERAÇÃO DA PERSONALIDADE JURÍDICA. LEGITIMIDADE. GARANTIAS DO DEVIDO PROCESSO LEGAL E DO CONTRADITÓRIO. PROVIMENTO. Por prudência, ante possível afronta ao art. 5º, LIV e LV, da Constituição Federal, o destrancamento do recurso de revista é medida que se impõe. Agravo de instrumento a que se dá provimento. RECURSO DE REVISTA . 1. PRELIMINAR DE NULIDADE POR NEGATIVA DE PRESTAÇÃO JURISDICIONAL. POSSIBILIDADE DE DECIDIR O MÉRITO FAVORAVELMENTE AO RECORRENTE. APLICAÇÃO DO ARTIGO 282, § 2º, do NCPC (249, § 2º, DO CPC). A preliminar suscitada não enseja análise no presente caso, uma vez que, mesmo que se reconhecesse a existência da nulidade apontada, ela não seria objeto de pronunciamento, ante a possibilidade de decidir o mérito do recurso favoravelmente à parte recorrente, na forma autorizada pelo art. 282, § 2º do NCPC (249, § 2º, do CPC). 2. EMBARGOS DE TERCEIRO. EX-SÓCIO. DESCONSIDERAÇÃO DA PERSONALIDADE JURÍDICA. LEGITIMIDADE. GARANTIAS DO DEVIDO PROCESSO LEGAL E DO CONTRADITÓRIO. PROVIMENTO. O Tribunal Regional manteve a decisão de extinção do feito sem resolução do mérito sob o fundamento de que os embargos de terceiro não são o meio processual adequado para impugnar a decisão que redirecionou a execução em desfavor do ora recorrente, mas sim os embargos à execução. Discute-se, no presente feito, a legitimidade do embargante em opor embargos de terceiro contra a decisão que determinou o bloqueio de seu patrimônio, na qualidade de ex-sócio das reclamadas, uma vez operada a desconsideração da personalidade jurídica destas. Segundo o art. 674 do CPC/2015, os embargos de terceiro destinam-se à tutela do interesse daqueles que, não sendo parte no processo principal, venham a sofrer constrição ou ameaça de constrição sobre bens que possua ou em relação aos quais tenha direito incompatível com o ato constritivo. Trata-se, portanto, de uma ação autônoma, de natureza possessória, destinada a desconstituir constrição judicial de bens pertencentes a terceiros que não fizeram parte da relação processual. Ocorre que o inciso III do § 2º do aludido dispositivo considera como terceiro aquele que sofreu constrição judicial por força de desconsideração da personalidade jurídica, de cujo incidente não fez parte. Trata-se, desse modo, de hipótese que vai além da mera discussão de natureza possessória. Nessa situação, a controvérsia se circunscreverá à própria legitimidade do embargante para figurar no polo passivo da execução, em razão de não ter integrado anteriormente a lide na fase de conhecimento. Garante-se, portanto, a esse terceiro, o exercício do contraditório e da ampla defesa, a fim de que possa demonstrar a sua ilegitimidade para responder pelo crédito exequendo. O Tribunal Regional, pois, ao reconhecer o não cabimento do aludido meio processual para discutir a legitimidade do recorrente para figurar no polo passivo da demanda, sob o fundamento de que esse já estaria incluído no feito, afrontou diretamente os princípios do devido processo legal e do contraditório. Precedentes. Recurso de revista de que se conhece e a que se dá provimento»(RR-955-41.2014.5.02.0040, 4ª Turma, Relator Ministro Guilherme Augusto Caputo Bastos, DEJT 15/02/2019).

"I – AGRAVO DE INSTRUMENTO EM RECURSO DE REVISTA INTERPOSTO SOB A ÉGIDE DA LEI Nº 13.467/2017 – EXECUÇÃO - EMBARGOS DE TERCEIRO - SÓCIO – DESCONSIDERAÇÃO DA PERSONALIDADE JURÍDICA – LEGITIMIDADE Vislumbrada afronta ao art. 5º, LIV e LV, da Constituição da República, dá-se provimento ao Agravo de Instrumento para determinar o processamento do Recurso negado. II – RECURSO DE REVISTA INTERPOSTO SOB A ÉGIDE DA LEI Nº 13.467/2017 – EXECUÇÃO - EMBARGOS DE TERCEIRO - SÓCIO - DESCONSIDERAÇÃO DA PERSONALIDADE JURÍDICA – LEGITIMIDADE O sócio da empresa executada é parte legítima para opor Embargos de Terceiro, quando redirecionada a execução para seu patrimônio, em respeito ao princípio inscrito no art. 5º, LIV, da Constituição da República. O referido entendimento desta Eg. Corte ganhou reforço com o advento do art. 674, § 2º, III, do NCPC. Precedentes. Recurso de Revista conhecido e provido"(RR-1808-70.2017.5.09.0195, 8ª Turma, Relatora Ministra Maria Cristina Irigoyen Peduzzi, DEJT 07/06/2019).

IV – Fase Recursal na Execução Trabalhista (até o STF)

Vara do Trabalho

Sentença (art. 884, § 4º, CLT) ou decisão na execução

- **Julgamento dos Embargos à Execução e/ou Impugnação à Sentença de Liquidação**
- **- Omissão**
  - Contradição
  - Obscutidade
- **Embargos de Declaração (art. 897-A, CLT)**

Agravo de Petição (art. 897, *a*, CLT)

- **Requisistos Específicos (art. 897, §º1, CLT e S. 416, TST):**
  - Delimitação das matérias
  - Delimitação dos valores
- **Prazo: 8 dias**
- **1º Juízo de Admissibilidade (VT)** – Decisão que NEGA seguimento ao AP
- **Agravo de Instrumento (art. 897, b, CLT)**

Tribunal Regional do Trabalho (TRT)

- **2º Juízo de Admissibilidade (RELATOR)** – Decisão Monocrática do Relator que NEGA seguimento ao AP
- **Agravo de INTERNO/ Regimental (art. 1.021, CPC)**

Acórdão (art. 204, CPC)

- **- Omissão**
  - Contradição
  - Obscutidade
  - Manifesto equívoco na análise dos pressupostos extrínsecos (objetivos)
  - PREQUESTIONAMENTO
- **Embargos de Declaração (art. 897-A, CLT + S. 297, TST)**

Recurso de Revista (art. 896, CLT)

- **Requisitos Específicos:**
  - **Prequestionamento**
  - **Transcendência**
- **Teses (art. 896, § 2º, CLT):**
  - Ofensa direta e literal da Constituição Federal
  - Quando envolver execução fiscal ou CNDT: divergência jurisprudencial, violação a lei federal e ofença à CF
- **1º Juízo de Admissibilidade: Presidente do TRT** – Decisão que NEGA seguimento ao RR
  - Não abrange a transcendência (Art. 896, §6º, CLT)
- **Agravo de Instrumento (art. 897, *b*, CLT)**
- **1º Juízo de Admissibilidade: Presidente do TRT** – Admissão PARCIAL do RR
- **Agravo de Instrumento (art. 897, *b*, CLT)**
  - em face do capítulo denegatório, sob pena de preclusão (art. 1º, da IN 40, TST)
- **1º Juízo de Admissibilidade: Presidente do TRT** – OMISSÃO na ADMISSIBILIDADE de um ou mais temas do RR
- **Embargos de Declaração (art. 897-A, CLT + art. 1.024, § 2º, CPC + art. 1º, § 1º, IN 40, TST)**
  - Nova Omissão – Caberá Agravo de Instrumento (§ 4º, art. 1º, IN 40, TST)

Tribunal Superior do Trabalho (TST)

- **2º Juízo de Admissibilidade: Decisão Monocrática do Ministro-Relator que nega seguimento ao RR**
- **Agravo de INTERNO/ Regimental (art. 1.021, CPC)**
- **2º Juízo de Admissibilidade: Decisão Monocrática do Ministro-Relator que não reconhece a Transcendência**
- **Agravo de INTERNO/ Regimental (art. 1.021, CPC + art. 896-A, §2º, CLT)**
  - Admite sustentação oral (art. 896-A, §3º, CLT)
  - Mantido o voto do relator, a decisão é irecorrível (art. 896-A, §4º, CLT)
- **2º Juízo de Admissibilidade: Decisão Monocrática do Ministro-Relator, em agravo de intrumento em RR, que não reconhece a Transcendência**
  - **Irrecorrível (art. 896-A, §5º, CLT)**

Acórdão da TURMA do TST (art. 204, CPC)

- **- Omissão**
  - Contradição
  - Obscutidade
  - Manifesto equívoco na análise dos pressupostos extrínsecos (objetivos)
  - PREQUESTIONAMENTO
- **Embargos de Declaração (art. 897-A, CLT + S. 297, TST)**

Embargos no TST (art. 894, CLT)

- **- Também chamado de Embargos de Divergência**
- **1º Juízo de Admissibilidade: Ministro- -Presidente da TURMA**
  – Decisão que NEGA seguimento aos Embargos no TST (art. 93, VIII, do Regimento Interno do TST
- **Agravo Interno (art. 1.021, CPC + art. 894, §4º, da CLT + art. 78, II, "c" do Regimento Interno do TST)**

Acórdão da SDI do TST (art. 204, CPC)

- **- Omissão**
  - Contradição
  - Obscutidade
  - Manifesto equívoco na análise dos pressupostos extrínsecos (objetivos)
  - PREQUESTIONAMENTO
- **Embargos de Declaração (art. 897-A, CLT + S. 297, TST)**

Recurso Extraordinário (art. 102, III, CF + art. 1.029 ss CPC)

- **Requisitos Específicos:**
  - Prequestionamento (S. 282, STF)
  - Repercussão Geral (art. 102, §3º, CF + art. 1.036 e ss CPC)
- **PRAZO: 15 dias úteis (art. 324, §1º, RITST)**
- **Competência: Ministro Vice-Presidente do TST (art. 42, IV, do RITST**
- **1º Juízo de Admissibilidade: Ministro Vice-Presidente do TST (art. 42, IV, do RITST)** - Decisão que NEGA seguimento RExt.
- **Agravo em RExt (art. 1.030, V, § 1º e art. 1.042 e CPC + art. 328 do RITST)**
  - **PRAZO: 15 dias úteis (art. 328, RITST)**
- **- Ministro Vice-Presidente pode se retratar ou manter a decisão agravada (art. 329, RITST)**
  - **Remeterá os autos ao STF (art. 1.042, § 4º, CPC).**

Supremo Tribunal Federal (STF)

- **2º Juízo de Admissibilidade: Decisão Monocrática do Ministro-Relator que nega seguimento ao RExt**
  - **Se versar sobre Repercussão Geral será irrecorrível (art. 326 do RISTF)**
  - **Cabe ao Ministro-Presidente do STF analisar o Agravo em Recurso Extraordinário(art. 314-A, do RITST)**
- **Agravo de INTERNO/ Regimental (art. 1.021, CPC + art. 317 do RISTF)**

Acórdão (art. 204, CPC)

- **- Omissão**
  - Contradição
  - Obscutidade
- **Embargos de Declaração (art. 897-A, CLT + art. 337 do RISTF)**

Embargos de Divergência (art. 1.043, CPC + art. 330 RISTF)

- **PRAZO: 15 dias (art. 334, RISTF)**
- **Decisão que NÃO ADMITE os Embargos de Divergência**
- **Agravo Interno (art. 1.021, CPC + art. 335, § 2º, do RISTF)**
- **PRAZO: 5 dias (art. 335, § 2º, do RISTF)**

Acórdão (art. 204, CPC)

- **- Omissão**
  - Contradição
  - Obscutidade
- **Embargos de Declaração (art. 897-A, CLT)**

Tabela de prazos processuais trabalhistas

TABELA DE PRAZOS PROCESSUAIS

Hipóteses	Prazo
Defesa escrita através do PJe (art. 847, parágrafo único, CLT; art. 22 da Resolução nº 185/2017) – Contestação e/ou Reconvenção, inclusive.	Até a realização da proposta de conciliação infrutífera em audiência.
Defesa oral (Art. 847 da CLT) – Contestação e/ou Reconvenção, inclusive.	20 minutos
Razões finais (art. 850 da CLT)	10 minutos
Duração da audiência	5 horas seguidas, salvo matéria urgente.
Notificação inicial do reclamado (art. 841 da CLT)	48 horas
Devolução da Notificação inicial pelos Correios (art. 774, parágrafo único, da CLT)	48 horas
Juntada da Ata de Julgamento (art. 851, §2º, da CLT)	48 horas
Garantia ou pagamento da execução Trabalhista (Art. 880 da CLT)	48 horas
Interstício mínimo entre a notificação e a audiência (art. 841 da CLT; art. 1º, II, Decreto-lei nº 779/1969)	**– 5 dias, em regra.** **– 20 dias, tratando-se da Fazenda Pública (prazo em quadruplo).**
Redução a Termo da Reclamação Trabalhista Verbal (art. 786 da CLT)	5 dias
Exceção de Incompetência Territorial (art. 800 da CLT)	5 dias
Embargos de Declaração (art. 897-A da CLT)	5 dias
Embargos à Execução (art. 884 da CLT)	5 dias
Recurso Ordinário (art. 895 da CLT)	8 dias
Recurso de Revista (art. 896 e seguintes da CLT)	8 dias
Embargos no TST (art. 894 da CLT)	8 dias
Agravo de Petição (Art. 897, a, da CLT)	8 dias
Agravo Regimental ou Interno (art. 1.021 do CPC; art. 1º, § 2º, da Instrução Normativa nº 39/2016)	8 dias
Agravo de Instrumento (Art. 897, b, da CLT)	8 dias
Recurso Extraordinário (art. 102, III, da CF)	15 dias
Ajuizamento de Inquérito para apuração de Falta Grave (art. 853 da CLT)	30 dias (contados da data da suspensão do empregado).
Perempção (art. 731 e 732 da CLT)	6 meses
Ação Rescisória (Art. 975, CPC e art. 836 da CLT)	2 anos (contados do trânsito em julgado)
Prescrição para exigir os créditos trabalhistas (art. 7º, XXIX, da CF; art. 11 da CLT; Súmula 308 do TST)	– 5 anos anteriores à data do ajuizamento da ação (Prescrição Quinquenal). – 2 anos a contar da extinção do contrato de trabalho (Prescrição Bienal).
Fazenda Pública (art. 1º do Decreto-Lei nº 779/1969)	– Prazo em dobro para recorrer. – 20 dias de interstício entre a notificação e a audiência (prazo em quádruplo).
Ministério Público do Trabalho (Art. 180 do CPC)	Prazo em dobro, inclusive para recorrer.

Tabela de verbas rescisórias

VERBAS RESCISÓRIAS

Dispensa com justa causa (art. 482 CLT)	Pedido de Demissão (art. 477 CLT)	Dispensa sem justa causa ou Rescisão indireta (art. 483 CLT)	Culpa recíproca (art. 484 CLT e Súm. nº 14 TST) ou Força maior (art. 502 CLT)
– Saldo de salário; – 13º salário vencido; – Férias vencidas ou integrais + 1/3. **ATENÇÃO:** nova hipótese de falta grave – art. 482, "m", da CLT – incluído pela Reforma Trabalhista (Lei nº 13.467/2017).	– Saldo de salário; – 13º salário vencido; – Férias vencidas ou integrais + 1/3; – 13º salário proporcional; – Férias proporcionais + 1/3.	– Saldo de salário; – Aviso prévio proporcional ao tempo de serviço; – 13º salário vencido; – Férias vencidas ou integrais +1/3; – 13º salário proporcional; – Férias proporcionais + 1/3; – Multa de 40% do FGTS; – Saque do FGTS; – Saque do Seguro-Desemprego.	**Parcelas Integrais:** – 100% saldo de salário; – 13º salário vencido; – Férias vencidas ou integrais +1/3; – Saque do FGTS. **Parcelas pela metade:** – Férias proporcionais; – 13º proporcional; – Aviso prévio proporcional ao tempo de serviço; – Multa de 20% do FGTS. **OBS.:** Não tem direito ao Seguro-Desemprego.

Distrato (art. 484-A, CLT) **ATENÇÃO:** nova hipótese de extinção do contrato de trabalho incluída pela Reforma Trabalhista (Lei nº 13.467/2017).	Morte do empregador (art. 485, CLT)	Morte do empregado
1) Por metade: – Aviso prévio, se indenizado – Indenização sobre os depósitos do FGTS: 20% 2) Na integralidade, as demais verbas rescisórias: – Saldo de salário; – 13º salário vencido; – Férias vencidas ou integrais +1/3; – 13º salário proporcional; – Férias proporcionais + 1/3; Observações: a) O saque do FGTS está limitado até 80% dos valores depositados; b) Não terá direito ao Seguro-Desemprego. c) Caso o aviso prévio seja trabalhado terá direito ao recebimento do valor integral.	– Saldo de salário; – Aviso prévio proporcional ao tempo de serviço; – 13º salário vencido; – Férias vencidas ou integrais +1/3; – 13º salário proporcional; – Férias proporcionais + 1/3; – Multa de 40% do FGTS; – Saque do FGTS; – Saque do Seguro-Desemprego.	– Saldo de salário; – 13º salário vencido, se houver; – Férias vencidas ou integrais +1/3, se houver; – 13º salário proporcional; – Férias proporcionais + 1/3; – Saque do FGTS para os dependentes previdenciários (art. 20, IV, Lei nº 8.036/1990). **Observações:** a) Se a morte decorrer de acidente de trabalho, prevalece o entendimento na doutrina e na jurisprudência que, o espólio ou os herdeiros terão direito ao Aviso Prévio e à multa de 40% sobre o FGTS; b) E a morte do empregado não decorrer de causas relacionadas com o trabalho – como, por exemplo, morte natural – o espólio ou os herdeiros não terão direito ao Aviso Prévio ou à multa de 40% sobre o FGTS, em virtude do entendimento que o empregador não deu causa a rescisão (não houve dispensa imotivada)

Saldo de salário: são os dias trabalhados no último mês da dispensa e não pagos.

Férias vencidas ou integrais: são aquelas já adquiridas e não gozadas. Conta-se da data da admissão.

Férias proporcionais: data de admissão – mês trabalhista. Superior a 14 dias, contar 1/12 avos.

13º proporcional: para cada mês ou fração maior ou igual a 15 dias, contar 1/12 avos.

Aviso Prévio: art. 7º, XXI da CF, art. 487 e ss da CLT, Lei nº 12.506/2011 e Súm. nº 441 TST. Até 1 ano incompleto = 30 dias / + 1 ano completo = + 3 dias (Lei nº 12.506/2011). Até o limite de 90 dias.

Projeção do Aviso Prévio: sujeita-se contribuição para o FGTS; a baixa na carteira é somente no término do aviso e a prescrição inicia-se no seu término (art. 487, § 1º, CLT; S. 305 do TST; OJ nº 82 e 83, SDI-I, TST).

Indenização compensatória de 40%: pedir nos casos de dispensa **sem** justa causa ou rescisão indireta.

Liberação do FGTS e Seguro-desemprego: na dispensa **sem** justa causa e rescisão indireta.

Multa do art. 467 da CLT: quando houver verbas rescisórias incontroversas, elas devem ser pagas na primeira audiência, sob pena de aplicação de multa de 50%.

Multa do art. 477, §§ 6º e 8º, da CLT: trata-se do atraso no pagamento das verbas rescisórias, com incidência da multa na proporção de um salário – **prazo para pagamento das verbas rescisórias – até *DEZ* dias contados do término do contrato – dispositivo alterado pela Reforma Trabalhista (Lei nº 13.467/2017).**

Note-se: As duas multas devem ser pedidas somente para os casos de reclamante empregado.

Ao final da peça, os pedidos ficarão assim:

a) Saldo de salário xxxx dias – mês/ano;

b) Aviso Prévio de xxxx dias;

c) 13º Proporcionais (xx/12);

d) Férias integrais (xx/12) + 1/3;

e) Férias proporcionais (xx/12) + 1/3;

f) Multa 40% FGTS;

g) FGTS sobre verbas rescisórias;

h) Liberação das guias para saque do FGTS e SD;

i) Multas dos arts. 467 (verbas incontroversas) e 477, § 8º, CLT (atraso no pagamento VR).

ATENÇÃO – OBS. 1: O empregado que receber o Benefício Emergencial de Preservação do Emprego e da Renda em decorrência da redução da jornada de trabalho e do salário ou da suspensão temporária do contrato de trabalho tem direito a garantia provisória no emprego (art. 10, § 1º da Lei nº 14.020/2020). A dispensa imotivada do trabalhador ensejará o pagamento das verbas rescisórias previstas em Lei, bem como uma indenização no valor de:

I – 50% do salário a que o empregado teria direito no período de garantia provisória no emprego, na hipótese de redução de jornada de trabalho e de salário igual ou superior a 25% e inferior a 50%;

II – 75% do salário a que o empregado teria direito no período de garantia provisória no emprego, na hipótese de redução de jornada de trabalho e de salário igual ou superior a 50% e inferior a 70%; ou

III – 100% do salário a que o empregado teria direito no período de garantia provisória no emprego, nas hipóteses de redução de jornada de trabalho e de salário em percentual igual ou superior a 70% ou de suspensão temporária do contrato de trabalho.

ATENÇÃO – OBS. 2: A Lei nº 14.020/2020 em seu art. 17, V, veda durante o estado de calamidade pública a dispensa do empregado portador de deficiência.